제5판

비즈니스 법률실무

오늘날과 같이 복잡한 사회구조와 인간관계 속에서 살고 있는 현대인들은 일상생활과 사회생활에 적용되는 법규범을 잘 알고 활용할 때 자신의 권익보호와 권리구제를 통해 보다 현명한 공동체의 삶을 영위할 수 있을 것이다.

신종석 · 전경일 · 신세덕 공저

fides 도서출판

머리말 [제5판]

비즈니스 법률실무 제5판을 발간할 수 있도록 관심과 격려를 보내주신 독자 여러분께 감사의 말씀을 드립니다.

사회가 발전하면 할수록 일상생활, 회사생활 관련 법규범에도 많은 변화를 가져오게 됩니다. 더불어 우리의 권익보호와 권리구제의 중요성은 더욱 강조되고 있습니다. 법규범은 현대사회에서 매우 중요하고 필요한 영역임에도 불구하고, 법은 그 내용이 복잡하고 어렵다는 이유로 가까이 하기가 쉽지 않습니다. 그러나 법은 그 체계와 핵심을 파악하면 보다 쉽게 이해할 수 있습니다.

일반인이나 학생들에게 법에 대한 체계적인 이해와 법적 사고 배양에 도움이 되고, 나아가 일상생활, 회사생활에서 발생하는 법적 분쟁의 실무적인 해결 능력을 함양하도록 하는데 본서가 더욱 기여하기를 바랍니다.

제4판을 출간한 지 2년 만에 내용의 일부 수정 및 법령 개정에 따른 변화를 반영하여 제5판을 출간하게 되었습니다.

개정한 주요 부분은 다음과 같습니다.

1. 주택임대차 및 상가건물임대차와 관련하여 서울특별시, 수도권 과밀억제권역, 세종특별자치시, 기타 지역 등의 보증금 중 일정액 보호범위의 개정내용을 반영하였습니다.

2. 주택시장의 불안정 속에서 전세 세입자나 주택임차인들의 안정적인 주거를 보장하기 위하여 임차인의 계약갱신청구권(주택임대차보호법 제6조의3)과 전월세상한제(주택임대차보호법 제7조)가 2020.7.31.부터 시행하게 되어 이에 관한 부분을 반영하였습니다.

3. 근로기준법의 근로시간, 임금체불 사업자에 관한 벌금 및 소액재판의 금액 상향 조정 내용을 반영하였습니다.

끝으로 무더위에도 불구하고 제5판의 출간을 적극적으로 협조해 주신 피데스의 신창동 대표님과 편집부 및 관계자 여러분의 노고에 깊이 감사드립니다.

2020년 8월
저 자 드림

머리말 [제4판]

법은 사회질서를 유지하고 인권보장과 정의사회 구현을 위해 필요한 규범입니다. 대부분의 일반인들은 법을 '생활 속에서 함께 하는 법'이 아닌 '규범'으로서의 법이나 '학문'으로서의 법으로만 대하다 보니 어렵고 힘든 대상이라는 선입견을 가지고 있습니다.

일상생활과 회사생활 및 법적분쟁에서 발생하는 다양한 법적인 문제에 대하여 약간의 법률 지식만 있어도 잘 대처할 수 있는데, 법에 대한 지식이 부족해서 피해보는 일들이 종종 있음을 보며 안타까운 마음이 들었습니다. 그래서 누구에게나 스스로의 권리구제와 보호를 받을 수 있는 실용적인 법 지식의 필요를 절감하였습니다. 사회가 발전할수록 더 많은 법령과 제도를 필요로 하고 있는 실정입니다. 다양한 분야의 법의 제정, 개정 및 폐지 등을 모두 이해할 수는 없지만 적어도 자주 접하는 분야에 대하여는 올바른 이해와 교육이 필요합니다.

저자는 대학에서 법 과목을 강의하면서 비전공자들이 수강과목으로 법 과목을 선택한 경우 그 방대한 규모와 내용에 힘들어 하면서 법 과목을 멀리하는 모습을 보며, 일상생활 및 사회생활에 필요하면서도 쉽게 서술된 실무교재를 집필해야겠다는 소명감을 가지게 되었습니다. 이 책은 실제 사회생활을 하면서 겪게 되는 법적 분쟁에 대해 도전하고 문제의 해결능력을 배양하는 데 중점을 두었습니다. 설명식 나열보다는 법 이론의 핵심을 설명하고, 관련 법조문을 수록하여 전문지식에 자신감을 갖게 하며, 나아가 현실감 있고 흥미 있는 사례소개를 제공하여 읽고 싶은 실무서적이 되게 하였습니다. 평소 법을 어렵게 느끼거나 법을 처음 접하는 사람들에게 이론과 실무를 겸비할 수 있도록 서술하였습니다.

본서의 특징은 다음과 같습니다.

첫째, 이 책은 전문이론서가 아니라 사회생활을 하면서 필요로 하는 법이론 지식 및 실무를 익히기 위한 교재이며, 일상생활과 회사생활 및 법적분쟁에 관한 주제들을 중심으로 다루었습니다.

둘째, 복잡한 내용들의 핵심적인 사항을 간략히 설명하여 법을 전공하지 아니한 사람들도 쉽게 이해할 수 있도록 하였습니다.

셋째, 실무적으로 활용도를 높이고자 도표, 서식, 사례문답, 관련조문 등을 통해 쉽게 다가갈 수 있도록 하였습니다.

사회생활에서 활용할 수 있는 내용들로 편집하였으나 보다 유용하며 알찬 실무교재가 되도록 앞으로 더욱 수정·보완해 나갈 것을 약속드립니다.

본서의 출판을 협조해 주신 피데스의 신창동사장님과 편집을 담당해 주신 선생님들께 감사드립니다.

저자들의 가정과 건강을 지켜 주시고 의의 길로 인도해 주신 주님께 모든 영광을 드립니다.

2018년 8월

저 자 드림

머리말 [개정신판]

이번 개정신판에서는 형식과 내용면에서 많은 변화가 있었다.

먼저, 이 책의 1편 '일상생활과 법률실무'에서는 일생생활과 밀접한 부동산 관련 법률을 대폭 추가하였다. 2편 '분쟁해결절차'에서는 일상사회생활에서 부딪히게 되는 분쟁을 해결할 수 있는 법률을 추가 보완하였다. 또한 그동안 개정된 법률에 따라 내용의 일부분을 수정하였으며, 이해를 보다 쉽게 하기 위해 각 단원별로 사례문제를 추가하였다.

이 책의 목적은 개정판에서 말했듯이 법률을 전공하지 않은 일반인이나 학생들에게 일상사회생활에서 발생하는 법률분쟁문제를 실무적으로 해결할 수 있는 능력을 갖추는 데 있다.

앞으로도 부족한 점이 많지만 실제 현장에서 조금이라도 도움이 될 수 있도록 개정작업을 계속해 나갈 계획이다.

끝으로, 이 책이 태동하는 순간부터 저자에게 학문적인 영감을 주시고 또 개정신판이 나올 수 있도록 격려와 질책을 아끼지 않으신 신종석 교수님과 경제적 이익을 마다하고 출간을 흔쾌히 허락하신 신창동 사장님께 감사의 말씀을 전하는 바이다.

2015년 2월

전경일 · 신세덕

머리말

2013년 7월 1일부터 우리 민법의 일부가 개정되어 시행된다.

새로운 민법에 의하면 성년이 되는 나이가 만 20세에서 19세로 낮아지며, 또 금치산·한정치산제도 대신에 다양한 유형의 후견제도가 새로 도입된다.

이는 청소년의 조숙화 현상과 공직선거법상 선거권이 만 19세 이상에게 부여되고 청소년보호법상 청소년이 만 19세 미만으로 규정되는 점, 그리고 현재 독일·프랑스·미국·중국 등이 만 18세를 성년으로 규정하고 있는 점 등, 국내외 입법 동향을 반영하여 성년 연령을 만 19세로 낮춘 것이다. 이에 따라 앞으로 만 19세, 즉 보통의 대학교 1학년 학생은 부모 등 법정대리인의 동의 없이도 모든 법률 행위를 독자적으로 할 수 있게 되어 근로계약 체결, 신용카드 발급, 변리사·노무사자격증 취득 등 독자적인 경제활동 인구가 늘어나게 된다.

이렇게 사회와 법은 서로의 상호작용을 통해서 끊임없이 진화하고 있다. 사실 이 책의 개정작업이 그 동안 기업활동에 바쁘다는 핑계로 그 결말을 차일피일 미루어 왔었다. 그러나 민법의 중요한 개정과 그에 따른 사회현상의 변화가 예정되는 지금, 더 이상 이를 미룰 수는 없다고 생각하게 되어, 아직 부족한 점이 많지만 개정판을 출간하게 되었다.

이번 개정에서는 독자들의 요구를 반영하여 형식과 내용면에서 변화가 있었다. 먼저, 이 책의 형식을 크게 '일상생활', '회사생활' 그리고 '분쟁해결'의 3편으로 나누었다. '일상생활' 편에서는 정보화사회와 법에서 만날 수 있는 다양한 법률 문제를 추가하였으며, '회사생활' 편에서는 근로계약체결, 무역거래 부분을 추가하였다. 그리고 '분쟁해결' 편에서는 헌법소송과 법률구조제도를 추가 보완하였다. 또한 그 동안 개정된 법률에 따라 내용의 일부분을 수정하였으며, 기업 현장에서 실제로 쓰여지는 서식을 보충하였다.

이 책의 목적은 초판에서도 말했듯이, 법률을 전공으로 하지 않은 학생들에게 일상 또는 회사생활에서 발생하는 법률문제들을 실무적인 관점에서 다루어 보기 위한 강의를 위한 것이다. 앞으로도 독자들의 요구와 사회적 변화를 충분히 반영하여, 실제 현장에서 요구하는 능력을 갖추는 데 조금이라도 도움이 될 수 있도록 개정작업을 계속해 나갈 계획이다.

끝으로, 이 책이 태동하는 순간부터 저자에게 학문적인 영감을 주시고 또 개정판이 나올 수 있도록 격려와 질책을 아끼지 않으신 신종석 교수님과 경제적 이익을 마다하고 출간을 흔쾌히 허락하신 신창동 사장님께 감사의 말씀을 전하는 바이다.

2013년 2월
전 경 일

차 례

제1편 일상생활과 법률실무

제1장 계약의 이해

제2장 금전거래에 관한 법률실무

제3장 할부거래에 관한 법률실무

제4장 부동산거래에 관한 법률실무

제2편 회사생활과 법률실무

제1장 근로계약의 법률실무

제2장 임금체불과 법률실무

제3장 직장성희롱과 법률실무

제4장 정보화사회와 법률실무

제5장 무역거래와 법률실무

제3편 분쟁해결과 법률실무

제1장 민사분쟁에 관한 법률실무

제2장 형사사건에 관한 법률실무

제3장 헌법재판의 법률실무

제4장 행정사건의 법률실무

제5장 법률구조제도

제 1 편

일상생활과 법률실무

제 1 장

계약의 이해

Ⅰ. 계약의 의의 및 종류

1. 계약의 의의

계약이란 사법상의 일정한 법률효과의 발생을 목적으로 하는 2인 이상의 당사자의 대립된 의사표시의 합치를 말한다. 이중 채권의 발생을 목적으로 하는 합의를 협의의 계약이라고 한다.

2. 계약의 종류

1) 전형계약 · 비전형계약

(1) **전형계약** : 민법전에 열거되어 있는 15종류의 계약을 말한다.

① 재산권의 이전－증여, 매매, 교환

② 재산권의 사용수익－소비대차, 사용대차, 임대차

③ 노무의 제공－고용, 도급, 현상광고, 위임, 임치, 여행계약

④ 단체의 결성－조합

⑤ 기타－종신정기금, 화해

(2) **비전형계약** : 민법전에 규정되어 있지 아니한 계약을 말한다. 비전형계약에 관하여 법규의 적용을 어떻게 할 것인가의 문제가 있는데, 이에 관하여는 가장 가까운 전형계약에 관한 규정을 유추적용하려는 「유추주의」가 통설이다.

2) 쌍무계약 · 편무계약

(1) **쌍무계약 :** 양 당사자가 서로 대가적 의미를 가지는 채무를 부담하는 계약이다(예 : 매매, 교환, 임대차, 고용, 도급, 조합, 화해, 이자부소비대차, 유상위임, 유상임치).

(2) **편무계약 :** 당사자 일방만이 채무를 부담하거나, 쌍방이 채무를 부담하더라도 그 채무가 서로 대가적 의미를 갖지 않는 계약이다(예 : 증여, 사용대차, 무이자소비대차, 무상위임 · 임치, 현상광고).

3) 유상계약 · 무상계약

(1) **유상계약 :** 양 당사자가 서로 대가적인 경제적 출연을 하는 계약이다(예 : 모든 쌍무계약, 현상광고). 출연(出捐)이란 타인 재산에 증가를 가져오는 행위를 말한다.

(2) **무상계약 :** 계약당사자의 한쪽만이 급부를 하거나 쌍방 당사자가 급부를 하더라도 그 급부 사이에 대가적 의미 있는 의존관계가 없는 계약이다(예 : 모든 편무계약, 현상광고 제외).

4) 낙성계약 · 요물계약

(1) **낙성계약 :** 당사자의 합의만으로 계약이 성립하는 계약이다(예 : 현상광고를 제외한 나머지 전형계약).

(2) **요물계약 :** 합의 외에 일방의 물건의 인도 기타의 급부가 있어야 하는 계약이다(예 : 현상광고, 대물변제 등).

5) 계속적 계약 · 일시적 계약

(1) **계속적 계약 :** 일정 기간 동안 계속하여 급부가 이루어지는 계약이다(예 : 소비대차, 사용대차, 임대차, 고용, 위임, 임치, 조합).

(2) **일시적 계약 :** 어떤 시점에서 급부를 이행하면 채권이 소멸되는 계약이다(예 : 매매, 증여, 교환, 도급).

(예) 매매 : 전형, 쌍무, 유상, 낙성, 일시적 계약
증여 : 전형, 편무, 무상, 낙성, 일시적 계약
이자부 소비대차 : 전형, 쌍무, 유상, 낙성, 계속적 계약
무이자부 소비대차 : 전형, 편무, 무상, 낙성, 계속적 계약
현상광고 : 전형, 유상, 편무, 요물, 일시적 계약

Ⅱ. 계약의 성립

1. 계약 성립요건으로서의 합의

1) 의 의

계약이 성립하려면 당사자의 서로 대립하는 수 개의 의사표시의 합치가 있어야 한다(주관적 · 객관적 합치).

2) 객관적 합치

수 개의 의사표시가 내용적으로 일치하는 것이다.

(예) 갑의 의사표시(청약) – 나의 자동차를 당신에게 1,500만원에 판매하겠다.
　　을의 의사표시(승낙) – 당신의 자동차를 1,500만원에 구매하겠다.

3) 주관적 합치

계약의 상대방이 서로 일치하는 것이다.

4) 불합의

(1) **불합의** : 당사자 간의 의사표시가 객관적 · 주관적으로 불일치하는 것이다. 이 경우 계약은 성립하지 않는다.

(2) **의식적 불합의** : 당사자가 계약 내용과 다르게 의식적으로 불일치를 초래하는 것이다. 조건을 붙이거나 변경을 한 경우에 이는 새로운 청약으로 본다.

(3) **무의식적 불합의** : 당사자의 일방 또는 쌍방이 의사표시의 불일치를 인식하지 못한 경우이다. 이는 당사자의 의사표시 사이에 간격이 생겨서 일어난 것이다. 무의식적 불합의에 있어서는 아무리 경미한 점이라도 그에 대한 입증만 있으면 계약은 성립하지 않은 것이 된다.

(예) 갑이 을에게 “컴퓨터 100대” 라고 서신을 보낸 사례
　　갑은 컴퓨터 100대를 팔고 싶다는 의도로 위와 같은 서신을 보내었는데, 을은 갑이 컴퓨터 100대를 사겠다는 의미로 해석한 경우 계약이 성립하지 않으며, 이러한 것을 무의식적 불합의라고 한다.

2. 계약 성립의 모습

1) 청약과 승낙에 의한 계약의 성립

갑이 자동차를 을에게 1,500만원에 판매하겠다는 확정적 의사표시(청약)와 이에 대한 을의 수락(승낙)에 의하여 계약은 성립한다.

(예) 갑 : 나의 자동차를 1,500만원에 당신에게 판매하겠다. 〈청약〉

↕

을 : 당신의 자동차를 1,500만원에 구매하겠다. 〈승낙〉

2) 교차청약에 의한 계약의 성립

객관적으로 내용이 일치하는 청약을 서로 행한 경우를 교차청약이라고 한다. 양 청약이 상대방에 도달한 때 계약이 성립하는 것으로 본다. 갑이 을에게 자동차를 1,500만원에 팔겠다고 청약하고, 을이 그 청약을 수령하기 전에 갑에게 동일한 자동차를 1,500만원에 사겠다고 청약하는 경우와 같이 청약의 의사표시만 있는 경우이다. 우리나라의 민법에서는 교차청약에 의한 계약의 성립을 인정하고 있다.

3) 의사실현에 의한 계약의 성립

청약자의 의사표시나 관습에 의하여 승낙의 통지가 필요하지 아니한 경우에는 계약은 승낙의 의사표시로 인정되는 사실이 있는 때에 성립한다. 즉, 갑이 청약과 함께 물품을 송부하였는데 을이 송부된 물품을 소비 또는 사용한 때에는 계약이 성립하는 것으로 본다.

3. 청약과 승낙

1) 청 약

(1) 청약의 의의 : 청약은 대응하는 승낙과 결합하여, 일정한 계약을 성립시킬 것을 목적으로 하는 일방적·확정적 의사표시를 말한다. 청약에는 청약자와 상대방이 있는 것이 보통이지만 청약자가 명시되어야 하는 것은 아니며, 상대방이 불특정 다수인 경우도 있다(예 : 자동판매기의 설치, 신문광고에 의한 청약 등).

※ 청약의 유인 : 상대방으로 하여금 청약을 해오도록 유인하게 하기 위한 거래의 권유로써 상대방이 이에 응하더라도 다시 유인한 자의 승낙이 있어야 계약이 성립된다(예 :구인광고, 임대분양광고, 물품판매광고, 기차 시간표 등).

(2) 청약의 효력

① 청약의 효력발생 – 청약의 효력발생 시기는 의사표시의 효력발생 시기에 관한 일반 원칙인 도달주의에 따른다. 의사표시 발신 후 상대방에게 도달하기 전에 사정변경의 사유(예 : 청약자의 사망 또는 행위능력의 상실)가 발생하더라도 청약의 효력은 유지된다.

② 청약의 구속력

(a) 청약의 의사표시가 상대방에게 도달하기 전에는 철회할 수 있다.

(b) 승낙기간을 정한 경우 승낙기간 내에는 철회하지 못한다.

(c) 승낙기간을 정하지 않은 경우 상당한 기간 동안 철회하지 못한다.

(d) 승낙기간이 경과하면 청약은 효력을 상실하게 되며 이후에는 청약의 철회나 승낙의 문제가 발생하지 않는다.

③ 청약의 실질적 효력 – 청약은 승낙이 있으면 계약을 성립시킬 수 있는 효력, 즉 승낙을 받을 수 있는 효력을 가지고 있다.

(a) 승낙기간을 정하여 청약을 한 경우 : 청약자가「그 기간」안에 승낙의 통지를 받지 못할 때에는 청약은 효력을 잃고 계약은 성립하지 않는다.

(b) 승낙기간을 정하지 않은 청약의 경우 : 청약자가「상당한 기간」안에 승낙의 통지를 받지 못한 때에는 그 청약은 효력을 잃고 계약은 성립하지 않는다.

(c) 청약의 수령자가 승낙을 거절한 경우 : 청약은 그에 대한 거절과 동시에 청약의 실질적 효력을 상실한다. 청약의 수령자가 청약에 대하여 조건을 붙이거나 변경을 가하여 승낙한 때에는 청약의 거절과 동시에 새로운 청약을 한 것으로 본다.

(d) 연착된 승낙의 경우 : 청약자가 이를 새로운 청약으로 볼 수 있다.

2) 승 낙

(1) 승낙의 의의 : 청약에 응하여 계약을 성립시키려는 청약 수령자의 청약자에 대한 의사표시를 말한다. 청약과는 달리 불특정다수인에 대한 승낙은 인정되지 않는다.

(2) 승낙의 방식 : 방식은 자유로우며, 합의나 거래상 관행이 있으면 그에 의한다. 침묵은 거절로 본다(구별 : 상거래계약은 승낙으로 인정).

(3) 승낙의 효력발생

① 격지자 사이의 경우 – 격지자간의 계약은 승낙이 승낙기간 내에 도달했을 경우 승낙의 통지를 발송한 때에 성립한다(발신주의). 격지자간이라 함은 의사표시가 도달하는데 일정한 시간이 필요한 경우를 의미한다.

한편, 청약자가 승낙기간을 정한 청약에 관해서는 「그 승낙기간 안」에, 승낙기간을 정하지 아니한 계약의 청약에 있어서는 「상당한 기간 안」에 승낙의 통지를 받지 못한 때에는 그 청약의 효력을 잃는다고 규정하고 있다.

이리하여 계약의 성립시기와 승낙의 효력발생시기에 대한 위의 두 가지 규정을 어떻게 조화 있게 해석하느냐가 문제로 된다.

이에 대하여 통설은 격지자간의 계약의 효력은 발신주의의 원칙에 중점을 두어 계약은 승낙의 통지를 발송한 때에 성립하지만, 승낙기간 안에 도달하지 않으면 소급하여 계약이 성립하지 않았던 것으로 된다고 해석한다.

② 대화자 사이의 경우 – 도달주의의 일반원칙에 따른다.

사례문제

B(매수인)는 A(매도인)에게 주택을 사면서 A의 대리인이라고 주장하는 A의 딸인 C와 매매계약을 체결하고 중도금까지 지급하였다. B는 C가 A의 자녀이므로 안심하고 계약을 체결하였는데 나중에 보니 C에게는 대리권이 없었다. 이 경우 A와 B사이에 계약의 효력이 발생할까? 또한 딸인 C에게 책임을 지울 수 있는가?

[해 설] A(매도인)의 대리인이라고 주장하는 C(A의 딸)가 대리권이 없는 경우 무권대리인이 된다. 무권대리의 효력은 원칙적으로 무효이며, 예외적으로 A가 C의 무권대리행위를 추인하면 유효한 행위가 될 수 있다. A가 C의 무권대리행위를 추인하지 아니하면 B는 C에게 지급한 매매대금(예 : 계약금, 중도금 등)의 반환을 청구할 수 있다. 손해가 있을 경우는 손해배상청구도 가능하다.

4. 계약체결상의 과실

1) 서 설

(1) 의 의 : 계약의 성립과정에서 당사자 일방이 그의 책임 있는 사유(고의 또는 과실)로 상대방에게 손해를 가한 때에, 그 당사자의 귀책사유로서의 고의 또는 과실을 「계약체결상의 과실」이라고 한다. 여기서 계약체결상의 과실 있는 당사자 일방이 선의이며, 무과실의 상대방이 입은 손해(신뢰이익)에 대하여 지는 책임을 「계약체결상의 과실책임」이라고 한다.

(2) 책임의 성질 : 책임의 법적 성질에 관하여 다수설은 신의성실의 원칙을 근거로 계약책임으로 파악한다.

2) 책임의 요건

(1) 계약내용이 원시적 불능이어야 한다.

체결된 계약의 내용의 전부 또는 일부가 원시적·객관적으로 불능이기 때문에 그 계약의 전부 또는 일부가 무효가 된다.

(2) 불능인 계약이 유효하다면 급부를 하여야 할 자가 그 급부의 불능을 알았거나 알 수 있었음을 요한다.

(3) 상대방이 선의이며, 무과실이어야 한다.

(4) 상대방이 손해를 입었어야 한다.

3) 책임의 효과

(1) 손해배상의무의 발생 : 고의 또는 과실로 인하여 목적이 불능한 계약을 체결한 당사자 일방은 상대방이 입은 손해를 배상하여야 한다.

(2) 손해배상의 범위 : 배상하여야 할 손해는 상대방이 그 계약을 유효한 것으로 믿었기 때문에 입은 손해인 「신뢰이익」(예 : 조사비용·매매대금의 이자)을 대상으로 한다. 그러나 신뢰이익이 계약이 유효한 경우에 받을 수 있는 「이행이익」보다 다액인 경우에는 이행이익을 한도로 한다.

Ⅲ. 계약의 효력

1. 계약의 일반적 효력발생요건

당사자가 능력자이어야 하고, 내용이 확정·가능·적법·사회적 타당성이 있어야 하며, 또한 의사와 표시가 일치하여야 한다. 그리고 정지조건부 또는 기한부계약에 있어서는 조건의 성취·기한의 도래 등이 그 효력발생요건이 된다.

2. 쌍무계약의 효력

1) 쌍무계약의 특수한 성질

「쌍무계약」이라 함은 쌍방의 당사자가 서로 대가적인 의미를 가지며, 서로 이행되어야 하는 채무를 부담하는 계약이다. 그러므로 쌍무계약 상호간의 채무는 그 성립 · 이행 · 존속 면에서 운명을 같이 하는데, 이것을 「쌍무계약의 상호의존관계(견련성)」이라고 한다.

① 성립상의 견련성(채무의 발생) - 채무의 성립 · 불성립의 문제
② 이행상의 견련성(채무의 이행) - 동시이행항변권의 문제
③ 존속상의 견련성(채무의 소멸) - 위험부담의 문제

2) 동시이행의 항변권

(1) 의 의

동시이행의 항변권은 쌍무계약의 당사자 일방이 상대방 쪽에서 그의 채무의 이행을 제공할 때까지 자기의 채무이행을 거절할 수 있는 권리이다.

(예) [매도인 갑] : 물건 인도채무 ⟶ 매매 ⟵ [매수인 을] 대금 지급채무

* 을은 갑이 물건을 인도할 때까지 대금지급을 거절할 수 있다.
* 갑은 을이 대금을 지급할 때까지 물건인도를 거절할 수 있다.

(2) 근 거

쌍무계약에 의하여 각 당사자가 부담하는 채무는 서로 대가적 의미를 가지고 관련되어 있으므로 이행에 있어서 자기의 채무는 이행하지 않고서 상대방의 이행만을 청구하는 것은 공평의 관념 · 신의칙에 반한다. 즉 당사자 사이의 공평을 꾀하기 위하여 인정하는 제도이다.

(3) 성립요건

① 대가적 의미 있는 채무가 존재할 것

② 상대방의 채무가 변제기에 있을 것 - 쌍방의 채무가 모두 변제기에 있어야 한다. 당사자 일방이 먼저 이행하여야 할 경우에 선이행의무자는 동시이행항변권을 행사할 수 없다.

③ 상대방이 자기 채무의 이행 또는 그 제공을 하지 않고서 이행을 청구할 것 - 상대방이 일부의 이행 또는 불완전한 이행을 하고서 청구를 하는 경우에는 채무의 이행을 거절할 수 있다.

(4) 효 력

① 일반적 효력

(a) 동시이행의 항변권을 행사하는 자는 이행기 지나더라도 이행지체의 불성립

(b) 동시이행의 항변권을 행사하는 자는 이행기 지나더라도 이자의 불발생

② 재판상 효력

(a) 당사자 간에 서로 자기의 채무를 이행하고 상대방의 이행을 청구하는 상환이행의 판결

(b) 당사자 일방의 이행은 상대방 채무에 대해 집행개시의 요건으로 파악(판례)

③ 변론주의(행사의 문제)－동시이행항변권의 효력은 당사자에 의한 주장이 있을 때에 발생하며, 주장하였을 경우 반대의 입증책임은 항변권의 행사를 부정하는 자가 부담한다.

사례문제

A(매도인)와 B(매수인)는 오피스텔 매매계약을 체결하였다. B는 계약금과 중도금까지 5천만원을 지급하고, 오늘 잔금(5천만원)을 치르기로 하였는데 3일 전에 B는 잔금으로 2천만원을 지급하면서 나머지 잔금 3천만원은 마련이 쉽지 않으니 그 오피스텔을 담보로 제공해서 3천만원의 대출를 받아 지급하겠다고 A에게 협조를 부탁하였다. A가 이를 거절하자 소유권 등기를 이전해주면 대출을 받아 나머지 잔금을 치르겠다고 한다. 이러한 경우 A는 나머지 잔금 3천만원을 받기 전이라도 B의 부탁대로 등기를 이전해주어야 하는가 ?

[해 설] A(매도인)는 오피스텔 매매계약이 쌍무계약이므로 B(매수인)가 잔금 3천만원을 완납할 때 까지 동시이행의 항변권을 행사하며, 소유권등기 이전에 협력하지 아니하여도 된다. 이행기가 경과해도 B가 잔금을 지급하지 못하면 이행지체인 채무불이행 사유가 되므로 일정기간 내로 이행하도록 최고한 후 불응하면 계약을 해제할 수 있다.

3) 위험부담

(1) 의 의 : 위험부담은 쌍무계약의 당사자 일방의 채무가 당사자 쌍방의 책임 없는 사유로 후발적 불능이 되어 소멸한 경우에 그 에 대응하는 타방채무의 소멸여부의 문제를 의미한다.

[매도인 갑] ——→ 건물매매계약 ←—— [매수인 을]

건물인도의무 　　　　　 대금지급의무

* 채무자의 귀책사유에 의하여 이행불능 : 채무불이행의 문제
* 당사자 쌍방의 귀책사유가 있는 경우 : 과실상계의 문제
* 채권자의 귀책사유에 의하여 이행불능 : 채권자에게 위험부담이 이전
* 당사자 쌍방의 귀책사유가 없는 경우 : 위험부담의 문제

(2) 우리 민법의 태도와 해석

① 원 칙 – 채무자부담주의(물건인도 채무를 지는 자가 손해를 부담)

② 성립요건

(a) 이행불능이 당사자 쌍방의 책임 없는 사유로 발생해야 한다.

(b) 전부불능, 일부불능의 경우 모두 포함한다.

(c) 채무불이행 사유가 후발적 불능이어야 한다.

(d) 후발적 불능이 되는 목적물은 특정물 · 불특정물을 불문한다.

③ 효 과 – 전부불능의 경우에는 반대급부를 청구할 권리는 당연히 소멸하고, 만일 이미 상대방으로부터 반대급부를 수령한 때에는 반환해야 한다. 그리고 일부불능의 경우에는 그 일부불능이 급부 전체의 가치를 잃게 하는 성질의 것이라면 반대급부청구권은 전부 소멸하고, 그렇지 않은 것이라면 불능으로 된 부분에 상응하여 그만큼 감축된다.

④ 채무자부담주의에 대한 예외 – 채권자의 책임 있는 사유로 이행을 할 수 없거나 채권자의 수령지체 중에 당사자 쌍방의 책임 없는 사유로 이행할 수 없게 된 경우에는 채권자부담주의가 적용되어 채무자의 반대급부청구가 인정된다. 이 경우 채무자는 자기의 채무를 면함으로써 이익을 얻은 때에는 이를 채권자에게 상환하여야 한다.

⑤ 규정의 법적 성격 – 위험부담에 관한 민법의 규정은 임의규정이므로 당사자는 이들 규정과 다른 특약을 할 수 있다.

사례문제

A(매도인)와 B(매수인)는 오피스텔 매매계약을 체결하였다. B는 계약금을 치르고 입주할 날을 기다리고 있던 중 A의 오피스텔이 폭우로 인한 산사태에 의하여 전부 무너져 버렸다. 이 경우 B는 중도금과 잔금을 A에게 지급하여야 하는가?

[해 설] 오피스텔 매매계약이 쌍무계약이며, 당사자 쌍방의 책임 없는 사유로 후발적 불능 상태가 된 경우이므로 위험부담의 문제이다. 이러한 경우 우리나라는 채무자부담주의가 원칙이므로 멸실한 물건의 인도의무 있는 채무자 A(매도인)가 손해를 보게 된다. 따라서, B(매수인)는 중도금과 잔금 지급의무가 없으며, A(매도인)에게 이미 지급한 계약금을 반환 청구할 수 있다.

Ⅳ. 계약의 해제 · 해지

1. 계약의 해제

1) 의의 및 법적 성질

(1) 의 의 : 계약의 해제란 계약당사자의 일방적 의사표시에 의해 이미 성립한 법률행위의 효력을 소급적으로 소멸시켜 계약을 성립하지 않은 상태로 하는 것을 말한다.

(2) 법적 성질 : 해제는 해제권자의 단독행위이며, 해제권은 해제권자가 일방적 의사표시에 의하여 계약을 해제할 수 있는 권리이다.

2) 해제권의 종류

(1) 법정해제 : 법률의 규정에 의한 이행지체, 이행불능, 불완전이행 등의 경우에 인정된다.

(2) 약정해제 : 당사자가 계약을 체결할 때에 해제권 행사 사유를 약정한 경우이다. 장래의 불확실한 사정에 대응할 수 있으며, 상대방의 이행강제 및 상대방의 채무불이행에 대한 대비책으로서 활용된다.

3) 법정해제권의 발생

(1) 이행지체

① 보통의 이행지체의 경우－상당한 기간 최고 후 최고기간 안에 이행이 없으면 해제권이 발생한다.

② 정기행위의 경우－이행지체의 경우 최고 없이 해제권이 발생한다. 정기행위라 함은 계약의 내용이 일정한 시일, 기간 내에 이행하지 않으면 목적을 달성할 수 없는 행위(예 : 초대장의 주문, 연회의 요리 주문 등)를 말한다.

(2) 이행불능

이행불능의 경우는 최고 없이 해제권이 발생한다. 계약일부가 일부불능(일부의 이행불능)인 경우에는 이행이 가능한 나머지 부분만의 이행으로 계약의 목적을 달성할 수 없을 경우에만 계약 전부의 해제가 가능하다(판례).

(3) 불완전이행

① 완전이행이 가능한 경우－상당한 기간 최고 후 최고기간 안에 이행이 없으면 해제권이 발생한다.

② 완전이행이 불가능한 경우－불완전이행으로 된 때 최고 없이 해제권이 발생한다.

(4) 채권자지체

① 채무불이행책임으로 보는 경우－상당한 기간 최고 후 최고기간 안에 이행이 없으면 해제권이 발생한다(다수설).

② 신의칙에 기인한 법정책임으로 보는 견해－해제권 발생을 부정한다.

(5) 사정변경과 해제

판례는 해제권의 발생을 부정한다(단, 계속적 계약관계의 경우에는 해지권의 발생을 인정).

(6) 부수적 채무의 불이행과 해제 : 학설·판례 모두 해제권의 발생을 부정한다.

판례 매수인이 대금 이외에 공과금, 세금를 부담하기로 한 경우 매도인은 매수인의 공과금, 세금 지급의 태만을 이유로 계약을 해제할 수 없다 〈대판 2005. 7. 14, 2004다67011〉.

4) 해제권의 행사

(1) 해제권의 행사 : 해제권의 행사는 상대방에 대한 의사표시로 하며, 그 방식에는 아무런 제한이 없으나 이를 행사할 때에는 조건이나 기한을 붙이지 못한다. 해제의 의사표시는 상대방에게 도달한 때에 효력이 발생하며, 효력이 발생한 후에는 이를 철회하지 못한다.

(2) 해제권의 불가분성 : 당사자의 일방 또는 쌍방이 수인인 경우에는 계약의 해제는 그 전원으로부터 또는 전원에 대하여 하여야 한다.

5) 해제의 효과

(1) 기본적 효과 : 해제로 인하여 계약은 소급적으로 소멸한다고 한다(직접효력설). 따라서 해제 당시에 채무가 이행되지 않았으면 당연히 소멸하고, 이미 이행되어 있으면 그 급부는 부당이득의 반환이 문제되며, 그 범위는 원상회복에까지 확대 된다.

(2) 해제의 소급효와 물권의 복귀 : 계약에 의하여 발생한 채권·채무는 소급적으로 소멸한다. 판례는 채권계약이 해제되면 채무가 소급적으로 소멸하여 물권이전의 효과도

당연히 원상으로 회복된다는 물권적 효과설을 취하고 있다. 그러나, 계약해제를 하기 전에 이미 제3자가 권리를 취득한 경우에는 제3자의 권리가 인정되며, 해제당한 당사자 일방에게 손해배상을 청구하여야 한다.

(3) 원상회복의무

① 성 질－계약이 해제되면 각 당사자는 상대방에 대하여 계약과 관련하여 수령한 물건 등을 원상으로 회복시킬 의무가 있다.

② 내 용

㉠ 원물반환의 원칙 : 원물이 존재하면 그 물건을 반환하여야 한다.

㉡ 원물반환의 예외

(ⅰ) 수령한 원물이 멸실 등으로 원물반환이 불능하게 된 경우 : 객관적 가격반환

(ⅱ) 원물반환이 처음부터 불가능한 급부(예 : 노무)의 경우 : 객관적 가격반환

(ⅲ) 채무자가 목적물을 이용한 경우 : 사용에 의한 이익반환

(ⅳ) 금전을 급부한 경우 : 그 받은 날부터 이자를 붙여서 반환

(ⅴ) 과실이 생긴 경우 : 그 과실도 반환

(ⅵ) 대체물인 경우 : 그 동종 · 동질 · 동량의 것을 반환

(4) 손해배상의 청구 : 계약을 해제한 자가 손해를 입은 경우에는 계약의 해제와 별도로 손해배상을 청구할 수 있다.

(5) 해제의 효과와 동시이행 : 해제의 효과로서 계약당사자 쌍방이 원상회복 · 손해배상의무를 상호 분담하는 경우, 당사자는 동시이행의 관계에 있게 된다.

6) 해제권의 소멸

(1) 권리의 일반적 소멸원인 : 해제권의 포기 · 해제권의 실효 · 해제권발생 후의 이행 · 제척기간(10년)의 경과

(2) 해제권에 특유한 소멸원인

① 해제권 행사의 존속기간의 경과

② 해제권자의 귀책사유에 의한 목적물의 훼손 또는 반환불능

③ 해제권자의 목적물의 가공 또는 개조로 인한 목적물의 변경

2. 계약의 해지

1) 의 의

계약의 해지라 함은 당사자의 의사표시에 의하여 계약에 기인한 계속적 채권관계에 있어서 계약의 효력을 장래에 향하여 소멸시키는 것이다.

2) 해지권의 발생

해지권의 발생은 당사자 사이의 해지권을 약정하는 특약에 의한 경우(약정해지권)와 법률의 규정에 의한 경우(법정해지권)의 두 가지가 있으며, 법정해지권은 각종의 전형계약에 따라 개별적으로 규정하고 있다.

3) 해지권의 행사

(1) **해지권의 행사** : 해제의 경우에 있어서와 마찬가지로 상대방에 대한 일방적 의사표시로써 하고, 이 의사표시는 임의로 철회할 수 없다.

(2) **해지권의 불가분성** : 불가분성이 있는 것도 해제의 경우와 마찬가지이다.

4) 해지의 효과

(1) **해지의 비소급효** : 계약을 해지하면 해지의 효력은 소급하지 아니하고 장래에 향하여 효력을 잃는다.

(2) **해지기간** : 존속기간을 정하지 않은 경우에 당사자가 해지권을 행사하면 일정한 유예기간(해지기간)이 경과한 때에 비로소 효력이 생긴다.

(3) **청산의무** : 해지는 소급효가 없으므로 원상회복의 문제는 생기지 않지만, 기존의 관계를 청산해야 한다(예 : 임대차의 해지와 보증금 · 목적물의 반환).

(4) **손해배상의 청구** : 계약을 해지하면 손해배상의 청구를 할 수 있다.

(5) **이미 성립한 채무의 효력** : 해지 이전에 이미 발생한 채무(예 : 연체된 차임채무 · 이자채무)는 해지로 인하여 기본적 채권관계가 소멸하여도 그대로 존속한다.

사례문제

재건축 대상 아파트 소유자인 A는 매수인 B와 매매계약을 체결하였다. 계약금으로 3천만원을 수령하고, 나머지 대금은 6개월 후에 받기로 하였다. 그러던 중 부동산정책 활성화 방안이 발표되고 , 재건축아파트가 급등할 것이라는 소식이 돌고 있었다. 고민하던 A는 B와의 계약을 해제하려고 한다. 해제가 가능한가?

[해 설] 부동산정책 활성화방안 등의 사유는 사정변경 사유에 해당하므로 판례에 의하면 계약해제 사유로 인정되지 아니한다. 그러나 매매계약의 경우 계약금만 지급된 경우 계약금의 배액을 상환하고 해제가 가능하다. 따라서, 매도인 A는 받은 계약금 3천만원과 그 금액 만큼인 3천만원을 합하여 총 6천만원을 매수인 B에게 지급하고 계약을 해제할 수 있다.

제 2 장

금전거래에 관한 법률실무

Ⅰ. 금전소비대차 계약 시 유의사항

1. 금전소비대차 계약이란?

금전소비대차 계약은 채권자인 대주(貸主)가 일정액의 금전을 채무자인 차주(借主)에게 이전하여 일정기간 동안 차주에게 금전을 이용하게 하고 반환시기가 도래하였을 때에 대주에게 반환할 것을 약정함으로써 성립하는 채권계약이다. 채무이행의 시기, 장소, 방법 등은 당사자가 자유로이 결정할 수 있다. 이자를 지급하기로 하는 금전소비대차계약을 체결하는 때에는 이자에 관한 특약의 합의가 있어야 하고, 이율에 관하여 약정한 바가 없으면 그 이율은 법정이율에 의한다.

2. 금전거래 시 일반적 유의사항

1) 거래는 명확히 한다.

금전거래는 흔히 가깝게 지내는 가족이나 친구들 사이에서 발생한다. 그만큼 신의를 기초로 하여 발생하기 때문에 계약의 체결에 있어 형식적인 면을 소홀히 하거나 생략하는 경우가 많다. 그러나 금전거래는 불화의 근원이란 말이 있듯이 가까운 사이일수록 금전거래를 하지 않는 것이 바람직하나, 부득이 금전거래를 할 경우에는 거래관계를 명확히 하여야만 장래의 분쟁을 예방할 수 있다.

그러기 위해서는 상세한 문서를 작성하여 교환하여 거래관계를 명확히 하는 것이 가장 좋은 방법이다. 즉, 계약할 때에는 계약서를, 금전을 주고받을 때에는 영수증을 반드시 작성하고 즉석에서 확인하는 관행을 정착하여야 한다.

2) 거래 상대방을 확인한다.

(1) 사회에서는 지인 소개로 알게 된 사람과 금전거래가 이루어질 때가 있다. 이 경우 상대방은 내가 알고 지내는 사람이 아니라 실제 돈을 필요로 하는 사람이다. 따라서 이 상대방의 직업, 주소, 성명 등을 주민등록증 등에 의하여 확인하고 변제능력이나 신용도 이 상대방의 것을 확인하여야 한다.

(2) 미성년자에게 돈을 빌려줄 때는 친권자(부모)의 동의가 있어야 하고 동의가 없으면 미성년자의 보호자가 계약을 취소할 수 있으므로 손해를 보지 않으려면 친권자와 직접 거래를 하여야 한다.

(3) 법인, 즉 회사 등과 거래할 경우에는 상대방이 그 회사를 대표하는 정당한 권한이 있는지를 확인하여야 하며, 회사의 임직원과 개인적으로 금전거래 하는 형식의 계약서를 만들면 향후 회사가 책임을 지지 않게 되어 손해를 보는 경우가 생길 수 있다.

3. 금전을 빌려 줄 때 유의할 점

1) 금전을 빌려줄 때는 상대방의 재력과 신용을 확인하는 것이 특히 중요하다. 상대방의 신용과 재력이 의심스러울 때에는 금전의 회수확보를 위한 담보를 설정하여야 한다. 담보에는 인적 담보와 물적 담보가 있다.

2) 가정주부에게 금전을 빌려줄 때에는 그 금전이 자녀들의 학비나 식비 등 일상가사 비용으로 사용된다면 그 남편에게도 변제책임이 있으나, 일상가사와 관계없이 주부가 계를 한다든지 사치하는 비용이나 유흥비로 쓴다든지 하는 경우에는 남편이 별도로 보증을 서지 않는 한 단지 그러한 사실을 알고 있었다는 것만으로는 남편에게 변제책임이 없다.

3) 도박이나 강도와 같은 범죄에 제공될 자금인 줄 알면서 금전을 빌려준 경우는 상대방이 갚지 않으면 법률상 청구할 수가 없다.

인적 담보

제3자로 하여금 보증이나 연대보증을 서도록 하는 것인데 제3자의 재력 등도 확인하여야 한다.

물적 담보

부동산에 근저당권이나 가등기담보권을 설정 받는 방법, 소유권이전등기를 받는 방법 등이 있고 동산이나 유가증권을 담보로 받아두는 경우도 있다.

전세보증금

전세보증금을 담보로 하는 경우 반드시 전세보증금 반환채권의 양도계약을 체결하고 집주인을 만나 승낙을 얻거나 채무자로 하여금 집주인에게 내용증명 우편으로 통지를 하도록 조치하여야 효력이 있다. 단지 채무자의 전세계약서를 받아 놓는 것만으로는 아무런 효력이 없다.

4) 채무자가 사망한 경우 채무도 상속되므로 채권자는 그 상속인에게 변제를 청구할 수 있다. 상속인이 채무를 면하려면 상속을 포기하거나 상속의 한정승인을 하여야 한다.

5) 채무자가 약속대로 변제를 하지 않고 악의적인 도주 및 재산도피 등으로 금전의 회수가 어려워진다고 하여도 합법적 수단을 포기하고 속칭 해결사를 동원한다든지 하는 폭력수단으로 돈을 받아내려고 시도하는 것은 그 자체가 더 큰 범죄가 될 수 있다.

4. 금전을 빌릴 때 유의사항

1) 일반적으로 금전을 빌리는 사람은 다급하기 때문에 이자나 담보관계 등에 있어서 채권자의 요구에 따라 가혹한 조건을 강요당하는 경우가 많으므로 계약서의 내용을 상세히 파악하여야 한다.

〈 개인 회생 제도 〉

1. 의 의 : 재정적 어려움으로 인하여 파탄에 직면하고 있는 개인채무자로서 장래 계속적으로 또는 반복하여 수입을 얻을 가능성이 있는 자에 대하여 채권자 등 이해관계인의 법률관계를 조정함으로써 채무자의 효율적 회생과 채권자의 이익을 도모하기 위하여 마련된 절차이다.

2. 신청대상

1) 재산보다 채무가 더 많은 사람
2) 현재의 재산보다 더 많이 변제할 수 있는 사람
3) 담보 없는 채무 5억원 이하에 담보 있는 채무를 합하여 10억원 이하인 사람
4) 현재 사업을 운영하거나 급여 소득이 증명되는 사람
5) 최대 5년 동안 변제계획대로 변제액을 매월 꾸준히 납입할 수 있는 사람
6) 공무원 등 개인파산 및 면책신청을 할 수 없는 사람
7) 부모나 배우자 및 자녀의 재산이 너무 많지 않은 사람

3. 신청절차

1) 회생신청 – 서류준비신청(주민등록등본 2통, 초본 1통, 가족관계증명서, 혼인증명서, 인감도장, 신분증) 및 회생위원면담
2) 중지명령
3) 개시결정 – 채권자 집회
4) 인가결정

4. 혜 택

1) 채권자의 동의 없이 원금 최대 90% 면책
2) 모든 채무가 조정대상(사채, 보증채무 포함)
3) 공무원, 교사, 의사, 기업의 임원 자격유지
4) 채권자의 협박 및 추심금지
5) 채권자의 가압류, 압류, 강제집행 등 중지 및 금지
6) 담보권이 설정된 자산의 법 조치
7) 파산과는 달리 재산을 보유할 수 있음

〈 개인 파산 제도 〉

개인이 더 이상의 채무를 갚을 수 없는 상황이 되었을 때 법의 보호 아래 채무를 변제할 능력이 되지 못한다는 법원의 판단이다. 경제활동 중 발생한 채무 등에 대하여 채무자의 변제능력으로 변제할 수 없어서 채무자의 모든 재산을 투입하여 채권자들에게 채무를 변제하여도 이를 모두 변제할 수 없는 지급불능상태에서 법원에 신청하는 제도이다.

〈 면책 제도 〉

1. 면책의 의의 : 파산선고 후 법원이 채무자에게 새로운 출발기회를 주기 위한 제도로서 채무에 대한 변제책임을 면제시켜주는 제도이다. 면책을 받게 되면 채무를 변제하지 않아도 되며, 그에 따른 어떠한 불이익도 없다.

2. 신청 대상
1) 재산보다 채무가 더 많은 사람
2) 현재소득이 없거나 가족수에 비해 급여 소득이 적은 사람
3) 부모나 배우자 및 자녀의 재산이 없거나 적은 사람
4) 면책불허가 사유에 해당하는 행위(사기죄 등)가 크게 존재하지 않는 사람

3. 면책의 효과
1) 모든 채무가 탕감된다.
2) 은행거래 및 모든 경제활동이 가능해진다.
3) 파산한 기록이 남지 않기 때문에 어떤 직장에도 제약 없이 취직할 수 있다.
4) 자녀와 가족에게도 전혀 불이익이 없다.
5) 재산을 모을 수 있다.

4. 면책의 절차
1) 계약금 입금 및 서류준비 – 해당법원접수(접수증명원 발송)
2) 법원의 파산선고
3) 법원의 면책결정 및 복권
4) 개인파산 신청절차

2) 원금이나 이자를 갚으면 반드시 영수증을 받고, 원리금(원금과 이자)을 완전히 변제한 경우는 미리 교부해 주었던 차용증서나 어음, 수표 등을 회수하여야 한다. 이를 회수하지 않으면 나쁜 채권자에게 이중으로 변제하여야 할 위험성이 있다.

[영수증 예시]

영 수 증

NO. ____________

₩ ____________

TO. ____________

일금

내역 ____________ 발행인

상기 금액을 정히 영수하였습니다.

발행일 20 년 월 일

3) 악덕 사채업자 중에는 비싼 담보물을 헐값에 취득할 목적으로 변제기일에 일부러 만나주지 않거나 변제기일을 연기해 주겠다고 속여 안심시킨 후 변제기일을 넘겨 담보물을 처분하는 경우가 있으므로 이럴 때에는 지체 없이 공탁절차를 밟아야 한다.

〈 변제 공탁 〉

1. 공탁의 의의

공탁이란 법령의 규정에 따른 원인에 의하여 금전·유가증권·물품을 법원의 공탁소에 임치하여 법령에 정한 일정한 목적을 달성하는 제도로, 반드시 해당법령에 따른 공탁사유가 있어야 하며, 공탁을 하는 원인에 따라 변제공탁, 집행공탁, 보관공탁, 몰취공탁 등 여러 종류로 분류된다.

2. 변제공탁의 의의

채무자가 변제를 하려고 하여도 채권자가 변제를 받지 아니하거나 변제를 받을 수 없는 경우 또는 과실 없이 채권자가 누구인지 알 수 없는 경우에 채무자는 채무이행에 갈음하여 채무의 목적물을 공탁하여 그 채무를 면할 수 있는 공탁을 말한다.

3. 변제공탁의 효과

변제공탁을 하면 채무가 소멸하므로 채무자는 채무를 면하게 되고 채권자는 채무자에게 채무이행을 청구하지 못하고 대신 공탁소에 대하여 공탁물의 지급을 청구할 수 있다.

4. 변제공탁의 신청

법원의 공탁소에 비치된 공탁서와 공탁통지서를 받아 일정한 서류와 함께 제출하면 공탁공무원이 이를 심사하여 공탁을 수리하게 되고 그 후 공탁자가 공탁물을 공탁물보관은행에 납입하면 되며, 지정한 납입기일까지 납입하지 않으면 공탁수리결정은 그 효력이 상실된다.

5. 변제공탁물 출급청구

변제공탁을 하면 공탁서상 공탁물을 수령할 자로 기재된 채권자(피공탁자)가 공탁물을 수령할 수 있는 권리를 공탁물출급청구권이라고 하며, 피공탁자로부터 상속·양도·전부 등으로 인하여 공탁물출급청구권을 승계 받은 자도 공탁물출급청구권이 있으며, 피공탁자(채권자)가 공탁을 수락하는 경우에는 일정한 서류를 갖추어 공탁물을 출급 청구할 수 있다.

4) 이자는 약정이 없는 한 이를 지급할 필요가 없으나 변제기가 경과된 경우에는 연 5%의 민법상 이자(지연이자)를 지급하여야 한다.

〈 이자제한법 〉

- 「이자제한법」은 이자의 적정한도를 정하여 국민 경제생활의 안정과 경제정의의 실현을 목표로 제정된 법률로서 2014년 7월 15일 개정 시행되었다.
- 「이자제한법」은 금전대차, 즉 돈을 빌릴 때에만 적용되고, 돈의 액수도 10만 원 이상의 돈을 빌릴 때에만 적용되는 법률이다.
- 「이자제한법」상의 대통령령의 최고이자율은 연 24%로 정하고 있다.
- 「이자제한법」의 최고 이자율 연 24%를 넘은 부분은 무효이며, 돈을 빌린 사람이 최고 이자율을 초과하는 이자를 지급한 경우에 초과 지급된 이자는 우선 원금에서 제하고, 원금을 제하고도 남은 때에는 반환을 청구할 수 있다.
- 「이자제한법」은 선이자의 경우 채무자가 실제 받은 금액을 원금으로 보도록 정하고 있으며, 수수료, 할인금, 공제금, 체당금(替當金), 예금(禮金) 등 어떠한 명칭에도 불구하고 채권자가 받은 것은 이자로 본다. 이와 함께 이자에 대하여 이자를 지급하는 복리도 최고 이자율인 연 24% 이하로 제한하고 있다.
- 「이자제한법」은 돈을 갚지 않은 경우를 대비해서 미리 손해배상금을 예정한 경우에도 법원에서 부당하다고 인정한 때에는 감액할 수 있도록 정하고 있다.

○ 「이자제한법」은 개인과 무등록 대부업자(혹은 사실상 대부업자)가 적용대상이다. 따라서 다른 법률에 따라 인가 · 허가 · 등록을 마친 금융기관(일반 은행) 또는 「대부업법」에 따라 등록한 등록 대부업자(일수)에게는 적용되지 않는다.

※ 「대부업의 등록 및 금융이용자보호에 관한 법률」을 흔히 「대부업법」이라 부르고, '대부업자'는 금전의 대부 또는 그 중개를 업으로 하는 사람을 말한다.

☞ '무등록' 대부업자(사실상 대부업자)의 최고 이자율은 「이자제한법」에 따라 연 24%이며, '등록' 대부업자도 2018년 2월부터 연24%로 인하되었다.

금전소비대차계약증서

대주 ○○○을 “갑”으로 하고, 차주 ○○○을 “을”로 하며, 연대보증인 ○○○을 “병”으로 하여 갑 · 을 · 병 사이에 다음과 같이 금전소비대차계약을 체결한다.

【제1조】 갑은 을에 대하여 20 년 월 일 금 원을 대여하고 을은 이를 차용하였다.

【제2조】 차용금의 변제기일은 20 년 월 일로 한다.

【제3조】 이자는 월 %로 하여 매월 말일까지 지급한다. 을이 원리금의 변제를 지체하였을 경우 을은 월 %의 비율에 의한 지연손해금을 가산하여 지급하여야 한다.

【제4조】 채무의 변제는 갑의 영업소(또는 주소) 또는 갑이 지정하는 장소에서 한다.

【제5조】 을은 다음의 경우 최고 절차 없이 당연히 기한의 이익을 상실하고 잔존 채무전부를 즉시 지급하여야 한다.

1. 을이 이자의 지급을 2회 이상 지체한 때
2. 을 또는 병이 다른 채무로 인하여 가압류, 가처분, 강제집행을 받은 때
3. 을 또는 병이 영업소(또는 주소)를 변경하고 그 사실을 갑에게 통지하지 아니할 때

【제6조】 병은 을과 연대하여 본 채무이행의 보증책임을 진다.

위의 계약을 명확히 하기 위하여 본 증서 3통을 작성하여 갑 · 을 · 병이 각 1통씩 보유한다.

년 월 일

서울 구 동 번지
대 주(갑) ○ ○ ○ (인)
서울 구 동 번지
차 주(을) ○ ○ ○ (인)
서울 구 동 번지
연대보증인(병) ○ ○ ○ (인)

Ⅱ. 공증 및 공정증서

1. 공증의 의의

1) 공증(公證)의 의의

공증이란 본래 각종의 등기·등록·영수증교부·증명서발급·여권발급 등 특정한 사실 또는 법률관계의 존부를 공적으로 증명하는 행정주체의 행위를 말한다. 그러나 여기에서는 공증인법상의 공증인에 의한 이러한 확인제도를 공증이라고 부르기로 한다. 공증의 법률적 효과는 구체적인 법률의 정하는 바에 의하지만, 그 공통적 효력은 반대의 사실이 증명(반증)되지 않는 한 부인되지 않는 공적 증거력이 있기 때문에 불필요한 분쟁을 사전에 예방할 수 있는 것이다.

2) 공증인 및 공증사무소의 의의

공증인이란 당사자 기타 관계인의 촉탁에 의하여 법률행위, 기타 사건에 관한 사실에 대하여 공정증서를 작성하고 또한 사서증서에 인증을 하는 권한을 가지는 실질적 의미에 있어서의 공무원 및 공증인 사무소를 말한다. 이 중 공증사무소란 공증인법에 의해 법무부장관이 임명한 공증인의 사무소, 법무법인 사무소, 합동법률사무소 중 공증인가를 받은 사무소를 말한다.

3) 공증의 필요성

(1) 재판 없이 강제집행 : 어음, 수표 및 금전소비대차, 양도담보부 금전소비대차 등 채권, 채무 등을 공정증서로 작성하면 지급기일 경과 후 집행권원으로서 즉시 강제집행이 가능하기 때문에 복잡한 재판절차를 거치지 않아도 된다.

(2) 공문서로서의 증거능력과 분쟁예방 : 공증을 받은 문서는 그 성립에 진정성이 인정되며 위조, 변조가 불가능하고 공문서로서의 강력한 증거력을 가지게 되며 증서상 권리의무가 명확하여 분쟁의 여지가 없다.

(3) 증거의 보존 : 공증사무소에 원본 등의 증거가 보존되어 증서를 분실하여도 권리주장이 가능하다.

(4) 담보로서의 기능 : 동산, 지적재산권 등을 담보로 하는 양도담보공증 등은 담보기능을 한다.

(5) 상법상의 필수절차 : 법인 설립 시에 정관, 창립총회의사록, 이사회의사록 등은 공증이 필수요건이다.

(6) 매매가액의 과세표준 : 매매계약을 공정증서로 작성하면 계약서상의 가격이 과세표준이 된다.

2. 공정증서

1) 공정증서의 의의

공무원이 그 권한 내에서 적법하게 작성한 일체의 증서를 의미하나, 일반적으로 공증인 기타 공증업무를 행하는 자가 공증인법 기타 법령의 정하는 바에 따라 법률행위 기타 사건에 관한 사실에 대하여 작성한 증서를 말한다. 계약시 계약서의 내용을 공정증서로 작성하는 경우가 그 예이다.

2) 공정증서의 효력

공정증서는 공증인에 의하여 작성되는 문서로 개인이 작성한 문서와는 다른 강력한 법적인 효과가 있다.

(1) 증명력 : 공정증서는 공증인이 당사자의 진의를 확인하여 작성되기 때문에 사후에 이를 착오·사기 또는 강박에 의하여 작성되었다고 이행을 거부하기 어렵게 된다.

(2) 집행력 : 금전소비대차인 경우 채무자가 약속된 날짜에 채무를 변제하지 않으면 통상 채권자는 법원에 계약서 등을 증거로 제출하여 채무의 지급을 명하는 판결을 얻어야 한다. 이때 상대방이 이의를 제기하여 상소하면 확정판결을 받을 때까지 강제집행을 할 수 없다. 그러나 금전소비대차계약을 공정증서로 작성하게 되면 채무자의 이행불이행시 채권자는 공증인에게 집행문을 부여받고 이를 근거로 강제집행의 절차를 취할 수 있다. 즉, 공정증서는 확정판결과 같은 효과를 갖으며 이를 공정증서의 최대·최강의 효력이라고 한다.

3. 공정증서의 작성 절차

1) 거래의 합의 또는 의사표시의 존재

공정증서를 작성하려면 우선 계약의 경우와 같이 당사자간에 체결할 거래에 대한 약속이나 유언의 경우와 같이 유언자 단독의 의사표시가 존재하여야 한다.

2) 제출서류

(1) 본인인 경우 : 공증을 촉탁하는 자가 본인인 경우에는 본인의 신분증과 인장이 필요하다. 신분증은 주민등록증이나 운전면허증과 같이 사진을 확인할 수 있으며 관공서가 발행한 신분증을 말한다.

(2) 대리인인 경우

공증을 대리인이 하는 경우에는 다음과 같은 서류의 제출이 필요하다.

① 위임장(공증을 대리인에게 위임한다는 내용)－위임장의 작성시 주의사항은 위임할 사항을 구체적으로 작성하여야 한다. 단순히 '갑 · 을 간의 금전소비대차에 대하여 공정증서를 작성하는 건' 과 같이 포괄적이어서는 충분하지 않으며 위임하는 내용을 자세하고 구체적으로 언급하여야 한다. 이는 위임장의 남용으로부터 위임자를 보호하기 위함이다.

② 본인의 인감도장, 인감증명서－인감증명서는 발행일로부터 6개월 이내의 것이어야 한다.

③ 대리인의 신분증, 인장

④ 지배인 등기가 되어있는 지배인이 위임할 경우는 인감증명서 대신 지배인 등기부등 · 초본으로 가능하다.

⑤ 외국인 기타 인감증명서가 발급되지 않는 사람이 위임할 때는 공증받은 위임장을 제출해야 한다.

(3) 회사인 경우

회사가 공증을 부탁하는 경우에는 대표자의 신분증, 인장, 회사의 법인 등기부등본 또는 대표이사의 인감증명서가 있어야 한다.

3) 공정증서의 보관

(1) 공정증서 원본 : 공정증서의 원본은 공증인사무소에서 영구히 보존한다.

(2) 공정증서 정본 : 당사자는 정본을 각 1통씩 받게 된다.

|참고|

1) 원 본－작성자가 일정한 내용을 표시하기 위하여 확정적인 것으로서 최초에 작성한 문서이다. 정본(正本) · 등본 · 사본 등과 대립되는 말로서, 판결의 원본, 공정증서의 원본, 수표원본 등이 있다. 원본에는 보통 작성자의 서명날인이 있어야 하고, 또 공문서의 경우 등 법률상 일정한 장소에 보존을 요하는 경우가 많다. 원본이 여러 통 작성된 경우에도 전부 동일한 효력을 가진다.

2) 정 본－법률에 규정이 있는 경우에 권한이 있는 자가 원본(原本)에 의거하여 작성한 문서이다. 즉, 원본은 법률의 규정상 일정한 장소에 보관하도록 되어 있으며, 그 효력을 다른 장소에서 발휘하여야 할 필요가 있는 경우(예컨대, 강제집행의 경우)에 외부에 대하여 원본과 동일한 효력을 가지는 것으로서 이해관계인에게 부여된다. 정본에는 반드시 작성자가 정본이라는 뜻을 기재하여야 한다. 또 공증인이 작성하는 공정증서에 있어서는 유용한 부분을 초록(抄錄)하여 정본을 작성할 수 있으며, 이 초록정본인 사실을 기재하여 정본기재사항에 대신하게 되어 있다.

3) 등 본－문서의 원본(原本) 내용을 동일한 문자·부호로써 전부 완전하게 복사한 서면을 말한다. 원본의 내용을 증명하기 위하여 작성되며, 원본의 일부를 복사한 초본(抄本)과 대응된다. 구호적등본·등기부등본·공정증서등본·어음등본·소송기록의 등본 등이 있다. 이는 다시 공무원이 직무상 작성하여 원본과 상위 없다는 뜻의 증명을 기재한 인증등본(認證謄本)과 그렇지 않은 보통의 등본이 있다.

〈법률행위에 관한 증서 등의 작성에 대한 수수료〉
(공증인 수수료 규칙 제2조)

법률행위의 목적 또는 어음 및 수표의 가액	수수료
200만원까지	1만 1천원
500만원까지	2만 2천원
1천만원까지	3만 3천원
1천 500만원까지	4만 4천원
1천 500만원 초과시	초과액의 2천분의 3을 더하되 300만원을 초과하지 못함

4. 공정증서에 의한 강제집행

공정증서 작성 후 채무자인 을이 돈을 갚지 않고 약속을 이행하지 않으면 채권자인 갑은 어떻게 해야 하나?

앞에서 설명한 바와 같이 공정증서를 작성하였을 경우에는 재판을 통한 확정판결을 얻을 필요 없이 바로 강제집행이 가능하다.

1) 집행문의 발급

채권자는 공증인사무소에 가서 집행문을 발급받는다. 집행문이란 공증인이 공정증서의 말미에 써넣는 다음의 문구를 의미한다.

'위 정본은 채무자 을에 대한 강제집행을 위해 채권자 갑에게 이를 지급 한다'

이는 강제집행의 허가증과 같은 것이다. 단, 집행문의 부여는 공정증서 작성일로부터 7일이 경과되어야 한다.

2) 집행문의 송달과 송달증명서

채권자는 위의 집행문을 얻어 공정증서정본을 수정한 후, 이를 채무자에게 송달하고, 또한 공정증서정본 송달증명서를 공증인으로부터 발급받는다.

3) 강제집행

동산에 대한 강제집행의 경우에는 집행관에게, 부동산 또는 채권에 대한 강제집행의 경우에는 법원에 강제집행을 신청한다.

공 증 촉 탁 서

접수번호	–	문서명	
증서등부 번호	–		

아래 촉탁인은 위 공정증서 작성 □ / 인 증 □ 을 촉탁합니다.

년 월 일

공증인가 법무법인 ○ ○ 귀중

1 촉탁인	성 명 (법 인 명)	(인)	2 촉탁인	성 명 (법 인 명)	(인)
	생 년 월 일 (대표이사명)			생 년 월 일 (대표이사명)	
	주 소 (소 재 지)			주 소 (소 재 지)	
	☎			☎	
	위 출석확인	(인)		위 출석확인	(인)
3 촉탁인	성 명 (법 인 명)	(인)	4 촉탁인	성 명 (법 인 명)	(인)
	생 년 월 일 (대표이사명)			생 년 월 일 (대표이사명)	
	주 소 (소 재 지)			주 소 (소 재 지)	
	☎			☎	
	위 출석확인	(인)		위 출석확인	(인)
비 고					

수령사항	구 분	통수	수령자 확인	촉탁인 대리인 확인	주민등록증		증인성명	
	증서정본		(인)		운전면허증		증인성명	
	증서등본		(인)		공 무 원 증		면식번호	
	인 증 서		(인)		여 권		위 임 자	
					영사증명서		인감증명서	
	법률행위의 목적가액		수수료		주 임	사무장	공증인	
	원		원					

위 임 장

대리인의 주소 ______________________________

성명 ______________________________

위의 사람을 대리인으로 정하여 공증인가 법무법인 ○○에서 다음 사항의 공정증서 작성에 관한 일체의 행위를 위임하며 위 사람이 다음의 공정증서 작성에 관한 쌍방대리를 하는 것을 승낙합니다.

다 음

1. 어음공정증서 작성

액 면 금 원정

발 행 일 : 20 년 월 일	지급기일 : 20 년 월 일
발 행 지 :	지 급 지 :
발 행 인 :	수 취 인 :

2. 신용부금(적금)대출 금전소비대차 계약공정증서 작성

채 권 자 :	채 무 자 :
채무금(대출금) 원정	연대보증인 :
계약증서번호 :	계약기간 : 개월
계 약 일 :	급부전부금 납입합계액 : 금 원
대 출 일 :	만기일또는 변제 기한 :
이 자: 연 % 지연이자 : 연 %	부금납입기일 이자지급기일 : 매월 일

3. 위 금원의 지급을 연체 할 때에는 즉시 강제집행을 받아도 이의 없다는 취지 내용의 공정증서 작성

20 년 월 일

주 소 ______________________________

위임인 ______________________________ (인)

주 소 ______________________________

위임인 ______________________________ (인)

주 소 ______________________________

위임인 ______________________________ (인)

증서 20　　　년　제　　　호
금전소비대차계약공정증서
본직은 당사자들의 촉탁에 따라 다음의 법률 행위에 관한 진술의 취지를 청취하여
이 증서를 작성한다.
제1조(목적) 채권자는　　년　　월　　일
금　　　　　　원정을 채무자에게 대여하고 채무자는 이를 차용하였다.
제2조(변제기한과 방법)
제3조(이자) 이자는
제4조(변제의 장소) 채무의 변제 장소는
제5조(지연손해금) 채무자가 원금 또는 이자의 변제를 지체한 때에는 지체된 원금
또는 이자에 대하여 연　　의 비율에 의한 지연손해금을 채권자에게 지급한다.
제6조(기한 이익의 상실) 채무자가 다음 각호의 1에 해당하는 때에는 채권자로부터
달리 통지 또는 최고가 없더라도 당연히 위 차용금 채무에 관한 기한의 이익을
상실하고 즉시 나머지 채무금 전부를 변제하여야 한다.
1. 채무자에 대하여 파산, 화의개시 또는 회사정리절차 개시의 신청이 있었을 때
2. 채무자가 거래은행으로부터 거래정지처분을 받은 때
3. 채무자가　　　　금의 지급을 지체한 때
제7조(위와 같다) 채무자가 다음 각호의 1에 해당하는 때에는 채권자의 청구에 따라
위 차용금 채무에 관한 기한의 이익을 상실하고 즉시 나머지 채무금 전부를
변제하여야 한다.
1. 채무자가 제3자로부터 강제집행, 가압류, 가처분 또는 경매신청을 받은 때
2. 채무자가 조세의 체납으로 압류처분을 받은 때
3. 채무자가 이 계약조항을 위반한 때
제8조(연대보증) 보증인은 이 계약에 의한 채무자의 채무를 보증하고, 채무자와 연
대하여 채무를 이행하기로 약정하였다.
제9조(강제집행의 인낙) 채무자 및 연대보증인이 이 계약에 의한 금전채무를 이행
하지 아니할 때에는 즉시 강제집행을 당하여도 이의가 없음을 인낙하였다.

관계자의 표시	
관계	
성명(명칭)	
주소(소재지)	
직업	주민등록번호
관계	
성명(명칭)	
주소(소재지)	
직업	주민등록번호
관계	
성명(명칭)	
주소(소재지)	
직업	주민등록번호
관계	
성명(명칭)	
주소(소재지)	
직업	주민등록번호
관계	
성명(명칭)	
주소(소재지)	
직업	주민등록번호

본직은 위 이 제시한
에 의하여 그 사람이 틀림없음을 인정하였다.
촉탁에 관한 대리권은 본인의 인감증명서가 첨부된 위임장에 의하여 이를 인정
하였다.
본직은 이 증서를 열석자들에게 읽어주고, 열람시켰던 바 열석자들이 이 증서의
작성내용에 이의가 없다고 승인하고 각자 서명날인하였다.
이 증서는 년 월 일 이 사무소에서 작성하였다.
같은 날 본직은 이 촉탁인들의 청구에 의하여 정본은 에게
등본은 에게 각 1통씩 교부한 바
각자 이를 수령하였다.

[사례문제]

을남은 갑남에게 2018년 3월 30일에 1년 약정을 하고 사업자금으로 3,000만 원을 빌렸다. 이자는 월 2부로 하여 60만 원을 매월 말일에 갑에게 지급하기로 하였다.

1. 이자의 약정이 없었다면 이자의 지급은 어떻게 되는가?
2. 이자의 약정이 있었으나 이자율의 약정이 없었다면 이자의 지급은 어떻게 되는가?
3. 위의 이자율은 이자제한법상의 제한을 받지 않는가?
4. 을남은 6개월 뒤인 9월 30일 빌린 돈을 갚을 수 있게 되어 변제를 하려고 하는데 남은 6개월분의 이자를 함께 지급하여야 하는가?
5. 차용증서 또는 금전소비대차 계약서만 작성한 경우와 이 서류를 공정증서로 작성한 경우는 어떠한 차이가 있는가?

[해 설]

1. 금전거래(금전소비대차)란 채권자(소비대주)가 금전의 소유권을 채무자(소비차주)에게 이전할 것을 약정하고 채무자는 일정한 기한 내에 반환할 것을 약정하는 계약이다(민법 제598조). 따라서 이자의 약정이 없으면 무이자 금전거래가 되므로 원금만 상환하면 된다.
2. 이자의 약정이 있으면 이자 있는 금전거래가 되며, 이자율의 약정이 없었다면 법정이자율을 적용하게 된다. 민사거래라면 연 5%이고(민법 제379조), 상거래라면 연 6%를 적용하게 된다(상법 제54조).
3. 이자제한법은 이자율의 약정이 있었을 때 지나치게 고율의 이자를 약정할 경우 이를 제한하는 역할을 한다. 이자제한법에 의하면 연 24%를 초과하지 않는 범위 내에서 대통령령으로 정하고 있는데 그 비율이 연 24%이다(이자제한법 제2조).
   위의 사례에서 월 2부(2%)라 함은 연 24%가 되므로 이자제한법을 위반하고 있지 아니한 경우이다. 연 24%를 초과하는 이자의 약정일 때 무효가 되며, 이미 이자를 지급한 경우에는 초과하는 범위의 이자를 반환청구 할 수 있다.
4. 채무자가 변제기 전에 상환을 할 경우는 남은 기간에 대해서도 이자를 지급하여야 하는 것이 원칙이다. 일반 개인 간의 거래에서 갚는 달까지의 이자만 내도 허용되는 것은 채권자가 이를 허용하여 주기 때문인 것이다.
   민법상 기한의 이익(변제기까지 금전을 사용하는 것)은 이를 포기(미리 갚을 수 있음)할 수 있다. 그러나 상대방(채권자)의 이익(변제기까지 이자 받을 수 있는 권리)을 침해하지 못하도록 하고 있다(민법 제153조 제2항). 따라서 채권자가 요구하면 남은 6개월분의 이자도 함께 지급하여야 한다.
5. 차용증서나 금전소비대차 계약서가 없으면 계약이 있었던 것으로 인정받지 못하는 경우가 있고, 이러한 문서가 있으면 재판의 증거로 활용될 수 있다.
   채권자는 채무자가 변제하지 아니한 경우 민사소송을 하여 판결을 받거나 지급명령을 신청하는 등 법적 청구를 할 수 있다.
   그러나 위 문서를 가지고 공증인사무소에서 공정증서를 작성하게 되면 판결과 같은 집행력이 있게 된다. 공증을 해두면 공증인사무소에서 집행문을 부여받아 채무자의 재산을 강제집행 할 수 있기 때문이다.
   따라서 공정증서로 하지 아니한 경우보다 공정증서로 해두면 수수료는 들지만 채무불이행시 법원의 판결을 받아 집행해야 하는 시간과 비용을 줄일 수 있다.

제 3 장

할부거래에 관한 법률실무

Ⅰ. 할부거래

1. 할부거래의 의의

할부거래라 함은 할부계약에 의한 거래를 말하며, 할부계약은 명칭, 형식에 관계없이 재화나 용역(일정한 시설을 이용하거나 용역을 제공받을 수 있는 권리를 포함)을 제공받고 대금을 일정기간에 걸쳐 분할하여 지급하는 계약을 의미한다.

할부계약의 유형은 직접 할부계약, 간접 할부계약, 선불식 할부계약으로 나누어진다.

1) 직접 할부계약

직접 할부계약은 소비자가 사업자에게 재화 등의 대금을 2개월 이상의 기간에 걸쳐 3회 이상 나누어 지급하고, 그 대금을 완납하기 전에 재화의 공급이나 용역의 제공을 받기로 하는 계약을 의미한다.

2) 간접 할부계약

간접 할부계약은 소비자가 신용제공자에게 재화 등의 대금을 지급하고 사업자로부터 재화 등의 공급을 받기로 하는 계약으로 그 방법은 직접 할부계약과 동일하다.

3) 선불식 할부계약

선불식 할부계약은 소비자가 사업자로부터 일정한 용도의 재화 등의 대금을 2개월 이상의 기간에 걸쳐 2회 이상 나누어 지급함과 동시에 또는 지급한 후에 재화 등의 공급을 받기로 하는 계약을 의미한다. 장례 또는 혼례를 위한 용역 및 이에 부수한 재화 등이 그 대상이 된다.

2. 할부거래에 관한 법률의 제정목적

소비자의 충동구매로 인한 철회 등을 보장하고, 불리한 거래조건 등으로 인한 피해를 구제하고자 할부거래에 관한 법률(할부거래법)이 제정되었다.

그 제정목적을 보면 할부계약 및 선불식 할부계약에 의한 거래를 공정하게 함으로써 소비자의 권익을 보호하고 시장의 신뢰도를 높여 국민경제의 건전한 발전에 이바지함을 목적으로 하고 있다(할부거래법 제1조).

3. 할부거래법의 적용범위

할부거래법은 재화나 용역을 그 대상으로 하고 있으므로 토지나 건물 같은 부동산의 할부거래에는 적용되지 아니한다. 또는 사업자가 상행위를 위하여 재화 등의 공급을 받는 상거래에는 이 법을 적용하지 아니한다(동법 제3조).

4. 할부계약의 체결

1) 계약체결 전의 정보제공

할부거래업자는 할부계약을 체결하기 전에 소비자가 할부계약의 내용을 이해할 수 있도록 일정한 사항을 표시하여야 한다. 일정한 사항은 재화 등의 종류 및 내용, 현금가격, 할부가격, 각 할부금의 금액 · 지급횟수 및 지급시기, 할부수수료의 실제 연간요율 등을 의미하며 이를 명시하여야 한다(동법 제5조). 이를 표시하지 아니하거나 거짓표시를 하면 500만 원 이하의 과태료를 부과한다(동법 제53조 제4항).

2) 할부계약의 서면주의

할부거래업자는 일정한 사항을 기재한 서면으로 할부계약을 체결하여야 하며, 이 계약서를 소비자에게 발급하여야 한다.

일정한 사항의 내용은

① 할부거래업자 · 소비자 및 신용제공자의 성명 및 주소,

② 재화 등의 종류 · 내용 및 공급시기,
③ 현금가격,
④ 할부가격,
⑤ 각 할부금의 금액 · 지급횟수 · 지급기간 및 지급시기,
⑥ 할부수수료의 실제 연간요율,
⑦ 계약금,
⑧ 재화의 소유권 유보에 관한 사항,
⑨ 청약철회의 기한 · 행사방법 · 효과에 관한 사항,
⑩ 할부거래업자의 할부계약 해제에 관한 사항 등이다(동법 제6조).

이러한 내용이 기재된 계약서를 발급하지 아니하거나 거짓으로 작성된 계약서를 발급하면 500만 원 이하의 과태료를 부과한다(동법 제53조 제4항).

5. 소비자의 청약 철회권

1) 청약 철회권의 의의 및 행사 기간

소비자가 할부계약을 체결한 후 재화나 용역을 제공받는 것이 후회가 되어 이를 번복할 수 있는 권리를 청약 철회권이라 한다.

직접, 간접 할부계약 청약 철회권은 다음과 같은 일정기간 내에 행사하여야 한다(동법 제8조 제1항).

(1) 소비자가 계약서를 받은 날부터 7일 이내. 다만, 그 계약서를 받은 날보다 재화 등의 공급이 늦게 이루어진 경우에는 공급 받은 날부터 7일 이내

(2) 계약서를 받지 아니한 경우, 할부거래업자 주소 등이 기재되지 아니한 계약서를 받은 경우, 주소변경 등의 사유로 철회기간이 경과한 경우에는 그 주소를 안 날 또는 알 수 있었던 날 등 청약 철회를 할 수 있는 날부터 7일 이내

(3) 계약서에 청약의 철회에 관한 사항이 적혀 있지 아니한 경우에는 청약 철회를 할 수 있음을 안 날 또는 알 수 있었던 날부터 7일 이내

(4) 할부거래업자가 청약의 철회를 방해한 경우에는 그 방해 행위가 종료한 날부터 7일 이내

※ 선불식 할부계약은 위의 기산일로부터 14일 이내에 청약 철회권을 행사하여야 한다(동법 제24조 제1항).

2) 청약 철회권 행사 방법

소비자가 청약 철회를 하려면 철회기간 내에 할부거래업자에게 청약을 철회하는 의사표시가 적힌 서면을 발송하여야 한다. 이 경우 일반적으로 내용증명 우편을 이용하나 신용카드로 계약을 체결했을 때는 내용증명과 신용카드 전표 뒷면의 철회요청서를 사용한다.

3) 청약 철회권 행사의 효력 및 비용 부담

소비자가 청약 철회권을 행사하면 서면을 발송한 날에 그 효력이 발생한다. 따라서 소비자는 이미 공급받은 재화 등을 반환하여야 하며, 할부거래업자는 재화를 공급한 경우 그 재화를 반환받은 날부터 3영업일 이내에 이미 지급받은 계약금 및 할부금을 반환하여야 한다(동법 제10조 제1·2항).

할부거래업자는 소비자가 청약철회를 한 경우 공급 받은 재화 등의 반환에 필요한 비용을 부담하며, 소비자에게 청약의 철회를 이유로 위약금 또는 손해배상을 청구할 수 없다(동법 제10조 제10항).

4) 청약 철회권 행사의 제한

소비자가 다음과 같은 경우에는 청약의 철회를 할 수 없으나 할부거래업자가 승낙한 경우에는 철회가 가능하다.

(1) 소비자에게 책임있는 사유로 재화 등이 멸실되거나 훼손된 경우이다. 다만, 재화 등의 내용을 확인하기 위하여 포장 등을 훼손한 경우는 제외한다.

(2) 사용 또는 소비에 의하여 그 가치가 현저히 낮아질 우려가 있는 것으로서 그 재화 등을 사용 또는 소비한 경우이다(할부거래법 시행령 제6조 제1항).

그 대상은 선박, 항공기, 기차, 전철, 건설기계, 자동차, 냉동기, 전기냉방기, 보일러이다.

(3) 시간 경과로 다시 판매하기 어려울 정도로 재화 등의 가치가 현저히 낮아진 경우이다.

(4) 복제할 수 있는 재화 등의 포장을 훼손할 경우이다.

(5) 거래의 안전을 위하여 대통령령으로 정하는 경우이다(할부거래법 시행령 제6조 제2항).

그 대상은 할부가격이 10만 원 미만인 경우, 신용카드를 이용한 때에는 할부가격이 20만 원 미만인 경우이다.

6. 할부거래업자의 할부계약의 해제

할부거래업자는 소비자가 할부금 지급의무를 이행하지 아니한 경우에는 할부계약을 해제할 수 있다. 이 경우 매도인은 그 계약을 해제하기 전에 14일 이상의 기간을 정하여 소비자에게 그 이행을 서면으로 최고하여야 한다.

계약이 해제된 경우에는 각 당사자는 그 상대방에 대하여 원상회복의 의무를 진다. 이 경우 상대방이 그 이행의 제공을 할 때까지 자기의 의무이행을 거절할 수 있다. 재화 등의 소유권이 할부거래업자에게 유보된 경우에 그 계약을 해제하지 아니하고는 그 반환을 청구할 수 없다(동법 제11조).

7. 소비자의 기한의 이익 상실

소비자가 기한의 이익을 상실한다고 하는 것은 연체된 금액과 남은 할부금을 일시불로 지급해야 하는 것을 의미한다. 그 사유로 소비자가 할부금을 다음 지급기일까지 연속하여 2회 이상 지급하지 아니하고, 그 지급하지 아니한 금액이 할부가격의 10%를 초과하는 경우, 생업에 종사하기 위하여 외국에 이주하는 경우와 외국인과의 결혼 및 연고관계로 인하여 외국에 이주하는 경우에는 기한의 이익을 상실한다(동법 제13조, 동법 시행령 제10조).

소비자가 기한이 도래하기 전에 나머지 할부금을 일시에 지급할 때에는 나머지 할부금에서 나머지 기간에 대한 할부수수료를 공제한 금액으로 한다.

[사례문제]

갑은 을백화점에서 30만원 하는 의상을 무이자 3개월 할부로 구입하였다. 다음날 그 의상을 보니 충동구매를 한 것 같아 후회가 되었다.

1. 반품을 하고 싶은데 백화점 판매사원은 제품에 하자가 없으므로 안된다고 한다. 어떠한 방법이 있는가?
2. 신용카드로 구매한 경우는 어떻게 되는가?
3. 제품에 하자가 있는 경우이어도 철회기간이 경과하면 반품을 할 수 없는가?

[해 설]

1. 할부매매의 경우 구매가 용이하는 점에서 충동구매가 이루어지기 쉽다. 그래서 이로부터 소비자를 보호하기 위하여 소비자의 청약 철회권을 인정하고 있다. 이 권리는 제품에 하자가 없더라도 인정된다. 다만 철회가 제한받는 품목일 경우는 철회할 수 없는데 의류의 경우에는 이러한 제한을 받지 아니한다.
   따라서 이 경우는 목적물을 인도받은 날로부터 7일 이내에 그 청약을 철회할 수 있다(할부거래법 제8조 제1항).
   갑은 철회의 의사표시가 기재된 서면(내용증명을 주로 이용함)을 발송하고 물품을 반환하면 된다. 청약의 철회는 서면을 발송한 날에 그 효력이 생긴다(할부거래법 제8조 제4항).
2. 신용카드로 할부결제가 가능해지면서 소비자들에게는 편리한 반면 이에 따른 부작용도 있으므로 소비자 스스로가 권리행사 방법을 잘 알아둘 필요가 있다.
   신용카드를 사용하여 할부거래를 하는 경우에는 할부거래가 20만 원 미만인 경우 청약을 철회할 수 없다(할부거래법 제8조, 할부거래법 시행령 제6조 제2항). 그러나 이 경우 할부가격이 30만원 이었으므로 철회가 가능하다. 철회방법은 백화점의 카드가맹점에 철회요청을 서면으로 발송하고 물품을 반환하면 된다. 목적물의 반환에 필요한 비용은 할부거래업자가 부담하고, 할부거래업자는 소비자에게 위약금 또는 손해배상을 청구할 수 없다.
   그리고 위 기간 내에 카드가맹점에 철회 요청한 서면을 첨부하여 철회요청서를 신용카드회사에도 발송하여야 한다. 이를 위반하면 신용카드회사의 대금지급청구에 대항할 수 없게 된다.
   본인의 카드가 아닌 친구 또는 가족의 신용카드를 사용하는 경우 신용카드회사로부터 철회권을 인정받지 못하게 되므로 주의하여야 한다.
3. 소비자는 제품에 하자가 있는 경우에는 판매자인 할부거래업자의 할부금 지급청구를 거절할 수 있는 소비자의 항변권이 인정된다.
   항변사유는 제품에 하자가 있어 소비자가 요구한 하자담보책임을 할부거래업자가 이행하지 아니하거나 채무불이행으로 인하여 할부거래의 목적을 달성할 수 없는 경우에 해당한다(할부거래법 제16조 제1항 제4호, 제5호).
   소비자의 항변권은 청약철회기간에 관계없이 행사할 수 있는 권리이다.
   항변권행사를 서면으로 하는 경우 그 효력은 서면을 발송한 날에 발생한다. 다만, 할부가격이 10만원 미만이거나 신용카드를 사용하여 할부거래를 하는 경우에는 20만원 미만인 경우 항변권 행사를 할 수 없다(할부거래법 제16조 제2항, 할부거래법 시행령 제11조).

Ⅱ. 신용카드

1. 신용카드의 의의

신용카드란 카드회원이 카드가맹점에 제시하여 재화 또는 용역의 제공을 받을 수 있는 증표로서 신용카드법의 허가를 받은 신용카드업자가 발행한 카드를 말한다. 제1의 통화를 현금, 제2의 통화를 수표라고 한다면 신용카드는 제3의 통화라고 할 수 있다.

신용카드는 오늘날 필수품의 하나가 되었으며, 편리한 장점이 있는 반면 도난·분실, 부정사용 등으로 인해 피해사례도 증가하고 있는 실정이다.

이러한 점을 고려하여 신용카드업 등을 하는 자의 건전하고 창의적인 발전을 지원함으로써 국민의 금융편의를 도모하고, 국민경제의 발전에 이바지함을 목적으로 여신전문금융업법이 제정되었다(여신전문금융업법 제1조).

2. 신용카드업자의 책임

1) 신용카드회원 등에 대한 책임

신용카드업자는 신용카드회원이나 직불카드회원으로부터 그 카드의 도난 · 분실 등의 통지를 받은 때부터 그 회원에 대하여 그 카드 사용에 따른 책임을 진다(동법 제16조 제1항). 도난 · 분실 등의 통지를 받은 날부터 60일 전까지의 기간에 생긴 신용카드 사용액에 대해서는 신용카드업자가 책임을 진다(동법 시행령 제6조의 9).

신용카드업자는 신용카드의 도난 · 분실 등에 대하여 그 책임의 전부 또는 일부를 신용카드회원이 부담하도록 할 수 있다는 특약이 있으면 카드회원으로 하여금 책임지게 할 수 있다. 다만, 카드회원이 저항할 수 없는 폭력이나 자기 또는 친족의 생명 · 신체에 대한 위해 때문에 비밀번호를 누설한 경우 등 카드회원의 고의 또는 과실이 없는 경우에는 책임을 지지 않는다(동법 제16조 제3항).

2) 신용카드가맹점에 대한 책임

신용카드업자는 다음과 같은 거래에 따른 손실을 카드가맹점에 부담시키지 못하고 직접 책임을 진다(동법 제17조).

그 내용을 보면

① 도난 · 분실 당한 신용카드 사용

② 위조・변조된 신용카드 사용

③ 해킹, 전산장애, 내부자정보유출 등 부정한 방법으로 얻은 신용카드 등의 정보를 이용하여 신용카드 사용

④ 타인의 명의를 도용하여 발급받은 신용카드 등이 이에 해당한다.

3) 신용카드가맹점의 준수사항

신용카드 가맹점은 신용카드로 거래한다는 이유로 카드결제를 거절하거나 신용카드 회원을 불리하게 대우해서는 아니된다. 신용카드 가맹점은 카드회원 본인이 정당하게 사용하는 지를 확인하여야 하며, 가맹점수수료를 카드회원에게 부담시켜서도 아니된다(동법 제19조).

4) 신용카드의 발급

신용카드업자는 발급신청을 받아야만 신용카드를 발급할 수 있는데 일정한 요건을 갖추어야 한다(동법 제14조).

1. 본인이 신청하여야 한다.

2. 신용카드 한도액이 신용카드업자가 정하는 신용한도 산정기준에 따른 개인신용한도를 넘지 아니할 것을 요한다.

3. 신용카드의 발급신청일 현재 만19세 이상이어야 한다. 미성년자의 경우는 법정대리인의 동의서, 재직증명・납세증명 등 소득을 증명할 수 있는 서류를 제출하여야 한다(동법 시행령 제6조의 7).

미성년자가 법정대리인의 동의 없이 신용카드를 발급받아 사용했을 때 미성년자는 제한능력자로 그 행위를 미성년자 본인 또는 법정대리인이 취소할 수 있다. 취소하게 되면 그 받은 이익이 현존하는 한도 내에서 이를 상환할 책임이 있게 된다(민법 제141조).

5) 신용카드 부정사용의 유형

부정사용의 주체	신용카드 부정사용의 유형
1. 본인에 의한 부정사용	(1) 거래대금결제의사와 능력이 없으면서 신용카드를 발급받아 부정사용 (2) 유효 기간이 경과되거나 거래정지로 무효가 된 신용카드의 부정사용 (3) 카드를 제3자에게 양도, 담보제공, 대여, 이용위임 등을 하여 이루어지는 부정사용 (4) 허위 도난・분실신고에 의한 부정사용

2. 제3자에 의한 부정사용	(1) 도난 · 분실에 의해 이루어진 제3자의 부정사용 (2) 신용카드 우송 중 망실사고에 의해 이루어진 부정사용 (3) 위조 · 변조, 허위 매출전표 유통, 불법 카드가맹점 개설에 의한 부정사용
3. 신용카드가맹점에 의한 부정사용	(1) 사채업자가 신용카드가맹점과 공모하여 신용카드로 카드회원에게 현금을 대출하여 주는 부정사용 (2) 자기의 매출내역을 다른 카드가맹점 명의로 매출전표를 작성하여 대금을 청구하는 부정사용 (3) 신용카드가맹점이 매출전표를 위조하거나 이중으로 발행하여 매출을 가장하는 부정사용

3. 신용카드 도난, 분실 시의 구제방법

1) 카드발행회사에 신고를 한다.

전화 또는 직접 방문하여 신고하여야 한다.

이 경우 카드사는 신고접수자, 접수번호, 신고지점 등을 카드회원에게 알려주며 카드회원은 이러한 사항을 확인해야 한다.

2) 신고를 한 카드회원이 도난, 분실로 인한 부정사용대금을 보상신청 하고자 할 때는 전자문서 또는 서면으로 신청하여야 한다.

3) 신청을 하면 일반적인 경우는 도난, 분실 신고접수일로부터 60일 전 이후에 발생한 제3자의 부정사용금액에 대하여는 카드사로부터 보상을 받을 수 있다. 현금인출 및 현금서비스와 비밀번호를 이용하는 거래의 경우에는 신고시점 이후이다.

4) 보상신청 시 카드 1매당 2만 원의 보상처리 수수료를 납부하여야 한다.

5) 신용카드 관련 소비자 상담 전화

- 한국여신금융협회 Tel : 02) 2011 - 0730 ~ 1
- 소비자 상담센터 Tel : 국번없이 1372

6) 신용카드 관련 피해구제 신청 및 분쟁조정문의

- 한국소비자원 Tel: 02) 3460-3354

4. 신용카드 사용할 때의 유의할 점

1) 신용카드 수령 즉시 카드 뒷면에 서명을 하여야 한다.

카드도난이나 분실 시 서명을 하지 아니한 경우에는 신고를 하더라도 피해금액에 대해 전액 보상을 받지 못하게 된다.

2) 도난, 분실 등에 대비하여 카드 뒷면 서명부분을 복사하여 따로 보관한다(카드번호, 분실 시 신고전화번호 등도 별도로 기록하여 보관함).

부정매출의 경우 신속히 도난, 분실 신고를 한 경우에는 보호를 받지만 경우에 따라서는 서명의 상이함을 입증하여 보상을 받을 수 있으므로 복사한 서류는 중요한 근거자료가 된다.

3) 비밀번호를 철저히 관리하여야 한다.

신용카드를 도난, 분실했더라도 비밀번호가 노출되지 않으면 현금서비스나 예금인출로 인한 피해를 방지할 수 있다. 따라서 생년월일, 주민등록번호, 집전화번호 등은 제3자에게 쉽게 노출되므로 유의하여야 한다.

4) 카드를 타인에게 빌려주지 말아야 한다.

신용카드의 양도, 대여, 담보제공(카드깡) 등으로 인해 신용카드가 부정사용된 경우나 가족 등에 의해 부정사용된 경우에는 도난, 분실 시에 보상을 받을 수 없다.

5) 카드로 대금을 계산할 때 거래 내용을 확인하고 서명하여야 한다. 영수증은 카드대금 청구가 올 때까지 보관하여 청구금액과 대조하여야 한다.

6) 신용변동사항은 수시로 체크하여야 한다.

유효기간, 이용한도 등은 잘 파악해두어 급하거나 필요한 때에 카드를 사용하지 못하는 일이 없어야 한다.

7) 신용카드를 사용하지 아니할 때는 완전히 절단하여 버리고 카드사에 해지신청을 하도록 한다.

8) 주소지나 근무지를 옮길 경우 카드사에 변경사실을 통지해 주는 것이 좋다. 다른 사람이 카드를 받아 도용할 수 있기 때문이다.

9) 카드사용 시 카드사용내역을 본인에게 즉시 알려주는 서비스를 이용한다.

[사례질문]

K신용카드 회원인 갑은 2019년 2월 20일 카드를 분실했다. 그런데 외국을 다녀오느라고 2019년 5월 3일이 되어서야 이 사실을 알게 되어 바로 신용카드회사에 분실신고를 하였다.

1. 신용카드를 도난, 분실한 경우 대처방법은 어떻게 되는가?
2. 타인이 그 신용카드를 부정사용한 경우 갑은 어떠한 책임을 지는가?
3. 신용카드회사에서 보상해주지 않는 경우는 어떠한 경우인가?

[해 설]

1. 갑은 신용카드회사에 도난, 분실한 사실을 먼저 전화로 통보하고, 부정사용된 경우 보상을 받으려면 소정 양식에 따라 서면으로 신용카드 회사에 보상 신청을 해야 한다.
   신용카드회사에 신고를 할 때에는 신고자의 카드번호, 카드종류, 성명 등을 정확히 알려주고, 신고접수자의 성명, 접수 번호 등을 기록해 둘 필요가 있다. 나중에 이와 관련해 분쟁이 생기더라도 보호받을 수 있는 증거가 되기 때문이다.
   보상신청 시 신용카드 1매당 2만원의 보상처리 수수료를 납부하여야 한다.

2. 도난, 분실한 신용카드를 타인이 부정사용한 경우 신고한 신용카드회원은 신고 접수일로부터 60일 전 이후에 발생한 제3자의 부정사용금액에 대해서는 신용카드회사로부터 보상을 받을 수 있다(여신전문금융업법 제16조 제2항, 여신전문금융업법 시행령 제6조의 9).
   그러나 현금 인출이나 현금서비스 등과 같이 비밀번호를 이용하는 거래의 경우는 원칙적으로 신고 시점 이후에만 보상이 가능하다. 강도사건이 늘어나면서 신용카드 비밀번호 공개가 불가피할 경우가 있다. 그래서 저항할 수 없는 폭력이나 자기 또는 친족의 생명 · 신체에 대한 위협 때문에 비밀번호를 누설한 경우에는 보상이 가능하도록 하고 있다(여신전문금융업법 제16조 제3항).
   민법의 기간 계산법(초일 불산입)을 적용해 신고 접수일을 제외하면 60일의 기간이 2019년 3월 4일부터 2019년 5월 2일까지이다.
   따라서 위 사례의 경우 신고 접수일이 2019년 5월 3일이므로 이보다 60일 전이 되는 2019년 2월 20일부터 2019년 3월 3일까지 부정사용 된 카드대금은 갑이 책임을 져야 한다. 신고접수일로부터 60일 전 이후인 2019년 3월 4일 이후의 부정사용 된 카드대금은 신용카드회사로부터 보상을 받을 수 있다.

3. 신용카드회사에서 다음과 같은 경우에는 보상해주지 않는다(여신전문금융업법 시행령 제6조의 10).
   (1) 고의 또는 중대한 과실로 비밀번호를 누설한 경우
   (2) 신용카드를 상품 구매 등을 위장한 현금 융통 등의 부당한 행위(카드깡)나 담보의 목적으로 제공한 경우
   (3) 신용카드를 수령하고 카드 뒷면에 서명하지 아니한 상태에서 도난, 분실 당한 경우
   (4) 본인이 아닌 타인(가족 포함)에게 양도, 대여하여 이루어진 부정사용의 경우

제 4 장

부동산거래에 관한 법률실무

Ⅰ. 부동산매매계약 시 유의사항

신집사는 10년간 제대로 먹지도 않고 입지도 않고 모은 돈으로 꿈에도 그리던 집을 장만하게 되었다. 신집사는 계약을 앞두고 혹시 이 계약이 잘못되어 평생 모은 돈이 없어지지는 않을까 하는 걱정에 잠을 이루지 못하였다.

신집사가 안전하고 확실한 계약을 하기 위해서 유의할 사항은 무엇일까?

집은 인간의 기본적인 주거생활을 위해서 뿐만 아니라 재산으로서의 가치를 가지고 있기 때문에 많은 사람들이 집을 구입하기 위하여 수년을 투자하고 있다. 그러나 이러한 집장만의 꿈이 뜻하지 않은 일로 인하여 큰 피해가 되는 경우가 적지 않다. 이러한 피해를 방지하기 위해서는 사후적인 구제책보다는 근본적으로 위험한 요인을 피해나갈 수 있는 지혜가 필요하다.

1. 계약 전 유의사항

1) 반드시 현장을 확인하여야 한다.

부동산을 사고자 하는 자는 먼저 해당지번을 확인하고, 임야대장, 토지대장, 등기부등본, 건축물관리대장, 도시계획확인원, 용도지역 확인원 등을 떼어보고 현장을 반드시 확인하여야 한다.

실제 면적과 위의 공부서류상 면적이 다를 때도 있으며, 80도 급경사 지역도 지적도에는 평면으로 나타나기 때문에 직접 가서 서류와 차이가 없는지 조사 확인해야 한다.

만일 건물 등 부동산자체에 물리적 결함이 있다면 상당한 수리비용이 소요되고 그것이 부동산전체의 기능에 영향을 준다면 법적인 분쟁을 겪어야 하기 때문이다.

2) 거래상대방을 확인하여야 한다.

부동산 매매의 경우 많은 경우에 있어서 여러 이유로 실제 소유자가 아닌 부인, 아들, 회사직원, 재산관리자 등과 계약의 교섭이나 상담을 하는 경우가 많다. 하지만 이는 후일 분쟁의 소지가 있게 된다. 즉, 이러한 계약은 무효가 될 수 있다. 부부간이나 부모자식간에도 원칙적으로 대리권은 없다.

그렇기 때문에 현재 거래의 교섭을 하고 있는 자가 당해 부동산의 실제소유자인지 등기명의 등을 확인해 보아야 한다.

3) 권리관계에 법적 규제는 없는지 공적장부 등을 확인하여야 한다.

(1) 당해 부동산에 관한 임야대장, 토지대장, 등기사항증명서, 건축물관리대장, 도시계획확인원, 용도지역 확인원 등을 열람해 보고, 권리관계를 확인해 보아야 한다. 확인하지 않아서 발생한 손해에 대해서는 당연히 알 수 있었고 알아야 할 것이기에 확인해 보지 않은 자에게 "과실책임"이 인정되기 때문이다.

(2) 건축과 관련하여 도시계획 여부, 개발제한구역 여부 등도 반드시 확인하여야 한다. 예를 들어, 등기사항증명서 상에 하자가 전혀 없는 부동산을 매입한 경우도 구청에서 도시계획을 세우면서 도로예정지로 편입시켜 수용대상 토지로 책정해 놓았을 경우 후일 헐값의 보상만을 받게 된다.

(3) 등기사항증명서에 근저당이 설정됐으면 채권액 등을 해당 금융기관에 문의한다. 이 같은 재산상 제한은 잔금처리 전에 반드시 해결한다는 단서를 계약서에 써야 한다. 저당권이 설정됐거나 가등기나 가압류가 있으면 계약 전에 해결하거나 계약을 재검토해야 한다.

4) 본인의 책임 하에 계약하여야 한다.

중개업자에 의하여 계약을 체결하는 경우나 생활지를 통한 직거래인 경우 본인이 직접 모든 것을 확인하고 알아보는 것이 좋다. 중개업자들은 중개수수료 취득을 위해 매도인측의 말만 믿고 전달하는 경우도 있고 , 다소 과장하여 전달하는 경우도 있기 때문이다.

중개업자나 상대방이 보여주는 등기사항증명서만을 믿어서는 안된다. 복사・위조 등의 우려가 있기 때문에 본인이 직접 등기부를 열람하여 확인하거나 이를 열람해 보아야 한다. 상대방이 보여주는 등기권리증도 자세히 살펴보고 원본인가를 확인하여야 한다.

5) 위험성이 있는 부동산은 거래에 신중하여야 한다.

(1) 단시일에 권리자가 여러 명씩 바뀌는 등 권리변동 관계가 빈번하고 복잡한 것은 일단 의심을 하고 사지 말아야 한다. 문제가 발생할 경우 전혀 알지도 못하는 원래의 권리자로부터 소송을 당하게 되어 결국 권리분쟁에 휩싸이게 되기 때문이다. 여러 가지 담보물권이나 특히 예고등기, 가등기, 가압류, 가처분이 되어 있는 것은 사지 않는 것이 현명하다.

(2) 매수직전에 비로소 보존등기가 되거나 기타 상속등기나 회복등기가 된 것은 일단 의심을 해야 한다.

(3) 소송으로 확정판결을 받은 물건을 매수할 때에는 패소판결을 받은 자를 찾아가 사실여부를 확인하는 것이 좋다.

(4) 주변 시세에 비해서 현저히 싸거나, 가격폭등을 이유로 권유하는 것도 신중히 검토해야 한다.

2. 계약할 때 유의사항

1) 계약서 작성 시 유의사항

(1) 계약자유의 원칙상 부동산거래계약이라도 법률로 정한 양식이란 것이 존재하지 않는다. 그러나 부동산을 취득하거나 양도하여 등기하거나 세금을 신고할 때는 반드시 검인계약서를 사용해야 한다. 검인계약서는 매도인 및 매수인, 거래금액이 표시된 부동산등기법상의 기준양식에 부동산 소재지를 관할하는 시장 · 구청장 · 군수 등의 검인이 찍힌 문서로 1988년 10월부터 시행되었다. 종전에는 부동산 거래 당사자가 매매관계를 맺을 때는 부동산중개업소 등에서 임의로 만든 계약서를 사용하였고 또 등기소에 계약서를 제출할 의무가 없었기 때문에 세무당국으로서는 당사자간에 은밀히 이루어지는 실제거래금액을 확인할 방법이 없었다. 그러나 이 제도가 실시됨에 따라 부동산 취득자는 등기소에 등기신청을 할 때 이 계약서 부본(副本)을 반드시 제출하여야 한다.

(2) 계약서는 구체적으로 명백히 작성하고 다의적 해석가능성이 있는 문자의 사용을 회피하여야 한다. 특히 요즈음은 미터법을 사용하므로 '평'의 단위와 혼동이 생길 수 있으므로 본인이 미터로 환산하여 비교하여야 한다.

또한 특약이 있으면 그 특약도 명백히 기재하여야 한다. 인쇄한 용지라 해서 당사자가 수정할 수 없는 것이 아니라 자유로이 내용을 수정, 삭제, 첨가할 수 있는 것이다.

2) 명의자와 직접계약

(1) 계약 시에는 매도인측 대리인과 계약하지 말고 가급적이면 거래당사자간에 직접 계약하는 것이 좋다. 부동산 중개업소의 소개로 계약하는 경우에도 매도인과 직접 계약하는 것이 좋으며 가급적 입회인을 두는 것이 좋다. (후일 분쟁이 발생할 경우 유력한 증인이 될 수 있다.)

(2) 등기명의인과 계약상대방의 일치여부를 반드시 확인하여 불일치 할 경우에는 위임장, 주민등록증의 요구 · 확인, 계약서에 위임인을 명시하고, 인감증명 등을 요구 · 확인해 보아야 한다. 소유자가 직접 계약을 할 수 없으면 위임장에 인감증명을 첨부해야 계약이 유효하다.

(3) 위임장 인감과 소유자의 인감증명서를 대조해보고 인감증명서의 유효기간(6개월)도 확인해야 한다. 뿐만 아니라 계약명의인에게 연락하여 그 의사를 확인해 보아야 한다.

(4) 단독주택의 소유자가 여러 명이면 각각의 지분에 대해 매각을 일임하는 위임장을 확인하여야 한다.

3) 전문가와 상의

계약체결 전에 의문이 있다면 변호사나 법무사, 기타 법률상담실을 찾아가 상의해 본 후 계약하는 것이 좋다. 사후적인 해결보다는 사전예방이 손실을 줄이는 최선의 방법이다.

3. 대금지급 및 등기 시 유의사항

(1) 계약체결 후에 중도금 · 잔금을 지급할 때는 반드시 영수증을 주고받고 대금지급의 내용을 명확히 하여야 한다. 등기부는 중도금 지급, 잔금 지급시마다 그 "직전에" 확인하여야 한다.

(2) 잔금을 치를 때 다시 등기부등본을 발급받아 계약 이후에 새로 저당권 등이 설정됐는지를 확인하여야 한다. 이는 중도금을 받고도 이중으로 매도하는 경우가 있기 때문이다.

(3) 중도금을 지급하기 전이라면 계약금을 지급한 사람은 그것을 포기하고, 계약금을 받은 사람은 그 배액을 배상할 경우 계약을 해제할 수 있으며 이때 계약금은 곧 해약금이 된다. 실제 거래에서 약정금, 보증금, 계약금 등 다른 이름으로 지급되었더라도 해약 시 이 금액은 원칙적으로 해약금이 된다.

(4) 중도금이 지급되면 일방의 해약이 불가능하다. 중도금은 계약금과 잔금지급 사이

에 매도인(임대인)에게 지급하는 금액으로서 당사자가 계약이행에 착수했음을 확인하는 금액이다. 중도금이 지급되기 전까지만 이 계약을 위와 같은 방법으로 해제할 수 있다.

(5) 등기서류와 잔금지급은 등기소 등에서 등기서류의 확인과 동시에 지급함이 안전하다. 잔금을 지급할 때 매도인으로부터 받아야 할 서류는 인감증명서(부동산매도용) 1통, 등기권리증, 주민등록등본, 검인용 매매계약서 각 1통이다.

(6) 또한 잔금을 지급할 때 재산세와 종합토지세를 집주인과 정산해야 합니다. 재산세와 종합토지세는 과세기준일이 6월 1일로서 원칙적으로 그 시점의 소유자가 납부하는 것이나, 과세액에 입주부터 차기 과세기준일까지의 개월수를 곱한 뒤 12로 나눠 납부액을 계산하여 정산하는 것이 부동산 관례이다. 따라서 이에 대해서 합리적으로 합의하여 특약으로 계약서에 기재하는 것이 바람직하다.

중도금을 지급할 때는 지방세가 체납됐는지 확인해보아야 한다. 집주인이 지방세를 미납했을 때는 계약서를 관할 시군구 지적과에서 검인받을 수 없다.

(7) 잔금을 지급함과 동시에 매도인으로부터 권리이전서류를 받아 60일 이내에 관할 등기소에 이전등기 절차를 마쳐야 한다. 만약 이 기간 내에 등기신청을 하지 않았을 경우에 최고등록세액의 5배까지 등기신청 해태에 따른 과태료가 부과된다. 이전등기 수속을 마친 후 등기부등본을 열람하여 이전등기가 된 것을 확인해야 한다.

〈 부동산양도신고제 〉

1. 부동산양도신고제란?

1997년 1월 1일부터 거주자가 부동산을 매매하는 경우 등기하기 전에 거래내용을 양도자 주소지 관할세무서장에게 신고하고 세무서장이 발급하는 '부동산양도신고확인서'를 첨부하여 등기소에 제출해야 소유권이전이 가능하다.

2. 부동산 양도신고시 혜택은?

부동산양도신고를 하고 그에 따른 세액을 양도일이 속하는 달의 다음날 말일부터 2개월 내에 납부하시면 종전의 예정신고납부세액공제 10%보다 5% 더많은 15%를 공제하고 양도소득세 예정신고한 것으로 간주한다.

3. 누가, 어떤 경우에 신고하여야 하나?

부동산을 매매하는 자가 신고하여야 하나 다음의 경우에는 신고를 하지 않아도 된다.

- 등기사항증명서상 3년 이상 보유한 지적공부상의 농지를 양도하는 경우
- 등기사항증명서상 8년 이상 보유한 지적공부상의 농지를 양도하는 경우

4. 부동산양도신고는 어떻게 하는가?

1) 세무서에 직접 신고하거나, 우체국에 비치된 부동산양도신고용 왕복민원우편을 이용하면 세무서에 오지 않고서도 신고할 수 있다.
2) 부동산양도신고를 하면 즉시 '신고확인서'를 발급하며 과세대상이면 납부할 세액 까지 계산해 준다.

5. 부동산양도신고시 제출할 서류는?

1) 부동산양도신고서
2) 매매하는 부동산의 등기사항증명서
3) 토지대장 등본(취득일 현재의 등급을 알 수 있는 것)
3) 건축물관리대장 등본
4) 양도일, 즉 대금을 청산한 날을 알 수 있는 서류

4. 계약서 작성방법

1) 계약서의 내용 중 일부 문구를 정정하는 경우에는 적색으로 두 줄을 그어 말소하고 난 외에 정정의 기재를 하고 정정날인(쌍방)을 하여야 한다.

2) 계약서의 장수가 2매 이상인 경우 각장의 접속부분에 당사자 쌍방 간인을 찍는다.

3) 부동산의 표시란에는 상세히 기재하여야 한다. 너무 간략하게 표시하는 경우 등기신청이 불가능하여 법무사가 다시 등기용 매매계약서를 이중으로 작성하게 된다. 따라서 등기권리증에 표시된 내용을 그대로 다 적어두도록 한다. 부동산의 표시란이 협소하여 다 적을 수 없는 경우에는 [뒷면참조], [별지참조] 등으로 기재한 후 뒷면이나 별지 목록에 기재한다.

4) 금액을 아라비아숫자로 적고 한글이나 한문(壹, 貳, 參) 등으로 기재하되 여백을 두지 말고 "金 字"옆에 붙여서 적는다.

5) 일시불로 하거나 중도금이 없는 경우는 해당없다는 표시를 하여야 한다.

6) 잔금수령과 소유권이전등기신청서 교부 및 부동산의 명도는 당사자의 특약이 없는 한 동시이행의 관계가 성립된다.

7) 당사자의 쌍방이 계약을 불이행하는 경우를 대비하여 손해배상액을 미리 특약사항으로 기재하게 되면 간단하게 손해배상을 결정할 수 있는 이점이 있다.

8) 계약서는 계약자유의 원칙에 따라 작성하는 개인 간의 사문서이므로 필요에 따라 공증을 해 놓으면 후일 확실한 증거력을 가지게 되어 분실의 위험이 없고, 채무불이행시 재판을 통해 강제집행을 할 수 있다.

9) 맨 끝의 계약조항으로 서로가 성의를 다하여 처음부터 끝까지 약속을 지킬 것을 서약한다는 내용의 신의칙 조항을 기재한다.

10) 계약조항이 다 기재되면 마무리로서 본 계약에 대하여 계약당사자가 이의 없음을 확인하여 서명 · 날인하고 본 계약서를 매도자 · 매수인 · 중개업자가 각각 1통씩 갖는다.

11) 당사자의 표시는 주민등록증에 표시된 정확한 내용을 기재한다. 성명란은 본인이 직접 쓰도록 하고 도장은 인감도장을 찍게 하여야 한다.

부동산매매계약서

매도인 ○ ○ ○(이하 "甲"이라 한다)과 매수인 ○ ○ ○(이하"乙"이라 한다)은 아래 표시의 부동산에 관하여 다음과 같이 합의하여 계약을 체결한다.

<부동산의 표시>

소 재 지				
토 지	지 목		면 적	㎡(평)
건 물	구조 및 용도		면 적	㎡(평)

제1조(목적) 甲은 그 소유의 위 부동산을 乙에게 매도하고 乙은 이를 매수한다.

제2조(매매대금) ① 매매대금은 금○○○원으로 하고 다음과 같이 지급하기로 한다.

계 약 금	금 원은 계약체결시에 지급하고
중 도 금	금 원은 년 월 일에 지급하며
잔 금	금 원은 년 월 일에 지급하기로 함.

② 제1항의 계약금은 잔금수령시에 매매대금의 일부로 충당한다.

제3조(소유권이전 및 매매물건의 인도) 甲은 乙의 잔금지급과 동시에 소유권이전등기에 필요한 서류를 乙에게 교부하고 이전등기절차에 협력하여야 하며 甲의 비용과 책임으로 매매부동산을 乙에게 인도하여야 한다.

제4조(저당권등의 말소) 甲은 위 제3조의 인도전에 매매부동산상의 저당권, 질권, 전세권, 지상권, 임차권 기타 소유권의 행사를 제한하는 일체의 권리를 말소시켜야 한다.

제5조(부속물의 이전) 위 제3조의 인도시 매매부동산에 부속된 물건은 매매목적물에 포함된 것으로 한다.

제6조(매도인의 담보책임) 매매부동산은 계약시의 상태를 대상으로 하며 공부상의 표시와 실제가 부합하지 아니하여도 쌍방이 이의를 제기하지 않기로 한다.

제7조(위험부담) ① 매매부동산의 인도 이전에 불가항력으로 인하여 매매부동산이 멸실 또는 훼손되었을 경우에는 그 손해는 甲의 부담으로 한다.

② 제1항의 경우에 乙이 계약을 체결한 목적을 달성할 수 없을 때에는 乙은 계약을 해제할 수 있으며 이때 甲은 이미 수령한 대금을 乙에게 반환하여야 한다.

제8조(계약의 해제) ① 위 제2조의 중도금 지급(중도금약정이 없을 때에는 잔금)전까지 乙은 계약금을 포기하고, 甲은 계약금의 배액을 상환하고 계약을 해제할 수 있다.

② 당사자 어느 일방이 본 계약을 위반하여 이행을 태만히 한 경우 상대방은 1주간의 유예기간을 정하여 이행을 최고하고, 일방이 이 최고의 기간내에 이행을 하지 않을 경우에 상대방은 계약을 해제할 수 있다.

제9조(위약금) 위 제8조 제2항에 의하여 甲이 본 계약을 어겼을 때에는 계약금으로 받은 금액의 2배를 乙에게 주기로 하고, 乙이 본 계약을 어겼을 때에는 계약금은 甲에게 귀속되고 돌려달라는 청구를 할 수 없다.

제10조(비용) 매도증서작성비용 및 이에 부대하는 비용은 甲이 부담하고 소유권이전등기에 필요한 등록세 등의 비용은 乙이 부담한다.

제11조(공과금 등) 매매물건에 부과되는 조세공과 · 제비용 및 매매물건에서 발생하는 수익은 모두 인도 일을 기준으로 하여 그 전일까지 생긴 부분은 甲에게 귀속하고 그 이후부터는 乙에게 귀속한다.

제12조(관할 법원) 이 계약에 관한 분쟁이 발생할 시에는 소송의 관할법원은 매매부동산의 소재지를 관할하는 법원으로 한다.

이 계약을 증명하기 위하여 계약서 2통을 작성하여 甲과 乙이 서명 · 날인한 후 각각 1통씩 보관한다.

20○○년 ○월 ○일

매도인	주 소					
	성 명 또 는 상 호	(인)	주민등록번호 또 는 사업자등록번호	–	전 화 번 호	
매수인	주 소					
	성 명 또 는 상 호	(인)	주민등록번호 또 는 사업자등록번호	–	전 화 번 호	
입회인	주 소					
	성 명 또 는 상 호	(인)	주민등록번호 또 는 사업자등록번호	–	전 화 번 호	

Ⅱ. 부동산 등기제도

최이중은 자신의 집을 박먼저에게 매도하고 잔대금까지 모두 받은 후 그 집을 다시 정나중에게 매도하고 박먼저 보다 먼저 정나중에게 이전등기를 해 주었다. 그 집에 대한 소유권은 누가 취득하게 되나요?

1. 부동산 등기제도란?

책이나 가방과 같은 동산은 이를 가지고 있는 사람이 그 소유자이기 때문에 쉽게 소유자를 알 수 있다. 그러나 건물이나 토지와 같은 부동산은 겉으로 보기에는 누가 소유자인지를 쉽게 파악할 수 없다. 따라서 국가는 등기부라는 공적 장부를 만들어 놓고 법원등기관으로 하여금 여기에 부동산의 표시와 그 부동산에 관한 권리관계를 기재토록 하여 일반인에게 널리 공시하고 있는데. 이를 부동산 등기제도라고 한다.

누구나 등기부를 열람하거나 등본을 발급받아 보면, 그 부동산의 지번, 지목, 구조, 면적 등의 부동산 표시사항과 소유권, 지상권, 저당권, 전세권, 가압류 등의 권리관계를 자세히 알 수 있다. 부동산에 관한 소유권 등의 권리관계가 발생하거나 그 권리가 이전 또는 변경되기 위하여는 등기가 되어야만 그 효력이 생긴다.

2. 등기부 읽는 법

1) 등기부 및 등기용지의 의의

부동산 1개에 등기용지 1개가 존재한다(1부동산 1등기용지). 그러나 실제로 부동산이 한 개인가를 구별하는 것은 쉽지 않다.

토지의 경우 원래 연속되는 것을 인위적으로 선을 그어서 나누고 지번을 매긴다. 원칙적으로 토지 1필지가 1개의 부동산이 된다. 1개의 토지가 분필이 되면 여러 개의 부동산이 되고, 반대로 여러개의 토지가 합필이 되면 1개의 부동산이다.

건물은 토지에 붙어 있지만 별개의 부동산으로 취급되어 따로 등기부가 있다. 건물이 한 개인가는 일반관념에 따라 결정된다. 즉, 1동의 주된 건물에 부속 건물이 여러 개 있더라도 그것은 1개의 등기용지를 사용하게 되며 그 부속 건물을 분할하여 독립된 건물로 하거나 다른 여러 건물을 합병하면 1개의 등기용지에 둘 수 있다. 또 1동의 건물 이 수개의 구분된 독립건물로 인정될 수 있는 아파트 건물 등은 1동의 건물을 표시하고 각 구분된 독립건물의 등기용지를 두게 된다.

2개 이상의 부동산을 1개의 등기용지에 등기할 수 없으며, 또 1개 부동산 일부만을 등기 할 수도 없다.

미전환된 등기부(바인더로 편철되어 있음) 이외에는 전산화되어 전자등기부로 되어 있다. 1996년도의 부동산등기법 개정으로 대법원장이 지정하는 등기소에서는 등기사무의 전부 또는 일부를 전산정보처리조직에 의하여 처리할 수 있게 되어, 1998. 10. 7. 전국의 7개 시범등기소에서 전산화된 등기부에 의하여 대민서비스를 최초로 실시하였다. 다만, 전환보류된 일부등기를 제외하고는 전국 등기소의 모든 등기가 전산화되어 등기를 컴퓨터에 의해 처리하게 되었으므로, 등기부는 종전의 종이 형태라는 관념에서 등기사항이 기록된 보조기억장치로 바뀌었고 등기용지는 등기기록으로 바뀌었다. 그러나 1부동산 1등기용지주의의 개념은 변하지 않았다.

구 등기부는 한자를 사용하고 세로쓰기를 하여 읽기가 불편했으나 새로이 편성된 등기부는 한글과 가로쓰기를 사용하므로 읽기가 매우 쉬워졌다. 신 등기부에는 그 작성당시 효력이 없는 과거의 권리관계는 기재하지 아니하고 있으므로 오래된 권리관계까지 알아보려면 폐쇄된 등기부를 열람 또는 폐쇄등기부 등본을 교부받아야 한다. 또한 토지등기부와 건물등기부는 따로 있으므로 집을 사려면 양쪽을 다 보아야 한다.

2) 등기사항증명서의 구성

등기용지는 표제부와 甲구 및 乙구 등으로 구성되어 있다. 그러나, 乙구에 기재된 사항이 전혀 없거나 기재된 사항이 말소되어 현재 효력이 있는 부분이 전혀 없을 때에는 등본 발급에 있어서는 乙구를 제외한 표제부 및 甲구만으로 구성되어 발급되고 있다.

(1) 표제부

표제부에는 부동산의 표시에 관한 사항을 기재하는 곳으로 소재와 지번 구조 종류 및 면적 등을 알 수 있고 아파트 등과 같이 대지권이 있는 경우에는 그 대지권의 표시에 관한 사항이 기재되어 있다.

① 1동의 건물 표시

등기부 등본 (말소사항 포함) - 집합건물

00도 00시 00구 00동 0000-0 고유번호 0000-0000-000000

[표 제 부] (1동의 건물의 표시)

표시번호	접 수	소재지번, 건물명칭 및 번호	건 물 내 역	등기원인 및 기타사항

표시번호	등기한 순서 → "1", "2" 등으로 표시 "1(전 1) 또는 1(전 2)"라고 기재된 경우 → 구등기부에서 신등기부로 이기를 하였다는 표시인 바, 괄호속의 번호는 구등기부에서의 표시번호를 의미한다.
접 수	등기 신청서 접수일
소재지번	건물이 위치하고 있는 주소
건물명칭	장미아파트, 황하빌딩 등 그 건물의 명칭(주의) 통상적으로 부르는 명칭과는 다르게 기재되어 있는 경우도 있고, 아예 건물명칭이 기재되어 있지 않은 경우도 있다.
건물내역	구조 → 지붕 → 층수 → 용도 → 면적 순으로 표시

② 대지권의 목적인 토지의 표시

등기부 등본 (말소사항 포함) - 집합건물

00도 00시 00구 00동 0000-0 고유번호 0000-0000-000000

[표 제 부] (대지권의 목적인 토지의 표시)

표시번호	소 재 지 번	지 목	면 적	등기원인 및 기타사항
	경기도도 고양시 일산구 장항동	답	1894m²	

소재지번	대지권에 설정된 토지의 일련번호와 토지가 위치하고 있는 주소
표시지목	토지의 사용목적
면 적	해당 단지의 전체 면적
등기원인 및 기타사항	대지권이 등기된 일자 및 구등기부등본에서 이기된 사항

(2) 甲구

소유권에 관한 사항을 기재하는 곳으로 소유자 성명 · 주소 · 주민등록번호와 등기원인 및 그 연월일을 알 수 있고 압류 · 가처분 · 가등기 사항을 알 수 있다.

경매신청	경매신청등기는 그 부동산에 대하여 경매절차가 진행되고 있음을 의미한다. 강제경매는 확정판결 등 채무명의에 의한 경매이고, 임의경매는 저당권, 전세권 등 담보물권에 의한 경매나 기타 법률 규정에 의한 경매로 구분된다. 해당 부동산이 경매로 낙찰이 되고 그 대금이 완납되면, (근)저당권, 가등기담보권, 압류효력 발생 후의 지상권, 전세권, 임차권 제3자 명의의 소유권이전등기, 가처분, 가압류, 국세체납에 의한 압류 등기 등 '경락인이 인수하지 아니한 부동산 위의 부담의 기입' 등기는 말소된다.
예고등기	기존 등기의 원인무효 또는 취소를 주장하며 그 등기의 말소를 구하는 소송이 제기되었을 경우에 법원이 촉탁에 의하여 이루어지는데, 소를 제기한 자가 승소판결을 얻게 되면 그 판결에 저촉되는 다른 등기는 모두 말소될 수 있다. 입법취지와는 달리 악용사례가 늘어나 문제가 되자 2011년 예고등기제는 폐지되었다.
가등기	가등기권리자가 후일 본등기를 하기 위해 순위를 확보해둔 등기로, 그 밑의 공란은 본등기를 기입하기 위해 남겨둔 것으로서 만일 본등기가 되면 그에 저촉이 가는 가등기 이후의 모든 등기는 직권으로 말소된다.

(3) 乙구

소유권 이외의 권리사항을 기재하는 곳으로 근저당권, 전세권 등의 설정내용과 그 연월일 채권·채무자 등의 사항을 알 수 있으며 소유권 이외의 권리사항이 없을 경우에는 을 구는 없다.

중요한 것은 등기부 등본의 발급연월일과 해당 관청 직인 및 인지대납세필인이 제일 끝장에 찍히게 되는데 이것이 찍혀 있지 않은 경우 을구를 떼어낸 것으로 보면 된다.

근저당권	당해 부동산이 근저당권자의 채권에 담보로 제공되어 있는 것이며, 채권최고액으로 기재된 금액은 담보로서 장래 부담할 최고의 금액을 정한 것이어서, 실제 채무액이 얼마인지는 따로 확인해야 알 수 있으며 금융기관의 경우 일반적으로 채권액의 120%~140%(보통 130%)의 금액으로 설정을 하게 된다. 이는 연체이자 등을 감안하여 금융기관에서 앞으로 추가될 금액까지 합산하여 보장받기 위한 것이다.
전세권 지상권 지역권	그 부동산을 배타적으로 이용할 수 있는 권리로서 같은 부동산에 중복되어 성립할 수 없다. 그러나 권리는 부동산의 일부에 대하여도 성립할 수 있으므로 중복되지 않게 부분을 특정하여 동일 부동산에 2개 이상의 권리를 설정할 수는 있다(특히 전세권).
임차권	임차권 등기를 마친 임차인의 경우 임의경매를 신청할 수 없으나(임차보증금반환청구소송의 확정판결을 받으면 강제경매를 신청할 수 있음), 대항력과 우선변제권이 있다.

3) 등기부를 볼 때 유의할 사항

(1) 먼저 표제부에 표시된 주소지와 물건이 실제 주소지와 물건이 맞는지 확인한다.

(2) 甲구에 나온 소유자가 실제 소유자가 맞는지 확인한다. 소유자가 아니라면 타인소유 부동산이므로 그 재산권행사를 할 권리가 타인에게 있는 바 전세계약 등에 유의하여야 한다.

(3) 甲구에 가처분이나 가압류 등 권리침해 사실이 없는지 확인한다. 이런 내용이 있는 경우 해당 부동산 물건이 타인에 의해 그 재산권행사를 침해당한 경우로써 향후 법적 문제를 발생시킬 소지가 있으므로, 이를 해소한 후 또는 해소가 가능한 확실한 경우가 아니라면 전세계약 및 매매계약 등을 해서는 안 된다.

(4) 乙구에 전세권이 있다면 현재 살고 있는 전세입자가 설정한 것인지 그리고 전세권 설정이 해제 가능한 것인지 알아보고 또한 乙구에 은행이나 기타 금융기관에서 근저당권을 설정한 내용이 없는지 확인한다.

기타 근저당권 설정이 되어 있는 경우 근저당권 설정금액이 해당 부동산 물건의 시세의 80% 이상을 초과하는 것인지를 먼저 부동산사무소 등을 통하여 확인하고 80% 이상을 초과하는 경우에는 향후 경매 등 법적 절차 진행시 배당 우선순위에서 배당금을 받지 못하는 경우가 생길 수 있으므로 상당한 주의를 기울이거나 또는 가급적 전세계약등을 하지 않는 것이 좋다.

3. 인터넷 등기소의 이용

1) 인터넷 등기소

부동산 등기부 전산화가 완료된 등기소에서는 등기부 등초본의 발급절차의 간소화로 신속한 발급이 이루어지고 있다. 즉, 부동산등기 전산시스템을 이용하여 등기부등·초본을 발급받을 수 있고, 전산등기부를 열람할 수 있다. 전산화된 등기소에서는 등·초본 발급창구에서 등·초본을 발급받을 수도 있으며 ,또한 등기소나 등기소 이외의 장소에 설치된 무인 등본 자동발급기를 이용하여 등기부등본을 발급받을 수 있으며, 2003년 3월 20일부터는 인터넷등기소(www.iros.go.kr)를 정식으로 운영되기 시작하여 가정에서도 인터넷을 통하여 등기부열람과 발급이 가능하게 되었다.

또한 2009년 부터는 인터넷등기소 이용자들이 부동산의 정확한 지번을 모르더라도 지역명칭만 알면 지도정보검색을 통해 부동산 등기부등본을 발급받을 수 있게 되었다. 더 나아가 인터넷 회원인 경우에는 국토해양부 등에 대한 정보 및 아파트 시세정보까지도 제공받게 된다.

2) 인터넷 열람 · 발급시스템 소개

(1) 사용시간

07 : 00~23 : 00(월요일~금요일) 09 : 00~21 : 00(토요일, 일요일 및 법정공휴일)

(2) 결제 및 결제 취소가능 시간

07 : 00~22 : 45(월요일~금요일) 09 : 00~20 : 45(토요일, 일요일 및 법성공휴일)이며, 금융기관 계좌이체는 금융기관의 서비스 시간을 기준으로 결제가 가능하다. 다만, 서비스 종료[평일 23시, 토 · 일요일(공휴일 포함) 21시] 직전에 수수료를 결제한 경우, 시간상 제약으로 결제취소가 불가능할 수 있다.

(3) 수수료

① 부동산 등기부 발급(제출용) – 1통당 1,000원
② 부동산 등기부 열람(열람용) – 1통당 700원
③ 법인등기부 등본 발급(제출용) – 1통당 1,000원
④ 법인등기부 등본 발급(열람용) – 1통당 700원

3) 인터넷 열람 · 발급 절차

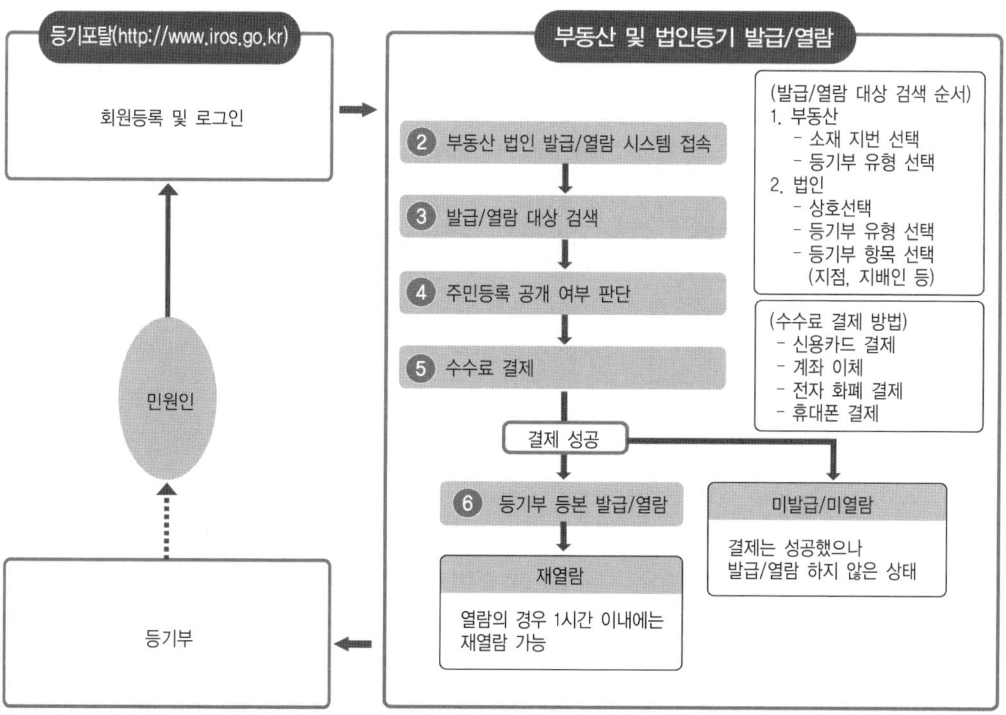

4) 열람 및 발급용 등기부의 차이

(1) 등본발급 서비스를 통하여 발급한 등본은 법적 효력이 있으나, 열람 서비스 출력물은 기본적으로 법적인 효력이 없다.

(2) **발급용 등기부 등 · 초본 :** 등기부 제목란에 "제출용"의 문구와 2D바코드, 복사 방지 마크가 출력된 등기부로서 법적인 효력이 있으므로 공문서로 제출이 가능하다.

등기부 등본 (말소사항 포함) - 토지 [제출용]

경상북도 울릉군 울릉읍 독도리 1 　　　　고유번호 1758-1996-029014

【 표 제 부 】 (토지의 표시)					
표시번호	접 수	소 재 지 번	지 목	면 적	등기원인 및 기타사항
~~1~~ ~~(전 2)~~	~~2000년5월26일~~	~~경상북도 울릉군 울릉읍 독도리 산1~~ 대법원로고	~~임야~~	~~3074㎡~~	부동산등기법 제177조의 6 제1항의 규정에 의하여 2002년 06월 10일 전산이기
~~2~~	~~2005년7월8일~~	~~경상북도 울릉군 울릉읍 독도리 산1~~	~~임야~~	~~3320㎡~~	~~면적정정~~
3	2005년10월7일	경상북도 울릉군 울릉읍 독도리 1	임야	3320㎡	축척변경

【 갑 구 】 (소유권에 관한 사항)				
순위번호	등 기 목 적	접 수	등 기 원 인	권 리 자 및 기 타 사 항
1 (전 1)	소유권보존	1968년3월13일 제56호		소유자 국 ~~관리청 해운항만청~~ 주말선
1-1 (전 1-1)	1번등기명의인관리청변경	1996년11월13일 제1406호	1996년8월8일 명칭변경	관리청 해양수산부 등록번호 275 부동산등기법 제177조의 6 제1항의 규정에 의하여 1번 내지 1-1번 등기를 2002년 06월 10일 전산이기

[인터넷 발급] 문서 하단의 바코드를 스캐너로 확인하거나, **대법원 인터넷등기소 홈페이지(http://www.iros.go.kr)의 발급확인 메뉴에서** 발급확인번호를 통하여 **위·변조 여부를 확인해 주십시오.** 발급확인번호를 통한 확인은 발급일로부터 3개월까지 5회에 한하여 가능합니다.

발행번호 17520017508195128010960281000029050100111427271112 　1/2 　**발급확인번호 AAIK-VPTF-0000** 　발행일 2005/12/28

2D바코드 　　복사방지마크

(3) **등기부 열람 출력물** : 법적인 효력이 없으므로 기본적으로 제출이 불가능하다. 단 법무사 등이 확인한 열람 출력물은 제출이 가능하다.

등기부 등본 (말소사항 포함) - 건물

서울특별시 서초구 서초동 967

고유번호 1102-1996-101659

【 표 제 부 】 (건물의 표시)

표시번호	접 수	소재지번 및 건물번호	건 물 내 역	등기원인 및 기타사항
1 (전 1)	1996년1월16일	서울특별시 서초구 서초동 967	테스트용 건물	 *****테스트*****

【 갑 구 】 (소유권에 관한 사항)

순위번호	등 기 목 적	접 수	등 기 원 인	권리자 및 기타사항
1 (전 1)	소유권보존 열람로그	1996년1월16일 제2023호		소유자 국 관리청 대법원 테스트를 위한 얘기

열 람 용

-- 이 하 여 백 --

관할등기소 서울중앙지방법원 등기과

열람용 등기부 설명문구

* 본 등기부는 열람용이므로 출력하신 등기부는 법적인 효력이 없습니다.
* 실선으로 그어진 부분은 말소사항을 표시함. * 등기부에 기록된 사항이 없는 갑구 또는 을구는 생략함. * 등기부는 컬러 또는 흑백으로 출력 가능함.

열람일시 : 2006년01월20일 오후 4시10분51초

1/1

매매로 인한 소유권이전등기신청서

<table>
<tr><td rowspan="2">접
수</td><td>년 월 일</td><td rowspan="2">처
리
인</td><td>접 수</td><td>조 사</td><td>기 입</td><td>교 합</td><td>등기필
통 지</td><td>각종
통지</td></tr>
<tr><td>제 호</td><td></td><td></td><td></td><td></td><td></td><td></td></tr>
</table>

<table>
<tr><td colspan="5">① 부동산의 표시</td></tr>
<tr><td colspan="5"></td></tr>
<tr><td colspan="2">② 등기원인과 그 연월일</td><td colspan="3">200 년 월 일</td></tr>
<tr><td colspan="2">③ 등 기 의 목 적</td><td colspan="3">소 유 권 이 전</td></tr>
<tr><td colspan="2">④ 이 전 할 지 분</td><td colspan="3"></td></tr>
<tr><td>구분</td><td>성 명
(상호 · 명칭)</td><td>주민등록번호
(등기용등록번호)</td><td>주 소 (소 재 지)</td><td>지 분
(개인별)</td></tr>
<tr><td>⑤
등
기
의
무
자</td><td></td><td></td><td></td><td></td></tr>
<tr><td>⑥
등
기
권
리
자</td><td></td><td></td><td></td><td></td></tr>
</table>

<table>
<tr><td colspan="3">⑦ 시가표준액 및 국민주택채권매입금액</td></tr>
<tr><td>부동산 표시</td><td>부동산별 시가표준액</td><td>부동산별 국민주택채권매입금액</td></tr>
<tr><td>1. 토 지</td><td>금 ○○,○○○,○○○원</td><td>금 ○○○,○○○ 원</td></tr>
<tr><td>2. 건 물</td><td>금 ○○,○○○,○○○원</td><td>금 ○○○,○○○ 원</td></tr>
<tr><td>3.</td><td>금 원</td><td>금 원</td></tr>
<tr><td colspan="2">⑦ 국 민 주 택 채 권 매 입 총 액</td><td>금 ○○○,○○○ 원</td></tr>
<tr><td colspan="2">⑧ 등록세 금 ○○,○○○원</td><td>⑧ 교육세 금 ○○,○○○원</td></tr>
<tr><td colspan="2">⑨ 세 액 합 계</td><td>금 ○○,○○○원</td></tr>
<tr><td colspan="2">⑩ 등 기 신 청 수 수 료</td><td>금 원</td></tr>
<tr><td colspan="3">⑪ 첨 부 서 면</td></tr>
<tr><td colspan="2">· 검인계약서 1통
· 등록세영수필확인서및통지서 1통
· 국민주택채권매입필증 매
· 인감증명서 1통
· 등기필증 1통
· 토지 · 건축물대장등본 각 1통</td><td>· 주민등록등(초)본 2통
· 신청서부본 2통
· 위임장 통
〈기 타〉</td></tr>
<tr><td colspan="3">200 년 월 일
⑫ 위 신청인 (인) (전화 :)
(인) (전화 :)
(또는)위 대리인 (전화 :)
지방법원 귀중</td></tr>
</table>

– 신청서 작성요령 및 등기수입증지 첩부란 –

* 1. 부동산표시란에 2개 이상의 부동산을 기재하는 경우에는 부동산의 일련번호를 기재하여야 합니다.
2. 신청인란등 해당란에 기재할 여백이 없을 경우에는 별지를 이용합니다.
3. 등기신청수수료(등기수입증지)를 이 난에 첩부합니다.

[사례질문]

매수인 을은 2남 2녀의 4남매를 둔 가장으로 결혼한 지 10년 만에 드디어 주택을 장만할 수 있게 되어 매도인 갑과 계약체결을 앞두고 있다.
그런데 부동산 매매가 처음이어서 계약체결에서부터 소유권이전등기에 이르기까지 유의할 점에는 어떠한 내용이 있는지 궁금해 하고 있다.

1. 계약체결 하기 전과 계약체결 할 때의 유의할 점은 무엇인가?
2. 잔금 지급할 때의 유의할 점은 무엇인가?
3. 중도금까지 지급하였는데 집값이 상승하자 매도인 갑이 그 주택을 타인(제2매수인)에게 이중으로 매도하고 소유권 등기를 이전하여 주었다면 매수인 을(제1매수인)은 어떻게 대처할 수 있는가?

[해 설]

1. 부동산 매매를 하기 전 매수인은 그 부동산 지번의 지적 확인 및 등기사항증명서를 비롯한 관련 공적 장부를 교부받아 확인해야 한다. 등기사항증명서를 보면서 소유자가 맞는지, 은행 등의 근저당권 설정이나 가압류 상태 등을 파악해 두어 계약할 때 이러한 부분을 명확히 하여야 한다.
   서류 확인 후에는 현장에 가서 부동산의 상황을 직접 조사하며, 임차인이 있으면 그 계약기간은 어떻게 되며, 보증금은 얼마인지 등을 확인해 두어야 한다.
   부동산 매매 계약을 체결할 때에는 등기부상의 소유자와 계약하여야 하고 대리인이 나온 경우는 대리인의 주민등록증, 매도인의 위임장 및 인감증명서를 확인하고 매도인과 연락해 본 후 계약체결을 하는 것이 안전하다.
   그리고 계약서의 기재사항 중 대금의 액수 및 지불시기, 부동산의 등기이전 시기, 위약 시 손해배상액, 특약사항 등을 점검해 두어야 한다.

2. 잔금 지급할 때의 유의할 점은 다음과 같다.
   (1) 계약 후 잔금지급까지의 기간이 2~ 3개월 소요될 수 있어서 부동산에 권리변동이 있을 수 있으므로 등기사항증명서를 재확인 하여야 한다.
   (2) 잔금 지급 시 매도인의 등기필증(등기권리증, 집문서), 매매용 인감증명서를 받아두어야 한다. 등기 이전 시기는 처음 주택 마련이 아닐 경우 양도소득세 등을 고려해서 신중하게 선택하여야 한다.

3. 부동산 이중매매란 매도인이 동일한 부동산을 여러 사람에게 매매한 경우를 말하며, 이러한 경우 제1매수인과 제2매수인 중 누가 소유권을 취득할 것인가 하는 것이 문제가 된다. 부동산의 이중매매는 중도금 지급 전, 후에 따라 손해배상의 범위에 차이가 있게 된다.
   (1) 중도금 지급 전의 부동산 이중매매
   매도인은 제1매수인에게 받은 계약금의 배액을 상환하고 매매계약을 해제할 수 있고 매수인은 계약금을 포기함으로써 해제가 가능하다(민법 제565조).

(2) 중도금 지급 후의 부동산 이중매매

① 유효가 되는 경우 : 자유경쟁이 허용되므로 매도인이 주택가격 상승 등으로 인해 부동산 이중매매를 하고 제2매수인에게 소유권이전등기를 해주었다면 제2매수인이 소유권을 취득하게 된다. 이 경우 제1매수인은 이행불능이라는 채무불이행 사유를 이유로 계약을 해제하고 손해배상을 청구할 수 있다.

② 무효가 되는 경우 : 제2매수인이 제1매수인과 매매된 내용을 알면서도 매도인을 권유하여 이중매매를 하도록 한 경우에는 윤리적으로 비난 받을 만한 행동이라 할 수 있다. 이 경우 매도인과 제2매수인과의 계약은 반사회질서 행위로 무효가 된다(민법 제103조). 제1매수인은 잔금을 지급하고 부동산 소유권을 취득하게 된다.

따라서 제1매수인 을은 매도인 갑에게 계약금과 중도금 및 그 법정이자, 채무불이행으로 인한 손해배상액을 청구할 수 있다. 손해배상액은 통상손해를 의미하며 제1매수인과 제2매수인 간의 매매대금의 차액을 그 내용으로 한다.

예외적으로 제2매수인이 적극 가담하여 매도인으로 하여금 배임행위를 하게 한 경우에는 제1매수인은 잔금을 지급하고 부동산의 소유권을 취득할 수 있게 된다.

Ⅲ. 주택임대차보호제도(상가건물임대차 포함)

1. 주택임대차보호법의 제정

무주택자가 집주인으로부터 집을 세 얻어 사는 경우 그에 대한 법률관계는 당사자(세든 사람과 세준 사람) 사이의 자유의사에 의한 계약을 중시하여 형식적으로 평등하게 규율하고 있다. 그러나 현실은 경제적 강자인 집주인의 횡포와 자의에 의하여 경제적 약자인 임차인이 부당한 요구를 강제당하고 피해를 입는 경우가 빈번하게 발생하여 심각한 사회적 문제를 야기하게 되었다.

이에 따라 주택의 이용관계를 규율하는 민사법규를 계약자유의 원칙이 적용되는 민법의 차원에서 임차인의 주거생활과 경제적 지위를 보장하여야 한다는 사회법적 차원으로 전환할 필요성이 절실하게 되었고 결국 주거용 건물의 임대차에 관하여 민법에 대한 특례를 규정함으로써 무주택임차인의 권리와 지위를 보호하여 국민 주거생활의 안정을 보장함을 목적으로 주택임대차 보호법이 1981년 3월 5일 제정되게 되었다.

2. 주택임대차보호법의 적용범위

1) 주거용 건물 즉 주택의 임대차에 한하여 적용된다. 주거용 건물 즉 주택은 그것이 사회통념상 건물로 인정하기에 충분한 요건을 구비하고 주거용으로 사용되고 있는 것이면 시청이나 구청 등에 구비되어 있는 가옥대장이나 건물대장의 용도란에 “주거용”으로 기재되어 있지 않더라도 본 법의 적용을 받게 된다.

따라서 공부상 공장용건물이나 창고용 건물이라도 건물의 내부구조를 주거용으로 사실상 변경한 경우에는 주택이라고 보아야 할 것이다. 또한 관할관청으로부터 허가를 받지 아니하고 건축한 무허가건물이나 건축허가를 받았으나 준공검사를 필하지 못한 건물도 역시 본 법의 적용을 받는 것이므로 무허가나 준공검사 미비상태의 주택에 관하여 임대차계약을 체결하여도 이법의 보호를 받게 된다.

2) 임차주택의 일부가 주거외의 목적으로 사용되는 경우에도 적용된다. 임차목적물이 주거용 건물과 함께 사용되는 것이 이상 임차주택의 일부가 비주거용인 경우까지 이 법의 보호대상이 되는 바, 주택에 딸린 가게에서 소규모영업 및 공장을 하는 자도 이 법의 보호대상이 된다.

3) 미등기전세에도 적용된다. 미등기전세는 우리나라에서 상당히 오래전부터 부동산

임대차 특히 건물임대차의 한 형태로 관습상 발전하여 온 제도로서, 예컨대 건물의 소유자인 갑이 그 건물을 세 얻어 살고자 하는 을로부터 "전세금"을 받고 일정한 기간 그 건물을 을로 하여금 사용·수익하게 한 후 그 기간이 만료된 때에 그 건물을 인도받음과 동시에 전세금을 반환하는 것을 내용으로 하는 갑, 을 간의 계약이라고 할 수 있다.

3. 주택임대차보호법의 주요내용

1) 주택임차권의 대항력

주택임대차는 그 등기가 없는 경우에도 주택의 인도(입주)와 주민등록(전입신고)을 마친 때에는 그 다음날부터 제3자에 대하여 효력이 생긴다.

제3자에 대하여 효력이 생긴다함은 임대인 이외의 자에 대하여도 세든 사람은 그 주택의 임대차 관계를 주장할 수 있다는 의미이며 이것은 결국 임대차 기간 중 임대주택의 소유자가 변경되는 경우에도 임대인의 지위가 신 소유자에게 포괄적으로 승계됨으로써 임차인은 계약기간 동안(보증금을 준 경우에 는 그 보증금을 반환받을 때까지) 그 집에서 쫓겨나지 않고 생활할 수 있다는 것이다.

그러나 주의할 일은 임차인이 입주와 전입신고를 하기 전에 그 집에 이미 저당권등기나 가압류, 압류등기, 가등기 등이 행하여졌고 그 결과로 경매나 가등기에 의한 본등기에 의하여 소유권자가 변경된 경우에는 임차권은 소멸되어 임차인은 신소유권자에 대하여 대항할 수 없다.

따라서 타인의 주택을 임대차하고자 할 때에는 최소한 등기부를 열람하여 저당권설정이나 가등기 여부 등을 확인할 필요가 있다.

2) 임차인의 순위에 의한 우선변제권

임차인의 입주 시 보다 후에 설정된 담보물권 등이 임차인보다 우선변제를 받는 일로부터 임차인을 보호하기 위하여 주택임대차보호법에서는 임차인에게 대항력을 인정하는데 그치지 않고 일정한 요건을 갖춘 임차인에게 순위에 의한 우선 변제권을 인정하고 있습니다.

즉, 주택의 임차인은 주택의 인도(입주)와 주민등록(전입신고)을 마치고 임대차계약증서상의 확정일자를 갖추었을 때, 경매 또는 공매시 임차주택의 환가 대금에서 후순위권리자 기타 채권자보다 우선하여 보증금을 변제받을 권리가 있다. 후순위권리자 기타 채권자보다 우선하여 보증금을 변제받을 권리가 있을 뿐이므로 임차인이 인도, 주민등록 및 계약서상의 확정일자를 갖추기 전에 설정된 담보물권보다는 우선하지 못한다.

| 참고 |

확정일자인을 받아두지 않으면 우선변제권이 인정되지 않으므로 법률의 무지로 인하여 불이익을 받지 않기 위하여 임대차계약서에 확정일자인을 받아두어야 한다.

확정일자는 공증기관, 법원, 등기소, 읍, 면, 동사무소에서 받을 수 있다. 현재 일반국민들이 주로 이용하는 방법은 인근 읍, 면, 사무소에 주민등록전입신고를 하면서 동시에 계약서에 확정일자를 부여받는 방법이다. 그리고 확정일자는 임대인의 동의 없이 임차인 또는 계약서 소지인이 언제든지 계약서 원본을 제시하고 구두로 청구하면 받을 수 있고, 수수료는 1건당 600원(공증기관은 1,000원)이다. 주민등록 전입신고와 동시에 할 때는 무료이다.

확정일자인은 원칙적으로 임대차계약서에 받아야 할 것이지만, 임대차계약서가 일정한 양식이 있는 것은 아니므로, 영수증 서식이라도 임대차계약의 내용, 즉 임대인·임차인의 성명, 건물주소, 임차보증금액, 영수일자 등의 기재가 포함되어 있다면 거기에 확정일자인을 받아도 무방하다.

■ 확정일자부

<table>
<tr><td colspan="5">제 호</td><td colspan="4">확 정 일 자 인</td></tr>
<tr><td rowspan="2">청구</td><td>주 소</td><td colspan="3"></td><td colspan="4"></td></tr>
<tr><td>성 명</td><td></td><td>전입신고
일 자</td><td>· · ·</td><td rowspan="2">직인
간인
란</td><td rowspan="2"></td><td rowspan="2">담당장
날 인
(서 명)</td><td rowspan="2"></td></tr>
<tr><td colspan="2">문서명목</td><td colspan="3">(전세, 임대차) 계약서</td></tr>
</table>

■ 전입신고필인, 확정일자인

전 입 신 고 필	확정일자 제○○○○호
20 년 월 일	20 년 월 일

임대차계약서의 확정일자는, 법원 또는 공증인에게 일정액의 수수료를 납부하면 법원서기, 공증인으로부터 즉시 받을 수 있으며, 이때 다른 권리자와의 우선순위를 받는 날이므로 임차인은 임대차계약 체결 후 가능한 빠른 시일 내에 확정일자를 받는 것이 자신의 권리보호를 위해 필요하다. 순위에 의한 우선변제권이 인정되는 보증금은 그 금

액의 범위에 제한이 없으므로 다액의 보증금의 경우에도 그 적용이 있다.

다만, 임차인이 당해 주택의 양수인에게 대항할 수 있는 경우에는 임대차가 종료된 후가 아니면 보증금의 우선변제를 청구하지 못하며 우선변제가 인정되더라도 임차인은 임차주택을 양수인에게 인도하지 아니하면 보증금을 수령할 수 없다.

3) 주택임대차계약기간의 2년 보장

(1) 주택임대차의 기간은 당사자 간에 자유로이 정할 수 있으나 기간의 정함이 없거나 기간을 2년 미만으로 정한 임대차는 그 기간을 2년으로 본다.

(2) 임대인은 임대차기간이 끝나기 6개월 전부터 2개월 전까지 임차인에게 일정한 통지를 하여야 묵시적 갱신이 이루어지지 아니한다. 갱신거절의 통지나, 계약조건의 변경을 수락하지 아니하면 갱신하지 않겠다는 뜻의 통지를 하지 아니한 경우 그 기간이 끝난 때에 전 임대차와 동일한 조건으로 다시 임대차한 것으로 보는 묵시적 갱신이 이루어진다.

(3) 임차인이 임대차기간이 끝나기 2개월 전까지 통지하지 아니한 경우에도 묵시적 갱신이 이루어진다. 이 경우 임차인은 언제든지 임대인에게 계약해지를 통지할 수 있으며, 임대인이 그 통지를 받은 날부터 3개월이 지나면 그 효력이 발생한다.

다만, 임대차 기간을 2년으로 정하여 임차인을 보호하려는 것은 임차인 자신의 의무를 다하지 않았을 때에도 무조건 보호해 준다는 취지는 아니므로 임차인이 2기의 차임을 연체하거나 기타 의무를 현저히 위반한 때에는 보호받지 못한다.

4) 소액보증금의 우선변제권인정

임차인이 경매신청등기 전에 주택의 인도와 주민등록전입신고를 마치면 보증금 중 일정액을 다른 담보물권자 보다 우선하여 변제받는 것을 말한다.

아래 구분에 따른 기준 금액을 보증금으로 지불한 임차인이 소액임차인에 해당한다.

구 분	기준 금액	우선변제 금액
서울특별시	1억1천만원 이하	최대 3,700만원
수도권정비계획법에 따른 수도권 중 과밀억제권역(서울특별시는 제외한다), 세종특별자치시, 용인시, 화성시	1억원 이하	최대 3,400만원
광역시(수도권정비계획법에 따른 과밀억제권역에 포함된 지역과 군지역은 제외한다), 안산시, 김포시, 광주시, 파주시	6천만원 이하	최대 2,000만원
그 밖의 지역	5천만원 이하	최대 1,700만원

소액임차인이 우선변제를 받을 수 있는 금액은 그 보증금 중 다음의 구분에 따른 금액이다. 이 경우 우선변제 금액이 주택가격의 2분의 1을 초과하는 경우에는 주택가격의 2분의 1에 해당하는 금액을 변제받는다.

5) 임대차등기명령제도의 도입

임대차기간이 종료했음에도 불구하고 보증금을 반환받지 못한 임차인이 다른 곳으로 이사를 가거나 주민등록을 전출하면 종전의 대항력과 우선변제권을 상실하게 되어 임차주택이 경매에 들어갈 경우 보증금을 반환받는 것이 어려웠다. 이러한 문제를 해소하고자 임차권등기명령제도를 도입하였다.

임차권등기명령절차는 임대차 종료 후 보증금을 반환 받지 못한 임차인에게 단독으로 임차권등기를 경료할 수 있도록 함으로써 자유롭게 주거를 이전할 수 있는 기회를 보장하기 위한 절차를 말한다.

임차권등기명령이 신청되면 법원은 먼저 서면심리방식에 의하여 임차권등기명령의 발령여부를 심리하여 그 신청이 이유 있다고 인정되면 임대인에게 고지한 후 임차권등기명령을 발령한다.

이후 법원은 임차주택의 소재지를 관할하는 등기소에 재판서 등본을 첨부하여 임차권등기를 촉탁하고 등기소에서는 건물등기부에 임차권등기를 기입하게 되는데, 임차권등기명령을 신청한 임차인은 반드시 등기소에서 임차권등기가 되었는지 직접 확인한 후 이사를 하여야 대항력을 보장받을 수 있다. 신청 후 임차권등기가 종료되기까지는 약 2주일 정도 소요된다.

〈 임차권 등기명령 신청절차 및 구비서류 〉

신청절차	신고처	구비서류
1. 등록세 납부고지서 발급신청 ↓	임차주택 소재지 구청 세무과	임대차계약서 사본, 주민등록증
2. 건물등기부등본, 주민등록등본 ↓	소재지 관할 등기소 발급 및 동사무소	임차권등기명령 신청서 건물등기부등본, 주민등록등본 각 1통
3. 임차권 등기명령 신청서 제출	소재지 관할 법원	임대차계약서 사본, 임차부분이 건물의 일부시 임차공간 도면 첨부

6) 임차인의 계약갱신요구권

주택시장의 불안정 속에 전세에서 월세로의 전환이 자주 이루어지고, 임대료가 상승함에 따라 임차가구의 주거 불안과 주거비 부담이 가중되게 되었다. 따라서 임차인의 계약갱신요구권을 보장하여 현행 2년에서 4년으로 임대차 보장기간을 연장하고, 계약갱신 시 차임이나 보증금의 증액청구는 약정한 차임이나 보증금의 20분의 1의 금액을 초과하지 못하도록 제한하는 주택임대차보호법의 개정이 있게 되었다.

그 주요내용은 다음과 같다.

(1) 임대인은 임차인이 임대차기간이 끝나기 전 일정 기간 중에 계약갱신을 요구할 경우 정당한 사유 없이 거절하지 못하도록 하고, 임차인은 계약갱신요구권을 1회에 한하여 행사할 수 있도록 하며, 갱신되는 임대차의 존속기간은 2년으로 본다(제6조의3 제1항 및 제2항 신설).

다음과 같은 사유가 있는 경우에는 임대인이 갱신 거절을 할 수 있다.

① 임차인이 2기의 차임액에 해당하는 금액에 이르도록 차임을 연체한 사실이 있는 경우

② 임차인이 거짓이나 그 밖의 부정한 방법으로 임차한 경우

③ 서로 합의하여 임대인이 임차인에게 상당한 보상을 제공한 경우

④ 임차인이 임대인의 동의 없이 목적 주택의 전부 또는 일부를 전대(전대)한 경우

⑤ 임차인이 임차한 주택의 전부 또는 일부를 고의나 중대한 과실로 파손한 경우

⑥ 임차한 주택의 전부 또는 일부가 멸실되어 임대차의 목적을 달성하지 못할 경우

⑦ 임대인이 다음 중 어느 하나에 해당하는 사유로 목적 주택의 전부 또는 대부분을 철거하거나 재건축하기 위하여 목적 주택의 점유를 회복할 필요가 있는 경우

가. 임대차계약 체결 당시 공사시기 및 소요기간 등을 포함한 철거 또는 재건축 계획을 임차인에게 구체적으로 고지하고 그 계획에 따르는 경우

나. 건물이 노후 · 훼손 또는 일부 멸실되는 등 안전사고의 우려가 있는 경우

다. 다른 법령에 따라 철거 또는 재건축이 이루어지는 경우

⑧ 임대인(임대인의 직계존속 · 직계비속을 포함한다)이 목적 주택에 실제 거주하려는 경우

⑨ 그 밖에 임차인이 임차인으로서의 의무를 현저히 위반하거나 임대차를 계속하기 어려운 중대한 사유가 있는 경우

(2) 임대인이 실거주를 사유로 갱신을 거절하였음에도 불구하고 갱신요구가 거절되지 아니하였더라면 갱신되었을 기간이 만료되기 전에 정당한 사유 없이 제3자에게 목적 주택을 임대한 경우 임대인은 갱신거절로 인하여 임차인이 입은 손해를 배상하도록 한다(제6조의3 제5항 및 제6항 신설).

(3) 차임 등의 증액청구의 상한을 약정한 차임이나 보증금의 20분의 1의 금액으로 하되, 특별시 · 광역시 · 특별자치시 · 도 및 특별자치도는 관할 구역 내의 지역별 임대차 시장 여건 등을 고려하여 20분의 1의 범위에서 증액청구의 상한을 조례로 달리 정할 수 있도록 한다(제7조 제2항 신설).

(4) 현재 대한법률구조공단 지부에 설치하도록 한 주택임대차분쟁조정위원회를 한국토지주택공사 및 한국감정원의 지사 또는 사무소에도 설치하도록 한다(제14조 제1항).

4. 상가건물임대차보호법

1) 목적 및 적용범위

상가건물 임대차에 관해 민법에 대한 특례를 규정함으로써 국민 경제생활의 안정을 보장하기 위해 제정한 법(2001. 12. 29, 법률 제6542호)이다. 약자인 임차인들의 권리를 보호하고 임대인의 해지권 남용, 임대차기간의 불안정성, 과도한 임대료 인상을 막기 위해 2001년 제정되었다. 이 법은 상가건물의 임대차에 적용하되, 대통령령이 정하는

보증금액, 서울은 9억원, 수도권 과밀억제권역 및 부산광역시는 6억 9천만원, 광역시, 세종특별자치시, 파주, 화성, 안산, 용인, 김포 및 광주시는 5억 4천만원, 그 밖의 지역은 3억 7천만원을 초과하는 경우는 제외한다.

2) 대항력

임대차는 그 등기가 없는 경우에도 임차인이 건물의 인도와 사업자등록을 신청하면 그 다음 날부터 제3자에 대하여 효력이 생긴다.

확정일자를 받은 임차인은 경매나 공매를 할 때 후순위 권리자와 그 밖의 채권자보다 우선해 보증금을 변제받을 권리가 있다.

3) 임차권등기명령제도

임대차가 종료된 후 보증금이 반환되지 아니한 경우 임차인은 임차건물의 소재지를 관할하는 지방법원, 지방법원지원 또는 시·군법원에 임차권등기명령을 신청할 수 있다.

4) 임대차 기간

기간을 정하지 아니하거나 기간을 1년 미만으로 정한 임대차는 그 기간을 1년으로 본다. 다만, 임차인은 1년 미만으로 정한 기간이 유효함을 주장할 수 있다.

임대차가 종료한 경우에도 임차인이 보증금을 돌려받을 때까지는 임대차 관계는 존속하는 것으로 본다.

5) 계약갱신 요구 및 거절사유

임대인은 임차인이 임대차기간이 만료되기 6개월 전부터 1개월 전까지 사이에 계약갱신을 요구할 경우 정당한 사유 없이 거절하지 못한다. 다만, 다음 각 호의 어느 하나의 경우에는 그러하지 아니하다.

① 임차인이 3기의 차임액에 해당하는 금액에 이르도록 차임을 연체한 사실이 있는 경우
② 임차인이 거짓이나 그 밖의 부정한 방법으로 임차한 경우
③ 서로 합의하여 임대인이 임차인에게 상당한 보상을 제공한 경우
④ 임차인이 임대인의 동의 없이 목적 건물의 전부 또는 일부를 전대(轉貸)한 경우
⑤ 임차인이 임차한 건물의 전부 또는 일부를 고의나 중대한 과실로 파손한 경우
⑥ 임차한 건물의 전부 또는 일부가 멸실되어 임대차의 목적을 달성하지 못할 경우
⑦ 임대인이 다음 각 목의 어느 하나에 해당하는 사유로 목적 건물의 전부 또는 대부

분을 철거하거나 재건축하기 위하여 목적 건물의 점유를 회복할 필요가 있는 경우

(a) 임대차계약 체결 당시 공사시기 및 소요기간 등을 포함한 철거 또는 재건축 계획을 임차인에게 구체적으로 고지하고 그 계획에 따르는 경우

(b) 건물이 노후 · 훼손 또는 일부 멸실되는 등 안전사고의 우려가 있는 경우

(c) 다른 법령에 따라 철거 또는 재건축이 이루어지는 경우

⑧ 그 밖에 임차인이 임차인으로서의 의무를 현저히 위반하거나 임대차를 계속하기 어려운 중대한 사유가 있는 경우

임차인의 계약갱신요구권은 최초의 임대차기간을 포함한 전체 임대차기간이 10년을 초과하지 아니하는 범위에서만 행사할 수 있다.

갱신되는 임대차는 전 임대차와 동일한 조건으로 다시 계약된 것으로 본다.

임대인이 제1항의 기간 이내에 임차인에게 갱신 거절의 통지 또는 조건 변경의 통지를 하지 아니한 경우에는 그 기간이 만료된 때에 전 임대차와 동일한 조건으로 다시 임대차한 것으로 본다. 이 경우에 임대차의 존속기간은 1년으로 본다.

임차인은 언제든지 임대인에게 계약해지의 통고를 할 수 있고, 임대인이 통고를 받은 날부터 3개월이 지나면 효력이 발생한다.

임대인은 임차인이 임대차기간이 만료되기 6개월 전부터 1개월 전까지 사이에 한 계약갱신 요구에 대해 정당한 사유없이 거절하지 못한다.

6) 보증금 중 일정액의 보호

임차인은 임대건물 가액의 2분의 1의 범위 안에서 보증금 가운데 일정액을 다른 담보물권보다 우선해 변제받을 권리가 있다. 이 법의 규정에 위반된 약정으로서 임차인에게 불리한 것은 효력이 없다

목적건물을 등기하지 아니한 전세계약에 관하여 상가건물임대차보호법을 준용한다. 이 경우 “전세금”은 “임대차의 보증금”으로 본다.

상가건물임대차보호법에는 임차권승계에 관한 명문규정이 없다.

보호대상 법상 보증금과 소액보증금은 다음과 같다.

지 역	보증금+ (월세×100)	소액보증금	최우선 변제액
서울특별시	9억원 이하	6,500만원 이하	최대 2,200만원
수도권정비계획법에 따른 수도권 중 과밀억제권역 (서울특별시는 제외한다), 부산광역시	6억9천만원 이하	5,500민원 이하	최대 1,900만원
광역시(수도권정비계획법에 따른 과밀억제권역에 포함된 지역과 군지역, 부산광역시는 제외한다), 세종특별자치시, 파주, 화성, 안산, 용인, 김포 및 광주시	5억4천만원 이하	3,600만원 이하	최대 1,300만원
그 밖의 지역	3억7천만원 이하	3,000만원 이하	최대 1,000만원

[사례문제]

임차인 을은 용인시에 있는 임대인 갑의 주택을 전세보증금 7천만 원, 계약기간 2년으로 임차하여 입주함과 동시에 전입신고를 마치고 살고 있다.
입주하기 전 등기부를 열람하여 보니 A은행에 3,000만 원의 저당권이 설정되어 있었다. 그러나 주택가격을 고려해 볼 때 보증금회수에는 어려움이 없을 것 같아 임대차 계약을 체결하였다.
그 후 임대인의 가정에 어려운 일이 생겨 이 주택이 경매처분을 당하게 되었다. 을은 보증금회수에 마음이 쓰여 등기부를 확인해보니 입주 후 B은행에 3,000만 원의 저당권이 추가로 설정되어 있었다. 이 주택은 1억 2천만 원에 경락되었다고 한다.

1. 임차인은 새로운 소유자를 상대로 존속기간 동안 자기의 임차권을 주장할 수 있는가?
2. 임차인이 전입신고를 하면서 확정일자를 받아 둔 경우 보증금 회수액은 어떻게 되는가?
3. 임차인이 전입신고를 하면서 확정일자를 받아두지 아니한 경우 보증금 회수액은 어떻게 되는가?

[해 설]

1. 임차인의 대항력이 선순위일 경우에는 새로운 소유자를 상대로 대항력을 주장할 수 있다.
   대항력이란 임차인이 임대인 이외의 새로운 소유자나 후순위 권리자 등과 같은 제3자에게 자신의 임차권을 주장할 수 있는 것을 의미한다.
   대항력은 주택의 인도(입주)와 주민등록(전입신고)을 하면 그 다음날부터 효력이 발생한다(주택임대차보호법 제3조 제1항).
   임차인은 이러한 요건을 모두 갖추었으나 입주 전 이미 선순위로 저당권자가 있기 때문에 경매처분이 되면 보증금을 받고 이사를 가야 한다.
   따라서 주택임대차계약을 할 때는 이러한 점을 유의하여야 한다.

2. 확정일자를 갖춘 임차인은 민사집행법에 의한 경매 시 후순위 권리자 기타 채권자보다 우선하여 보증금을 변제받을 권리가 있다(동법 제3조의 2 제2항).
   그리고 보증금 중 일정액의 보호제도가 있다. 용인시는 보증금이 1억 원 이하일 때 주택가액의 2분의 1 범위 내에서 3,400만 원까지 최우선변제권이 인정된다. 이러한 보호를 받으려면 주택에 대한 경매신청의 등기 전까지 대항력을 갖추고 있으면 되고 확정일자까지 갖추어야 하는 것은 아니다.
   따라서 이 주택이 1억 2천만 원에 경매되면 그 배당순서는 다음과 같다.
   (1) 임차인 을: 3,400만 원(보증금중 일정액의 보호)
   (2) 저당권자 A은행: 3,000만 원
   (3) 임차인 을: 3,600만 원(확정일자 되어 있음)
   (4) 저당권자 B은행: 2,000만 원
   ※ 저당권자 B은행은 1,000만 원을 회수하지 못하게 된다.

3. 임차인 을이 대항력은 갖추었지만 확정일자를 받아 두지 아니한 경우 주택이 1억 2천만 원에 경매되면 그 배당순서는 다음과 같다.
   (1) 임차인 을: 3,400만 원(보증금 중 일정액의 보호)
   (2) 저당권자 A은행: 3,000만 원
   (3) 저당권자 B은행: 3,000만 원
   (4) 임차인 을: 2,600만 원(확정일자 되어 있지 아니함)
   ※ 임차인 을은 1,000만 원을 회수하지 못하게 된다. 따라서 주택임대차 계약을 할 때는 대항력을 갖추고 확정일자를 반드시 받아 두어야 한다.

아파트 전세 계약서

대상 물건	아파트 동 호		
분양 면적	평	전용 면적	평

제 1 조 위 아파트의 전세에 있어 전세입자는 아래와 같이 전세보증금을 지불하기로 한다.

보 증 금	金 :
계 역 금	金 : 은 계약시 임대인에게 지불하고
중도금 1차 중도금 2차	金 : 은 년 월 일 지불하고 金 : 은 년 월 일 지불하고
잔 금	金 : 은 년 월 일 지불한다.

제 2 조 위 아파트의 인도는 년 월 일 자로 한다.
제 3 조 아파트의 전세기간은 인도일로부터 개월로 한다.
제 4 조 위 아파트는 기본시설 상태에서 전세이며, 전세입자가 입주후 변경 또는 훼손한 때에는 반환시까지 원상복원하기로 한다.
제 5 조 임대인이 임차인에게 중도금을 지불할때 까지는 임대인은 계약금의 배액을 상환하고, 임차인은 계약금을 포기하고 이 계약을 해제할 수 있다.
제 6 조 관리비 및 통합공과금등 제세공과금은 잔금일 기준으로 정산한다.

단,

본 계약을 준수, 이행하기 위하여 계약당사자는 이의없음을 확인하고 서명 날인한다.
작성일자 년 월 일

임 대 인	주 소					
	주민등록번호		전화		성명	
임 차 인	주 소					
	주민등록번호		전화		성명	
중 개 업 자	사무소 소재					
	사무소 명칭		대 표			
	허 가 번 호		등록번호			
	사무소 소재					
	사무소 명칭		대 표			
	허 가 번 호		등록번호			

공동 주택 전세 계약서

대 상 물 건			
분 양 면 적	평	전 용 면 적	평

제 1 조 위 대상물건의 전세에 있어 전세입자는 아래와 같이 전세보증금을 지불하기로 한다.

보 증 금	金 :
계 약 금	金 : 은 계약시 임대인에게 지불하고
중도금 1차 중도금 2차	金 : 은 년 월 일 지불하고 金 : 은 년 월 일 지불하고
잔 금	金 : 은 년 월 일 지불한다.

제 2 조 위 대상물건의 인도는 년 월 일 자로 한다.
제 3 조 대상물건의 전세기간은 인도일로부터 개월로 한다.
제 4 조 위 대상물건은 기본시설 상태에서 전세이며, 전세입자가 입주후 변경 또는 훼손한 때에는 대상물건의 반환시까지 원상복원하기로 한다.
제 5 조 임대인이 임차인에게 중도금을 지불할때 까지는 임대인은 계약금의 배액을 상환하고, 임차인은 계약금을 포기하고 이 계약을 해제할 수 있다.
제 6 조 관리비 및 통합공과금등 제세공과금은 잔금일 기준으로 정산한다.

단,

본 계약을 준수, 이행하기 위하여 계약당사자는 이의없음을 확인하고 서명 날인한다.

작성일자 년 월 일

임 대 인	주 소					
	주민등록번호		전화		성명	
임 차 인	주 소					
	주민등록번호		전화		성명	
중 개 업 자	사무소 소재					
	사무소 명칭		대 표			
	허 가 번 호		등록번호			
	사무소 소재					
	사무소 명칭		대 표			
	허 가 번 호		등록번호			

주택임차권등기명령신청서

신청인(임차인) 성 명 : (–)
주 소 :
전화번호 :
피신청인(임대인) 성 명 :
주 소 :

신 청 취 지

별지목록 기재 건물에 관하여 아래와 같은 주택임차권등기를 명한다라는 결정을 구합니다.

아 래

1. 임대차계약일자 :
2. 임차보증금액 : 금 원, 차임 : 금 원
3. 주민등록일자 :
4. 점유개시일자 :
5. 확 정 일 자 :

신 청 이 유

첨 부 서 류

1. 건물등기부등본
2, 주민등록등본
3. 임대차계약증서 사본

년 월 일

신청인 (인)

지방법원 귀중

Ⅳ. 부동산 경매, 공매

1. 부동산 경매

1) 부동산 경매의 기본 개념

(1) 부동산경매의 개념

부동산 경매절차는 강제경매와 임의경매의 두 절차가 있다.

강제경매란 채무자 소유의 부동산을 압류, 환가하여 그 매각대금을 가지고 채권자의 금전채권의 만족을 얻음을 목적으로 하는 강제집행 절차 중의 하나이다.

임의경매란 담보권의 실행 등을 위한 경매를 말하고 민사소송법은 그 제7편 제5장에서 담보권의 실행 등을 위한 경매라는 이름 아래 부동산에 대한 경매신청을 조문화하여 경매 신청에 채무명의를 요하지 아니하는 경매에 관한 규정을 두고 있는데, 일반적으로 경매를 통틀어 강제경매에 대응하여 임의경매라고 부른다.

〈 임의 경매 VS 강제 경매 〉

구　　분	임의경매	강제경매
경매신청자	전세권, 질권, 유치권, 담보가등기, 저당권 등의 담보권자	일반 채권자
신청절차	즉시 가능	채무자의 부동산에 압류 후 경매처리
신청시 구비서류	담보권을 증명하는 등기부등본	채무명의, 채무명의 송달증명
경매 취하가능시기	대금납부 전까지 가능	낙찰 후에는 경락자의 동의를 받거나 채무 부존재 확인의 소송 필요
경매에 대한이의신청	담보권 부존재를 소명하면 가능 경매절차상 사유로 신청가능	경매절차상 사유로만 신청가능
낙찰불허가 되는 경우	채무자가 경락자인 경우	채무자 또는 소유자가 경락자인 경우

(2) 경매절차

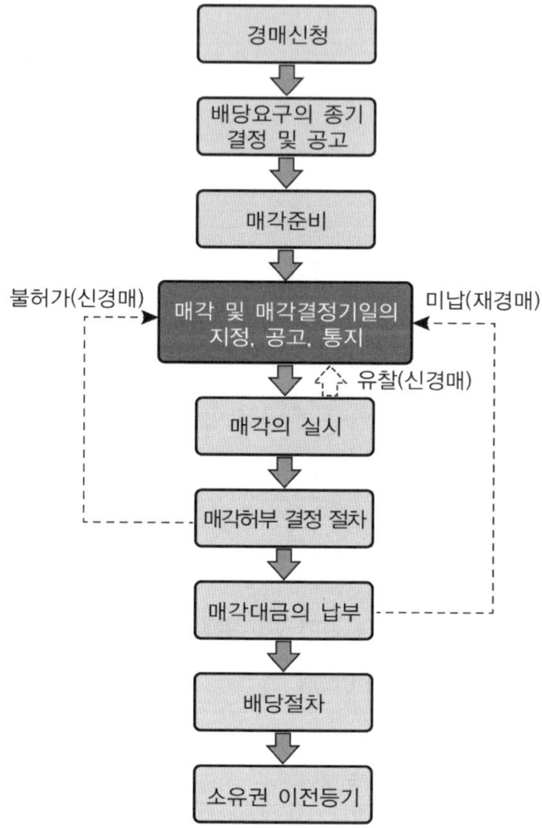

① 경매신청 및 경매개시결정

먼저 채권자의 신청이 있으면 법원은 경매개시결정 후 목적부동산을 압류하고, 관할 등기소에 경매개시결정의 기입등기를 촉탁하여 등기관으로 하여금 등기부에 기입등기를 한다. 경매개시결정 정본은 채무자에게 송달 한다.

② 배당요구의 종기결정 및 공고

구 민사소송법에서는 낙찰기일까지 배당요구를 할 수 있었으나, 새로운 민사집행법에서는 법원이 정한 배당요구의 종기까지만 배당요구를 할 수 있도록 하고 있고, 배당요구의 종기는 경매개시결정에 따른 압류의 효력이 생긴 때부터 1주일 내에 결정하되, 종기는 첫 매각기일 이전의 날로 정한다.

③ 매각의 준비

환가의 준비절차로서 부동산의 현상, 점유관계, 차임 또는 보증금의 액수, 기타 현황에 관하여 조사를 명하고, 감정인에게 부동산을 평가하게 하여 그 평가액을 참작하여 최저매각가격('舊' 최저입찰가격)을 정한다.

〈최저매각가격이란〉

경매기일의 공고에는 경매부동산의 최저경매 가격을 기재해야 한다. 최초 경매기일의 최저매각가격은 감정인이 평가한 가격이 기준이 되며 경매기일에 있어서 경매신청인이 없어 新경매기일을 지정한 때에는 상당히 저감(통상20%)한 가격이 최저경매가격이 된다. 응찰하고자 할 때에는 항상 공고된 최저경매가격보다 같거나 높게 응찰해야 무효처리가 되지 않는다. ⇒ (舊) 최저입찰가격

④ 매각방법, 매각 및 매각결정기일의 지정, 공고, 통지

위 절차가 끝나면 담당판사의 판단에 따라 통상의 방법처럼 진행하는 기일입찰방법과 일정기간의 입찰기간을 정하여 입찰을 실시하는 기간입찰방법 중 하나를 택하여 매각기일 등을 지정, 통지, 공고한다.

⑤ 매각의 실시

- 기일입찰의 경우 집행관이 집행보조기관으로서 미리 지정된 기일, 장소에서 매각을 실시하여 최고가매수신고인 및 차순위 매수신고인을 정한다.
- 기간입찰의 경우 매각기일에 입찰기간 동안 접수된 입찰봉투를 개봉하여 최고가매수신고인과 차순위 매수신고인을 정하기만 할 뿐 직접 입찰을 실시하지는 않는다.

⑥ 매각결정절차

법원은 매각결정기일에 이해관계인의 의견을 들은 후 매각허부 결정. 매각허부의 결정에 대하여 이해관계인은 즉시항고 할 수 있다.

〈이해관계인〉

경매절차에 이해관계를 가진 자 중 법이 특히 보호할 필요가 있는 것으로 보아 이해관계인으로 법에 규정한 자를 말하며, 그들에 대하여는 경매절차 전반에 관여할 권리가 정하여져 있다.

⑦ 매각대금의 납부

매각허가결정이 확정되었을 때에는 법원은 대금지급기한을 정하여 매수인에게 매각대금의 납부를 명한다.

매각허가결정이 확정되면 법원은 대금지급기한을 지정하므로, 정해진 기한내에 언제든지 대금을 납부할 수 있다.

〈대금지급기한〉

민사집행법이 적용되는 사건에 대하여 매각허가결정이 확정되면 법원은 대금의 지급기한을 정하고, 이를 매수인과 차순위 매수신고인에게 통지하여야 하며, 매수인은 이 대금지급기한까지 매각대금을 지급하여야 한다.

⑧ 배당절차

매수인이 매각대금을 완납하면 법원은 배당기일을 정하여 이해관계인과 배당을 요구한 채권자에게 통지하여 배당을 하게 된다. 매수인이 지정한 기일까지 대금을 완납하지 아니한 경우에, 차 순위 매수신고인이 있는 때에는 그에 대하여 매각의 허부를 결정하고 차 순위 매수신고인이 없는 때에는 재매각을 명한다.

⑨ 소유권이전등기 등의 촉탁, 부동산인도명령

매수인은 매각허가결정이 선고된 후에는 매각부동산의 관리명령을 신청할 수 있고 대금 완납 후에는 인도명령을 신청할 수 있다. 또한 매수인이 대금을 완납하면 부동산의 소유권을 취득하므로, 집행법원은 매수인으로부터 필요서류의 제출이 있게 되면 매수인을 위하여 소유권이전등기, 매수인이 인수하지 아니하는 부동산상의 부담의 말소등기를 등기관에게 촉탁한다.

〈인도명령〉

채무자, 소유자 또는 압류의 효력이 발생한 후에 점유를 시작한 부동산 점유자에 대하여는 낙찰인이 대금을 완납한 후 6개월 내에 집행법원에 신청하면 법원은 이유가 있으면 간단히 인도명령을 발하여 그들의 점유를 집행관이 풀고 낙찰인에게 부동산을 인도하라는 취지의 재판을 한다. (이 때 인도명령신청을 받은 법원은 채무자와 소유자는 부르지 않고 통상 세입자 등 제3자를 불러 심문하는 경우도 있다.)

민사집행법의 적용을 받는 사건에 대하여는 인도명령의 상대방을 확장하여 점유자가 매수인에게 대항할 수 있는 권원을 가진 경우 이외에는 인도명령을 발할 수 있도록 개선하였다.

(3) 입찰 방법

① 입찰 장소

입찰은 법원에서 하게 되며 입찰표를 기재할 수 있도록 설비를 갖추고 있다.

② 입찰의 개시

입찰절차는 집행관이 주재하며 입찰개시에 앞서 집행기록을 입찰자에게 열람하게 하며, 특별매각조건이 있으면 이를 고지한다.
고지가 끝나면 집행관이 입찰표의 제출을 최고하고 입찰마감시각과 개찰시각을 고지함으로써 입찰이 시작된다.

③ 입찰의 기재

입찰표에는 ①사건번호, ②입찰자의 성명과 주소, ③부동산의 표시, ④입찰가격, ⑤대리인에 의하여 입찰하는 경우에는 대리인의 성명과 주소를 기재하고, ⑥그 밖에 입찰보증금액도 기재한다.

입찰가격은 일정한 금액으로 표시하여야 하며, 다른 입찰가격에 대한 비례로 표시하지 못한다.

④ 입찰표 및 입찰보증금의 제출

① **입찰표의 제출** : 입찰표는 입찰기일에 집행관에게 제출하여야 한다. 실제로는 입찰봉투에 넣어 입찰함에 투입함으로써 집행관에게 제출하는 것으로 되며 한 번 제출한 입찰표는 취소, 변경 또는 교환할 수 없다.

② **입찰보증금의 제출** : 입찰보증금은 특별매각조건으로 달리 정함이 없는 한(재입찰의 경우에는 입찰보증금을 입찰가격의 2/10 혹은 3/10으로 하는 특별매각조건을 정함이 보통이다.) 입찰가격의 1/10 상당액이다. 개정된 민사집행법에는 입찰가격의 1/10이 아니라 최저매각가격의 1/10에 해당하는 금액을 입찰보증금으로 제공하도록 되어 있다. 입찰보증금은 입찰표와 함께 집행관에게 제출하여야 한다.

⑤ 입찰의 종결

① 입찰의 마감 및 개찰 : 입찰을 마감하면 지체없이 입찰표의 개봉, 즉 개찰을 실시합니다. 개찰할 때에는 입찰자가 출석하여야 하며, 입찰자가 출석하지 아니한 때에는 집행관은 법원 사무관 등 상당하다고 인정하는 자를 대신 참여하게 한다.

② 최고가매수인의 결정 : 개찰결과 최고의 가격으로 응찰하고 소정의 입찰보증금을 제출한 자를 최고가매수인으로 결정한다. 그런데, 최고가입찰자가 2인 이상일 경우에는 그들만을 상대로 추가입찰을 실시합니다. 추가입찰을 실시 결과 또다시 2인 이상이 최고의 가격으로 응찰한 경우에는 추첨에 의하여 최고가입찰자를 정한다.

③ 차순위매수신고인의 결정 : 차순위매수신고인은 최고가매수인이 대금지급의무를 이행하지 아니하는 경우에는 자기의 입찰에 대하여 낙찰을 허가하여 달라는 신고(차순위입찰신고)를 할 수 있는데 차순위매수신고는 그 신고액이 최저입찰가격 이상이고 또 최고가입찰가에서 그 보증금액을 공제한 금액을 초과한 경우에만 가능합니다. 이는 재입찰로 인한 절차의 지연을 방지하고 법원의 업무부담을 경감하기 위하여 차순위입찰신고인 제도를 둔 것이다.

차순위입찰신고를 한 자가 2인 이상인 때에는 입찰가격이 높은 사람을 차순위입찰신고인으로 정하고, 입찰가격이 같을 때에는 추첨에 의하여 차순위입찰신고인을 정한다.

④ 입찰절차 종결의 고지 : 최고가입찰자 및 차순위입찰신고인이 결정되면 집행관은 그들의 성명과 가격을 호창하고 입찰절차의 종결을 고지하게 됩니다. 입찰자가 없는 사건은 입찰불능으로 처리하고 종결을 고지한다.

⑤ 입찰보증금의 반환 : 집행관은 입찰절차의 종결을 고지한 후에는 최고가입찰자 및 차순위입찰신고인 이외의 입찰자에게 그들이 제출한 입찰보증금을 즉시 반환하게 된다.

(자료참조 www.courtauction.co.kr)

2) 경매 투자시의 이점 요소와 피해야 할 곳

(1) 이점 요소

① 유동인구가 많은 곳

역세권, 대학가, 도심권 등은 유동인구가 많다. 이러한 곳에 고객이 몰려들어 대형 유통시설과 더불어 상호 상승작용으로 인해 상권이 매우 활성화된다.

② 편의시설 등이 있는 곳

유동인구가 쉽고 편안하게 찾을 수 있는 곳에는 어김없이 편의시설들이 들어서 있다. 은행이나 대형 유통시설 등이 대표적이다.

③ 주차장이 있는 곳

승용차가 대중화되다 보니 가까운 거리에도 차량을 이용하는 사람이 많아 졌다. 이 때문에 주차장이 있는 상가와 없는 상가는 극명한 차이를 보이고 있다. 전용 주차장이 없다면 주변에 공용주차장이 중도에 있다면 유동인구의 흐름이 끊어지는 경우가 있으므로 주의해야 한다. 이러한 지역은 중심지 안에 공용주차장이 있는 곳을 선택하면 좋다.

④ 버스정류장이나 지하철역을 끼고 있는 대로변

이러한 곳은 아무리 강조해도 지나치지 않을 것이다. 그러나 지하철역을 끼고 있는 수도권의 역세권 중에 상권이 형성되어 있는 곳은 고작 30여개 밖에 없다는 것도 기억해야 한다. 특히 이러한 곳도 출근길이지 퇴근길인지 확인해 보고 선택하고 또한 유동인구가 흘러가는 곳인지, 모이는 곳인지를 확인하는 것도 필요하다.

⑤ 코너상가

주택지 상권이든 역세권 상권이든 코너 상가는 시계성이 높다. 이러한 곳은 시선이 집중되고 출입구 접근성이 좋다.

⑥ 대규모 아파트 단지 중심 상권

이런 곳에는 대형 유통시설이 들어오게 된다. 결국 유동인구는 이런 곳을 중심으로 한 중심 상권에서 구매를 하게 된다. 이런 경우 대부분의 아파트 내 상가는 살아남기 힘들다. 1,000세대 이상의 독립단지인 경우에는 많은 세대를 중심상권에 빼앗기게 되므로 실제로는 300~400세대 정도밖에 안 된다.

⑦ 중소형 아파트 단지 상가

아파트 단지는 주택지보다 세대 당 물품구매력이 높다. 수입과 지출이 상대적으로 높다는 말이다. 그러나 이들이 모두 아파트 단지 내의 상가를 이용하는 것은 아니다. 분양

평수 33평 이하인 중소형 아파트에는 30~40대가 많이 산다. 당연히 어린아이나 학생들이 많다. 따라서 단지 내 상가에는 학용품점, 의류점, 식품점, 학원 등이 잘 된다. 일반 소형이나 대형 아파트에 비해 상대적으로 장사가 잘 되며 업종도 다양하다.

⑧ 낮은 지대의 중심지

낮은 곳은 대부분 교통시설이 잘 갖추어져 있다. 또한 이곳은 주거지역에서 상업지구로 내려오는 곳이 대부분이다. 상가가 형성되는 가장 기본적인 요건이다. 여기서 중심부란 유동인구의 주요 동선의 중심부를 말하며 공간적인 중심지를 이야기하는 것이 아니라는 것을 꼭 기억해야 한다.

⑨ 주변에 노점상이 있는 곳

주변에 노점상이 있다는 것은 유동인구가 많다는 뜻이다. 점포를 가지고 영업하는 사람들은 노점상 때문에 장사가 안 된다고 하지만 이것은 잘못된 생각이다.

(2) 경매 투자 시 피해야 할 곳

① 업종이나 주인이 자주 바뀌는 곳

업종이 자주 바뀌는 곳은 역시 장사가 잘 안 된다는 뜻이다. 충동구매 현상이 강한 곳에 많이 나타난다. 상가 투자로서는 어려움이 많다. 건물주 입장에서 공실이 자주 발생한다는 것은 임대료 받기가 어렵다는 뜻이다.

② 주변 점포의 간판이 낡거나 색이 퇴색된 곳

간판을 보면 상가가 어떤 경영 상태인지 알 수 있다. 상가가 번창하는 곳일수록 대체적으로 상가가 항상 깨끗하다. 유동인구의 유입을 목적으로 하기 때문이다. 즉 재투자가 잘 이루어지고 있다는 것이 된다. 재투자가 잘 이루어지지 않는 곳은 간판에 투자 할 여력이 없다고 보면 된다.

③ 주변 도로가 지저분한 곳

장사가 잘 안 되는 상가는 주변의 환경에 신경 쓸 시간적, 마음의 여유가 없다. 주변에 휴지가 널려 있으며, 각종 기물이 그대로 방치되어 있다면 손님이 별로 없는 지역이다.

④ 빈 점포가 많은 곳

신도시를 돌아다니다 보면 빈 점포가 많은 곳을 볼 수 있다. 아파트 분양 100% 완료라는 말만 믿고 상가를 분양 받았지만 입주가 되지 않아 임대가 나가지 않는 경우가 많기 때문이다. 이런 건물이 경매로 나오게 된다. 신도시 상가는 입주자의 입주현황을 체크하고 투자해야 한다.

2. 부동산 공매

1) 공매의 기초이론

(1) 공매(public auction)의 정의

공매(公賣)란 부동산을 처분할 때 모든 조건을 공개하고 일반 경쟁 입찰을 통하여 최고가 입찰자를 결정하는 제도를 말한다.

즉 부동산의 소재지, 종별, 수량, 매매가격 등 물건의 기본적인 상태와 각 물건에 대한 개별적인 매각조건을 고지한 후 그 조건을 승낙한 사람이 매수를 희망하는 경우에 일반경쟁 입찰을 통하여 처분하는 방법이다.

공매는 한국자산관리공사(KAMCO) 이외 다른 기관(금융기관, 공기업, 등)도 시행하고 있으나 다양한 경험을 바탕으로 체계적인 공매를 실시하고 있는 KAMCO가 대표적인 공매전문기관이다.

▶온비드 인터넷 입찰 방법

1.회원 가입	→	고객센터→온비드 이용안내→회원가입안내를 참고해 회원 가입을 한다
2.공인인증서 등록	→	온비드에 로그인 후 나의온비드에서 공인인증서를 등록한다
3.입찰 물건 검색	→	나의온비드(관심물건,관심공고,맞춤서비스) 입찰공고(공고상세검색,통합공고 등) 물건정보(물건상세검색, 새로운물건등)를 이용해 공매입찰을 희망하는 물건을 검색한다
4.입찰서 작성 및 제출	→	물건을 선택한 후 물건상세정보의 입찰정보→입찰참가 선택→입찰내용을 작성 및 제출한다
5.입찰보증금 납부	→	입찰서를 제출하고 부여받은 보증금 납부계좌에 인터넷 입찰기간 종료 전에 보증금을 납부(자동이체 안됨)한다
6.입찰내역 및 결과 확인	→	나의온비드 입찰내역에서 입찰결과를 확인한다

(2) 공매재산의 종류와 자산별 차이점

구 분	유입(인수)재산	비업무용재산	압류재산(강제집행)	법원경매
소유자	KAMCO	금융기관	체납자 및 물상보증인	체납자
매각금액 결정기준	KAMCO유입가격() ※취득세·등록세 한시적으로 감면	감정가격	감정가격	감정가격
공 고	일간신문에 전체 물건 15일 이상 공고	좌 동	경제지에 500만원 이상 최초 공매물건만 공고, 나머지는 점두게시 공고	일간지에 14일전 공고
명도책임	자산관리공사(예외있음 경우에 따라 매수자 부담)	금융기관 책임(경우에 따라 매수자부담)	매수자	매수자
대금 납부방법 및 기한	낙찰자가 3년 이내에서 대금 납부방법 및 납부기한을 임의로 결정(계약금10%, 1월~3년 이내 최소 월단위로 납부단.1년에 20 %는 내야 한다. 5년까지 변경 가능)	금융기관 제시조건(계약금 10%. 잔금 매 6월마다 납부, 3년이내)	국세징수법에 정함(보증금 10%. 잔금 1,000만원 미만 7일 이내, 1천만원 이상 60일 이내 납부)	법원잔금지급통보절차에 따름
유찰(수의) 계약	다음 공매 공고 전일까지 가능 (공매가격. 낙찰가격으로 가능)	좌 동	불가능	불가능
계약체결	낙찰후 5일 이내	좌 동	별도계약 없음 (매각결정에 의함)	없 음
매수자 명의변경	가 능	좌 동	불가능	불가능
대금 선납시 이자 감면	연 10.8%(변동될 수 있음)	금융기관 정기예금 (연5~8%)	불 가	없 음
권리분석	불필요	불필요	매수자(특히 대항력 있는 임차인 유무에 주의)	좌 동
대금완납전 점유사용	매매대금1/3이상 선납하거나, 기계기구의 수리비가 매매대금의 1/3 이상 소요되는 경우로서 매수자가 직접 수리후 사용하고자 하는 경우 가능	금융기관 승낙조건에 따른 점유사용료를 내거나 납부 보장책을 제시하는 경우 가능	불가능	불가능
완납전 소유권이전	대금 1/2이상 납부 시 근저당 설정으로 가능	금융기관 대출로 선택적으로 가능	불가능	불가능
계약조건 변경	구입자가 원할 경우에 계약기간을 최장 5년까지 연장가능	불가능	불가능	불가능
날 인	도장 사인 모두사용	좌 동	좌 동	도장만
동점자처리	추첨방식	좌 동	좌 동	재입찰
입찰시간	11시부터	좌 동	좌 동	10부터
당일재입찰	유찰물건가능	좌 동	좌 동	불가능
인도명령제도	없 음	없 음	없 음	있 음

1개월 입찰회수	불규칙	좌 동	1주일에 같은 물건 1회	1회정도
낙찰불허가	불인정	좌 동	좌 동	적 용
저감율	5%	10%	10%	20~30%
상 계	불인정	좌 동	좌 동	인 정
매수제한	없음(전낙찰자의 재매수)	좌 동	좌 동	있 음

(출처 : 한국자산관리공사 자료 참조)

(3) 공매 시 주의할 점

① 우량물건 부재

공매에서의 우량물건은 토지, 전, 답 등이고 주거용 특히 아파트 같은 경우는 우량물건이 훨씬 적다. 즉 우량물건은 안전성이 결여되어 있으며 입찰도중에 취소되는 사태가 많다. 체납자의 세금납부, 이해관계인의 송달불능 등이 주원인이다.

② 건물내부조사 불능

공매는 법원의 집행관 같은 공권력 있는 조사 집행기구가 없기 때문에 공권력의 부재로 현황조사를 하지 못하는 문제로 건물내부 상황과 임대차조사내용 등을 알 수 없다.

(4) 공매의 절차

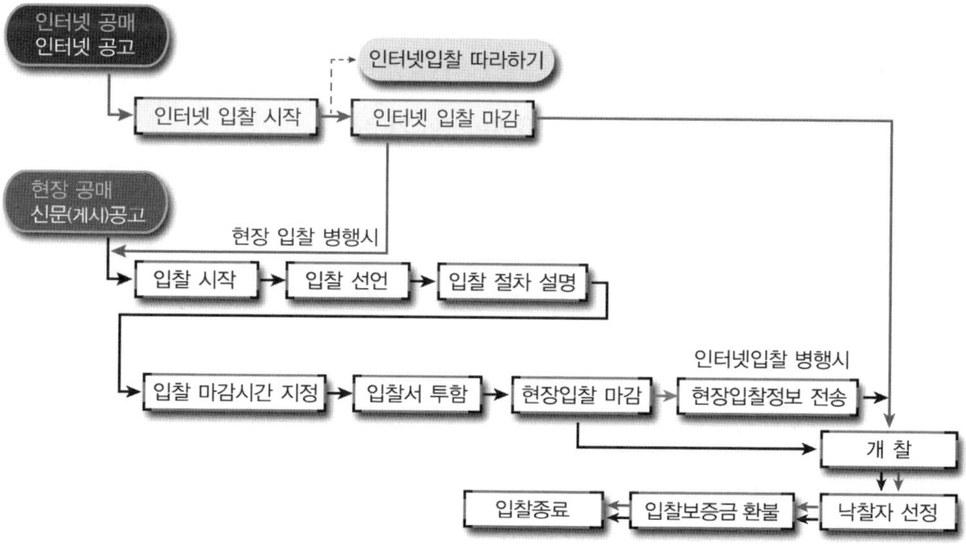

(출처 : www.aution119.co.kr)

2) 공매의 장점

(1) 안전하게 살 수 있다.

유입재산, 수탁재산인 경우 이미 법원의 경매과정에서 모든 권리가 말소되고 소유권이 이전 되었다. 따라서 권리의 하자가 없다. 그러나 행정상의 규제, 공부와의 차이점과 현황 등은 본인이 조사하여야 한다.

(2) 명도책임을 KAMCO에서 부담한다.

유입자산, 수탁재산인 경우 세입자의 문제나 부동산을 넘겨주는 책임은 대부분 KAMCO가 부담하고 있지만, 매수자가 명도책임을 지는 경우도 있다. (압류재산인 경우 명도는 매수자 책임)

(3) 할부로 구입할 수 있다.

① 유입자산인 경우

매매금액에 따라 1개월에서 최장 5년 기간 내 6개월 균등분할로 구입할 수 있고, 계약체결 후 1회에 한하여 원하면 계약연장도 가능하다. (단, 할부 시 기금채권발행금리에 해당하는 이자 가산하여 납부하여야함)

② 수탁재산인 경우

위임기관에 따라 1개월에서 5년까지 분할로 구입할 수 있다.

(4) 매매대금을 전액 납부하지 않아도 소유권이전이 가능하다.

① 유입자산인 경우

계약 체결 후 매매대금의 1/2이상을 납부하고 근저당권을 설정하는 조건으로 소유권이전을 요청하거나 매매대금에 상응하는 은행지급보증서등 납부보장책을 제출하면 소유권이전이 가능하다.

② 수탁재산인 경우

계약 체결 후 금융기관의 지급보증서 예금, 적금증서, 국ㆍ공채나 금융채를 제출하면 매매대금 완납전이라도 소유권이전이 가능하다.

(5) 매매대금 완납전이라도 입주하여 사용할 수 있다.

매매대금의 1/3이상을 선납하는 경우에는 소유권이전 전이라도 입주사용이 가능하다.(공장인 경우에는 물건에 따라 조건이 다를 수 있다)

(6) 자금사정이 어려우면 중도에 구입자 명의를 변경할 수 있다.

할부로 부동산을 산 사람이 매매대금을 계속 납부할 수 없는 경우 등에는 제3자가 계약을 이어 받아 이행할 수 있도록 명의를 변경할 수 있다.

(7) 매매대금을 선납하면 이자를 감면해 준다.

계약이행중 매매대금을 선납하는 경우에는 이자를 감면해 준다.

(8) 차후 배당요구가 가능하다.

압류재산은 법원경매와는 달리 배당종기일이 첫 입찰 전에 정해지지 않기 때문에 차후 배당요구가 가능하다.

(9) 잔금납부기일이 법원경매보다 충분하다.

잔금납부기일이 법원경매보다 충분하고 매각결정문을 수령한 후에는 법원경매처럼 소유자가 대금을 납부하면 매각이 취소되는 불상사는 압류재산공매에서는 없다.

(10) 온비드를 통한 인터넷 입찰을 하고 있어 인터넷 연결된 PC만 있으면 손쉽게 입찰에 참여할 수 있다.

제 2 편

회사생활과 법률실무

제 1 장

근로계약의 법률실무

Ⅰ. 근로계약의 체결

1. 근로계약의 의의

근로계약이란 근로자가 사용자에게 근로를 제공하고 사용자는 이에 대하여 임금을 지급하는 것을 목적으로 하는 근로자와 사용자가 체결하는 계약을 말한다(유상쌍무계약). 근로자와 사용자는 임금, 근로시간, 휴일, 휴가 등 주요한 근로조건을 자유의사에 의하여 결정한다.

근로계약은 자본주의 하에서의 자유로운 상품교환의 원칙을 기초로 하여 노동을 일종의 상품으로 취급한 것이다. 그러나 노동은 근로자의 육체와 불리할 수 없는 것으로 실질적으로는 근로자를 타인의 노무지휘 하에 복종시켜 타인에게 종속하게 되는 것이다(종속관계 근로).

따라서 근로계약은 형식적으로는 계약자유의 원칙을 유지한 것이기는 하나, 실질적으로는 불평등관계를 야기하게 된다. 따라서 근대에 들어서는 근로계약의 자유원칙에 대한 제한이 필요하게 되었으며, 이에 따라 근로계약은 근로기준법의 제한을 받게 되었다.

2. 근로계약서의 형식 및 교부의무

고용계약은 불요식계약으로서 그것이 구두에 의해 체결되든 서면에 의해 체결되든 효력상의 차이는 없다. 근로기준법에서도 사업주는 근로자의 요구가 있으면 근로조건이 명시된 서면근로계약서를 근로자에게 교부하도록 규정하고 있었다.

그런데 2012년 1월 1일부터는 근로계약 체결시는 물론 근로계약 변경시에도 주요 근로조건이 명시된 서면을 근로자의 요구와 관계없이 교부하도록 하였다. 다만 근로조건이 근로자대표와의 서면합의, 취업규칙, 단체협약에 의하여 변경되는 경우에는 근로자의 요구가 있으면 근로자에게 교부하여야 한다(근로기준법 제17조).

3. 주요한 근로조건

1) 일반 근로자

임금의 구성항목, 계산방법, 지급방법, 소정근로시간, 휴일, 연차유급휴가, 취업의 장소 및 종사할 업무, 취업규칙에서 정한 사항, 기숙사규칙에서 정한사항

2) 기간제 근로자

근로계약기간, 근로시간, 휴게, 임금의 구성항목, 계산방법, 지불방법, 휴일, 휴가, 취업의 장소와 종사하여야 할 업무(기간제 및 단시간 근로자 보호 등에 관한 법률 제17조)

3) 단시간 근로자

기간제 근로자 계약내용, 근로일 및 근로일별 근로시간

4) 파견근로자

일반근로자 계약내용, 근로자파견계약 내용, 파견의 대가, 파견근로 사업장의 복리후생시설의 이용에 관한 사항(파견근로자보호 등에 관한 법률 제26조)

4. 벌 칙

법 령	벌 칙	근거조문
근로기준법	벌금 500만원 이하	근로기준법 제114조
기간제 및 단시간 근로자 보호 등에 관한 법률	과태료 500만원 이하	기간제 및 단시간근로자 보호 등에 관한 법률 제24조
파견근로자 보호 등에 관한 법률	1,000만원 이하의 과태료, 300만원 이하의 과태료	파견근로자 보호 등에 관한 법률 제46조

Ⅱ. 근로계약서의 작성

1. 근로계약서 작성의 필요성

근로계약서는 법적으로 규정된 양식이 정해져 있지 않으며 고용주와 근로자 간의 구두 약속으로도 근로계약이 성립된다. 그러나 서면으로 남기지 않고 구두상으로 근로계약을 체결할 경우 분쟁이 생기면 책임의 문제가 발생하므로 문서로 명확히 하는 것이 바람직할 것이다. 특히, 급여나 근무시간 등의 세부적인 근로조건을 구두로 할 경우 고용주나 근로자가 서로 예측하지 못한 분쟁이 발생할 경우 크고 작은 법적인 문제가 발생할 수 있다. 근로계약 체결시 협의된 것이 없기 때문에 서로의 주장만 내세우게 되고 합의를 하고자 해도 합의를 이루기 어렵게 된다.

2. 근로계약서의 구성

근로관계 문서의 구성은 그 형태별로 그 구성을 달리하므로 일률적으로 단정할 수는 없지만, 통상 근로자와 사용자에 관한 부분과 이에 따른 지휘 감독상의 문제, 근로조건 및 복리에 관한 문제 등에 관한 사항을 그 형태에 따라 기술하는 방식으로 구성된다. 사용자는 근로계약 체결시에 근로자에 대하여 임금, 근로시간 기타의 근로조건을 명시하여야 한다.

근로계약의 성립으로 근로자는 사용자에게 근로를 제공해야 할 의무가 성립한다. 근로계약서에 명시되지 않은 사항은 취업규칙 및 근로기준법의 관련조항을 준용한다.

3. 근로계약서 작성 시 주의사항

1) 솔직하게 작성한다.

근로관계 문서를 작성함에는 상호 신뢰의 바탕 위에 거짓 없이 사실 그대로를 명확하게 작성하여야 한다. 즉, 근로자는 자기의 학력과 경력 등에 관한 사항을, 사용자는 근로의 대가로 지급하는 임금과 근로자의 복리에 관한 사항 등 제반 사항을 명확하게 알 수 있도록 하여야 한다.

근로자나 사용자가 이에 관한 사항 등을 거짓 등으로 작성한 경우 이는 상호 신뢰관계는 물론 법률적 문제로 대두되어 분쟁의 불씨가 된다. 그러므로 근로관계 문서는 진실에 입각하여 명확하게 작성하되 신중을 기하여 작성하여야 한다.

2) 근로조건을 명시한다.

근로조건이란 임금, 근로시간, 휴일, 휴가, 복리후생시설, 재해보상, 안전보건 등 근로자가 회사에서 받는 모든 대우를 말하며, 근로기준법에서 그 최저기준을 정하고 취업규칙이나 근로계약에서 그 이상으로 정할 수 있다 .

회사는 근로계약을 체결할 때 근로자에게 이러한 근로조건을 반드시 명시해야 한다. 명시방법은 구두로도 가능하나, 임금의 구성항목, 계산방법, 지불방법에 대해서는 회사가 반드시 서면으로 명시하게 되어 있으므로 분명히 확인해야 한다.

3) 근로계약서의 내용을 준수한다.

사용자는 근로계약에서 약정된 것과 다른 근로제공을 근로자에게 요구할 수 없다(민법 제658조 제1항). 대개의 경우 근로계약 체결시에는 근로의 종류에 대해 대강만을 정하고(근로기준법 제24조), 구체적인 것은 사용자의 지시에 따르도록 하는 것이 일반적이다. 그러나 이때에도 사용자의 지시권 행사는 근로계약의 취지, 취업규칙, 법률의 규정 등에서 인정되는 범위 내에서만 가능하다.

4. 근로기준법 위반의 효과

근로기준법을 위반하는 계약은 무효이다. 근로계약은 근로자가 임금, 급료 등의 대가를 사용자로부터 받고 노무를 제공하는 것을 약정하는 계약으로 근로기준법의 적용을 받는다. 근로기준법이 정한 기준에 어긋나는 근로계약은 그 부분에 한하여 무효이다.

5. 근로계약서 예시 및 작성방법

연봉근로계약서

사용자 (갑)	성 명	홍 길 동	사업자등록번호	1XX-OO-XXXOO
	사업체명	(주) 배화무역		
	소 재 지	서울특별시 종로구 필우대로 1길 34		
근로자 (을)	성 명	김 배 화	주민등록번호	880505-2XXXOOO
	주 소	경기도 용인시 수지구 풍덕천 1동 34		

근로자란 직업의 종류와 관계없이 임금을 목적으로 사업이나 사업장에 근로를 제공하는 자를 말하며, 사용자란 사업주 또는 사업 경영담당자, 그 밖에 근로자에 관한 사항에 대하여 사업주를 위하여 행위 하는 자를 말한다(근로기준법 제2조).

제1조 (고용계약 체결 / 담당업무 / 근무 장소)

① 근로자(이하 “을”이라 한다)는 신의성실에 따라 담당업무에 종사하며 자신의 노무를 제공하고, 사용자(이하 “갑”이라 한다)는 그에 상응하는 대가를 지급할 것을 약속한다.

② 담당업무는 영업 및 마케팅을 담당한다. 단, 갑의 사정에 따라 변경할 수 있다.

③ 근무 장소는 본사로 한다. 단 갑은 업무의 필요와 경영사정 등에 따라 을의 근무장소를 변경할 수 있다.

근무장소 : 근로자가 근무하게 될 장소를 기입한다. 전 1항의 근무부서와 달리 지역명 또는 사업장명을 기입하면 된다.

업무내용 : 근로자가 담당하게 될 업무명 또는 직무내용을 기입한다.

부서 : 근로계약을 체결한 근로자가 근무를 하게 될 회사 내 부서명을 기입한다.
직위 : 근로자의 직위 또는 직급을 기입한다. 업무에 대한 직책이 있는 경우에 병기하여도 좋다. 통상적으로 직위는 사원, 대리, 주임, 과장, 차장, 부장 등으로 구분되며, 직급은 9급, 8급 등으로 구분될 수 있다.

제2조(연봉계약 기간)

① 본 연봉 등 계약내용의 적용기간은 2012년 2월 1일에서부터 2013년 1월 31일까지로 한다.

② 갑과 을은 계약만료 1개월 전에 재계약을 체결하는 것을 원칙으로 한다. 단, 1개월 전에 상대방에게 계약내용의 변경 등에 대한 통지가 없을 때는 계약은 1년간 자동연장된 것으로 간주한다.

③ 채용 후 3월은 수습기간으로 하며 이는 근속기간에 포함한다. 단, 급여는 정상급여의 80%를 지급한다.

제3조 (근로시간 및 연장근로 등에 대한 동의)

① 을의 시업 및 종업의 시각은 제2항의 연장근로시간을 포함하여 08:00부터 17:00로 한다.

② 주 40시간 근무를 원칙으로 하되, 을은 1주 12시간 범위 내의 연장근로의 실시에 동의하며, 이를 다음과 같이 확인한다.

※ 동의자 : (서명 또는 인)

> 근무일 및 근무시간 : 근로기준법 제50조(근로시간)에서 정한 근로자의 근로시간 기준은 1) 1주간의 근로시간은 휴게시간을 제외하고 40시간을 초과할 수 없다. 2) 1일의 근로시간은 휴게시간을 제외하고 8시간을 초과할 수 없다 로 되어 있으므로 이에 준하여 근무일과 근로시간을 기입 한다.
> 포괄산정임금계약 : 포괄산정임금계약이란 근로형태, 업무의 성질을 참작하거나 계산의 편의와 직원의 근무의욕을 고취하는 뜻에서 기본임금에 연장근로 등에 대한 제 수당이 포함된 형태 또는 매월 일정액을 제 수당으로 지급하는 형태로 체결하는 임금계약으로서, 근로자에게 불이익이 없고 제반사정에 비추어 정당하다고 인정되는 임금계약을 말한다.

제4조 (휴게시간 / 유급휴일)

① 휴게시간은 을의 의사에 따라 자유롭게 사용할 수 있으며, 그 사용시각(동절기 및 하절기 공통)은 12:00부터 13:00까지로 한다.

② 갑은 을이 일주일간의 소정근로시간을 만근하는 경우에 유급휴일로서 1일을 부여하며, 그 휴일은 통상 일요일로 함을 원칙으로 한다. 단, 갑은 을의 구두 또는 서면 동

의를 얻어 주 휴일을 조정할 수 있다.

③ 근로자의 날은 유급휴일로 한다.

제5조 (연봉의 산정방식 및 지급방법, 지급시기)

① 본 계약에 따른 을의 근로시간이 근로계약의 내용에 따라 미리 예상이 되고 또 고정되어 있으므로 이를 토대로 사전 발생 가능한 수당을 포함하여 포괄 산정된 연봉액을 아래 3항의 표와 같이 지급하기로 하며, 을은 이에 동의한다.

② 을의 연간 연봉액은 2,592만원으로 약정하며, 이를 12월로 균분하여 매월 10일 정기 임금지급일에 을의 지정 계좌로 입금하며. 지급일이 공휴일인 경우 전일에 지급한다. 단, 수습기간에는 월 급여의 80%만 지급할 수 있다.

③ 전 2항의 연봉액의 매월 지급되는 포괄산정 구성은 다음과 같다.

종 류	금 액	산정내역 및 비고
기본급여 및 수당	1,787,616원(82.76%)	매주 만근 시 부여되는 주휴일 포함. 식대보조금, 차량보조금, 직책수당 포함
평일 연장 수당	372,384원(17.24%)	(기본급여÷209시간)[1] × (365÷7일÷12월)[2] × 10시간
월 급여 총액	2,160,000원(100%)	

④ 연봉액은 재계약시에 종전 계약기간의 근무성적을 참고하여 증감 조정할 수 있다. 단, 갑의 판단에 따라 을의 업무실적이 뛰어날 경우 계약 기간 도중이라도 연봉을 조정할 수 있다.

⑤ 갑은 경영성과에 따라 연봉 이외에 구정, 추석 여름휴가 지원 등의 명목으로 현금 또는 현물로 별도로 성과급을 지급할 수 있다.

⑥ 을이 근무 중 결근, 휴직, 정직 등이 발생하는 경우에는 무노동, 무임금 원칙에 따라 해당 임금을 삭감함을 원칙으로 한다.

임금조건 : 임금의 지급조건은 근로기준법에 규정하고 있는 임금지급 원칙을 준수하도록 한다. 근로기준법에 따르면 임금은 사용자가 근로자에게 1) 통화로(통화불의 원칙),

1) 시간급 통상임금

2) 월 평균 주수

2) 직접 해당 근로자에게(직접불의 원칙), 3) 그 전액을 지급하여야 하고(전액불의 원칙), 4) 매월 1회 이상 일정한 기일을 정하여 지급하여야(월 1회 일정기일분의 원칙) 한다고 규정하고 있다.

제6조 (비용지급)

① 갑은 을이 해외출장 시 규정에 의한 출장비를 지급할 수 있다.

② 갑은 을에게 월 20,000원의 통신보조금을 지급할 수 있다.

제7조 (퇴직금)

① 갑은 계약이 갱신되어 1년 이상 근속한 자에 대하여 근로자퇴직급여보장법이 정하는 기준에 따라 퇴직금을 지급키로 한다.

② 전항의 퇴직금 지급에 있어 을이 근무 중에 퇴직금 중간 정산신청을 하는 경우 매년 단위로 그 퇴직금을 중간 정산하여 지급할 수 있다.

제8조 (기밀유지 및 손해배상 등)

① 을은 본 연봉계약의 체결과 관련된 일체의 사항에 대하여 비밀유지 의무를 부담하며, 이를 위반할 시에 발생되는 불이익을 감수한다.

② 을은 본 계약으로 근무하는 동안 알게 된 모든 업무의 내용과 기밀에 대해서 그 보안을 유지하며, 타 업체 등에 누설하지 않는다. 이를 위반하여 갑에게 손해가 발생하였을 경우 갑은 을에게 민법상 손해배상의 책임을 추궁할 수 있다.

③ 을의 고의 또는 중대한 과실로 인하여 갑에게 손해가 발생하였을 경우 갑은 을에게 민법상 손해배상의 책임을 추궁할 수 있다.

제9조 (휴가 등 기타)

① 연차휴가에 대한 규정은 취업규칙 및 근로기준법 제 규정에 따른다.

② 본 계약서에 명시되지 않은 사항은 취업규칙에 따르며, 취업규칙에 명시되지 않은 사항은 근로기준법 등 노동관계법령의 정함에 따른다.

③ 을은 취업규칙상의 근로계약 해지사유에 관한 규정에 적용되거나 징계의 사유로서 해고사유에 해당되는 규정이 적용되는 경우 계약기간의 정함에도 불구하고 근로관계는 종료된다.

④ 갑과 을은 위 내용들을 충분히 숙지한 뒤 아래와 같이 서명 또는 기명날인하여 계약을 체결한다.

근로계약서는 근로기준법에서 정한 규정의 범위 내에서 준용되어야 하므로 근로계약서에 명시되지 않는 사항은 근로기준법 또는 취업규칙에서 정한 사항에 따르기로 한다. 한편 취업규칙은 사용자가 사업장에 있어서 근로자가 준수하여야 할 규율과 임금, 근로시간, 기타 근로조건에 관한 구체적 사항을 정한 규칙으로서 특히 근로자의 보호를 위하여 취업규칙에 정한 기준에 미달하는 근로계약은 그 부분에 관하여는 무효로 하도록 하고, 그 무효부분은 취업규칙에 정한 기준에 의하도록 취업규칙의 보충적 효력에 대해 규정하고 있다.

2017 년 2 월 1 일

사용자(갑) : 홍 길 동 서명 (인)

근로자(을) : 김 배 화 서명 (인)

표준근로계약서

________(이하 "갑"이라 함)과(와) ________(이하 "을"이라 함)은 다음과 같이 근로계약을 체결한다.

1. 근로계약기간 : 년 월 일부터 년 월 일까지
2. 근무장소 :
3. 업무의 내용 :
4. 근로시간 : 시 분부터 시 분까지 (휴게시간 : 시 분 ~ 시 분)
5. 근무일/휴일 : 매주 일(또는 매일단위) 근무, 주휴일 매주 요일
6. 임 금
   - 시간(일, 월)급 : ________원
   - 상여금 : 없음 ( ), 있음 ( ) 원
   - 기타급여(제 수당 등) : 없음 ( ), 있음 ( )
     - ____________________원, ________________원
     - ____________________원, ________________원
   - 임금지급일 : 매월(매주 또는 매일) 일(휴일의 경우는 전일 지급)
   - 지급방법 : 을에게 직접지급( ), 예금통장에 입금( )
7. 기 타
   - 이 계약에 정함이 없는 사항은 근로기준법에 의함.

년 월 일

(갑) 사업체명 : (전화 :)
주 소 :
대 표 자 : (서명)

(을) 주 소 :
연 락 처 :
성 명 : (서명)

연소근로자 표준근로계약서

______(이하 "갑"이라 함)과(와) __________(이하 "을"이라 함)은 다음과 같이 근로계약을 체결한다.

1. 근로계약기간 : 년 월 일부터 년 월 일까지
2. 근무장소 :
3. 업무의 내용 :
4. 근로시간 : ___시 ___분부터 ___시 ___분까지 (휴게시간 : 시 분 ~ 시 분)
5. 근무일/휴일 : 매주 일(또는 매일단위)근무, 주휴일 매주 요일
6. 임 금
   - 시간(일, 월)급 : ____________________원
   - 상여금 : 없음 ( ), 있음 ( ) ____________________원
   - 기타급여(제수당 등) : 없음 ( ), 있음 ( )
     - ________________________원, ____________________원
     - ________________________원, ____________________원
   - 임금지급일 : 매월(매주 또는 매일) _____일(휴일의 경우는 전일 지급)
   - 지급방법 : 을에게 직접지급( ), 예금통장에 입금( )
7. 기 타
   - 가족관계증명서와 친권자(후견인)의 동의서 확인 여부 : ______
   - 이 계약에 정함이 없는 사항은 근로기준법에 의함.

년 월 일

(갑) 사업체명 : (전화 :)
주 소 :
대 표 자 : (서명)
(을) 주 소 :
연 락 처 :
성 명 : (서명)

친권자(후견인) 동의서

○ 친권자(후견인) 인적사항

성 명 :

주민등록번호 :

주 소 :

연 락 처 :

연소근로자와의 관계 :

○ 연소근로자 인적사항

성 명 : (만 세)

주민등록번호 :

주 소 :

연 락 처 :

○ 사업장 개요

회 사 명 :

회사주소 :

대 표 자 :

회사전화 :

본인은 위 연소근로자 ___________가 위 사업장에서 근로를 하는 것에 대하여 동의합니다.

년 월 일

친권자(후견인) (인)

첨 부 : 가족관계증명서 1부

건설일용근로자 표준근로계약서

______________(이하 "갑"이라 함)과(와) ___________(이하 "을"이라 함)은 다음과 같이 근로계약을 체결한다.

1. 근로계약기간 : 년 월 일부터 년 월 일까지
2. 근무장소 :
3. 업무의 내용 :
4. 근로시간 : ___시 ___분부터 ___시 ___분까지 (휴게시간 : 시 분 ~ 시 분)
5. 근무일/휴일 : 매주 일(또는 매일단위) 근무, 주휴일 매주 요일
6. 임 금
   - 시간(일, 월)급 : ______________________원(해당사항에 ○표)
   - 기타급여(제수당 등) : 없음 ( ),
     있음 : ____________________원(내역별 기재)
   - 가산임금률(연장, 야간, 휴일근로 등) : __________%(내역별 기재)
   - 임금지급일 : 매월(매주 또는 매일) _____일(휴일의 경우는 전일 지급)
   - 지급방법 : 을에게 직접지급( ), 예금통장에 입금( )
7. 기 타
   - 이 계약에 정함이 없는 사항은 근로기준법에 의함.

년 월 일

(갑) 사업체명 : (전화 :)
주 소 :
대 표 자 : (서명)
(을) 주 소 :
연 락 처 :
성 명 : (서명)

단시간 근로자 표준근로계약서

____________(이하 "갑"이라 함)과(와) __________(이하 "을"이라 함)은 다음과 같이 근로계약을 체결한다.

1. 근로계약기간 :　　년　　월　　일부터　　년　　월　　일까지
2. 근 무 장 소 :
3. 업무의 내용 :
4. 근로시간 : ___시___분부터 ___시 ___분까지 (휴게시간 :　시　분 ~　시　분)
5. 근무일/휴일 : 매주 ____일(또는 매일단위) 근무, 주휴일 매주 ____요일
6. 임 금
   - 시간(일, 월)급 : ____________________원(해당사항에 ○표)
   - 기타급여(제 수당 등) : 없음 (　),
     있음 : __________________원(내역별 기재)
   - 가산임금률(연장, 야간, 휴일근로 등) : __________%(내역별 기재)
   - 임금지급일 : 매월(매주 또는 매일) _____일(휴일의 경우는 전일 지급)
   - 지급방법 : 을에게 직접지급(　　), 예금통장에 입금(　　)
7. 기 타
   - 이 계약에 정함이 없는 사항은 근로기준법에 의함.

년　　월　　일

(갑) 사업체명 :　　　　　　　(전화 :　　　　　　　)
주　　소 :
대 표 자 :　　　　　　　(서명)

(을) 주　　소 :
연 락 처 :
성　　명 :　　　　　　　(서명)

(앞 쪽)

표 준 근 로 계 약 서
Standard Labor Contract

아래 당사자는 다음과 같이 근로계약을 체결하고 이를 성실히 이행할 것을 약정한다.
The following parties to the contract agree to fully comply with the terms of the contract stated hereinafter:

사용자(갑) *Employer*	업체명 *Name of the enterprise*		전 화 *Phone number*	
	소재지 *Location of the enterprise*			
	성 명 *Name of the employer*		사업자등록번호 (주민등록번호) *Identification number*	
취업자(을) *Worker*	성 명 *Name of the worker*		생년월일 *Birthdate*	
	본국주소 *Address(Home Country)*			

1. 근로계약기간	년 월 일부터 년 월 일까지 –수습기간 : ☐ 활용 (입국일부터 1개월☐ 2개월☐ 3개월☐) ☐ 미활용 ※ 최초입국자의 경우 근로계약기간의 기산일은 입국일로 변경되며 근로계약기간은 입국일로부터 1년임.
1. Term of Labor contract	*from (YY/MM/DD) to (YY/MM/DD)* *※ Probation period : ☐Included (For 1month☐ 2months☐ 3months☐ from entry date)* *☐ Not included* *※ The labor contract enters into effect on the date of entry and remains valid for one year*
2. 취업의 장소	
2. Place of employment	
3. 업무 내용	–업 종 : –사업내용 : –직무내용 :
3. Contents of duties	*– Industry :* *– Business :* *– Occupation :*
4. 근무시간	시 분~ 시 분 –일평균 시간외근로시간 : 시간(사업장 사정에 따라 변동가능) –교대제(☐ 2조2교대, ☐ 3조3교대, ☐ 4조3교대, ☐ 기타) ※ 가사사용인, 개인간병인은 기재를 생략할 수 있고, 「근로기준법」 제61조의 농림, 축산, 양잠, 수산사업의 경우 동법상의 근로시간, 휴게, 휴일에 관한 규정은 적용받지 아니함.
4. Working hours	*from ( ) to ( )* *– average daily over time : hours(depending on an individual company)* *– shift system(☐2groups 2shifts, ☐3groups 3shifts, ☐4groups 3shifts, ☐ etc.)* *※ An employer of workers in domestic help and nursing can omit the working hours. In pursuant to the Article 61 of the Labor Standards Act, working hours, recess hours, off-days are not applied to agriculture, forestry, live-stock breeding, silk-raising farming and marine product businesses.*

(뒤쪽)

<table>
<tr><td>5 휴게시간</td><td>1일 분</td><td rowspan="4">※ 가사사용인, 개인간병인은 기재를 생략할 수 있고, 「근로기준법」 제61조의 농림, 축산, 양잠, 수산사업의 경우 동법상의 근로시간, 휴게, 휴일에 관한 규정은 적용받지 아니함.</td></tr>
<tr><td>5 Recess hours</td><td>( )minutes per day</td></tr>
<tr><td>6. 휴일</td><td>일요일□ 공휴일□ 매주 토요일□
격주 토요일□ 기타( )</td></tr>
<tr><td>6. Holidays</td><td>Sunday□ legal holiday□ every Saturday□ every other Saturday□ etc( )</td></tr>
<tr><td>7. 임 금</td><td colspan="2">1)월통상임금 ( )원
기본급[월(시간, 일, 주)급] ( )원
−고정적 수당 : (수당: 원), (수당: 원)
※ 수습기간 중 임금 ( )원
2)연장, 야간, 휴일근로에 대해서는 시간외 근로수당 지급</td></tr>
<tr><td>7. Payment</td><td colspan="2">1) Monthly Normal wages
−Monthly (hourly, daily, or weekly) wage ( ) won
−Fixed Allowances : ( )allowances :( )won( )allowances ( )won ※ Probation period - Monthly wage ( ) won
2) Additional pay rate applied to overtime, night shift or holiday work.</td></tr>
<tr><td>8. 임금지급일</td><td colspan="2">매월/매주 ( )일/요일, 다만, 임금지급일이 공휴일인 경우에는 전일에 지급한다.</td></tr>
<tr><td>8. Payment date</td><td colspan="2">( ) of every month/every week. If the payment date falls on a holiday, payment will be made on the day before the holiday.</td></tr>
<tr><td>9. 지급방법</td><td colspan="2">임금 및 수당은 "을"에게 직접 지불하거나 "을"의 명의로 된 예금통장에 입금한다. "갑"은 을의 명의로 된 예금통장, 도장을 관리하여서는 안 된다.</td></tr>
<tr><td>9. Payment methods</td><td colspan="2">Wages and benefits will be paid to the worker or credited to the account of the worker. The employer will not retain the bank book and the seal of the worker.</td></tr>
<tr><td>10. 기 타</td><td colspan="2">1) 기숙사 제공여부 : □ 제공(□실비제공: 원) □ 미제공
−기숙사 관리비 등 비용 : □근로자부담, □사업주부담
2) 식사 제공여부 : □조식 □중식 □석식(□실비제공: 원) □미제공
3) 기타사항 :</td></tr>
<tr><td>10. Other</td><td colspan="2">1) Room : Paid by □Employer(□ in cash : won),
□Worker,
−Monthly Maintenance and utilities Bill paid by :
□Worker, □Employer
2) Board : Paid by □Employer, □Worker
− □ Breakfast □ Lunch □ Dinner (□ in cash : won)
3) Others:</td></tr>
<tr><td colspan="3">11. 이 계약에 정함이 없는 사항은 「근로기준법」이 정하는 바에 의한다.
※ 가사서비스업 및 개인간병인에 종사하는 외국인근로자의 경우 근로시간, 휴일·휴가 기타 모든 근로조건에 대해 사용자와 자유롭게 계약을 체결이 가능함.
※ 「근로기준법」 제61조의 농림, 축산, 양잠, 수산사업의 경우 동법상의 근로시간, 휴게, 휴일에 관한 규정은 적용받지 아니함.</td></tr>
<tr><td colspan="3">11. Other matters not regulated in this contract will follow provisions of the Labor Standard Act.
※ The terms and conditions of the labor contract for workers in domestic help and nursing can be freely decided through the agreement between an employer and a worker.
※ In pursuant to the Article 61 of the Labor Standards Act, working hours, recess hours, off-days are not applied to agriculture, forestry, live-stock breeding, silk-raising farming and marine product businesses.</td></tr>
<tr><td colspan="3">년 월 일
____________ (YY/MM/DD)
(갑) 사용자 : (서명 또는 인)
Employer : (signature)
(을) 취업자 : (서명 또는 인)
Worker : (signature)</td></tr>
</table>

제 2 장

임금체불과 법률실무

> 정열심은 2014년 3월부터 포천의 작은 공장에서 월 150만원을 받고 일하여 왔다. 그러나 2015년 5월부터 회사는 사정이 어렵다며 일방적으로 월급을 100만원으로 삭감하여 지불하였으며 2016년 3월부터는 이마저 지급하지 않고 있다. 또한 최근에는 회사가 도산한다는 소문마저 돌고 있다 보니 정열심은 다른 회사로 옮길 결심을 하였다.
>
> 정열심은 어떻게 밀린 임금을 받을 수 있을까?

1. 임금체불의 의의

임금체불로 볼 수 있는 것은 임금이 미지급된 경우, 회사가 일방적으로 임금을 삭감한 경우, 상여금을 근로자의 동의 없이 삭감한 경우, 권리가 발생한 각종 법정 수당(예 : 연차, 월차, 생리, 산전 · 후 휴가 수당, 연장 · 야간 · 휴일근로수당)을 미지급한 경우, 퇴직금을 당사자 동의 없이 퇴직한 때로부터 14일 이내에 지급하지 않은 경우 등이다.

2. 사용자가 재산이 있는 경우

1) 고용노동부를 통한 방법

(1) 진정 또는 고소 · 고발

위의 사례처럼 임금, 퇴직금 등을 사업주가 지급할 의무가 있음에도 불구하고 이를 지급하지 않는 경우가 있다. 이러한 때에 임금체불사실을 기재하고 지급을 요청하는 내용증명을 발송한 후 사업주의 지급이 없으면 고용노동부를 통한 방법을 활용한다.

우선 가장 많이 사용되는 방법이 지방노동사무소에 임금체불을 이유로 하여 진정 또는 고소·고발하는 것이다. 근로기준법에서는 근로자가 퇴직한 날로부터 14일 이내에 임금을 지급하지 아니하면 3년 이하의 징역이나 3,000만원 이하의 벌금에 처하도록 하고 있기 때문에 노동문제에 있어 경찰관이라고 할 수 있는 고용노동부의 근로감독관에게 이를 진정 또는 고소·고발하는 것이다.

근로감독관에게 이를 진정하게 되면 근로감독관은 그러한 사실이 있는지에 대해서 사실조사를 한다. 당사자를 불러서 그러한 사실이 있는지를 확인하고, 필요할 경우에는 증인을 출석하도록 하기도 하며, 관련된 증빙자료를 수집하기도 하여 법률적으로 임금지급 의무가 있는지에 대해서도 검토하여 사업주를 검찰에 송치할 수 있다.

(2) 고용노동부 진정의 장점

해당 사건이 민사소송으로 진행된다고 하더라도 근로감독관의 의견은 매우 결정적으로 작용한다. 법원에서는 근로감독관의 판단에 따른 체불금품확인원을 결정적인 입증자료로 삼고 있기 때문에 근로감독관의 의견은 법원에서 받아들여질 가능성이 매우 크다. 따라서 고용노동부에 진정을 할 때부터 사업주가 법률적으로 임금을 지급할 의무가 있음을 확실하게 주장하고 납득시키는 것이 필요하다.

근로감독관이 임금지급을 사업주에게 명할 수 있는데, 사업주가 이에 따르지 않을 경우에는 형사처벌을 받을 가능성이 높다. 따라서 이러한 절차에서 사업주가 임금을 지급하는 경우가 대부분이다. 그럼에도 불구하고 사업주가 임금을 지급하지 않는다면 사업주는 형사처벌을 받는 것과 동시에 근로자는 민사소송을 제기하여 임금을 받을 수 있다.

사업주가 형사처벌을 받았다고 하여 임금지급 의무가 사라지는 것은 아니어서 민사소송을 제기하여 승소할 경우 사업주는 근로자에게 임금을 지급하여야 한다.

2) 민사소송

고용노동부에 진정하였음에도 불구하고 사업주가 임금을 지급하지 않는다면 사업주는 형사처벌을 받을 가능성은 높으나 고용노동부의 판단을 근거로 회사재산을 압류하여 임금을 받아낼 수는 없다. 이를 위해서는 민사소송을 제기하여야 한다.

(1) 체불금품확인원과 무공탁가압류협조요청공문 : 민사소송을 제기하려면 고용노동부에서 발급해주는 체불금품확인원을 증거서류로 제출하는 것이 매우 유리하다. 체불금품확인원(체불 임금 등 사업주 확인서)은 근로자가 고용노동부에 진정하여 근로감독관이 임금지급의무가 있다고 판단되면 노동부에서 임금체불의 사실이 있다는 것을 확인하여 주는 서류이다. 공적인 기관에서 사실조사를 하여 임금체불의 사실이 있다고 확인

하여 주었으므로 이는 재판에서 결정적인 증거가 된다.

민사소송을 제기할 때에는 소송을 제기하기 전이나 소송 진행 중에 사업주의 재산을 가압류하여야 한다. 사업주가 패소할 때를 대비하여 자기의 재산을 빼돌리기라도 한다면 재판에서는 이기더라도 밀린 임금을 지급받지 못할 수 있기 때문이다. 이러한 가압류를 하기 위해서는 일정액의 공탁금을 내야 하는데, 공탁금 없이 가압류를 할 수 있는 것이 '무공탁가압류협조요청공문'이다. 법원에서 가압류 신청할 때에 이 문서를 같이 제출하면 많은 경우에서 공탁금 제출 없이 가압류 판정이 이루어진다.

(2) 소액재판 : 임금체불액이 3,000만원 이하인 경우에는 정식의 민사소송 절차 없이 간편한 절차인 소액재판을 이용할 수 있다. 소액재판에서는 일정한 양식에 따라 소장을 작성하도록 하고 있어 법률적 지식에 무지하더라도 쉽게 소장을 작성, 제출할 수 있다. 또한 재판이 대부분의 경우 1회에 끝나서 신속하게 권리를 구제받을 수 있다.

(3) 민사소송 : 고용노동부에서 체불금품확인원을 받은 이후 법원에 지급명령신청이나 민사조정신청 또는 임금청구소송을 선택하여 제기한다. 이러한 민사소송 절차와 동시에 필요한 경우 가압류신청을 할 수 있다.

3. 사용자가 재산이 없는 경우

사업주가 변제능력이 없어서 임금과 퇴직금을 지불할 수 없는 경우가 있을 수 있는데 이 경우에는 국가가 운영하는 임금채권보장제도를 이용할 수 있다.

임금채권보장제도라 함은 임금 및 퇴직금을 지급받지 못한 상태로 퇴직한 근로자에게 국가가 사업주를 대신하여 이를 지급하는 제도로서 이 때 국가가 지급하는 금전을 체당금이라고 한다.

임금채권보장법은 경기의 변동 및 산업구조의 변화 등으로 사업의 계속이 불가능하거나 기업의 경영이 불안정하여 임금 등을 지급 받지 못한 상태로 퇴직한 근로자에게 그 지급을 보장하는 조치를 강구함으로써 근로자의 생활안정에 이바지함을 목적으로 제정된 법이다.

1) 지급사유

임금채권은 사업주가

(1) '채무자 회생 및 파산에 관한 법률'에 의한 파산의 선고,

(2) '채무자 회생 및 파산에 관한 법률'에 의한 회생절차개시의 결정,

(3) 고용노동부장관이 도산 등 사실인정을 하는 경우에
퇴직한 근로자에게 지급한다.

(1), (2) 의 경우는 법정 도산이기 때문에 법정 도산 사실만 인정되면 임금을 지급받을 수 있다. 그러나 소규모의 회사가 부도가 나게 되면 사업주가 잠적하는 경우가 일반적인데, 이러한 경우에는 법정도산으로 가기보다는 보통 폐업 처리되는 경우가 일반적이기 때문에 빠른 시일 내에 노동부에 도산 등 사실 인정을 요청하여야 한다.

2) 도산 등 사실인정

(1) 인정주체

도산 등 사실인정의 신청은 당해 사업에서 퇴직한 날로부터 6월 이내에 하여야 한다. 도산 등 사실인정 신청을 하게 되면 지방노동사무소에서 이를 조사하여 도산을 인정할 것인지를 결정하여야 한다. 고용노동부의 공무원이 이를 담당하는 것이 가장 바람직하나, 실제에서는 행정력이 미치지 못하여 그것에 대하여 조사하지 못하고 이를 근로자나 근로자를 대신하여 노무사가 실제적으로 도산한 것과 다름없다는 것을 증명하는 서류들을 제출하여야 하는 것이 일반적이다.

(2) 요 건

① 사업장의 근로자수가 300인 이하이어야 한다.

② 사업 활동이 정지 중에 있어야 한다.

③ (ⅰ) 사업주가 소재불명이거나,

(ⅱ) 사업장 또는 사업소가 폐쇄되었거나 생산시설이 철거되거나,

(ⅲ) 당해 사업의 생산 · 영업활동이 중단된 상황에서 주된 업무시설이 압류 · 가압류되거나 채무변제를 위하여 양도된 경우(경매가 진행 중인 경우를 포함한다) 이거나,

(ⅳ) 당해 사업에 대한 인 · 허가, 면허 등이 취소 · 반납된 경우 등 사업재개의 가능성이 없어야 한다.

④ 임금 등을 지급할 능력이 없거나

(ⅰ) 도산 등 사실인정일 현재 사업주가 1월 이상 소재불명인 경우,

(ⅱ) 사업주에게 자산이 있으나 그 환가 및 회수에 도산 등 사실인정의 신청일로부터 3월 이상이 소요될 것으로 예상되는 경우 등으로 인하여 지급이 현저히 곤란하여야 한다.

3) 지급요건

(1) 사업주 요건

① 기업이 도산(재판상 도산 또는 사실상 도산인정)되었을 것
② 산업재해보상보험법상의 적용대상 사업주일 것
③ 사업주가 6개월 이상 당해 사업을 행하였을 것

(2) 근로자 요건

① 도산인정일(또는 재판상 도산일) 후 2년 이내에 체당금 지급을 신청하였을 것
② 도산인정(또는 재판상 도산) 신청일의 1년 전 부터 3년 이내에 퇴직하였을 것

4) 체당금 지급범위

체당금은 근로자의 퇴직 전 최종 3월분 임금(또는 휴업수당), 3년분 퇴직금 중 미지급액에 대하여 지급된다. 다만 연령별로 그 상한액을 두고 있는데, 상한액은 임금 및 물가상승률, 기금의 재정상황 등을 감안하여 고용노동부장관이 근로자의 퇴직 당시 연령에 따라 정하되, 그 내용을 관보 및 서울특별시에서 발행되는 일간 신문에 고시된다.

〈 임금채권보장법 시행령 2014.1.1. 시행 체당금 지급범위 〉

	30세 미만	30세 이상 40세 미만	40세 이상 50세 미만	50세 이상 60세 미만	60세 이상
임금(1월분), 퇴직금(1년분)	180만원	260만원	300만원	280만원	210만원
휴업수당 (1월분)	126만원	182만원	210만원	196만원	147만원

〈 체당금지급 업무흐름도 〉

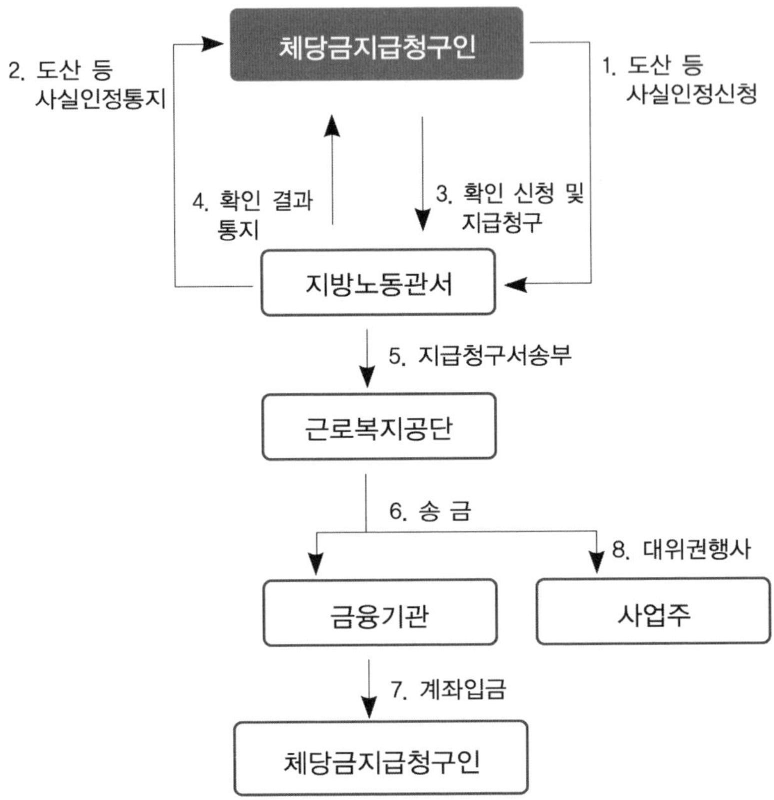

※ 재판상 도산의 경우 ①, ② 절차가 생략되고, ③의 절차부터 개시됨.

소 장

원고 : 정열심
경기도 포천시 …

피고 : 최철면(○○○ 대표이사)
경기도 포천시 …

급료 등 청구의 소

청구취지

1. 피고는 원고에 대하여 15,000,000원 및 이에 대하여 2001년 5월 1일부터 이 사건 소장 부본 송달일까지는 연 5푼, 그 다음날부터 완제일까지는 연 2할 5푼의 각 비율에 대한 금액을 지급하라.
2. 소송비용은 피고의 부담으로 한다.
3. 제1항은 가집행할 수 있다. 라는 판결을 구합니다.

청구원인

1.
2.

입증방법

甲 제1호 증 체불금품확인원 1부

20 . . .

위 원고 홍길동 (인)

서울중앙지방법원 귀중

제 3 장

직장성희롱과 법률실무

○○의료원의 신경정신과장 △△△ 씨는 같은 병원 간호사인 ○○○ 씨로부터 그녀의 부친이 서울대학교병원에 입원하였음을 듣게 되어 그 무렵 서울대학교병원에 직접 찾아가 그녀의 부친을 병문안하고 담당 의사에게 진찰을 잘해 달라고 부탁한 것을 계기로 그녀의 휴대폰 번호를 알게 되자, 약 1달 동안 ○○○ 씨에게 하루에 2~3회씩 전화를 하여 "밥 먹었니, 무엇하니"라는 등으로 업무와 관련 없는 전화통화를 하였고, △△△ 씨의 잦은 전화통화에 부담을 느낀 ○○○ 씨가 △△△ 씨에게 걸려온 전화를 의도적으로 받지 않자, △△△ 씨는 ○○○ 씨가 전화를 받을 때까지 수차례 전화를 걸고 ○○○ 씨의 집으로 직접 전화를 하기도 하였으며, 2~3일 동안 연락이 되지 않자 ○○○ 씨에게 "왜 전화연락이 안되냐, 애가 타서 죽는 줄 알았다"는 등의 말을 하였다.

또한, △△△ 씨는 ○○○ 씨에게 서울대학교병원 내 산책길을 걸어갈 때에는 "너랑 단둘이 있으니 너무 좋다"는 말을 하기도 하는 등, 수회에 걸쳐 ○○○ 씨에 대하여 지나친 관심을 보이는 언동을 하였다.

그리고 △△△ 씨는 ○○○ 씨가 신경정신과 병동으로 옮긴 이후 ○○○ 씨에게 "여자가 결혼하면 몸매가 망가지는데 너는 모델 몸매니 잘 관리하라, 신이 준 몸매다"라는 내용의 이야기를 하였고, ○○○ 씨는 △△△ 씨가 자신을 이상한 눈초리로 쳐다보는 것 같은 거북스러운 느낌이 들 때가 있었다.

1. 성희롱의 개념

1) 남녀고용평등과 일·가정 양립지원에 관한 법률(남녀고용평등법) 상 정의

성희롱이란 사업주 · 상급자 또는 근로자가 직장 내의 지위를 이용하거나 업무와 관련하여 다른 근로자에게 성적인 언동 등으로 성적굴욕감 또는 혐오감을 느끼게 하거나 성적 언동 그 밖의 요구에 대한 불응을 이유로 고용에 있어서 불이익을 주는 것을 말한다(남녀고용평등법 제2조 제2호).

2) 여성발전기본법상 정의

성희롱이란 업무, 고용, 그 밖의 관계에서 국가기관·지방자치단체 또는 대통령령으로 정하는 공공단체(이하 "국가기관 등"이라 한다)의 종사자, 사용자 또는 근로자가 다음의 어느 하나에 해당하는 행위를 하는 경우를 말한다(여성발전기본법 제3조 제4호).

가. 지위를 이용하거나 업무 등과 관련하여 성적 언동 등으로 상대방에게 성적 굴욕감이나 혐오감을 느끼게 하는 행위

나. 상대방이 성적 언동이나 그 밖의 요구 등에 따르지 아니하였다는 이유로 고용상의 불이익을 주는 행위

3) 국가인권위원회법상 정의

성희롱이라 함은 업무, 고용 그 밖의 관계에서 공공기관의 종사자, 사용자 또는 근로자가 그 직위를 이용하거나 업무 등과 관련하여 성적 언동 등으로 성적 굴욕감 또는 혐오감을 느끼게 하거나 성적 언동 그 밖의 요구 등에 대한 불응을 이유로 고용상의 불이익을 주는 것을 말한다(국가인권위원회법 제2조 제5호).

	여성발전기본법	국가인권위원회법	남녀고용평등법
행위자	국가기관 등의 종사자, 사용자, 근로자	공공기관의 종사자, 사용자, 근로자	사업주, 상급자 근로자
상대방			다른 근로자
업무관련성	지위를 이용하거나 업무 등과 관련	좌 동	직장 내의 지위를 이용하거나 업무와 관련하여
방 법	성적 언동 등	좌 동	좌 동
피 해	1. 성적굴욕감 또는 혐오감을 느끼게 함 2. 성적 언동 그 밖의 요구 등에 대한 불응을 이유로 고용에 있어서 불이익을 주는 것	좌 동	좌 동

2. 성희롱의 성립요건

1) 행위주체가 공공기관의 종사자, 사용자, 상급자, 근로자 등일 것

여성발전기본법, 국가인권위원회법, 남녀고용평등법은 성희롱이 일정한 부류에 속하는 사람에 의해서 이루어진다고 규정하고 있다. 즉, 여성발전기본법은 국가기관・지방자치단체 또는 대통령령으로 정하는 공공단체의 종사자, 사용자 또는 근로자라고 규정하고 있으며, 국가인권위원회법은 '공공기관의 종사자, 사용자 또는 근로자' 라고 규정하고 있고, 남녀고용평등법은 사업주・상급자 또는 근로자라고 규정하고 있다.

이를 종합하면 성희롱의 행위주체는 크게 세 부류로 나누어지며 첫째는 공공기관(국가기관, 지방단체, 공공단체), 둘째는 사업주 또는 사용자, 셋째는 상급자 또는 근로자이다.

※ **공공기관** : 국가기관, 지방자치단체, 대통령령으로 정하는 공공단체를 말한다. 여기서 "대통령령으로 정하는 공공단체"란 다음 각 호의 기관・단체를 말한다.

① 「초・중등교육법」 제2조 및 「고등교육법」 제2조의 규정에 의한 학교 및 그 밖에 다른 법률에 의하여 설치된 각급학교

② 「공직자윤리법 시행령」 에 따른 공직유관단체

※ **사업주 또는 사용자** : 남녀고용평등과 일・가정 양립 지원에 관한 법률은 '사업주' 라고 규정하고 있으며, 여성발전기본법과 국가인권위원회법은 사용자라고 규정하고 다시 사용자란 '사업주 또는 사업경영담당자, 그 밖에 사업주를 위하여 근로자에 관한 사항에 대한 업무를 수행하는 자' 라고 규정하고 있다.

생각건대 성희롱이 대부분 '직장 내 지위를 이용하여', '업무상 필요를 명목으로', '인밀하게 행해지거나 또는 우발적으로', '분위기를 띄우기 위해', '묵시적인 동의하에' 이루어지는 경우가 많기 때문에 사업주의 행위에만 한정하지 않고 구체적인 지휘・감독의 권한을 부여받은 대상으로 확대할 필요가 있기 때문에 성희롱의 행위주체를 사용인으로 해석하는 것이 바람직하다고 하겠다.

2) 직장 내의 지위를 이용하거나 업무와 관련하여 이루어질 것

직장 내 성희롱은 사업주, 상급자 또는 근로자가 직장 내 지위를 이용하거나 업무와 관련이 있는 경우라면 사업장 내부 및 근무시간뿐만 아니라 사업장 밖이나 근무시간 외에도 성립된다.

3) 성적 언동이나 성적 요구에 불응한 것을 이유로 고용상 불이익을 줄 것

성적 언동이나 성적 요구에 불응한 것을 이유로 채용탈락, 감봉, 승진탈락, 전직, 정직, 휴직, 해고 등과 같이 채용 또는 근로조건을 일방적으로 불리하게 하는 경우를 말한다.

4) 성적인 언동 등으로 성적 굴욕감 또는 혐오감을 유발하여 고용환경을 악화시킬 것

성적인 언어나 행동 등으로 성적 굴욕감 또는 혐오감을 유발하여 결과적으로 고용 환경을 악화시키는 것을 말한다. 이때 상대방이 원하지 않는 성적인 언어나 행동이 반드시 반복적이어야 하는 것은 아니고, 한 번의 성적 언동이라도 그 정도가 심한 경우에는 직장 내 성희롱이 될 수 있다.

3. 성희롱의 판단기준

1) 성희롱 여부의 판단 개념

성희롱 여부의 판단 시에는 피해자의 주관적 사정을 고려하되 사회통념상 합리적인 피해자의 입장이라면 문제가 되는 행동에 대하여 어떻게 판단하고 대응하였을 것인가를 함께 고려하여야 하며 결과적으로 위협적 · 적대적인 고용환경을 형성하여 업무능률을 저해하게 되는지를 검토하여야 한다.

2) 성희롱 판단의 구체적인 내용

(1) 원하지 않은 행위 : 어떤 행위가 성희롱을 구성하는지의 여부에 관한 결정은 성적 언동의 성격과 사건이 일어나게 된 배경 등 모든 상황과 기록을 전체적으로 고려하여 사안별로 결정한다. 물론 양 당사자가 원하고 상호합의가 된 성적 관계나 교제는 성희롱이 아니다. 원하지 않는 행위는 반드시 반복적이거나 계속 일어날 필요는 없다. 단 한 번의 성적 행동이라도 성희롱으로 간주될 수 있다.

(2) 피해자의 관점 : 직장 내 성희롱 여부를 판단하는 결정적인 기준은 그 행위로 인해 피해자가 성적인 굴욕감이나 혐오감을 느꼈는지의 문제이다. 피해자가 성적인 굴욕감이나 혐오감을 느꼈다면 성희롱이 성립될 수 있다. 즉 직장 내 성희롱의 여부는 성적인 언동으로 인해 피해자가 어떤 영향을 받았는지가 가장 중요한 기준이 된다.

(3) 명시적인 의사 표현이 없어도 성립 : 성희롱 피해자가 반드시 행위자에게 직접 그 행위를 원치 않는다면 명시적인 의사표시를 하여야만 성희롱이 성립되는 것은 아니다.

그 행위가 실제로 원하지 않는 행위였음은 피해자의 언행이나 주변 정황을 고려하여 객관적으로 판단한다.

(4) 피해 발생 당시의 총체적인 상황 고려 : 성희롱을 구성하느냐 구성하지 않느냐는 전체기록과 상황의 총체성으로 검토되어야 한다. 즉 성희롱을 유발한 작업환경에 관련된 모든 사실들과 상황들이 총체적이고 종합적으로 구성되고 기록되어야 한다. 또한 그 기록에 대한 검토는 그 사건이 발생한 모든 상황들을 고려한 전체 맥락의 관점에서 실시되어야 한다.

(5) 업무관련성 : 사업장 안에서 근무시간 중에 발생하는 것뿐만 아니라 직장내 지위를 이용하거나 업무와 관련해서 피해자를 성희롱하였다면 사업장 밖이나 근무시간 외에 발생하여도 직장 내 성희롱이 성립한다. 예컨대 업무상의 출장, 업무상 이동 중인 차안, 업무의 연장인 야유회나 회식에서 상대방의 의사에 반하여 일어나는 성적 언동도 성희롱에 해당된다.

(6) 성적 굴욕감, 혐오감 : 성희롱을 판단하는 결정적인 요소인 성적 굴욕감 및 혐오감 유발여부는 사회통념상 합리적인 사람으로서 느꼈을 감정을 고려하되 피해자의 주관적인 사정을 중심으로 판단한다. 이때 행위자의 의도는 성희롱 여부의 판단에 반영하지 않는다. 즉 성희롱인지 아닌지의 여부는 행위자의 의도가 아니라, 그 행위로 상대방이 어떤 영향을 받았는가에 달려 있다.

(7) 거부의사표시 불문 : 성희롱을 당한 피해자가 피해 당시 거부의사를 명확하게 표시하지 않았더라도 나중에 자신의 피해사실을 주장할 수 있는지가 문제가 된다. 성희롱의 피해자는 직장의 인간관계 등을 고려하여 거부할 수 없는 상태에 있는 경우가 많으므로 피해 당시에 바로 명확한 의사표시를 하기 힘든 경우가 많다. 직장내 성희롱인가의 여부는 '업무관련성', '원치 않는 성적 언동인지 여부', '혐오감이나 불이익 여부' 등을 고려해서 판단할 뿐 거부의사가 있었는지는 성희롱을 판단하는데 아무런 상관이 없다.

(8) 지속적 행위 불문 : 단 1회의 불쾌한 성적 언동도 성희롱이 되는지가 문제가 된다. 단 1회라 할지라도 피해자가 불쾌하게 느꼈다면 성희롱에 해당된다. 일반적으로 성희롱은 가볍게 여겨지기 때문에 반복적이고 지속적이지 않다면 문제가 되지 않는 것으로 여겨지곤 하나, 단 1번이었다고 하더라도 피해자는 또 그런 일이 발생하지 않을까 하는 불안감 때문에 정상적인 직장생활을 하지 못하는 경우도 있고 때로는 성적인 언동이나 성적 요구에 대한 거부의사로 인해 고용상·업무상 불이익을 받기도 하기 때문에 단 1회의 성적 언동도 성희롱이 된다.

4. 성희롱의 유형

1) 육체적 성희롱

직접적인 신체 접촉으로 성적 굴욕감 또는 혐오감, 수치심을 유발하게 하는 행위

(1) 입맞춤이나 포옹, 뒤에서 껴안기 등의 신체적 접촉

(2) 가슴, 엉덩이 등 특정 신체부위를 만지는 행위

(3) 안마나 애무를 강요하는 행위 등

2) 언어적 성희롱

성적인 언어로 성적 굴욕감 또는 혐오감, 수치심을 유발하게 하는 행위

(1) 음란한 농담을 하거나 음탕하고 상스러운 이야기를 하는 행위(전화통화를 포함)

(2) 외모에 대한 성적인 비유나 평가를 한 행위

(3) 성적인 사실관계를 묻거나 성적인 내용의 정보를 의도적으로 유포하는 행위

(4) 성적인 관계를 강요하거나 회유하는 행위

(5) 음란한 내용의 전화 통화

(6) 회식자리 등에서 무리하게 옆에 앉혀 술을 따르도록 강요하는 행위

3) 시각적 성희롱

음란한 사진 · 그림 등을 게재하여 근로자가 성적 굴욕감 · 혐오감, 수치심을 유발하게 하는 행위

(1) 음란한 사진 · 그림 · 낙서 · 출판물 등을 게시하거나 보여주는 행위(컴퓨터통신이나 팩시밀리 등을 이용한 경우도 포함)

(2) 성과 관련된 자신의 특정 신체부위를 고의적으로 노출하거나 만지는 행위

4) 기 타

사회 통념상 성적 굴욕감 또는 혐오감을 유발하는 것으로 인정되는 언어나 행동

〈 성희롱의 유형 〉

육체적 행위	1) 입맞춤이나 포옹, 뒤에서 껴안는 등의 신체적 접촉행위 2) 가슴, 엉덩이 등 특정 신체부위를 만지는 행위 3) 안마나 애무를 강요하는 행위
언어적 행위	1) 음란한 농담을 하거나 음탕하고 상스러운 이야기를 하는 행위(전화통화를 포함) 2) 외모에 대한 성적인 비유나 평가를 한 행위 3) 성적인 사실관계를 묻거나 성적인 내용의 정보를 의도적으로 유포하는 행위 4) 성적인 관계를 강요하거나 회유하는 행위 5) 회식자리 등에서 무리하게 옆에 앉혀 술을 따르도록 강요하는 행위
시각적 행위	1) 음란한 사진, 그림, 낙서, 출판물 등을 게시하거나 보여주는 행위(컴퓨터통신이나 팩시밀리 등을 이용하는 경우를 포함) 2) 성과 관련된 자신의 특정 신체부위를 고의적으로 노출하거나 만지는 행위
기타 사회통념상 성적 굴욕감 또는 혐오감을 느끼게 하는 것으로 인정되는 언어나 행동	

5. 성희롱 예방법

1) 피해자가 되지 않기 위한 예방

(1) 자신의 의사표시를 분명히 한다.

(2) 새로운 직장에 들어 갈 경우에는 전임자에게 성희롱 사례가 있었는지의 여부를 알아본다.

(3) 회사의 사규에 성희롱 예방과 구제절차에 관한 규정이 있는지 알아본다.

(4) 회사 내에 성희롱이 받아들여질 수 없는 분위기를 조성한다.

(5) 동료들 간의 음담패설에 참여하지 않는다.

(6) 음란한 사진이나 그림을 붙이는 행위에 대하여 이의를 제기한다.

(7) 회사에 대하여 성희롱 예방대책의 마련을 촉구한다.

(8) 성희롱을 당한 동료를 비난하지 않고 공동으로 대처한다.

(9) 업무시간 외에 원하지 않는 만남을 피한다.

2) 행위자가 되지 않기 위한 예방

(1) 음담패설을 삼간다.

(2) 직장 내에 음란한 그림이나 사진은 붙이지 않는다.

(3) 직원의 외모나 사생활에 지나치게 간섭하지 않는다.
(4) 타인과의 불필요한 신체접촉을 하지 않는다.
(5) 상대방이 거부의사를 하였을 경우에는 즉각 이를 중지한다.
(6) 자신의 지위를 이용하여 사적인 만남을 강요하지 않는다.
(7) 회식 자리나 야유회에서 직원에게 술을 따르게 하거나 서비스를 강요하지 않는다.
(8) 직원이 성희롱을 하는 경우에는 이의를 제기한다.
(9) 성희롱 예방프로그램에 적극 참여한다.

3) 사업주의 의무

(1) 직장 내 성희롱 금지의무 : 사업주, 상급자 또는 근로자는 직장 내 성희롱을 해서는 아니 된다. 만일 사업주가 이 규정을 위반하여 직장 내 성희롱을 한 경우에는 1천만원 이하의 과태료에 처한다(남녀고용평등과 일 · 가정 양립 지원에 관한 법률 제12조).

(2) 직장 내 성희롱 예방교육 실시의무

① 의 무 – 사업주는 직장 내 성희롱을 예방하고 근로자가 안전한 근로환경에서 일할 수 있는 여건을 조성하기 위하여 직장 내 성희롱의 예방을 위한 교육(성희롱 예방 교육)을 실시하여야 한다(동법 제13조). 이를 위반하면 300만원 이하의 과태료에 처한다.

② 회 수 – 사업주는 직장 내 성희롱 예방을 위한 교육을 연 1회 이상 하여야 한다.

③ 내 용 – 예방 교육에는 다음의 내용이 포함되어야 한다.

㉠ 직장 내 성희롱에 관한 법령
㉡ 해당 사업장의 직장 내 성희롱 발생시의 처리 절차와 조치 기준
㉢ 해당 사업장의 직장 내 성희롱 피해 근로자의 고충상담 및 구제 절차
㉣ 그 밖에 직장 내 성희롱 예방에 필요한 사항

④ 방 법 – 예방 교육은 사업의 규모나 특성 등을 고려하여 직원연수 · 조회 · 회의, 인터넷 등 정보통신망을 이용한 사이버 교육 등을 통하여 실시할 수 있다. 단 단순히 교육자료 등을 배포 · 게시하거나 전자우편을 보내거나 게시판에 공지하는 데 그치는 등 근로자에게 교육 내용이 제대로 전달되었는지 확인하기 곤란한 경우에는 예방 교육을 한 것으로 보지 아니한다.

⑤ 적용의 완화 – 다음에 해당하는 사업의 사업주는 근로자가 알 수 있도록 홍보물을 게시하거나 배포하는 방법으로 직장 내 성희롱 예방 교육을 할 수 있다.

㉠ 상시 10명 미만의 근로자를 고용하는 사업

㉡ 사업주 및 근로자 모두가 남성 또는 여성 중 어느 한 성(性)으로 구성된 사업

⑥ **타교육의 인정**－사업주가 소속 근로자에게 「근로자직업능력 개발법」 제24조에 따라 인정받은 훈련과정 중 성희롱의 내용이 포함되어 있는 훈련과정을 수료하게 한 경우에는 그 훈련과정을 마친 근로자에게는 예방 교육을 한 것으로 본다.

⑦ **위탁교육**－사업주는 성희롱 예방 교육을 ㉠ 사업주단체, ㉡ 「공인노무사법」 제7조의2에 따른 노무법인, ㉢ 노동부로부터 비용을 지원받는 민간단체, ㉣ 「독점규제 및 공정거래에 관한 법률」 제2조 제2호에 따른 기업집단이 운영하는 연수·교육 시설 등에 위탁하여 실시할 수 있다(동법 제13조의2).

성희롱 예방 교육기관은 ㉠ 노동부장관이 직접 실시하는 강사양성교육, ㉡ 노동부장관이 교육과정을 승인하거나 비용의 전부 또는 일부를 지원하는 강사양성교육을 이수한 강사를 1명 이상 두어야 한다.

성희롱 예방 교육기관은 노동부령으로 정하는 바에 따라 교육을 실시하고 교육이수증이나 이수자 명단 등 교육 실시 관련 자료를 보관하며 사업주나 피교육자에게 그 자료를 내주어야 한다.

(3) 직장 내 성희롱 행위자 조치의무 : 사업주는 직장 내 성희롱 발생이 확인된 경우 지체없이 행위자에 대하여 징계 등의 조치를 취하여야 하며, 이를 이행하지 않을 경우에는 500만원 이하의 과태료에 처한다(남녀고용평등법 제14조 제1항).

사업주는 성희롱 행위자에 대하여 성희롱의 정도, 지속성 등을 감안하여 경고, 견책, 감봉, 전직, 정직, 해고 등의 적절한 징계조치를 하여야 한다

> ※ **징계수준 결정시 고려사항**
> 성희롱의 정도는 어떠했는가?
> 성희롱이 지속적으로 이루어졌는가?
> 피해자의 범위 및 피해의 정도는 어느 정도인가?
> 성희롱 행위자는 피해자가 그 행동을 원치 않았다는 사실을 알았는가?
> 성희롱 행위자와 피해자 사이에 지위 면에서 차이가 존재하는가?

(4) 고객 등에 의한 성희롱 방지 : 사업주는 고객 등 업무와 밀접한 관련이 있는 자가 업무수행 과정에서 성적인 언동 등을 통하여 근로자에게 성적 굴욕감 또는 혐오감 등을 느끼게 하여 해당 근로자가 그로 인한 고충 해소를 요청할 경우 근무 장소 변경, 배치전환 등 가능한 조치를 취하도록 노력하여야 한다.

또한 사업주는 근로자가 고객으로부터의 성희롱 피해를 주장하거나 고객 등으로부터의 성적 요구 등에 불응한 것을 이유로 해고나 그 밖의 불이익한 조치를 하여서는 아니 된다. 이를 위반하면 500만원 이하의 과태료에 처한다(동법 제14조의2).

(5) 성희롱 피해자 등에 대한 불이익 조치 금지 : 사업주는 직장 내 성희롱과 관련하여 피해를 입은 근로자 또는 성희롱 피해 발생을 주장하는 근로자에게 해고나 그 밖의 불리한 조치를 하여서는 아니된다. 이를 위반하면 5년 이하의 징역 또는 2천만원 이하의 벌금에 처한다(동법 제14조 제2항).

(6) 명예고용평등감독관 위촉 : 고용노동부장관은 사업장의 차별 및 직장 내 성희롱 발생 시 피해 근로자에 대한 상담 · 조언을 비롯하여 남녀고용평등 이행을 촉진하기 위하여 그 사업장 소속 근로자 중 노사가 추천하는 자를 명예고용평등감독관(명예감독관)으로 위촉할 수 있다.

사업주는 명예감독관으로서 정당한 임무 수행을 한 것을 이유로 해당 근로자에게 인사상 불이익 등의 불리한 조치를 하여서는 아니 된다(동법 제24조).

(7) 직장 내 성희롱 처리방침 명문화 : 직장 내 성희롱의 예방에 대한 의지와 향후 처리방침을 명확히 하기 위해서는 직장 내 성희롱 예방교육, 행위자에 대한 벌칙, 피해자의 권리구제 등에 대한 회사방침을 인사규정 취업규칙 등에 명문화하는 노력이 필요하다.

(8) 설문조사 및 지침서 제작 · 활용 : 각 기업의 상황에 맞는 성희롱 예방대책을 수립하기 위해서는 직장 내 성희롱 실태 및 의식에 대한 설문조사를 실시하여 실태를 파악하는 것도 커다란 도움이 된다. 설문조사 시 그 내용은 직장 내 성희롱 경험의 유무 및 구체적인 실태, 남녀 간 성의식, 기업 내의 성문화, 예방대책에 대한 의견 등을 무기명으로 실시한다. 직장 내 성희롱 예방을 위한 지침서에는 성희롱의 개념 및 유형, 성희롱에 대한 기업의 예방대책 등 의식과 관행을 개선할 수 있는 내용이 포함되어야 한다.

6. 대처방법

1) 피해자의 대처방안

(1) 명확한 거부 의사를 표시한다.

성희롱 피해를 받게 되면 그 행위자에게 이에 대한 명확한 거부 의사를 표시한다. 이 경우 행위자는 성희롱 중지요청을 진지하게 받아들여 즉시 중단하여야 한다.

(2) 중단을 요청하는 편지를 쓴다.

행위자에게 거부의사를 표시하기 어려운 경우, 편지로 성희롱 행위를 중단해 줄 것을 요청한다.

(3) 증거자료를 남긴다.

성희롱에 대한 거부 의사가 받아들여지지 않은 경우에는 그 날짜, 시간, 장소, 구체적인 내용, 목격자나 증인, 성적인 언어나 행동에 대한 느낌 등을 구체적으로 기록하여 이후 해결과정에서 사용될 수 있도록 한다.

(4) 상급자, 상담요원에게 상담을 요청한다.

성희롱 행위자에 대하여 항의를 하여도 시정되지 않으면 상급자 또는 회사의 상담요원에게 상담을 요청하여 이를 중지시키도록 요구한다.

(5) 사업주에게 문제를 제기하여 해결한다.

성희롱 행위 중단 요청이 받아들여지지 않으면 사내의 성희롱 관련 고충처리기구와 절차를 이용하여 사업주에게 성희롱 문제를 제기하여 해결한다.

(6) 고용평등상담실을 이용하여 상담하거나, 지방노동관서에 진정서 등을 제출한다.

회사에 상담하고 고충을 신고해도 해결이 되지 않는다면 지방노동사무소 민간단체에 설치되어 있는 고용평등상담실 등과 같은 전문상담기관에 상담하거나 진정서 등을 제출하여 법적 절차에 대한 도움을 받는다.

2) 가해자의 대처방안

(1) 즉각 사과한다.

자신의 의도가 어떠하였든 상대방이 성희롱으로 불쾌감을 느꼈다면 이를 받아들이고 즉각 사과한다.

(2) 피해자의 요구사항을 이행한다.

분쟁의 조정을 받고 있다면 성실하게 내용을 받아들이고 피해자의 요구사항을 이행하며, 다시는 그런 행동을 하지 않도록 노력한다.

(3) 징계가 합당한지 확인하고 이를 수용한다.

징계를 당하게 되었다면 자신의 행동의 정도와 지속성에 비추어 징계가 합당한지 여부를 확인하고 이를 수용한다.

3) 주변동료로서의 대처방안

(1) 상대방을 인격과 존엄성을 가진 존재, 함께 일하는 동료로 인정하고 평소 동료들 간에 존칭을 사용한다.

(2) 공적 업무와 사적인 일을 명확히 구분한다.

(3) 음담패설을 삼간다.

(4) 성희롱으로 인한 불쾌한 감정은 분명히 표현한다. 불분명한 대응은 상대의 오해를 불러올 수 있다.

(5) 상대가 자신의 성적 언동에 적극 찬동하지 않거나 불쾌한 표정을 짓거나 자리를 피하는 등의 행동을 하면 이를 거부의사로 받아들이고 즉각 행동을 중지한다.

(6) 상대가 의사표현을 하지 않는다고 해서 긍정적인 의사로 판단해서는 안된다.

(7) 동료의 신체에 대해 성적인 평가나 비유를 하지 않는다.

(8) 불필요한 신체접촉을 삼간다.

(9) 회식 때 술시중이나 춤을 강요하지 않는다.

(10) 직장에서 인터넷 음란사이트를 보지 않는다.

4) 상사로서의 대처방법

(1) 부하직원을 칭찬할 때 쓰다듬거나 가볍게 치는 행위도 성희롱으로 오해받을 소지가 있으므로 그런 행동은 신중을 기해야 한다.

(2) 부하직원을 딸같다, 아들같다 하면서 쓰다듬거나 안마를 요구하거나 하는 등의 신체접촉을 하지 않는다.

(3) 자신이 관리하는 영역에서 성희롱이 일어나지 않도록 예방에 힘쓰며, 일단 성희롱이 발생하면 그 행동을 중지시켜야 한다.

(4) 중재, 경고, 징계 등의 조치 이후 가해자가 보복을 하지 않도록 주시한다.

(5) 성희롱을 당하면서도 이를 거부하지 못하는 피해자가 있다는 것을 알게 되었다면 이를 중지시켜야 한다.

7. 분쟁해결방법

1) 기관 내 자체 처리 의뢰

(1) 개 요 : 사업주는 성희롱과 관련하여 근로자가 고충을 신고하였을 때에는 「근로자

참여 및 협력증진에 관한 법률」에 따라 해당 사업장에 설치된 노사협의회에 고충의 처리를 위임하는 등 자율적인 해결을 위하여 노력하여야 한다(동법 제25조).

(2) 신고방법 : 고충 신고는 구두, 서면, 우편, 전화, 팩스 또는 인터넷 등의 방법으로 하여야 한다.

(3) 신고처리 : 사업주는 고충 신고를 받은 경우 특별한 사유가 없으면 신고 접수일부터 10일 이내에 신고된 고충을 직접 처리하거나 「근로자참여 및 협력증진에 관한 법률」에 따라 설치된 노사협의회에 위임하여 처리하게 하고, 사업주가 직접 처리한 경우에는 처리 결과를, 노사협의회에 위임하여 처리하게 한 경우에는 위임 사실을 해당 근로자에게 알려야 한다.

(4) 대장의 작성 · 보관 : 사업주는 고충접수 · 처리대장을 작성하여 갖추어 두고 관련 서류를 3년간 보존하여야 한다.

고충접수 · 처리대장은 전자적 처리가 불가능한 특별한 사유가 없으면 전자적 처리가 가능한 방법으로 작성하여 갖추어 두어야 하며, 관련 서류는 전자적인 방법으로 작성 · 보존할 수 있다.

(5) 처리 절차 : 일반적인 처리절차는 다음과 같다.

① 성희롱의 접수－피해자는 고충상담 창구를 통하여 피해내용을 상담하고 처리를 요구한다.

㉠ 증인과 증거가 있는 경우에는 확보하여 제출할 수 있다.

㉡ 상담자는 6하 원칙에 맞도록 신청하여야 한다.

② 상담과 조사－상담이나 신고를 통해 피해자의 요구가 접수되었을 때 일차적으로 사건에 대한 조사, 확인 절차를 거쳐 필요시 가해자에게 공개사과 · 각서요구 등 중재, 조정을 한다.

조사과정에서 지득한 개인정보는 양자의 프라이버시에 관한 문제로 비밀을 지켜야 한다.

상담과 조사 시 피해자와 증인의 난처한 입장을 최대한 고려하여야 하며, 피해자와 증인을 행위자 등의 보복으로부터 보호하는 조치를 취하여야 한다.

③ 사실 확인 및 조치

㉠ 성희롱에 해당하지 않는다고 판단되면, 당사자에게 통보하여 종결 조치한다.

㉡ 성희롱에 해당된다고 판단될 경우에는 사안의 경중에 따라 다음과 같은 조치를 취한다.

④ 조정에 의한 조치

㉠ 성희롱 사안이 경미하고 당사자간에 화해가 가능한 경우에는 피해자와 행위자의 의견을 듣고 조정안을 마련하여 양자의 합의로 사건을 마무리한다.

㉡ 조정안에는 피해자에 대한 공개사과, 행위자에 대한 경고, 행위자의 각서제출에 의한 사과와 재발방지 보장, 행위자 또는 피해자의 부서 이동 등의 방안을 고려할 수 있다.

㉢ 조정의 결과를 보고받은 기관장은 조정내용대로 조치하고 사건을 종결 조치한다.

⑤ 인사조치 및 징계

㉠ 조정이 성립되지 않거나 성희롱 사안이 중한 경우에는 기관장은 상담원과 인사 및 감사부서 책임자의 의견을 듣고 행위자의 전보, 직위해제, 징계요구(견책, 감봉, 정직, 해임, 파면) 등의 적절한 조치를 취하여야 한다.

㉡ 기관장은 행위자에 대한 조치 외에 피해자가 원할 경우에는 근무부서를 이동시켜 주어야 한다.

⑥ 종결 및 재발방지

조사를 종결한 때에는 피해자와 성희롱 행위자 모두에게 그 결과를 알려주어야 한다. 기관장은 성희롱 사건에 대한 조치 후에도 사후 피해자에 대한 성희롱이 재발되거나 보복이 이루어지지 않도록 관심을 가져야 한다.

2) 고용노동부에 진정, 고소 · 고발

(1) 진 정 : 피해자 또는 근로자는 사업주가 직장 내 성희롱 금지의무, 예방교육 의무, 행위자 조치의무, 피해주장 근로자에 대한 고용상의 불이익 금지의무를 위반한 경우 사업장 소재 지방노동관서에 진정을 제기할 수 있다.

(2) 고소 · 고발 : 형사처벌이 가능한 고용상 불이익 금지의무 위반의 경우에는 고소 · 고발도 가능하며, 피해당사자 이외에 범죄 사실을 알고 있는 제3자도 진정 · 고발이 가능하다.

(3) 조 치 : 지방노동관서의 장은 관련법령 위반여부를 조사한 후 위법행위에 대해서 즉시 시정지시를 하고 근로감독관집무규정의 위반사항 조치기준에 따라 처리하여야 한다.

〈 고충접수 · 처리대장 〉

고충접수 · 처리대장							
접수 번호	접수 일자	신고인		고충 내용	처리 결과	회신 일자	사업주 확인
		성명	소속 부서				

3) 국가인권위원회에 구제신청 제기

(1) **구제신청 등** : 피해자 등이 성희롱 행위에 대하여 국가인권위원회에 구제를 신청하는 등 진정을 제기할 수 있으며, 국가인권위원회에서 국가인권위원회법에 따라 진정 내용을 조사하고 구제절차를 이행하여야 한다.

(2) **기 간** : 진정은 1년이 경과하지 않은 사건에 한하여 제기할 수 있다.

(3) **조 치** : 국가인권위원회에서는 조사결과 성희롱 행위를 하였다고 인정되는 자에 대해서는 손해배상이나 인권교육 수강 등을 권고하고, 소속기관의 장에게는 행위자를 징계하고 재발방지대책을 수립하도록 권고할 수 있다.

(4) **형사고발** : 피해자의 진정이 성폭력범죄에 해당되면 수사기관에 고발할 수 있고 행위자에 대해 소속기관이나 사업주에게 징계할 것을 권고할 수 있다.

4) 검찰에 고소 · 고발 제기

(1) **남녀고용평등법 위반** : 남녀고용평등법 제14조 제2항을 위반하여 직장 내 성희롱과

관련하여 피해주장을 제기한 근로자 또는 피해를 입은 근로자에게 해고 그 밖의 불이익한 조치를 한 사업주를 상대로 고용노동부뿐만 아니라 검찰에도 직접 고소·고발할 수 있다.

이 경우 피해자가 직접 고소하거나 범죄 사실을 알고 있는 제3자가 고발이 가능하다. 그러나 과태료 부과처분이 가능한 성희롱 혐의 등에 관하여는 고소·고발을 할 수 없다.

실질적으로는 처리절차상 노동관계법 위반 사안에 대해 직접 지방검찰청에 고소·고발을 하더라도 검사의 수사지휘로 근로감독관이 사건 관계자에 대한 1차 조사 후 검찰에 송치하게 된다.

(2) 성폭력범죄의 처벌 및 피해자보호 등에 관한 법률 위반 : 성희롱의 유형에 따라서는 업무상 위력 등에 의한 추행죄(2년 이하의 징역 또는 500만원 이하의 벌금형), 통신매체를 통한 성희롱죄(1년 이하의 징역 또는 300만원 이하의 벌금형) 등으로도 고소·고발이 가능하다.

5) 민사소송의 제기

피해자는 성희롱으로 인한 정신적·물질적 피해에 대하여 손해배상을 청구하는 민사소송을 제기할 수 있다. 소송은 직접적인 가해자 뿐만 아니라 사업주에 대해서도 제기할 수 있다.

〈 직장 내 성희롱의 개념을 이해하기 위한 Q&A 〉

Q1 여성도 직장 내 성희롱 행위자가 될 수 있는가?

직장 내 성희롱은 일반적으로 남성이 여성에게 하는 행위가 대부분이지만 경우에 따라서 여성이 남성에게, 여성이 여성에게, 남성이 남성에게 하는 행위도 있을 수 있다. 예를 들어 여성상사가 남성 부하직원에게 원하지 않는 성적 행위를 통해서 괴롭히는 경우도 직장 내 성희롱이 될 수 있다.

Q2 시간제, 일용직 근로자도 '직장 내 성희롱'과 관련하여 보호를 받을 수 있는가?

시간제, 일용직근로자라고 할지라도 1인 이상의 사업 또는 사업장에서 근무하는 경우라면 남녀고용평등과 일·가정양립지원에 관한 법률의 적용을 받으므로 1인 이상의 사업장에 근무하는 시간제, 일용직근로자도 직장 내 성희롱과 관련하여 보호를 받을 수 있다.

Q3 직장상사가 자신의 컴퓨터 바탕화면에 노출이 심한 여자 사진을 실어 놓고 있는 경우 그 자체로서도 성희롱이 성립될 수 있는가?

시각적 행위에 의한 성희롱 성립의 문제는 특별한 사정이 없는 한 대상이 있어야 한다. 즉, 자신이 즐기기 위해 야한 사진을 컴퓨터바탕화면으로 실어 놓는 것은 개인취향의 문제이고, 그 개인적 생활이 타인을 고려하지 않은 미숙한 것이라 할 수 있을지라도 그것이 바로 성희롱으로 연결되는 것은 아니다. 그러나 그 행위가 타인에게 성적 불쾌감을 초래하고 그 감정을 표현했는데도 그러한 행위가 지속된다면 이는 직장 내 성희롱이 된다. 또한 여직원을 대상으로 보이는 곳에 야한 달력을 걸어놓는 행위도 성희롱이 성립될 수 있다.

Q4 피해자가 성희롱 행위자의 성적 언동을 묵시적으로 용인한 경우에도 성희롱으로 성립될 수 있는가?

성립될 수 있다. 예컨대 피해자의 사회경험 부족으로 성희롱 상황을 어떻게 대처하여야 하는지 몰라 명시적인 거부를 하지 못하고 묵시적으로 용인하였으나 점차 성적 굴욕감을 느껴 성희롱으로 주장하는 경우에는 성희롱으로 성립될 수 있다. 다만, 성희롱 피해자의 적극적 동의로 성적 언동을 주고 받는 관계가 지속된 경우에는 성립될 수 없다.

Q5 특정인을 대상으로 하지 않은 성적 농담도 성희롱으로 성립될 수 있는가?

성립될 수 있다. 특정인을 염두에 두지 않은 성적 언동이라도 '성적 굴욕감을 주고 거부감을 주는 환경(적대적 환경 : hostile environment)'을 조성하였다면 직장 내 성희롱이 성립될 수도 있다.

Q6 행위자가 성희롱하려는 의도를 가져야만 성희롱으로 성립되는가?

그렇지 않다. 성희롱행위자가 스스로는 성희롱으로 인식하지 못하고 있더라도 피해자는 성희롱으로 받아들일 수 있으므로 행위자의 성희롱 의도 여부보다는 피해자의 입장에서 판단하여야 한다. 다만, 피해자의 반응은 사람에 따라 다양하므로 사회통념상 합리적인 사람이 피해자의 입장이라면 문제가 되는 성적인 언동에 대하여 어떻게 판단하고 대응할 것인가 하는 점이 판단기준이 되어야 한다.

Q7 차나 복사 심부름 등을 여성에게만 강요하는 것도 성희롱이 될 수 있는가?

여성을 '할머니', '아줌마', '야' 등으로 부르는 행위, '여성은 가사나 내조, 양육'을, '남성에게는 가장의 역할, 힘'을 강조하는 행위, 차심부름, 복사심부름 등을 여성에게만 강조하는행위는 업무와 상관없이 여성에게는 가사일과 육아를, 남성에게는 가장의 역할을 강조함으로써 근로의욕을 감퇴시키고 원활한 업무수행을 방해하는 것일 뿐 남녀고용평등과 일·가정 양립지원에 관한 법률상 직장 내 성희롱으로 볼 수 없다.

Q8 단 1회의 성적 언동이라도 성희롱이 성립되는가?

성립된다. 조건형 성희롱의 경우 행위자의 단 한 번의 성적 언동을 피해자가 거부하거나 불쾌감을 표시하여 인사상의 불이익을 받은 경우 직장 내 성희롱이 성립된다. 또한 경미한 성적 언동이라도 상대방이 원하지 않는 행위를 반복하여 성적 굴욕감 등을 유발시켰다면 성희롱으로 성립될 수 있다.

8. 성희롱의 형사처벌 문제

현재 형법 및 성폭력 특별법에는 '성희롱'을 범죄로 규정하고 있지 않고 있다. 따라서 성희롱을 범죄행위를 구성하지 않는 성적 행위로 한정하여 이해하는 견해도 있다.

그러나 성희롱의 구성요건을 감안할 때 범죄행위를 구성하지 않는 정도로 한정해야 할 이유는 없다. 이는 성희롱의 개념에 대한 현실성을 떨어뜨리고, 사업주에 대한 책임을 묻거나 피해를 보호하는데 있어서도 어려움을 가져올 것이므로 성희롱 행위이면서 동시에 형사처벌이 될 수도 있는 병렬적인 관계로 보아야 할 것이다. 판례도 같은 입장을 취하고 있는 것으로 보인다.

1) 육체적 성희롱의 경우

육체적 행위에 의한 성희롱은 현행법상 업무상 위력 등에 의한 간음(형법 제303조), 업무상 위력 등에 의한 추행(성폭력특별법 제11조), 강제추행죄(형법 제298조) 등이 문제될 수 있다.

추행이란 '객관적으로 일반인에게 성적 수치심이나 혐오감을 일으키게 하고 선량한 성적 도덕관념에 반하는 행위로서 피해자의 성적 자유를 침해하는 것' 이라고 정의되어 있어서 '성적 언동에 의해 성적 굴욕감이나 혐오감을 일으키게 하는 것'이라는 성희롱의 정의와 유사하다. 따라서 추행은 성적 자유를 침해하는 중대한 육체적 접촉이며 성희롱은 추행보다 불법성이 낮은 정도의 예를 들어 가벼운 입맞춤이나 포옹 등만을 의미한다고 해석하는 것은 잘못이라 하겠다.

결국 양자의 구별은 행위의 모습에 의한 차이 즉, 업무상 위력・위계, 폭행, 협박 등의 강제적인 행위태양이기 때문에 육체적 행위에 의한 성희롱의 상당부분은 형사적 처벌이 가능하다고 본다.

2) 언어적 성희롱

언어적 행위에 의한 성희롱은 명예훼손죄(형법 제307조), 모욕죄(형법 제311조), 정보통신망이용촉진및정보보호등에관한법률의 명예훼손죄(동법 제61조)등이 문제될 수 있다.

명예훼손죄와 모욕죄는 각각 사회적 평가와 명예감정을 침해하는 언행을 규율대상으로 하고, 이 중 공연성이 있는 언행만을 처벌의 대상으로 하고 있다. 따라서 언어적 성희롱 중 명예훼손죄와 모욕죄에 의해 처벌할 수 있는 경우도 있다. 다만 공연성이 없거나 사회적 평가 또는 명예감정과 무관한 경우는 처벌에서 제외된다고 본다.

3) 시각적 성희롱

시각적 행위에 의한 성희롱은 통신매체이용 음란죄(성폭력특별법 제14조), 정보통신망이용촉진 및 정보보호 등에 관한 법률의 음란물 유포등죄(동법 제65조 제2호, 제3호), 과다노출죄(경범죄처벌법 제1조 제41호), 공연음란죄(형법 제245조), 음화반포죄(형법 제243조) 등이 문제될 수 있다. 따라서 시각적 성희롱의 경우에도 공연성이 있거나 컴퓨터 등을 이용한 경우는 상당 부분 현행 법 규정으로 처벌이 가능하다 하겠다.

제 4 장

정보화사회와 법률실무

Ⅰ. 전자상거래의 법률관계

A 주식회사에 다니고 있는 갑은 프리랜서인 을과 거래할 목적으로 여러 차례 이메일을 주고받았다. 결국 계약협상이 잘 마무리되고 갑과 을은 최종 계약서를 교환하기 위하여 갑은 집에서 계약서(청약서)를 이메일로 보냈으며, 을은 동네 PC방에서 이를 받아서 확인 · 서명한 후 갑의 회사메일로 다시 보냈다.

1. 전자상거래의 의의

전자상거래란 인터넷이나 PC통신을 이용해 상품을 사고파는 거래행위를 말한다. 전자상거래는 인터넷이 보편화되기 이전에도 기업 간 문서를 전자적 방식으로 교환하거나, PC통신의 홈쇼핑 · 홈뱅킹 등 다양한 형태로 존재해 왔으나, 인터넷이 대중화되면서 전자상거래는 인터넷상에서의 거래와 관련지어 생각하게 되었다.

협의의 전자상거래란 인터넷상에 홈페이지로 개설된 상점을 통해 실시간으로 상품을 거래하는 것을 의미한다. 거래되는 상품에는 전자부품과 같은 실물뿐 아니라, 원거리 교육이나 의학적 진단과 같은 서비스도 포함된다. 또한 뉴스 · 오디오 · 소프트웨어와 같은 디지털 상품도 포함되며, 이들의 비중이 점차 높아지고 있다.

전자상거래는 기존의 조세 및 관세의 변화로 정부수입에 영향을 주고 통화 및 지불 제도에 대해 새로운 제도를 도입해야 하고, 거래인증 · 거래보안 · 대금결재 · 소비자보호 · 지적소유권보호 등에 관하여 새로운 정책을 수립해야 한다. 기업은 내부적으로 고객서비스를 향상시키고, 비용을 절감하며, 외부적으로는 시장이 전세계로 확대되어 나갈 것이다.

2. 전자거래기본법의 기초

1) 전자거래기본법의 제정

전자문서로 이루어지는 거래의 법적 효력을 명확히 함으로써 거래의 안전성과 신뢰성을 확보하고, 거래의 공정성을 기함으로써 건전한 거래질서를 확립함은 물론, 전자거래를 촉진해 국민경제 발전에 이바지할 목적으로 제정한 법률이다. 1999년 2월 8일 법률 제5834호로 제정되었다.

2) 전자거래기본법의 용어

(1) **전자문서** : 정보처리시스템에 의하여 전자적 형태로 작성, 송신 · 수신 또는 저장된 정보를 말한다.

(2) **정보처리시스템** : 전자문서의 작성, 송신 · 수신 또는 저장을 위하여 이용되는 정보처리능력을 가진 전자적 장치 또는 체계를 말한다.

(3) **작성자** : 전자문서를 작성하여 송신하는 자를 말한다.

(4) **수신자** : 작성자가 전자문서를 송신하는 상대방을 말한다.

(5) **전자거래** : 재화나 용역을 거래함에 있어서 그 전부 또는 일부가 전자문서에 의하여 처리되는 거래를 말한다.

(6) **전자거래사업자** : 전자거래를 업으로 하는 자를 말한다.

(7) **전자거래이용자** : 전자거래를 이용하는 자로서 전자거래사업자 이외의 자를 말한다.

3) 전자문서 등의 효력

전자거래기본법은 전자문서, 전자서명의 효력과 증거능력을 원칙적으로 인정하고 있으며 전자적 형태의 문서보관도 인정하고 있다. 다만 전자적 형태의 문서를 보관하기 위해서는 다음의 사항이 지켜져야 한다.

(1) 전자문서의 내용을 열람할 수 있을 것

(2) 전자문서가 작성 및 송신, 수신된 때의 형태 또는 그와 같이 재현될 수 있는 형태로 보존되어 있을 것

(3) 전자문서의 작성자, 수신자 및 송신, 수신일시에 관한 사항이 포함되어 있는 경우에는 그 부분이 보존되어 있을 것

3. 전자거래의 송 · 수신

1) 송 · 수신시기

(1) 송 신

전자문서는 수신자 또는 그 대리인이 당해 전자문서를 수신할 수 있는 정보처리시스템에 입력된 때에 송신된 것으로 본다.

(2) 수 신

① 수신자가 전자문서를 수신할 정보처리시스템을 지정한 경우에는 지정된 정보처리시스템에 입력된 때

② 전자문서가 지정된 정보처리시스템이 아닌 정보처리시스템에 입력된 경우에는 수신자가 이를 출력한 때

③ 수신자가 전자문서를 수신할 정보처리시스템을 지정하지 아니한 경우에는 수신자가 관리하는 정보처리시스템에 입력된 때

2) 송 · 수신 장소

전자문서는 작성자 또는 수신자의 영업소 소재지에서 각각 송신 또는 수신된 것으로 본다. 이 경우 영업소가 2 이상인 때에는 당해 전자문서의 주된 관리가 이루어지는 영업소 소재지에서 송신 · 수신된 것으로 본다. 다만, 작성자 또는 수신자가 영업소를 가지고 있지 아니한 경우에는 그의 상거소(상거소)에서 송신 · 수신된 것으로 본다.

3) 수신확인

(1) 수신확인을 조건으로 송신

작성자가 수신확인을 조건으로 하여 전자문서를 송신한 경우 작성자가 수신확인통지를 받기 전까지는 그 전자문서는 송신되지 아니한 것으로 본다.

(2) 수신확인을 조건으로 하지 않고 수신확인 요구

작성자가 수신확인을 조건으로 명시하지 아니하고 수신확인통지를 요구한 경우 상당한 기간(작성자가 지정한 기간 또는 작성자와 수신자간에 약정한 기간이 있는 경우에는 그 기간을 말한다) 내에 작성자가 수신확인통지를 받지 못한 때에는 작성자는 그 전자문서의 송신을 철회할 수 있다.

|참고| 공인전자주소 샵(#)메일

2011년 6월 전자거래기본법 개정안이 발효되면서 보안성을 대폭 강화한 전자문서 유통 전용 공인전자주소 샵(#)메일을 개인도 사용할 수 있게 되었다. 샵메일은 일반 '앳(@)메일'의 보안성 한계를 개선한 새로운 메일이며, 본인 및 송·수신 확인, 부인방지가 가능한 새로운 형태의 주소체계다. 공인된 유통사업자를 활용하기 때문에 전자문서라 하더라도 서면통지·전달·공지와 동일한 효력을 갖는다.

개인은 샵메일 주소계정 1개에 한해 무료로 발급받을 수 있으며, 기업은 유료로 할 방침이다. 개인 경우 샵메일 계정 생성은 무료지만 문서 송수신시에는 소액의 비용(수수료)이 부과된다. 샵메일을 활용하면 내용증명이 필요했던 종이문서를 전자문서로 유통할 수 있어 개인과 기업 업무에 혁신이 일어날 것으로 예상된다. 종이가 필요 없는 '페이퍼리스' 사회를 앞당기고 저탄소 녹색성장, 업무 프로세스 간소화를 구현할 수 있다는 게 정부 전망이다.

샵메일 핵심 기능은 위변조 및 부인 방지, 증명확인 등이다. 문서 작성자가 본인이 보낸 것이 아니라고 주장하는 경우를 예방할 수 있다.

활용 대상은 다양하다. 금전거래와 부동산거래 시 샵메일로 계약내용을 증명할 수 있다. 청약서나 설명서 발송, 전자계약서와 부속서류 송·수신, 계약 변경이나 해지 등에도 활용된다. 현재는 우체국 내용증명 발송 또는 등기우편으로 본인 발송과 상대방 수신을 증명하고 있다.

취업에 필요한 성적증명서, 졸업증명서, 자격증명서 등도 전자문서로 발송하면 된다. 채권추심이나 요금고지서 발송, 변경안내서 등 각종 법률에 의한 고지·통지·통보도 샵메일로 대체된다. 중요자료 송·수신 및 암호화가 필요한 경우에 유용하다. 특히 기업 공문서와 사문서 송·수신에 활용될 수 있어 공공기관과 민간기업을 중심으로 관심이 고조될 전망이다.

샵메일은 2010년부터 시범사업을 통해 확산돼 왔다. 한국무역협회와 한국무역보험공사는 수출입 실적증명서를 전자문서로 유통하고 있다. 사업으로 연간 12만건 이상 발급하는 종이 문서를 없앴다. 매년 5억원 이상 비용절감 효과를 거두고 있다. 재외국민 가족관계등록부 발급에도 활용된다.

[표] 공인전자주소 개요

<table>
<tr><td colspan="2">정의</td><td colspan="4">전자문서 송·수신 및 사용자 확인과 부인방지가 보장되는 식별정보. 전자문서 유통 안전성 및 증거력을 보장받을 수 있는 공인된 전자우편주소</td></tr>
<tr><td colspan="2">특징</td><td colspan="4">·영문 또는 한글로 등록 가능
·한글은 특성값 및 국가값 없이 사용(예:#정보통신산업진흥원)
·길이는 60바이트 이내로 한정(영문 60자, 한글 30자)</td></tr>
<tr><td rowspan="4">예시</td><td rowspan="2">구분</td><td>개인</td><td>기업</td><td>기관</td><td>정부</td></tr>
<tr><td>독고진</td><td>ABC전자 기획팀</td><td>정보통신산업진흥원
전자문서팀</td><td>지식경제부 소프트웨어 융합과</td></tr>
<tr><td>영문</td><td>jin#docgojin.pe.kr</td><td>Plan#ABC.co.kr</td><td>e-document#nipa.or.kr</td><td>sw-convergence#mke.go.kr</td></tr>
<tr><td>국문</td><td>jin#독고진</td><td>기획팀#ABC전자</td><td>전자문서팀#정보통신산업진흥원</td><td>소프트웨어융합과#지식경제부</td></tr>
</table>

자료 : 정보통신산업진흥원

Ⅱ. 전자상거래의 소비자보호

서울에 사는 김충동 씨는 F 인터넷 쇼핑몰을 통해 세탁기와 런닝 머신을 구입하고 그 대금으로 2,534,000원을 지급하였다. 그런데 10일이 지나도록 세탁기는 배달이 되지 않았다. 또한 런닝 머신은 5일 만에 배달이 되었으나 처음 달리기를 할 때부터 이상한 소리가 나더니 하루 만에 작동이 되지 않았다. 김충동 씨는 화가 나서 두 물품에 대하여 환불을 요청하였으나 차일피일 확답을 피하고 있다.

1. 소비자의 의의 및 권리

1) 소비자의 개념

사업자가 제공하는 물품 및 용역을 소비생활을 위하여 사용하거나 이용하는 자 또는 대통령령이 정하는 자를 말한다.

2) 소비자에 포함되지 않는 경우

(1) 자가생산한 물품이나 용역을 사용하는 경우
(2) 사업자가 제공하는 물품 및 용역을 다시 팔거나 이를 소재로 하여 생산 활동을 하는 자

3) 소비자의 역할

소비자는 스스로의 안전과 권익을 향상시키기 위하여 필요한 지식을 습득함과 동시에 자주적이고 성실한 행동을 함으로써 소비생활의 향상과 합리화에 적극적인 역할을 다하여야 한다.

4) 소비자의 권리

(1) 위해로부터 보호받을 권리 : 소비자의 모든 물품 및 용역으로 인한 생명・신체 및 재산상의 위해로부터 보호받을 권리－국가와 사업자의 위해방지의무

(2) 지식 및 정보를 제공받을 권리 : 소비자의 물품 및 용역을 선택함에 있어서 필요한 지식과 정보를 제공받을 권리－국가의 표시기준 제정의무, 국가 및 지방자치단체의 소비자에 대한 정보제공의무, 사업자의 적정표시의무

(3) 자유로이 선택할 권리 : 소비자의 물품 및 용역을 사용 또는 이용함에 있어서 거래의 상대방, 구입, 장소, 가격, 거래조건 등을 자유로이 선택할 권리－국가의 거래의 적

정화에 관한 의무, 사업자의 부당행위의 지정 · 고시의무

(4) **의견을 반영시킬 권리** : 소비자의 소비생활에 영향을 주는 국가 및 지방자치단체의 정책과 사업자의 사업 활동 등에 대하여 의견을 반영시킬 권리－소비자정책심의위원회에 소비자대표 참여

(5) **피해보상을 받을 권리** : 소비자의 사업자가 제공하는 물품 및 용역의 사용 또는 이용으로 인하여 입은 피해에 대하여 신속하고 공정한 절차에 의하여 적절한 보상을 받을 권리－국가 및 지방자치단체의 소비자피해구제를 위한 필요한 조치를 강구할 의무, 소비자와 사업자간의 분쟁의 원활한 해결을 위하여 품목별로 소비자피해보상기준을 제정

(6) **교육을 받을 권리** : 소비자의 합리적인 소비생활을 영위하기 위하여 필요한 교육을 받을 권리－국가 및 지방자치단체의 소비자교육을 위한 필요한 시책을 수립, 실시할 의무, 소비자단체가 소비자교육을 원활하게 실시할 수 있도록 필요한 지원의무

(7) **단체의 조직 및 활동의 권리** : 소비자의 스스로의 권익을 옹호하기 위한 단체 조직, 이를 통하여 활동할 수 있는 권리－국가 및 지방자치단체의 등록소비자단체에게 보조금 지급 등 소비자의 단체조직 및 활동권을 보장

(8) **안전하고 쾌적한 소비생활 환경에서 소비할 권리**

2. 전자상거래에 의한 소비자 피해

1) 품목별 소비자 피해유형

한국소비자원에 따르면 2006년도에 접수된 소비자불만 23,726건 중 의류 · 신변제품군이 8,039건(33.9%)으로 소비자불만이 가장 많은 상품군으로 나타났다. 또한 피해구제사건 2,249건 중에서도 의류 · 신변제품군이 712건(31.7%)을 차지해 소비자피해가 가장 많은 상품군으로 나타났다.

특히 2005년에 12위였던 차량 · 승용물이 5위로 급상승하여 소비자피해 다발 상품군에 포함되었으며, 이는 내비게이션으로 인한 피해가 증가한 것으로 분석됐다.

2) 내용별 소비자 피해유형

(1) 주문하지 않는 서비스에 대한 대금청구

소비자가 구매의사를 표시하지 않았음에도 불구하고 사업자가 일방적으로 대금을 청구하는 사건이 크게 증가했다.

이는 인터넷상에서 소비자에게 '무료', '무료상품권 지급', '무료회원가입' 등 사실과 다른 광고한 후, 소비자들이 입력한 휴대폰 번호로 구매대금을 청구하는 사건들이다. 휴대폰 결제는 대금 청구절차가 간단하고 소비자가 청구내역을 확인하기 어렵다는 점에서 부당하게 대금을 청구하는 채널 역할을 하고 있다.

〈사례 1〉 구매한 적이 없는 서비스의 이용요금 청구

김○○는 2006년 6월 29일 '스카이 ○○○' 인터넷사이트에서 '5만원 짜리 무료통화권 지급' 이라는 사업자의 광고를 보고 무료통화권을 받기 위해 휴대폰번호 및 승인번호를 입력함. 곧바로 33,000원이 결제되었다는 문자메시지가 전송되어 피청구인에게 전화하였으나 연결이 되지 않음. 결제 금액의 환급을 요구함.

〈사례 2〉 무료서비스의 일방적인 유료전환

박○○는 '무료회원가입'이라는 사업자의 광고메일을 받고 음악 사이트의 무료회원에 가입. 2006년 4월 휴대폰에 '5,500원 결제'라는 문자메시지와 함께 이동통신 이용요금에 합산 청구됨. 소비자는 유료이용을 신청한 적이 없으므로 기 결제된 5,500원의 환급을 요구함.

(2) 광고와 다른 상품으로 인한 소비자피해

전자상거래는 오프라인 거래와는 달리 소비자가 직접 상품을 확인하지 않고 구매가 이루어지는 특성으로 인해, 사업자가 광고와 다른 상품을 배송하였음에도 교환이나 환불을 거절하여 소비자피해가 발생했으며, 주로 의류 및 악세사리 등에서 이러한 사례가 많았다.

〈사례 3〉 광고와 다른 냉장고의 배송

이○○는 ××인터넷쇼핑몰을 통해 냉장고를 104만 5천원에 구입하고 2006년 2월 16일 배송 받음. 배송된 물품이 모델명은 동일하나 광고의 사양과는 다른 제품임. 이에 제품교환 또는 환급을 요구함.

〈사례 4〉 색상과 디자인이 다른 의류 배송

김○○는 ××인터넷쇼핑몰을 통해 블라우스와 청바지를 구매하였으나 색상과 디자인이 광고와 다른 제품이 배송됨. 이에 제품교환을 요구하였으나 해당제품은 품절되었다고 함. 이에 소비자는 환급을 요구함.

(3) 중국산 상품으로 인한 소비자피해

원산지가 중국인 상품의 소비자피해구제 사건이 2005년에는 29건으로 전체 피해구제건 3,249건의 0.9%에 불과했으나, 2006년에는 67건으로 전체 피해구제건 2,249건의 3.0%를 차지하였다.

한편, 중국산 제품에 대한 소비자피해의 원인이 대부분 품질하자로 인한 것으로 구입 시 소비자의 주의가 필요한 것으로 나타났다.

(4) 제품하자로 인한 반품비용 소비자 전가

배송된 상품에 하자가 있어 반품할 경우, 이에 소요되는 택배비용을 소비자에게 전가하여 발생하는 소비자피해가 69건으로 전체 피해구제건 2,249건의 3.1%를 차지했다. 이는 2005년 63건(전체 피해구제건 3,249건의 1.9%)과 비교하여 개선되지 않은 것으로 나타났다.

〈 대표적인 인터넷 쇼핑몰 소비자 피해 사건 〉

<table>
<tr><th rowspan="2">쇼핑몰명</th><th colspan="2">소보원 접수</th><th colspan="2">추정피해규모*</th><th rowspan="2">주요품목</th><th rowspan="2"></th></tr>
<tr><th>건수</th><th>평균피해액</th><th>피해자</th><th>총피해금액</th></tr>
<tr><td rowspan="2">굿앤맨
(www.goodnman.com)</td><td>70건</td><td>약1억원</td><td>추정불가</td><td>추정불가</td><td>자동차
가전제품
노트북
등</td><td></td></tr>
<tr><td colspan="6">노트북, 가전제품, 자동차 등을 입찰식 경매제로 운영하면서 낙찰 대금만 챙기고 물품 배송 지연하다가 사이트 폐쇄</td></tr>
<tr><td>다다포인트
(www.dadapoint-shop.com)</td><td>51건</td><td>약101,000원
(약520만원)</td><td>약2만명</td><td>약12억</td><td>기저귀,
분유</td><td></td></tr>
<tr><td rowspan="2">밸리텍
(www.valleytech.co.kr)</td><td>18건</td><td>약1,500,000원
(약2,700만원)</td><td>약500명</td><td>약10억</td><td>노트북</td><td></td></tr>
<tr><td colspan="6">노트북을 30% 할인가격으로 공동구매한다는 내용을 팝업창을 통해 광고 후 대금 챙기고 잠적</td></tr>
<tr><td rowspan="2">에스엠몰
(www.smmall.net)</td><td>12건</td><td>약83,000원
(약100만원)</td><td>추정
불가</td><td>추정불가</td><td>핸드폰</td><td></td></tr>
<tr><td colspan="6">시중가격 약 30만원 내외 핸드폰을 10만원대 현금 가격으로 판매한다고 광고 후 현금 입금받은 후 물품배송 지연</td></tr>
<tr><td rowspan="2">프라이스누드
(www.pricenude.co.kr)</td><td>6건
(70명)</td><td>약507,500원
(약300만원)</td><td>약70명</td><td>약3천만원</td><td>디지털
카메라</td><td></td></tr>
<tr><td colspan="6">디지털카메라, 노트북, 시계 명품 등을 시중가보다 30% 저렴하게 판매한다고 광고 후 대금 챙기고 잠적</td></tr>
</table>

〈 사기 쇼핑몰의 홈페이지 〉

3) 사기 사이트의 일반적 특징

(1) 과다할인정책

(2) 경매 및 공동구매 방식

(3) 현금결제유도

(4) 디지털카메라, 노트북, 가전제품 등 고가상품

〈 인터넷 인증마크제도의 예 〉

	우수사이버몰마크	인터넷사이트안전마크	개인정보보호마크
마크표시	eTrust	i-Safe	ePrivacy
마 크	eTrust	i-Safe	ePRIVACY
주관기관	한국전자거래진흥원 www.kiec.or.kr	한국정보통신산업협회 www.kait.or.kr	한국정보통신산업협회 www.kait.or.kr
신청대상	인터넷을 통하여 상품(서비스) 주문 및 지급결제를 처리하는 상업적 웹사이트를 현재 3개월 이상 운영해 온 사업자	네트워크상에서 영리 또는 비영리 목적으로 설치 운영중인 인터넷 사이트	인터넷사이트를 통하여 개인정보를 수집, 취급, 관리하는 국내사업자 및 일반인
주요평가 기준	· 시스템성능 및 안전성 · 상품정보 획득의 편의성 · 상품주문의 적절성 · 상품주문의 편리성 및 안정성 · 지불수단의 편리성과 안전성 · 개인정보 보호방침고시 · 상품배달 및 반품교환의 편리성 · 고객의 사후관리서비스	· 개인정보보호 · 시스템 보안 · 소비자 보호	· 개인정보 수집에 관한 조치 · 개인정보의 이용 및 관리 · 이용자의 권리 · 공개 및 책임 · 만14세 미만의 아동에 관한 특별조치 · 이용자 권리구제
유효기간	1년	1년	1년
비 고		· 노란색 : 금융, 의료 등 고도의 보안이 요구되는 사이트 · 녹 색 : 기타	

3. 일반적 소비자 피해보상기준

1) 수리 · 교환 · 환급 또는 배상, 계약의 해제 · 해지 및 이행 등

(1) **품질보증기간의 수리비 :** 사업자(예외 : 천재지변, 미지정 수리점에서 수리)

(2) **교 환 :** 동일제품. 불가능시 동종 유사제품

(3) **할인 판매 :** 정상가격과 할인가격의 차액발생과 관계없이 동일 제품으로 교환. 불가능시 동종 유사제품 교환. 소비자가 원치 아니하는 경우 환급

(4) **환급금액 :** 영수증 기재 가격. 분쟁발생시 주장자가 입증책임. 영수증분실 등 – 통상적 가격

(5) **유상수리 2월 이내에 동일한 고장 재발 :** 무상 수리, 수리 불능 – 수리비 환급

2) 품질보증서 교부 또는 부착

3) 품질보증기간 및 부품보유기간 기준

(1) 품질 보증서에 표시 기간, 최소 품목별 보상기준 이상. 표시가 없으면 품목별 보상기준

(2) 품목이 없으면 유사제품, 유사제품 없으면 품질보증기간은 1년, 부품보유기간은 당해 제품의 생산을 중단한 때부터 기산하여 내용연수에 해당하는 기간

(3) **기산일 :** 물품은 구입일, 용역은 제공일. 계약일과 인도일이 다르면 인도일 기준

(4) **판매일자확인 곤란 :** 제조일 또는 수입 통관일부터 6월이 경과한 날부터 품질보증기간을 기산, 제품 또는 제품포장에 제조일 또는 수입통관일이 표시되어 있으면 사업자 입증

(5) **보상지 :** 물품의 소재지, 용역의 제공지

(6) **비 용 :** 사업자의 귀책사유 시 사업자 부담

4. 전자상거래 소비자보호법

1) 법률의 제정이유

인터넷의 발달로 전자상거래 비중이 증가하고 이로 인한 소비자의 피해 가능성이 높아짐에 따라 방문판매등에관한법률에 규정되어 있는 종전의 통신판매제도만으로는 이에 대처하기에 한계가 있어 통신판매에 관한 사항을 별도로 분리하여 이 법의 적용대상

으로 하고, 전자상거래에 있어서 통신판매업자 등이 준수하여야 할 사항을 규정하며, 법령상 의무를 위반한 자에 대한 시정조치명령 · 과징금제도 등을 도입함으로써 공정한 거래질서를 확립하고 소비자를 보호하는 것을 골자로 한 전자상거래등에서의소비자보호에관한법률이 제정되어 2002년 7월 1일부터 시행되었다.

2) 내 용

(1) 조작실수 등의 방지

사업자는 전자상거래에서 소비자의 조작실수 등으로 인한 의사표시의 착오 등으로 발생하는 피해를 예방할 수 있도록 거래 대금이 부과되는 시점 또는 청약에 앞서 그 내용의 확인 및 정정에 필요한 절차를 마련하여야 한다.

(2) 사이버몰의 운영

전자상거래를 행하는 사이버몰의 운영자는 소비자가 사업자의 신원 등에 관하여 쉽게 알 수 있도록 다음의 사항을 표시하여야 한다.

① 상호 및 대표자 성명
② 영업소 소재지 주소(소비자의 불만을 처리할 수 있는 곳의 주소를 포함)
③ 전화번호, 전자우편주소
④ 사업자등록번호
⑤ 사이버몰의 이용약관
⑥ 통신판매업 신고번호 및 신고기관

(3) 청약확인

통신판매업자는 소비자로부터 재화등의 거래에 관한 청약을 받은 경우 청약의 의사표시의 수신 확인 및 판매 가능 여부에 관한 정보를 소비자에게 신속하게 통지하여야 한다. 통신판매업자는 계약 체결 전에 소비자가 청약의 내용을 확인하고, 정정 또는 취소할 수 있도록 적절한 절차를 갖추어야 한다.

(4) 재화 등의 공급

통신판매업자는 이미 재화 등의 대금의 전부 또는 일부를 받은 경우(선불식 통신판매)에는 대금의 전부 또는 일부를 받은 날부터 3영업일 이내에 재화 등의 공급을 위하여 필요한 조치를 하여야 한다. 다만, 소비자와 통신판매업자간에 재화 등의 공급시기에 관하여 별도의 약정이 있는 경우에는 그러하지 아니하다.

(5) 공급서의 송부

통신판매업자는 소비자의 청약에 따라 재화 등을 공급하는 경우에는 다음의 사항이 포함된 계약내용에 관한 서면을 소비자에게 송부하여야 한다. 이 서면은 전자우편으로 송부하는 것도 가능하다.

① 재화 등의 공급자 및 판매자에 관한 사항

② 재화 등의 명칭 · 종류 및 내용

③ 재화 등의 가격과 그 지급 방법 및 시기

④ 재화 등의 공급 방법 및 시기

⑤ 청약의 철회 및 계약의 해제의 기한 · 행사방법 및 효과에 관한 사항

⑥ 재화 등의 교환 · 반품 · 보증과 그 대금 환불의 조건 및 절차

⑦ 전자매체로 공급이 가능한 재화 등의 전송 · 설치 등과 관련하여 요구되는 기술적 사항

⑧ 소비자피해보상, 재화 등에 대한 불만 및 소비자와 사업자간 분쟁처리에 관한 사항

⑨ 거래에 관한 약관

⑩ 소비자가 구매의 안전을 위하여 원하는 경우에는 재화 등을 공급받을 때까지 대통령령이 정하는 제3자에게 그 재화 등의 결제대금을 예치하는 것의 이용을 선택할 수 있다는 사항 또는 통신판매업자의 제24조 제1항의 규정에 따른 소비자피해보상보험계약 등의 체결을 선택할 수 있다는 사항

⑪ 기타 소비자의 구매 여부 판단에 영향을 주는 거래조건 또는 소비자의 피해 구제에 필요한 사항

㉠ 재화 등의 가격 외에 소비자가 추가로 부담하여야 할 사항이 있는 경우 그 내용 및 금액

㉡ 판매일시 · 판매지역 · 판매수량 · 인도지역 등 판매조건과 관련하여 제한이 있는 경우 그 내용

(5) 청약철회

① 통신판매업자와 재화 등의 구매에 관한 계약을 체결한 소비자는 재화 등을 공급받은 날로부터 7일 이내에 조건 없는 청약철회가 가능하다.

② 소비자는 다음에 해당하는 경우에는 통신판매업자의 의사에 반하여 위의 청약철회 등을 할 수 없다.

㉠ 소비자에게 책임 있는 사유로 재화 등이 멸실 또는 훼손된 경우. 다만, 재화 등의 내용을 확인하기 위하여 포장 등을 훼손한 경우를 제외한다.

㉡ 소비자의 사용 또는 일부 소비에 의하여 재화 등의 가치가 현저히 감소한 경우

㉢ 시간의 경과에 의하여 재판매가 곤란할 정도로 재화 등의 가치가 현저히 감소한 경우

㉣ 복제가 가능한 재화 등의 포장을 훼손한 경우

㉤ 청약철회의 인정 시 판매자 또는 제3자에게 회복할 수 없는 피해가 예상되어 사전고지 및 동의를 얻을 경우

③ 소비자는 위의 규정에 불구하고 재화 등의 내용이 표시·광고 내용과 다르거나 계약내용과 다르게 이행된 경우에는 당해 재화 등을 공급받은 날부터 3월 이내, 그 사실을 안 날 또는 알 수 있었던 날부터 30일 이내에 청약철회 등을 할 수 있다.

④ 청약철회 등을 서면으로 하는 경우에는 그 의사표시가 기재된 서면을 발송한 날에 그 효력이 발생한다.

⑤ 재화 등의 훼손에 대하여 소비자의 책임이 있는지의 여부, 재화 등의 구매에 관한 계약이 체결된 사실 및 그 시기, 재화 등의 공급사실 및 그 시기, 공급서의 송부 사실 및 그 시기 등에 관하여 다툼이 있는 경우에는 통신판매업자가 이를 입증하여야 한다.

⑥ 통신판매업자는 청약철회 등이 불가능한 재화 등의 경우에는 그 사실을 제화 등의 포장 기타 소비자가 쉽게 알 수 있는 곳에 명기하거나 시용(試用)상품을 제공하는 등의 방법으로 사용이나 일부소비 등으로 인하여 청약철회 등의 권리의 행사가 방해받지 아니하도록 조치하여야 한다.

(6) 청약철회 등의 효과

① 소비자는 청약철회 등을 행한 경우에는 이미 공급받은 재화 등을 반환하여야 한다. 통신판매업자는 재화 등을 반환 받은 날부터 3영업일 이내에 이미 지급받은 재화 등의 대금을 환급하여야 한다. 이 경우 통신판매업자가 소비자에게 재화 등의 대금의 환급을 지연한 때에는 그 지연기간에 대하여 공정거래위원회가 정하여 고시하는 지연이자율을 곱하여 산정한 지연이자(지연배상금)를 지급하여야 한다.

② 통신판매업자는 재화 등의 대금을 환급함에 있어 소비자가 여신전문금융업법 제2조 제3호의 규정에 의한 신용카드 기타 대통령령이 정하는 결제수단으로 재화 등의 대금을 지급한 때에는 지체 없이 당해 결제수단을 제공한 사업자(결제업자)로 하여금 재화 등의 대금의 청구를 정지 또는 취소하도록 요청하여야 한다. 다만, 제2항의 경우 통신판매업자가 결제업자로부터 해당 재화 등의 대금을 이미 지급받은 때에는 지체 없이 이를 결제업자에게 환급하고, 그 사실을 소비자에게 통지하여야 한다.

③ 통신판매업자로부터 재화 등의 대금을 환급받은 결제업자는 지체 없이 소비자에게 이를 환급하거나 환급에 필요한 조치를 취하여야 한다.

④ 소비자는 통신판매업자가 위 규정에 불구하고 정당한 사유 없이 결제업자에게 대금을 환급하지 아니하는 경우에는 환급받을 금액에 대하여 결제업자에게 당해 통신판매업자에 대한 다른 채무와 상계할 것을 요청할 수 있다. 이 경우 결제업자는 대통령령이 정하는 바에 따라 당해 통신판매업자에 대한 다른 채무와 상계할 수 있다.

⑤ 소비자는 결제업자가 제6항의 규정에 의한 상계를 정당한 사유 없이 게을리 한 경우 결제업자에 대하여 대금의 결제를 거부할 수 있다. 이 경우 통신판매업자와 결제업자는 그 결제의 거부를 이유로 당해 소비자를 신용불량자로 처리하는 등 소비자에게 불이익을 주는 행위를 하여서는 아니 된다.

⑥ 통신판매업자는 이미 재화 등의 일부가 사용 또는 일부 소비된 경우에는 그 재화 등의 사용 또는 일부소비에 의하여 소비자가 얻은 이익 또는 그 재화 등의 공급에 소요된 비용에 상당하는 금액으로서 대통령령이 정하는 범위의 금액의 지급을 소비자에게 청구할 수 있다.

⑦ 청약철회 등의 경우 공급받은 재화 등의 반환에 필요한 비용은 소비자가 이를 부담하며 통신판매업자는 소비자에게 청약철회 등을 이유로 위약금 또는 손해배상을 청구할 수 없다.

5. 소비자 피해 예방 요령

1) 사업자의 신원을 확인한다.

전자상거래는 상품을 사고파는 사람이 얼굴도 보지 않고 서류도 주고 받지 않기 때문에 사후 문제가 생기면 해결하기가 어렵다. 이런 경우를 대비해서 상품을 파는 사업자가 믿을 만한 사람인지 상호, 연락처, 주소, 사업자등록번호 등을 확인해야 한다.

신원이 명확하지 않은 사업자와 거래를 하다 피해를 입으면 보상받기가 어렵다. 특히 대금을 미리 지급하고 물품을 나중에 받게 되는 온라인 거래의 특성상 사업자의 부도로 인한 피해 발생 시 보상이 어려우므로 믿을 수 있는 업체와 거래를 한다.

2) 어떤 상품인지 확인한다.

전자상거래는 상품을 직접 눈으로 보거나 만져보고 구입하는 것이 아니기 때문에 주문하는 상품이 어떤 상품인지 확인하여야 한다. 상품의 원산지, 제품번호, 사양, 성능, 기능 등을 꼼꼼히 확인한다. 그리고 배송받은 상품이 주문한 상품과 동일한지 확인해야 한다.

3) 공짜, 과다 경품에 현혹되지 않는다.

공짜 또는 과다 경품을 제공하거나, 높은 가격 할인율을 표시하는 등의 허위 과장 광고에 주의해야 한다. 공짜 경품 제공의 진짜 목적은 회원 확보를 통해 개인 신상 정보 수집이나 물품 판매를 위한 미끼로 이용하고자 하는 일종의 마케팅 전략이다.

사업자가 무료라고 광고하지만 사실은 무료가 아닌 경우가 대부분이다. 상품이나 서비스를 무료로 제공하거나 현저히 저렴한 가격에 제공하는 경우, 소비자피해로 이어질 가능성이 크므로 거래에 신중을 기한다.

4) 배달된 상품은 즉시 확인한다.

주문한 제품과 배달된 제품이 다르거나 파손된 제품이 배달되는 경우가 있다. 상품이 배달되면 즉시 그 자리에서 확인하고, 주문한 상품과 다르거나 제품에 하자가 있으면 조치를 취해야 한다. 문제가 있을 때는 신속하게 업체에 연락해 교환 방법과 반송료 등을 확인해야 쉽게 보상받을 수 있다.

5) 충동구매를 자제한다.

온라인상에서 사업자가 제공하는 광고나 말에만 의존해서 구매하면 자신이 원하는 크기, 색상, 품질 등에 차이가 날 수 있으므로 구매시 신중을 기한다.

6) 보증보험가입업체, 에스크로우서비스 시행업체를 이용하거나 신용카드로 결제한다.

전자상거래로 발생하는 소비자피해를 예방하기 위해 에스크로우 제도 등이 시행되고 있다. 거래하시기 전에 업체가 이 제도를 시행하고 있는지 확인해 본다. 그리고 소비자보호장치가 충실히 마련된 신용카드를 결제수단으로 이용한다.

7) 피해구제는 서면으로 신속하게 한다.

해약을 요청하거나 자신의 요구사항을 전달하고자 할 때는 분쟁에 대비해 증거로 활용이 가능하도록 반드시 내용증명 등의 서면으로 한다. 분쟁이 발생한 경우에는 청약철회 기간 내에 신속히 구제를 요청한다.

8) 인터넷 거래시 계약 사항은 출력해둔다.

약관은 계약서이다. 내용을 제대로 읽어보지 않고 동의한다고 클릭할 경우 피해 발생시 보상이 어렵다. 공정거래위원회의 전자거래표준약관을 참조하여 약관 내용을 잘 살펴보도록 한다. 인터넷 상에서 확인된 주문 체결 결과는 반드시 출력 · 저장해둬야 만약의 분쟁에 대비할 수 있다. 또한 구입할 제품의 사양 · 광고 등 모니터 화면의 상품 정보도 출력 · 저장해 두는 것이 좋다.

9) 품질보증기간 내 제품 수리내역을 보관한다.

품질보증기간 내 수리내역은 차후에 제품하자시 교환 또는 환불을 받는 주요한 근거가 된다. 소비자에게 유리한 수리내역 등은 차후의 소비자피해를 위해 품질보증기간 동안 만큼은 보관한다.

상품을 직접 눈으로 확인하지 않은 상태에서 사람과 사람이 직접 만나지 않고 거래가 이루어지는 온라인거래는 소비자 피해의 우려가 높다. 온라인거래로부터 피해를 예방하려면 무엇보다 소비자의 주의가 필요하다.

10) 배달, 반품, 환불 등 거래 조건을 체크한다.

구입할 품목을 먼저 정하고 가격 · 결제 조건 · 배달 및 반품 조건 등을 따져보고 선택하는 것이 현명하다. 특히 가격 비교 사이트를 활용해 보는 것도 좋은 방법이다.

Ⅲ. 개인정보보호

1. 개인정보보호의 의의

오늘날 정보기술의 급속한 발전은 과거에는 상상치 못하였던 많은 양의 정보를 수집, 저장, 처리할 수 있게 하여 업무의 능률성을 향상시키는 데 일조를 하고 있다. 하지만 이러한 긍정적 측면 뒤에는 개인의 프라이버시 또는 개인정보의 유출이라는 부정적 측면이 도사리고 있다.

실제로 2008년 9월 국내 대형 정유회사에서 1,120만여 명의 개인정보가 유출되었고 2월에는 국내 전자상거래 대형 포털 사이트에서 1,081만 건의 개인정보가 유출되는 등 개인정보의 침해사고는 해마다 대형화하여 증가하고 있다. 이로 인한 소비자의 피해도 증가하고 있지만 집단 소송으로 인한 사업자 피해도 점차 많은 부담으로 작용하고 있다.

개인정보란 "살아 있는 개인에 관한 정보로서 성명, 주민등록번호 및 영상 등을 통하여 개인을 알아볼 수 있는 정보를 말한다. 개인정보 소유자는 일반적으로 자신에 대한 정보를 재산적 가치로 인식하기보다는 인격적 정보로 간주하는 경향이 있다. 반면에 개인정보 취급자는 인격적 성격과 재산적 성격을 동시에 고려하는데, 특히 민간 부분의 경우 후자를 더욱 고려하는 것이 일반적이다.

개인정보의 보호필요성에 대한 헌법적 근거는 헌법 제17조의 "사생활의 비밀과 자유"에서 찾을 수 있다. 헌법 제17조는 「모든 국민은 사생활의 비밀과 자유를 침해받지 아니한다」라고 명문으로 규정하고 있어 개인의 프라이버시권을 헌법상의 기본권으로 인정하고 있다. 프라이버시권은 전통적으로 "사생활의 평온을 침해받지 아니하고 사생활의 비밀을 함부로 공개당하지 아니할 권리"의 의미로 이해되었지만, 오늘날의 정보화 사회에서는 그러한 소극적 의미에서 더 나아가 적극적으로 "자신에 관한 정보를 관리, 통제할 수 있는 권리"를 포함하는 것으로 이해되고 있다.

2. 개인정보보호의 필요성

1) 범죄에 이용 가능성

개인정보의 오남용은 개인정보를 빼내어 유괴, 살인 등 범죄 목적에 활용하는 경우가 있다. 예컨대, 주민등록기록을 열람한 후 독신녀 주거지를 강도대상으로 선정한 사례, 자동차관리 전산망을 통하여 고급승용차의 차주를 확인하여 강도대상으로 선정한 사례, 주민등록번호가 잘못 입력됨으로써 범죄피의자로 오인된 사례 등을 들 수 있다.

2) 사회적 활동지장과 정신적 피해 초래

부주의하게 개인정보를 사용함으로써 특정 개인에 대한 잘못된 판단을 초래하여 사회 · 경제적 활동에 치명상을 야기할 수 있고, 틀린 정보 또는 특정 시점에 국한된 정보를 이용하여 특정인을 잘못 인식하도록 만들어서 명예를 실추시키고 사회적 신용을 잃게 만들 수도 있다. 또한 개인정보를 악의로 또는 자기이익을 위하여 악용하거나 부정한 목적에 사용하여 개인의 명예를 훼손하거나, 사고 · 실수로 정보를 잘못 가공 · 변형함으로써 특정 개인의 사생활이 노출되어 불쾌 · 불편을 초래하거나 사회적 활동에 지장을 초래하여 심한 정신적 피해의 원인이 된다.

3) 인터넷 및 전자상거래 산업 발전 저해

무분별한 개인정보의 오남용은 인터넷 및 전자상거래에 대한 신뢰를 저하시켜, 21세기

유망산업으로 각광받고 있는 인터넷 및 전자상거래 산업의 발전을 저해시킬 우려가 있다.

4) 국제사회와의 협력 필요성

범세계적 정보통신서비스 기반이 확대됨에 따라 국가간 전자상거래에서도 이제는 개인정보의 이동이 필수사항이 되어버렸다. 여기에서 문제는 개인정보 보호를 위한 각국의 법·제도 및 보호수준의 차이가 전자상거래의 걸림돌이 되고 있다는 것이다. 일정의 만족할 만한 개인정보 보호 수준에 도달하지 못한 국가의 경우에는 전자상거래에서도 배척당하게 되며, 개인정보가 어느 정도로 보호되고 있는지의 여부도 선진국의 대열에 합류할 수 있는가의 또 하나의 조건이 되었다.

3. 개인정보의 개념

1) 일반적 의미에서의 개인정보

일반적 의미에서 '개인정보'는 이름, 주민등록 번호, 주소 등 개인에 대한 일반적 정보뿐만 아니라, 가족정보, 학력, 병력, 소득, 의료, 정보, 사상, 취미 등 인적 정보 일체를 의미한다. 좁은 의미로서 지문, 홍채, 주민등록번호, 나이, 신장, 등 직접적으로 또는 여러 개의 개인정보를 조합하여 한 개인을 식별할 수 있는 개인정보를 의미한다.

① 성명, 주민등록번호, 주소, 연락처 등의 '일반정보', ② 소득, 재산상황, 신용, 부채 등의 '경제정보', ③ 학력, 성적, 병역, 직업, 자격 등의 '사회정보' 전자우편, 통화내용, 인터넷접속IP, 로그(log) 등의 '통신정보', ④ 사상, 신념, 노동조합, 정당의 가입탈퇴, 정치적 견해, 건강, 성생활정보 등의 '민감정보' 등 모두가 개인정보에 해당한다.

〈 개인정보의 예시 〉

유형 구분	개인정보 항목
일반정보	이름, 주민등록번호, 운전면허번호, 주소, 전화번호, 생년월일, 출생지, 본적지, 성별, 국적
가족정보	가족구성원들의 이름, 출생지, 생년월일, 주민등록번호, 직업, 전화번호
교육 및 훈련정보	학교출석사항, 최종학력, 학교성적, 기술 자격증 및 전문 면허증, 이수한 훈련 프로그램, 동아리활동, 상벌사항
병역정보	군번 및 계급, 제대유형, 주특기, 근무부대
부동산정보	소유주택, 토지, 자동차, 기타소유차량, 상점 및 건물 등

소득정보	현재 봉급액, 봉급경력, 보너스 및 수수료, 기타소득의 원천, 이자소득, 사업소득
기타 수익정보	보험 (건강, 생명 등) 가입현황, 회사의 판공비, 투자프로그램, 퇴직프로그램, 휴가, 병가
신용정보	대부잔액 및 지불상황, 저당, 신용카드, 지불연기 및 미납의 수, 임금압류 통보에 대한 기록
고용정보	현재의 고용주, 회사주소, 상급자의 이름, 직무수행평가기록, 훈련기록, 출석기록, 상벌기록, 성격 테스트결과 직무태도
법적 정보	전과기록, 자동차 교통 위반기록, 파산 및 담보기록, 구속기록, 이혼기록, 납세기록
의료정보	가족병력기록, 과거의 의료기록, 정신질환기록, 신체장애, 혈액형, IQ, 약물테스트 등 각종 신체테스트 정보
조직정보	노조가입, 종교단체가입, 정당가입, 클럽회원
통신정보	전자우편(E-mail), 전화통화내용, 로그파일(Log file), 쿠키(Cookies)
위치정보	GPS나 휴대폰에 의한 개인의 위치정보
신체정보	지문, 홍채, DNA, 신장, 가슴둘레 등
습관 및 취미정보	흡연, 음주량, 선호하는 스포츠 및 오락, 여가활동, 비디오 대여기록, 도박성향

2) '정보통신망법'에서의 개인정보

정보통신망 이용촉진 및 정보보호 등에 관한 법률 제2조 제1항 제6호는 '개인정보'를 생존하는 개인에 관한 정보로서 성명 · 주민등록번호 등에 의하여 당해 개인을 알아볼 수 있는 부호 · 문자 · 음성 · 음향 및 영상 등의 정보(당해 정보만으로는 특정 개인을 알아볼 수 없는 경우에는 다른 정보와 용이하게 결합하여 알아볼 수 있는 것을 포함한다)라고 정의하고 있다. 즉, 이는 특정 개인의 주체성을 식별할 수 있는 일체의 정보를 의미한다고 볼 수 있다.

3) '개인정보보호법'에서의 개인정보

개인정보보호법 제2조 제1호는 '개인정보'를 살아 있는 개인에 관한 정보로서 성명, 주민등록번호 및 영상 등을 통하여 개인을 알아볼 수 있는 정보(해당 정보만으로는 특정 개인을 알아볼 수 없더라도 다른 정보와 쉽게 결합하여 알아볼 수 있는 것을 포함한다)라고 정의하고 있다.

이 법에서도 역시 개인정보는 개인의 정신, 신체, 재산, 사회적 지위, 신분 등에 관한 사실 · 판단 · 평가를 나타내는 공공기관의 컴퓨터에 의하여 처리되는 개인식별이 가능한 일제의 개인정보를 의미한다. 여기에서 컴퓨터로 처리되는 개인정보의 범위 안에는 컴퓨터 내에 기록된 정보뿐만 아니라 입 · 출력물에 기록된 정보도 대상에 포함된다고 본다. 또한 개인정보의 집합체(개인정보파일)가 아닌 하나하나 낱개의 개별적 개인정보 사항이나 복제물, 컴퓨터 처리와 병행하여 수작업으로 처리 중인 정보도 역시 개인정보의 대상에 포함된다.

4. 개인정보의 침해형태

1) 개인정보의 비밀수집

개인에 관한 정보는 그 정보가 필요한 자에 의해 공개적으로 동의를 받아 수집되어야 한다. 만일 어떠한 자가 개인의 동의 없이 개인정보를 비밀로 수집 · 관리할 경우 그 정보는 본인도 모르게 유통되거나 악용될 가능성이 크다.

2) 개인정보의 외부유출

컴퓨터 이용기술의 발달에 따라 전자상거래업체, 정보서비스업체, 금융기관 등은 고객들의 광범위한 개인정보를 수집, 보유하고 있다. 이렇듯 각종 목적으로 수집된 정보가 각 업체 상호간에 교환되거나 전파되어 본래의 수집목적 이외에 다른 목적에 이용될 경우 이는 심각한 프라이버시 침해가 된다. 예컨대 인터넷쇼핑몰이 상품구입을 위해 제공받은 성명, E-Mail주소, 주소, 전화번호 등의 개인정보를 제3자에게 무단 제공한다든지, 개인정보가 무단 유출되어 범행의 대상선정에 이용된다든지 등의 경우이다.

3) 스팸메일

스팸메일은 이용자가 원하지 않는 상업적 광고메일이다. 대부분의 스팸메일은 뉴스그룹 등에서 무작위로 수집한 사람들의 전자우편 주소로 보내지고 있어, 이용자는 자신이 모르는 사이에 원하지 않는 메일을 받게 되는 것이다. 이것은 명백한 프라이버시의 침해이다.

4) 쿠 키

인터넷 웹사이트를 제공하는 많은 사업자는 사용자들로 하여금 개인 정보를 등록할 것을 요구하고 있는데 이러한 개인정보는 쿠키를 통해 유출될 위험성이 크다. 쿠키

(cookie)란 아주 작은(4k바이트 이하) 디지털 파일이다. 이 디지털 파일에는 방문한 웹사이트의 이름과 탐색한 곳, 보낸 사람의 이름, 패스워드, 신용카드번호 등의 정보가 담겨지게 되는데 다른 이가 그 컴퓨터에서 이 쿠키 파일을 뒤지게 되면 자신의 개인정보가 무방비 상태에서 유출되는 것이다.

쿠키에 대해 아는 사람일지라도 쿠키가 어떤 정보를 담고 있는지 알기는 거의 불가능하다. 쿠키의 값이 암호문처럼 문자나 숫자의 조합으로 돼 있기 때문이다. 웹지기나 광고업자들은 이러한 정보들을 축적해 나의 웹사용 특징을 알 수 있는 파일을 만든다. 이 파일정보는 일차적으로 웹 디자인과 광고의 개선을 위해 사용되지만 다른 기업이나 광고업체에 팔릴 가능성도 있다. 이렇게 팔린 나의 개인정보는 '타깃화'된 스팸메일 등에 이용돼 나를 괴롭힐 수 있다. 뿐만 아니라 반정부 단체의 사이트를 자주 방문하거나 이념관련 글들을 인터넷을 통해 읽는 인터넷 이용자들은 정보기관의 사찰대상이 될 수도 있다. 많은 학자들과 시민운동 단체들, 인터넷 사용자들은 쿠키가 이렇게 상업적 이해나 정치권력에 의해 잘못 이용될 수 있기 때문에 쿠키를 반대한다.

5) 전자우편의 검열

전자메일을 가능하게 하는 네트워크는 여러 장소에 산재해 있는 크고 작은 서버(server)들을 중심으로 이루어진다. 서버를 운용하는 데에는 비용과 기술의 문제가 개입되기 때문에 대부분의 경우 개개인은 전화선이나 인터넷 전용선을 통해 각 서버에 접속하는 방식으로 네트워크에 접근하여, 또 다른 여러 서버를 거쳐서 전자우편을 주고받는 등의 방식으로 통신 활동을 한다. 결과적으로 네트워크를 사용하기 위해서는 어쩔 수 없이 자신의 자취와 활동 내용을 각 서버를 통해 남길 수밖에 없는 것이다. 이 과정에서 각 서버에 남게 되는 개인 정보들의 보안 문제가 발생할 수 있다.

특히 기업내부의 시스템을 이용하여 전자우편을 사용하는 경우 시스템을 소유하고 있는 고용주는 시스템을 거쳐 간 모든 정보에의 접근이 가능하다. 즉 기업 내부에서 또는 외부로 오고간 모든 정보들의 감시가 가능한 것이다. 전자우편을 비롯한 디지털 정보는 수신 후 곧바로 삭제한다고 하더라도 내부 시스템 내에 저장되어 그대로 남아있을 수도 있다.

실제로 업무가 전산화된 기업에서 전자메일의 검열이 이루어지고 있을 가능성은 적지 않다. 하지만 이러한 검열을 통한 제재는 직접적이기 보다는 우회적이고 간접적으로 이루어지기 때문에 잘 드러나지 않는 경우가 많고 따라서 프라이버시권 침해로 인한 불이익에 대처하기도 매우 어려울 때가 많다.

5. 정보통신망 이용촉진 및 비밀보호 등에 관한 법률

1) 의 의

인터넷상에서 개인정보보호를 규정하는 가장 대표적인 법은 정보통신망 이용촉진 및 비밀보호 등에 관한법률이다. 이 법은 구 전산망 보급확장과 이용촉진에 관한 법률을 1998년 진면 개정하여 정보통신망 이용촉진 등에 관한 법률로 개칭하고, 1999년 5월 개인정보의 보호에 관한 규정(제16조 내지 제18조)을 도입하면서 전면 개정된 후, 2000년 정보통신망 이용촉진관련사항을 보완하는 한편, 정보통신서비스이용자의 개인정보보호제도를 강화하고 불건전정보로부터 청소년을 보호하기 위한 규정을 신설함에 따라 법률의 명칭을『정보통신망 이용촉진 및 정보보호 등에 관한 법률』로 개칭하였고, 이를 2011년 개정하였다.

2) 목 적

정보통신망의 이용을 촉진하고 정보통신서비스를 이용하는 자의 개인정보를 보호함과 아울러 정보통신망을 건전하고 안전하게 이용할 수 있는 환경을 조성함으로써 국민생활의 향상과 공공복리의 증진에 이바지함을 목적으로 한다.

즉, 개인정보의 수집 · 유출 · 오용 · 남용으로부터 사생활의 비밀 등을 보호함으로써 국민의 권리와 이익을 증진하고, 나아가 개인의 존엄과 가치를 구현하기 위하여 개인정보 처리에 관한 사항을 규정함을 목적으로 한다.

3) 기본원칙

① 개인정보처리자는 개인정보의 처리 목적을 명확하게 하여야 하고 그 목적에 필요한 범위에서 최소한의 개인정보만을 적법하고 정당하게 수집하여야 한다.

② 개인정보처리자는 개인정보의 처리 목적에 필요한 범위에서 적합하게 개인정보를 처리하여야 하며, 그 목적 외의 용도로 활용하여서는 아니 된다.

③ 개인정보처리자는 개인정보의 처리 목적에 필요한 범위에서 개인정보의 정확성, 완전성 및 최신성이 보장되도록 하여야 한다.

④ 개인정보처리자는 개인정보의 처리 방법 및 종류 등에 따라 정보주체의 권리가 침해받을 가능성과 그 위험 정도를 고려하여 개인정보를 안전하게 관리하여야 한다.

⑤ 개인정보처리자는 개인정보 처리방침 등 개인정보의 처리에 관한 사항을 공개하여야 하며, 열람청구권 등 정보주체의 권리를 보장하여야 한다.

⑥ 개인정보처리자는 정보주체의 사생활 침해를 최소화하는 방법으로 개인정보를 처리하여야 한다.

⑦ 개인정보처리자는 개인정보의 익명처리가 가능한 경우에는 익명에 의하여 처리될 수 있도록 하여야 한다.

⑧ 개인정보처리자는 이 법 및 관계 법령에서 규정하고 있는 책임과 의무를 준수하고 실천함으로써 정보주체의 신뢰를 얻기 위하여 노력하여야 한다.

4) 정보통신서비스제공자 및 이용자의 책무

① 국가와 지방자치단체는 개인정보의 목적 외 수집, 오용·남용 및 무분별한 감시·추적 등에 따른 폐해를 방지하여 인간의 존엄과 개인의 사생활 보호를 도모하기 위한 시책을 강구하여야 한다.

② 정보통신서비스제공자는 이용자의 개인정보를 보호하고 건전하고 안전한 정보통신서비스를 제공함으로써 이용자의 권익보호와 정보이용능력의 향상에 이바지하여야 한다.

③ 이용자는 건전한 정보사회가 정착되도록 노력하여야 한다.

5) 정보주체의 권리

(1) 개인정보의 처리에 관한 정보를 제공받을 권리

(2) 개인정보의 처리에 관한 동의 여부, 동의 범위 등을 선택하고 결정할 권리

(3) 개인정보의 처리 여부를 확인하고 개인정보에 대하여 열람(사본의 발급을 포함한다)을 요구할 권리

(4) 개인정보의 처리 정지, 정정·삭제 및 파기를 요구할 권리

(5) 개인정보의 처리로 인하여 발생한 피해를 신속하고 공정한 절차에 따라 구제받을 권리

6) 개인정보의 수집과 이용·제공 및 관리

(1) 수집의 범위

개인정보처리자는 다음의 어느 하나에 해당하는 경우에는 개인정보를 수집할 수 있으며 그 수집 목적의 범위에서 이용할 수 있다.

1. 정보주체의 동의를 받은 경우
2. 법률에 특별한 규정이 있거나 법령상 의무를 준수하기 위하여 불가피한 경우
3. 공공기관이 법령 등에서 정하는 소관 업무의 수행을 위하여 불가피한 경우

4. 정보주체와의 계약의 체결 및 이행을 위하여 불가피하게 필요한 경우
5. 정보주체 또는 그 법정대리인이 의사표시를 할 수 없는 상태에 있거나 주소불명 등으로 사전 동의를 받을 수 없는 경우로서 명백히 정보주체 또는 제3자의 급박한 생명, 신체, 재산의 이익을 위하여 필요하다고 인정되는 경우
6. 개인정보처리자의 정당한 이익을 달성하기 위하여 필요한 경우로서 명백하게 정보주체의 권리보다 우선하는 경우. 이 경우 개인정보처리자의 정당한 이익과 상당한 관련이 있고 합리적인 범위를 초과하지 아니하는 경우에 한한다.

개인정보처리자는 개인정보를 수집하는 경우에는 그 목적에 필요한 최소한의 개인정보를 수집하여야 한다. 이 경우 최소한의 개인정보 수집이라는 입증책임은 개인정보처리자가 부담한다. 또한 개인정보처리자는 정보주체가 필요한 최소한의 정보 외의 개인정보 수집에 동의하지 아니한다는 이유로 정보주체에게 재화 또는 서비스의 제공을 거부하여서는 아니 된다. 따라서 성명, 주소, 전화번호 등 계약의 성립(회원가입)과 이행(상품배송 및 대금결제)에 필요한 정보는 수집할 수 있으나, 직업, 수입이나 학력 등의 개인정보는 통상적인 서비스 제공에 필요하다고 볼 수 없으므로 수집하여서는 안 된다.

(2) 개인정보의 처리 제한

(ㄱ) 민감정보의 처리 제한

개인정보처리자는 사상・신념, 노동조합・정당의 가입・탈퇴, 정치적 견해, 건강, 성생활 등에 관한 정보, 그 밖에 정보주체의 사생활을 현저히 침해할 우려가 있는 개인정보(민감정보)를 처리하여서는 아니 된다. 다만, 다음의 어느 하나에 해당하는 경우에는 그러하지 아니하다.

1. 정보주체에게 개인정보의 처리에 대한 동의와 별도로 동의를 받은 경우
2. 법령에서 민감정보의 처리를 요구하거나 허용하는 경우

(ㄴ) 고유식별정보의 처리 제한

① 개인정보처리자는 다음의 경우를 제외하고는 법령에 따라 개인을 고유하게 구별하기 위하여 부여된 식별정보를 처리할 수 없다.

1. 정보주체에게 개인정보의 처리에 대한 동의와 별도로 동의를 받은 경우
2. 법령에서 구체적으로 고유식별정보의 처리를 요구하거나 허용하는 경우

② 개인정보처리자는 정보주체가 인터넷 홈페이지를 통하여 회원으로 가입할 경우 주민등록번호를 사용하지 아니하고도 회원으로 가입할 수 있는 방법을 제공하여야 한다.

③ 개인정보처리자가 고유식별정보를 처리하는 경우에는 그 고유식별정보가 분실·도난·유출·변조 또는 훼손되지 아니하도록 암호화 등 안전성 확보에 필요한 조치를 하여야 한다.

(3) 정보제공자의 동의

정보통신서비스제공자는 이용자의 개인정보를 수집하는 경우 당해 이용자의 동의를 받아야 한다. 또한 개인정보처리자는 동의를 받을 때 및 변경하는 경우에는 다음의 사항을 정보주체에게 알려야 한다.

1. 개인정보의 수집·이용 목적
2. 수집하려는 개인정보의 항목
3. 개인정보의 보유 및 이용 기간
4. 동의를 거부할 권리가 있다는 사실 및 동의 거부에 따른 불이익이 있는 경우에는 그 불이익의 내용

다만 ① 정보통신서비스의 제공에 관한 계약의 이행을 위하여 필요한 개인정보로서 경제적·기술적인 사유로 통상의 동의를 받는 것이 현저히 곤란한 경우, ② 정보통신서비스의 제공에 따른 요금정산을 위하여 필요한 경우 및 ③ 이 법 또는 다른 법률에 특별한 규정이 있는 경우에는 이용자의 동의 없이 개인정보를 수집할 수 있다. 여기서 "서비스 이용계약의 이행을 위하여" 수집되는 정보는 서비스 이용에 따라 통화내역, 요금내역, 접속정보 등 이용자가 서비스를 이용할 때마다 서비스제공자에게 수집되는 정보로 그때마다 이용자의 동의를 받게 하여서는 서비스 제공이 원활하게 이루어질 수 없고 이용자에게도 불편을 초래하므로 예외사항으로 규정하였다. 그러나 "서비스 이용계약의 이행을 위하여 필요한 경우"가 서비스제공자에 의해 자의적으로 해석될 경우 원활한 서비스제공이라는 명목 아래 이용자의 개인정보가 동의 없이 수집되는 방향으로 악용될 위험이 크기 때문에 예외의 범위를 좀 더 명확하게 규정하는 것이 필요하다.

또한 "서비스 제공에 따른 요금정산"을 위한 정보는 이용자가 서비스를 이용한 후 이용자가 이용한 서비스별 요금액, 이용자가 납부 또는 미납한 사실, 미납액 등에 관한 정보로 요금정산이 완료될 때까지 이용자의 동의 여부와 관계없이 수집할 수 있도록 하기 위하여 예외를 허용한 것이다.

(4) 개인정보의 제공

① 개인정보처리자는 다음의 경우에는 정보주체의 개인정보를 제3자에게 제공 및 공

유할 수 있다.

1. 정보주체의 동의를 받은 경우
2. 개인정보를 수집한 목적 범위에서 개인정보를 제공하는 경우

② 개인정보처리자는 동의를 받을 때 또는 변경하는 경우에는 다음의 사항을 정보주체에게 알려야 한다.

1. 개인정보를 제공받는 자
2. 개인정보를 제공받는 자의 개인정보 이용 목적
3. 제공하는 개인정보의 항목
4. 개인정보를 제공받는 자의 개인정보 보유 및 이용 기간
5. 동의를 거부할 권리가 있다는 사실 및 동의 거부에 따른 불이익이 있는 경우에는 그 불이익의 내용

③ 개인정보처리자가 개인정보를 국외의 제3자에게 제공할 때에는 제2항 각 호에 따른 사항을 정보주체에게 알리고 동의를 받아야 하며, 이 법을 위반하는 내용으로 개인정보의 국외 이전에 관한 계약을 체결하여서는 아니 된다.

(5) 개인정보 이용 · 제공의 제한

개인정보처리자는 다음의 경우에는 정보주체 또는 제3자의 이익을 부당하게 침해할 우려가 있을 때를 제외하고는 개인정보를 목적 외의 용도로 이용하거나 이를 제3자에게 제공할 수 있다.

1. 정보주체로부터 별도의 동의를 받은 경우
2. 다른 법률에 특별한 규정이 있는 경우
3. 정보주체 또는 그 법정대리인이 의사표시를 할 수 없는 상태에 있거나 주소불명 등으로 사전 동의를 받을 수 없는 경우로서 명백히 정보주체 또는 제3자의 급박한 생명, 신체, 재산의 이익을 위하여 필요하다고 인정되는 경우
4. 통계작성 및 학술연구 등의 목적을 위하여 필요한 경우로서 특정 개인을 알아볼 수 없는 형태로 개인정보를 제공하는 경우
5. 개인정보를 목적 외의 용도로 이용하거나 이를 제3자에게 제공하지 아니하면 다른 법률에서 정하는 소관 업무를 수행할 수 없는 경우로서 보호위원회의 심의 · 의결을 거친 경우(공공기관)
6. 조약, 그 밖의 국제협정의 이행을 위하여 외국정부 또는 국제기구에 제공하기 위하여 필요한 경우(공공기관)

7. 범죄의 수사와 공소의 제기 및 유지를 위하여 필요한 경우(공공기관)
8. 법원의 재판업무 수행을 위하여 필요한 경우(공공기관)
9. 형(刑) 및 감호, 보호처분의 집행을 위하여 필요한 경우(공공기관)

(6) 개인정보의 안전한 관리

(ㄱ) 안전조치의무 : 개인정보처리자는 개인정보가 분실 · 도난 · 유출 · 변조 또는 훼손되지 아니하도록 내부 관리계획 수립, 접속기록 보관 등 대통령령으로 정하는 바에 따라 안전성 확보에 필요한 기술적 · 관리적 및 물리적 조치를 하여야 한다.

(ㄴ) 개인정보 처리방침의 수립 및 공개

개인정보처리자는 다음의 개인정보의 처리 방침을 수립 및 공개하여야 한다.

1. 개인정보의 처리 목적
2. 개인정보의 처리 및 보유 기간
3. 개인정보의 제3자 제공에 관한 사항(해당되는 경우에만 정한다)
4. 개인정보처리의 위탁에 관한 사항(해당되는 경우에만 정한다)
5. 정보주체의 권리 · 의무 및 그 행사방법에 관한 사항
6. 그 밖에 개인정보의 처리에 관하여 대통령령으로 정한 사항

개인정보처리자가 개인정보 처리방침을 수립하거나 변경하는 경우에는 정보주체가 쉽게 확인할 수 있도록 공개하여야 하며, 개인정보 처리방침의 내용과 개인정보처리자와 정보주체 간에 체결한 계약의 내용이 다른 경우에는 정보주체에게 유리한 것을 적용한다.

(ㄷ) 개인정보 보호책임자의 지정 : 개인정보처리자는 개인정보의 처리에 관한 업무를 총괄해서 책임질 개인정보 보호책임자를 지정하여야 하며, 개인정보 보호책임자는 다음의 업무를 수행한다.

1. 개인정보 보호 계획의 수립 및 시행
2. 개인정보 처리 실태 및 관행의 정기적인 조사 및 개선
3. 개인정보 처리와 관련한 불만의 처리 및 피해 구제
4. 개인정보 유출 및 오용 · 남용 방지를 위한 내부통제시스템의 구축
5. 개인정보 보호 교육 계획의 수립 및 시행
6. 개인정보파일의 보호 및 관리 · 감독
7. 그 밖에 개인정보의 적절한 처리를 위하여 대통령령으로 정한 업무

(7) 개인정보의 정확성 확보

서비스제공자는 이용자의 개인정보를 정확하고 최신의 상태로 관리하여야 한다(정보내용 정확성의 원칙). 서비스제공자는 기록내용의 정기적 갱신이나 보존기간이 경과된 개인정보의 정기적 파기 등을 통하여 개인정보가 과거 또는 현재의 사실과 정확히 일치되도록 관리하여야 한다. 따라서 확인되지 아니한 루머를 기록해 두거나 사실 여부에 대하여 다툼이 있는 사항에 대하여 이해당사자의 의견을 첨부하지 아니하고 그대로 기록해 두거나 방치해 두어서는 아니 된다.

(8) 개인정보의 안전성 확보

개인정보처리자는 개인정보가 분실 · 도난 · 유출 · 변조 또는 훼손되지 아니하도록 내부 관리계획 수립, 접속기록 보관 등 대통령령으로 정하는 바에 따라 안전성 확보에 필요한 기술적 · 관리적 및 물리적 조치를 하여야 한다.

기술적 대책으로는 비밀번호 등을 이용한 보안장치, 백신프로그램을 이용한 컴퓨터 바이러스 방지장치, 암호알고리즘 등을 이용하여 네트워크 상의 개인정보를 안전하게 전송할 수 있는 보안장치, 침입차단시스템 등을 이용한 접근통제장치 등을 들 수 있다. 관리적 대책으로는 개인정보와 일반 데이터를 혼합하여 보관하는 것을 금지하거나, 장애발생시의 대체절차 등을 들 수 있다.

또한 이용자의 개인정보를 취급하거나 취급하였던 자는 직무상 알게 된 개인정보를 훼손 · 침해 또는 누설하여서는 안된다.

(9) 개인정보의 파기

개인정보처리자는 보유기간의 경과, 개인정보의 처리 목적 달성 등 그 개인정보가 불필요하게 되었을 때에는 지체 없이 그 개인정보를 파기하여야 한다. 다만, 다른 법령에 따라 보존하여야 하는 경우에는 그러하지 아니하다.

개인정보처리자가 개인정보를 파기할 때에는 복구 또는 재생되지 아니하도록 조치하여야 하며, 개인정보처리자가 개인정보를 파기하지 아니하고 보존하여야 하는 경우에는 해당 개인정보 또는 개인정보파일을 다른 개인정보와 분리하여서 저장 · 관리하여야 한다.

7) 공개 및 책임

(1) 개인정보취급방침의 수립 및 공개

개인정보처리자는 다음 각 호의 사항이 포함된 개인정보의 처리 방침을 정하여야 한다. 이 경우 공공기관은 제32조에 따라 등록대상이 되는 개인정보파일에 대하여 개인정보 처리방침을 정한다.

1. 개인정보의 처리 목적
2. 개인정보의 처리 및 보유 기간
3. 개인정보의 제3자 제공에 관한 사항(해당되는 경우에만 정한다)
4. 개인정보처리의 위탁에 관한 사항(해당되는 경우에만 정한다)
5. 정보주체의 권리 · 의무 및 그 행사방법에 관한 사항
6. 그 밖에 개인정보의 처리에 관하여 대통령령으로 정한 사항

또한 개인정보처리자가 개인정보 처리방침을 수립하거나 변경하는 경우에는 정보주체가 쉽게 확인할 수 있도록 대통령령으로 정하는 방법에 따라 공개하여야 한다.

(2) 개인정보 관리책임자의 지정 및 책임

개인정보처리자는 개인정보의 처리에 관한 업무를 총괄해서 책임질 개인정보 보호책임자를 지정하여야 한다. 이는 OECD의 책임의 원칙에 해당하는 것으로 개인정보관리 관리책임자에게 개인정보보호를 위한 기술적 · 관리적 조치에 대한 책임을 부과하고 있다.

8) 이용자의 권리

(1) 동의의 철회

개인정보의 이용 및 제공에 대해 이용자의 동의를 얻었다고 하더라도 이용자의 의사가 변하는 경우도 있기 때문에 이용자는 자신의 개인정보의 이용 및 제공에 대한 동의를 철회할 수 있어야 한다. 서비스제공자는 이용자가 방문하거나 전자서명 또는 이용자 ID 등을 이용하여 동의를 철회하는 경우 본인 여부를 확인하고 지체 없이 해당 개인정보를 삭제하여야 하며, 더 이상 해당 개인정보를 이용 및 제공하여서는 아니된다.

(2) 열람 및 정정 요구

개인정보의 침해를 효과적으로 방지하기 위해서는 이용자 스스로 자신의 정보에 대하여 적극적인 통제권을 행사하는 것이 바람직하다. 정보보호법은 이용자가 자신의 정

보에 대한 우려를 가진 경우 그 정보에 대해 스스로 확인하는 것을 가능하게 하기 위해 이용자의 열람 및 정정 요구권을 규정하고 있다. 특히 인터넷 홈페이지를 운영하는 서비스제공자는 이용자가 인터넷 홈페이지에서 자신의 개인정보에 대한 열람 또는 정정을 쉽게 수행할 수 있도록 「등록사항 열람 및 변경」 등과 같은 난을 설정하는 등 필요한 조치를 취하여야 한다. 또한 동의의 철회 또는 개인정보의 열람·제공 또는 오류의 정정을 요구하는 방법을 개인정보의 수집 방법보다 쉽게 하여야 한다.

9) 법정대리인의 권리

정보통신서비스제공자가 만 14세 미만의 아동으로부터 개인정보를 수집하거나 이용 또는 제3자에게 제공하고자 하는 경우에는 그 법정대리인의 동의를 얻어야 한다. 이 경우 정보통신서비스제공자는 그 아동에게 법정대리인의 동의를 얻기 위하여 필요한 법정대리인의 성명 등 최소한의 정보를 요구할 수 있다.

법정대리인은 동의를 철회할 수 있으며, 당해 아동이 제공한 개인정보에 대한 열람 또는 오류의 정정을 요구할 수 있다.

10) 손해배상

정보주체는 개인정보처리자가 이 법을 위반한 행위로 손해를 입으면 개인정보처리자에게 손해배상을 청구할 수 있다. 이 경우 그 개인정보처리자는 고의 또는 과실이 없음을 입증하지 아니하면 책임을 면할 수 없다.

다만 개인정보처리자가 이 법에 따른 의무를 준수하고 상당한 주의와 감독을 게을리하지 아니한 경우에는 개인정보의 분실·도난·유출·변조 또는 훼손으로 인한 손해배상책임을 감경 받을 수 있다.

11) 청소년의 보호

(1) 청소년 보호를 위한 시책의 마련

정보통신부장관은 정보통신망을 통하여 유통되는 음란·폭력정보 등의 유해한 정보로부터 청소년을 보호하기 위하여, (1) 내용선별소프트웨어의 개발 및 보급, (2) 청소년 보호를 위한 기술의 개발 및 보급, (3) 청소년 보호를 위한 교육 및 홍보 등의 시책을 마련하여야 한다.

(2) 청소년유해매체물의 표시 및 광고 금지

일반에게 공개를 목적으로 정보를 제공하는 자 중 청소년 유해 매체물을 제공하고자 하는 자는 당해 정보가 청소년 유해 매체물임을 표시하여야 하며, 청소년 유해 매체물을 광고하는 내용의 정보를 전자우편 · 전화 · 모사전송 그 밖의 매체를 이용하여 청소년에게 전송하여서는 아니 된다.

(3) 청소년 유해 매체물

① 심의결정에 의한 청소년 유해 매체물

청소년보호위원회가 청소년에게 유해한 것으로 결정하거나 확인하여 고시한 매체물 또는 각 심의기관이 청소년에게 유해한 것으로 의결 또는 결정하거나, 청소년에게 유해하다고 확인하여 청소년보호위원회가 고시한 매체물을 청소년유해매체물이라 한다.

② 청소년 유해 매체물로 간주되는 매체물

매체물의 제작 · 발행자, 유통행위자 또는 매체물과 관련된 단체가 자율적으로 청소년유해표시 또는 포장을 한 매체물은 청소년보호위원회 또는 각 심의기관의 최종결정이 있을 때까지 청소년유해매체물로 본다.

12) 정보의 삭제요청

정보통신망을 통하여 일반에게 공개를 목적으로 제공된 정보로 인하여 사생활의 침해 또는 명예훼손 등 타인의 권리가 침해된 경우 그 침해를 받은 자는 해당 정보를 취급한 정보통신서비스제공자에게 침해사실을 소명하여 당해 정보의 삭제 또는 반박내용의 게재를 요청할 수 있다.

정보통신서비스제공자는 당해 정보의 삭제 등의 요청을 받은 때에는 지체 없이 삭제, 임시조치 등의 필요한 조치를 취하고 이를 즉시 신청인 및 정보 게재자에게 통지하여야 한다. 이 경우 정보통신서비스제공자는 필요한 조치를 한 사실을 해당 게시판에 공지하는 등의 방법으로 이용자가 알 수 있도록 하여야 한다.

정보통신서비스제공자는 자신이 운영 · 관리하는 정보통신망에 청소년 유해 매체물의 표지방법을 준수하지 아니하는 청소년유해매체물이 게재되어 있거나 청소년 접근을 제한하는 조치 없이 청소년 유해 매체물을 광고하는 내용이 전시되어 있는 경우에는 지체 없이 이를 삭제하여야 한다.

정보통신서비스제공자는 정보의 삭제 요청에도 불구하고 권리의 침해 여부를 판단하기 어렵거나 이해당사자 간에 다툼이 예상되는 경우에는 해당 정보에 대한 접근을 임시적으로 차단하는 조치를 할 수 있다. 이 경우 임시조치의 기간은 30일 이내로 한다.

정보통신서비스제공자는 필요한 조치에 관하여 그 내용·절차 등을 포함하여 미리 약관에 명시하여야 하며, 자신이 운영·관리하는 정보통신망에 유통되는 정보에 대하여 제2항의 규정에 따른 필요한 조치를 한 경우에는 이로 인한 배상책임을 줄이거나 면제받을 수 있다.

13) 정보통신망 침해행위 등의 금지

누구든지 정당한 접근권한 없이 또는 허용된 접근권한을 초과하여 정보통신망에 침입하여서는 아니 되며, 정당한 사유 없이 정보통신시스템, 데이터 또는 프로그램 등을 훼손·멸실·변경·위조 또는 그 운용을 방해할 수 있는 프로그램(악성프로그램)을 전달 또는 유포하여서는 아니 된다.

또한, 정보통신망 의 안정적 운영을 방해할 목적으로 대량의 신호 또는 데이터를 보내거나 부정한 명령을 처리하도록 하는 등의 방법으로 정보통신망에 장애를 발생하게 할 수 없다.

14) 비밀 등의 보호

누구든지 정보통신망에 의하여 처리·보관 또는 전송되는 타인의 정보를 훼손하거나 타인의 비밀을 침해·도용 또는 누설하여서는 아니 된다.

15) 영리목적의 광고성 정보전송의 제한

누구든지 수신자의 명시적인 수신거부의사에 반하는 영리목적의 광고성 정보를 전송하여서는 아니 된다.

영리목적의 광고성 정보를 전자우편·전화·모사전송 그 밖의 매체를 이용하여 전송하는 자는, (1) 전송정보의 유형 및 주요내용, (2) 전송자의 명칭 및 연락처, (3) 전자우편주소를 수집한 출처, (4) 수신거부의 의사표시를 쉽게 할 수 있는 조치 및 방법에 관한 사항을 광고성 정보에 명시하여야 한다.

전화 그 밖의 매체를 이용하여 음성으로 영리목적의 광고성 정보를 전송하는 자는 수신자가 쉽게 알 수 있도록 해당 음성 정보가 시작되는 때에 광고성 정보임을 먼저 밝혀야 한다.

영리목적으로 광고성 정보를 전송하는 자는 수신자의 수신거부를 회피하거나 방해할 목적으로 기술적 조치를 하여서는 아니 되며, 수신자가 수신거부를 할 때 발생하는 전화요금 그 밖의 금전적 비용을 수신자가 부담하지 아니하도록 필요한 조치를 하여야 한다. 또한, 누구든지 숫자・부호 또는 문자를 조합하여 전화번호・전자우편주소 등 수신자의 연락처를 자동으로 생성하는 프로그램 그 밖의 기술적 장치를 이용하여 영리목적의 광고성 정보를 전송하여서는 아니 된다.

16) 전자우편주소의 무단 수집행위 등 금지

누구든지 전자우편주소의 수집을 거부하는 의사가 명시된 인터넷 홈페이지에서 자동으로 전자우편주소를 수집하는 프로그램 그 밖의 기술적 장치를 이용하여 전자우편주소를 수집하여서는 아니되며, 위법하게 수집된 전자우편주소를 판매・유통하여서는 아니된다. 또한, 수집・판매 및 유통이 금지된 전자우편주소임을 알고 이를 정보전송에 이용하여서도 안 된다.

Ⅳ. 사이버범죄

1. 친구들과 함께 홈페이지를 만들면서 "좀 튀어보자"며 음란영상물을 띄운 A양과 홈페이지 관리자 B양은 사이버범죄 담당 수사관들의 순찰(검색)에 적발된 것이다.
2. 모회사의 회사원 C씨(50)는 동료 사원의 ID로 유료 성인 에로물을 한번 봤다가 느닷없이 이용료를 청구 받은 동료 사원이 경찰에 신고하면서 들통이 나버렸다.

이들은 어떤 처벌을 받을까?

1. 해킹과 바이러스 유포행위

1) 해킹과 크래킹

정보사회에서 해킹은 가장 널리 알려진 단어 가운데 하나이다. 해킹은 10대 소년들의 호기심어린 장난부터 시작하여 기업의 영업비밀의 침해 그리고 크게는 국가의 방위시스템의 파괴 등 정보사회를 위협하는 가장 광범위하고 또 보편적인 위법행위이다.

그런데 다른 한편 해킹을 전문으로 하는 해커들 사이에서는 해킹(hacking)과 크래킹(cracking)을 구별해야 한다고 주장도 있다. 그들은 해킹은 불순한 목적이 없는 행위로서, 컴퓨터 실력을 연마하는 차원에서 상호 게임처럼 이루어지는 것으로 컴퓨터기술의 발전을 위해서 보장되어야 하며, 만약 불법적인 목적으로 남에게 피해를 주는 경우가 있다면 그것은 해킹이 아니라 크래킹으로 불러야 한다고 한다. 이러한 주장을 하는 해커들은 인터넷의 정신을 자유와 개방 및 공유의 이념이라고 하면서 서로의 경계를 자유롭게 넘나들고, 그럼으로써 정보의 보편화와 지식의 대중화를 이루어야 한다고 주장하기도 한다.

따라서 이들은 악의의 목적이 없는 헤킹은 직어도 형사법적으로 처벌되는 범죄로 규정되어서는 안 된다고 주장한다. 하지만 현행법상 이들의 주장은 수용될 수 없다. 비록 무해한 해킹이라고 하여도 비밀장치, 즉 고유한 아이디와 패스워드를 입력하는 경우에만 접근이 가능한 컴퓨터 혹은 네트워크에 해킹을 해 들어갔다면 그것으로 범법행위가 성립한다. 즉 해킹은 정보사회의 건전한 정착을 위해 필수불가결한 보안과 신뢰의 과제에 비추어 위험한 행위로서, 설사 악의적인 행위가 없었다고 하여도 비밀침해라는 사실 자체에서 이미 범죄성이 인정되는 것이다.

2) 단순해킹

단순해킹의 경우 그것이 어떤 법조에 의하여 규율될 것인가 하는 문제는 논란이 있다. 우선 형법에서는 “봉함 기타 비밀장치한 사람이 편지 · 도서 · 도화 또는 전자기록 등 특수매체기록을 기술적 수단을 이용하여 그 내용을 알아낸 경우”를 비밀침해죄로 처벌하도록 되어 있는데(제316조 제2항)(한편 행정관청 등 공공기관에 침투하는 경우는 형법 제140조 제3항의 공무상 비밀표시 무효죄로 보다 무겁게 처벌된다), 이 조항은 “내용을 알아낸 경우”를 구성요건으로 하고 있다. 따라서 단순히 비밀접속의 프로그램을 시험 삼아 가동하여 다른 시스템에 접근해 본 것에 불과한 경우는 과연 형법적으로 처벌될 수 있겠는가라는 의문이 있다. 형법학자들의 의견은 나뉘고 있지만, 대체로 부정적인 쪽이 우세하다.

그러나 그렇다고 하여도 그러한 행위가 모두 무죄라고 하는 것은 아니다. 우선 현행법상 정보통신서비스제공자(ISP)의 시스템에 침투한 경우에는 형법이 아닌 다른 제재의 법규가 마련되어 있기 때문이다. 즉 정보통신망이용촉진 및 정보보호 등에 관한 법률 제45조 제1항에서 “정보통신서비스제공자는 정보통신망의 안정성 및 정보의 신뢰성을 확보하기 위한 보호조치를 강구하여야 한다”고, 또 제48조 제1항에서 “누구든지 정당한 접근권한 없이 또는 허용된 접근권한을 초과하여 정보통신망에 침입하여서는 아니된다”고 규정하고, 이어서 제63조에서 “3년 이하의 징역 또는 3천만원 이하의 벌금에 처한다"는 처벌규정을 두고 있다. 따라서 이제 비록 형법상의 비밀침해죄는 아니라고 하여도, 모든 해킹을 처벌할 수 있는 법적 장치가 마련되었다고 할 수 있다.

그러나 주의할 것은 위와 같은 비밀침해죄는 보호조치가 되어 있는 시스템의 경우에만 적용된다는 것이다. 그래서 만약에 시스템에 접속되어 있는 상태에서 자리를 비웠거나 혹은 공용으로 쓰는 전산실에서 자신의 사이트에 들어가 작업을 하거나, 웹메일(web mail) 서버에 접속하여 편지함을 확인하다가 로그아웃하지 않고 그냥 자리를 떠서, 타인이 와서 그 시스템에 있는 정보를 탐지하였다고 하여도 이는 비밀침해죄가 되지는 않는다. 현실적 공간에의 주거침입죄의 경우에는 문이 열려 있든 닫혀 있든 관계없이 주인의 의사에 반하여 주거에 무단침입하면 처벌될 수 있지만, 컴퓨터상의 비밀침해죄는 그와 다르다는 점에 주의할 필요가 있다.

나아가 정보가 수록된 전산시스템 내의 보호조치뿐 아니라 유통의 안전을 위한 보호조치의 보호도 또한 필요하다. 왜냐하면 해킹의 방법에는 전술한 바와 같은 전산망의 침투행위를 필연적으로 전제하지 않아도 Packet Sniffering(패킷 스니퍼링 : 전산망에 침투하지 않은 채 네트워크상의 데이터 흐름을 모니터하는 프로그램을 설치하여 전산망에 접속하는 이용자의 ID와 비밀번호를 가로채는 것)과 같은 행위도 있기 때문입니다. 이에 대해서도 역시 형법상으로는 처벌규정이 마땅하지 않으나, 정보통신망이용촉진및정보보호등에관한법률 제49조의 "누구든지 정보통신망에 의하여 처리·보관 또는 전송되는 타인의 정보를 훼손하거나 타인의 비밀을 침해·도용 또는 누설하여서는 아니된다"는 규정과 제62조의 "5년 이하의 징역 또는 5천만원 이하의 벌금에 처한다"는 벌칙규정에 의해 에 의하여 처벌될 수 있다.

3) 악의적 해킹

악의적 해킹이란 타인의 시스템에 침입하여 타인의 시스템의 정보를 변경하거나 혹은 바이러스 등을 심어 놓아 시스템을 망가뜨리는 경우를 말한다. 우리 형법은 그러한 행위들을 예상하여 처벌의 규정을 두고 있다. 이러한 것들은 정보의 위작(僞作)·변작(變作), 업무방해 그리고 컴퓨터손괴(損壞)의 관점에서 규정되어 있다.

먼저 개인적인 목적이나 이익을 위하여 타인의 컴퓨터의 정보들을 변경시키거나 새로운 정보를 입력하는 경우에는 형법 제232조의2의 사(私)전자기록위작·변작의 죄로 처벌된다(한편 그것이 행정관청 등 공공기관의 경우라면 법 제227조의2 공(公)전자기록 위작·변작의 죄로 가중처벌 된다). 그런데 이것은 "타인의 사무처리를 그르치게 할 목적으로"라는 구성요건이 있어야 하기 때문에, 사무 처리를 그르치게 할 목적이 없이 단순히 해킹의 흔적을 나타내고자 하는 생각에서 파일들을 변경하였는데, 결과적으로 사무처리에 장애가 발생한 경우에는 이 조항으로 처벌되지는 않는다.

하지만 그렇다고 그러한 행위가 무죄인 것은 아니다. 우선 다른 것을 접어두고라도 타인의 시스템에 몰래 침투하여 들어가 파일의 정보를 변경하였다면 비밀침해죄에 해당할 수 있고, 나아가 정보의 변작·위작의 죄는 면한다고 하여도 그와 별개로 규정되어 있는 업무방해죄의 책임은 면키 어려울 것이다. 비록 타인의 사무처리를 그르치게 할 목적이 없었다고 해도, 부정한 명령을 입력하거나 기타의 다른 방법으로 정보처리에 장애를 발생케 하여 결과적으로 타인의 업무를 방해하였다면, 이는 형법 제314조 제2항의 업무방해죄로 처벌되는 것이다.

나아가 내용적 부정조작에 그치는 것이 아니라 컴퓨터의 하드웨어 자체를 손상시키거나 컴퓨터의 효용을 저하시키는 행위를 하였다면 이는 형법 제366조의 재물손괴죄의 일부인 컴퓨터 손괴죄로도 처벌된다. 물론 부정조작이라는 하나의 행위로 업무방해의 결과와 컴퓨터손괴의 결과가 동시에 이루어졌다면, 그 가운데 보다 무거운 형벌로 처벌된다.

또 다른 악질적인 해킹의 유형은 해킹해 들어와 정보를 부정조작하거나 개인정보를 빼내어 범죄(사기)를 저지르는 경우이다. 예를 들면, 피싱(Phishing : 보안이 취약한 웹서버에 은행이나 쇼핑몰 등 가짜 홈페이지를 개설, 불특정 다수의 개인정보를 빼내는 금융범죄)과 같이 개인의 ID, 비밀번호 등의 개인정보를 가지고 금융범죄에 이용하는 것을 말한다. 이렇게 "컴퓨터 등 정보처리장치에 허위의 정보 또는 부정한 명령을 입력하여 정보처리를 하게 함으로써 재산상의 이익을 취득하거나 제3자로 하여금 취득하게 한 자"는 형법 제347조의2에 규정된 컴퓨터 사기죄로 처벌될 수 있다.

4) 컴퓨터 바이러스와 폭탄 메일

해킹과 반드시 결부되는 것은 아니지만, 중요한 컴퓨터 범죄에 바이러스 유포행위와 폭탄메일의 문제가 있다.

바이러스 유포행위는 크게 두 가지 유형이 있을 수 있다. 그 하나는 타인의 컴퓨터에 침입하든가 혹은 E-mail을 송신하여 다른 시스템에 바이러스 프로그램을 전염시키는 경우이고, 다른 하나는 자신의 사이트에 바이러스를 심어놓고, 타인이 접속해 오면 비로소 그 컴퓨터에도 전염이 되게 해 놓은 경우이다. 전자의 경우에는 이미 앞서 살펴 본

바와 같이 업무방해, 컴퓨터손괴 등의 죄로 처벌될 수 있다. 그러나 후자의 경우에는 그러한 범죄의 구성요건에 해당한다고 단정하기가 어렵다. 왜냐하면 여기에서는 행위자가 타인의 컴퓨터에 직접 바이러스 프로그램을 설치한 것은 아니므로, 업무방해 및 컴퓨터 손괴죄의 구성요건을 만족할 만한 적극적인 행위가 없었다고도 볼 수 있기 때문이다.

그러나 정보통신망이용촉진및정보보호등에관한법률의 제48조 제2항의 "누구든지 정당한 사유없이 정보통신시스템, 데이터 또는 프로그램 등을 훼손·멸실·변경·위조 또는 그 운용을 방해할 수 있는 프로그램("악성프로그램")을 전달 또는 유포하여서는 아니된다"는 규정과 제62조의 규정에 의해 5년 이하의 징역 또는 5천만원 이하의 벌금의 처벌을 받을 수 있다. 따라서 이제 바이러스를 직접 감염시키는 행위만이 아니라 단지 웹 사이트에 올려놓아 유포되도록 하는 행위도 또한 처벌될 수 있는 것이다.

그리고 마찬가지로 이른바 메일 폭탄(mail-bomb)에 의한 시스템의 공격도 지금까지는 처벌규정이 마땅치 않았었다. 왜냐하면 메일을 보내는 것은 정상적인 인터넷작용으로서 자료의 부정조작이나 허위의 정보로 업무방해를 하였다고 보기 어렵기 때문이다. 그러나 이제 정보통신망이용촉진및정보보호등에관한법률 제48조 제3항의 "누구든지 정보통신망의 안정적 운영을 방해할 목적으로 대량의 신호 또는 데이터를 보내거나 부정한 명령을 처리하도록 하는 등의 방법으로 정보통신망에 장애를 발생하게 하여서는 아니된다"는 규정과 제62조의 규정에 의해 5년 이하의 징역 또는 5천만원 이하의 벌금의 처벌을 받을 수 있다.

2. 인터넷 음란성의 문제

1) 인터넷과 음란물

우선 음란물에 대한 법적 규제의 대표적 조항은 형법 제243조의 음란물 반포 등의 죄로서 동 조항은 "음란한 문서, 도화, 필름 기타 물건을 반포, 판매 도는 임대하거나 공연히 전시 또는 상연"하는 행위를 처벌하고 있다. 그런데 이 조항의 음란물은 "물체"를 조건으로 하는 것이다. 따라서 예컨대 인터넷 등을 이용한 음란 CD 등의 판매 등은 이 조항으로 처벌할 수 있다. 그러나 온라인상으로 구현되고 컴퓨터 네트워크를 통하여 전송되는 디지털 파일의 경우, 그것을 과연 "물체"의 개념에 넣을 수 있는지 생각해 볼 필요가 있다. 파일은 "물체"라는 매체가 없이, 바로 정보 즉 내용 자체이기 때문이다. 물론 법익침해와 보호이익은 같다고 할 수 있더라도, 형법의 발동은 신중해야 하는 것이다. 왜냐하면 형법은 범죄의 척결을 일차적 과제로 하고 있지만, 죄형법정주의의 정신처럼 형벌의 남용과 통제를 또 하나의 주요한 과제로 삼기 때문이다. 그에 따라 우리 대법원도 컴퓨터 파일의 경우에는 형법 제243조의 음란물에 해당하는 것은 아니라고 판시하고 있다. 즉 포르노 사진이나 동영상을 제공하는 웹 사이트는 위의 형법 조항으로는 처벌하기 어렵게 되는 것이다.

그러나 그렇다고 그리한 포르노사이트가 허용되는 것은 아니다. 정보통신망이용촉진및정보보호등에관한법률 제65조의 규정에 의해 "정보통신망을 통하여 음란한 부호·문언·음향·화상 또는 영상을 배포·판매·임대하거나 공연히 전시한 자"는 1년 이하의 징역 또는 1천만원 이하의 벌금에 처벌될 수 있다.

물론 이 경우 음란성의 기준이 어떻게 되는가하는 문제는 여전히 남는다. 이에 관하여 아직 대법원이 일반 서적이라든가 영화 등에 대하여 제시한 기준이 그대로 유효하다고 볼 수 있다. 대법원은 성 개방의 시대에도 불구하고 성적 도의관념에 반하여 수치심을 야기하는 노골적인 성행위 묘사라면 그 자체로 금하고 있다. 이것에 관해서는 개인의 자율성 그리고 표현의 자유 및 예술의 자유 등과 관련하여 많은 논란이 있지만, 현재로서는 성기가 노출되는 성교장면을 적나라하게 보이게 되면 범법적인 음란성의 판정을 면키 어려울 것이다. 나아가 폭력적인 성행위, 아동 등의 성학대 등의 파일은 당연히 범죄행위가 될 것이다. 그리고 그것은 전파가능성이 있는 한, 모든 방문자에 개방하거나 아니면 가입된 회원에게만 개방하거나 관계없이 모두 위법적인 것이다.

그러나 음란성의 판정은 반드시 획일적으로 이루어지는 것은 아니다. 특히 그 수용자가 누구인가, 즉 청소년인가 성인인가에 따라 법적 규제가 달라질 수 있는 것이다. 청소년보호법에서도 음란물을 청소년 유해 매체물로 규정하고 있는데, 이 법에서의 음란성의 기준과 형법 및 기타 특별법의 음란성의 기준은 좀 다르게 보아야 할 것이다. 따라서 성인회원제로 운용하는 사이트인 경우, 단순한 성행위를 묘사하거나 노골적인 성적 자극을 담은 것이라면 정보통신망이용촉진및정보보호등에관한법률로 처벌할 수 없을 것이나, 청소년들에게도 개방되거나 혹은 청소년이 성인임을 가장하여 회원으로 가입한 것을 알고도 방치한 경우라면 청소년보호법으로 처벌될 것이다. 또한 정보통신망이용촉진및정보보호등에관한법률은 제5장에서, 정보통신망을 통하여 유통되는 음란·폭력정보 등의 유해한 정보로부터 청소년을 보호하기 위하여 청소년유해매체물의 표시(제42조)와 청소년유해매체물의 광고를 금지(제42조의 2)하고 있으며, 이것에 위반한 경우에는 2년 이하의 징역 또는 1천만원 이하의 벌금에 처한다는 처벌규정을 두고 있다(제64조).

2) 음란물의 송신

음란물을 상대방에게 E-mail 등으로 전달하는 경우에는 성폭력범죄의처벌및피해자보호등에관한법률(“성폭력특별법”) 제14조의 통신매체이용음란죄로 처벌될 수 있다. 그 구성요건은 “자기 또는 다른 사람의 성적 욕망을 유발하거나 만족시킬 목적으로 컴퓨터 등 통신매체를 통하여 성적 수치심이나 혐오감을 일으키는 말이나 도화 등을 상대방에게 도달하게 한 자”이다. 위의 조항에는 다음을 주의하여야 할 것이다.

위의 조항에는 “음란”이라는 단어가 들어있지 않고, 또한 특정인에게 전달되는 것이라는 점을 감안하면, 그 처벌의 기준은 앞의 음란성의 개념보다는 보다 엄격하게 해석되어야 할 것이다. 따라서 비록 전달하는 남성의 입장에서는 일반적으로 음란하다고 여겨지지 않는다고 해도(예컨대 여성의 나체사진), 그것이 성욕의 자극을 목적으로 하고 있고, 그 메일을 받는 여성이 성적 수치심이나 혐오감을 느낀다면, 그것은 곧 통신매체이용음란죄가 성립한다고 보아야 할 것이다. 그러나 이 조항은 친고죄이므로 피해자가 고소하지 않는 이상 형사소추 되지는 않는다.

3. 인터넷을 통한 성매매와 청소년 성매매(원조교제)

법률적으로 윤락행위는 불특정인으로 부터 금전 및 기타 재산상의 이익을 수수 또는 약속하거나 기타 영리의 목적으로 성행위를 하는 것으로 정의되고 있다. 그러나 매춘행위는 매우 음성적이고 상대방과의 밀약에 의해 개인 의사행위가 수반되기 때문에 법적 처벌이 어렵다. 최근 인터넷 보급률이 높아지면서 청소년 성범죄인 원조교제가 사이버 공간, 핸드폰 문자 등을 통해 발생하고 있다. 또한 인터넷 상에서 게시 글 등을 이용하여 원조교제를 원하는 사람들과 윤락여성들을 연결하는 인터넷 포주 형태의 사이버 보도방, 기업형 매매춘이 증가하고 있으며 여기에 많은 청소년들이 개입되고 있다. 이는 청소년들이 부적절한 방법을 통하여 물질적 풍요를 충족시키려는 현상으로서 매우 위험한 상황이다.

사실 원조교제는 일종의 윤락행위로서 인터넷법과 직접 관련되는 것은 아니다. 즉 원조교제에 대한 법적 규제에 관하여 정보사회에 특유한 어떤 특별법이 있는 것은 아닌 것이다. 따라서 일반적으로는 윤락행위등방지법과 성매매방지 및 피해자보호 등에 관한 법률에 의해 규율되고, 19세 미만의 청소년의 경우에는 청소년의 성보호에 관한법률(청소년성보호법)이 우선적으로 적용된다.

현행 윤락행위등방지법과 성매매방지 및 피해자보호 등에 관한 법률은 윤락행위자와 그 상대방 모두를 처벌할 수 있도록 규정하고 있으므로, 원조교제의 경우도 원칙적으로 쌍방이 모두 형사적으로 처벌될 수 있다. 그러나 원조교제의 청소년의 경우는 보통은 형사소추하지 않고 있다. 그리고 형사소추하더라도 소년사건으로 처리되어 형벌이 아니라 보호처분을 받게 될 것이다. 그러나 원조교제의 상대방은 일반 윤락행위보다도 가중된 처벌을 받는다. 즉 청소년성보호법 제5조의 규정에 따라 3년 이하의 징역 혹은 2천만원 이하의 벌금형을 받게 된다.

여기에서 주의할 것은, 청소년이라 함은 성별을 가리지 않고 남녀 모두 포함된다는 점, 청소년의 성을 사고파는 행위라고 할 때 이것은 반드시 성기에 의한 성교를 요건으로 하는 것은 아니라는 점이다. 그리고 12세 이하의 어린이와 원조교제를 하는 경우에는, 이것은 윤락의 차원이 아니라 강간으로서 5년 이상의 징역이라는 중형으로 처벌된다는 점이다.

원조교제에 관한 정보사회의 법적 과제는 아마도 채팅 등의 서비스를 제공하는 인터넷 사업체가 과연 어떻게 되는가 하는 문제일 것이다. 윤락행위등방지법과 성매매방지 및 피해자보호 등에 관한 법률도 그렇고 청소년성보호법에서도 그 알선·중개행위를 처벌하고 있기 때문이다. 따라서 채팅에서 원조교제를 목적으로 하는 대화방을 만들거나 혹은 원조교제의 희망자와 요청자들을 상호 연결해 주었다면 이는 범법행위가 될 수 있다. 따라서 그것을 영리를 목적으로 하였든 그렇지 않든, 혹은 일회적으로 하였든 반복적으로 하였든 상관없이 처벌될 수 있다. 그러나 단지 일반적인 채팅서비스만을 제공하는 데, 그것을 사용자들이 원조교제의 기회로 이용한 경우에 채팅서비스 제공자는 처벌될 수 없는 것이다.

다음에 청소년성보호법에서는 신상공개라는 특별한 제재의 유형을 규정하고 있다. 즉 원조교제의 상대자 혹은 원조교제를 알선, 중개한 자 등에 대하여는 성명, 연령, 직업 등의 신상과 범죄사실의 요지를 공개할 수 있도록 하고 있다. 다만 죄를 범한 자가 청소년인 경우 그리고 원조교제의 당사자인 청소년의 신상은 공개할 수 없도록 하고 있다.

4. 사이버 스토킹과 명예훼손

스토킹은 상대방이 싫어하는데도 불구하고 계속하여 쫓아다니거나, 또 반복적으로 연락을 하여 두려움을 야기하거나 생활에 방해를 초래하는 범법행위를 말한다. 그런데 인터넷 시대가 되면서 그러한 스토킹이 보다 수월해지고 또 새로운 유형의 사이버스토킹이 대두하게 되었다.

우선 일반적으로 성적인 그림이나 내용을 담은 E-mail을 지속적으로 보내 상대방을 괴롭히는 경우에는 앞에서 본 성폭력특별법의 통신매체이용음란죄로 처벌될 수 있다. 그런데 지속적으로 E-mail 등을 보내긴 하지만 성적인 내용이 아닌 경우에는 그 법률로는 규제할 수 없을 것이다. 종래에는 이러한 행위에 대해서는 형사법적으로는 근거규정이 없어서 민사상의 손해배상의 법리로 처리될 수밖에 없었다. 그러나 정보통신이용망촉진및정보보호등에관한법률의 규정에 의해 "정보통신망을 통하여 공포심이나 불안감을 유발하는 말, 음향, 글, 화상 또는 영상을 반복적으로 상대방에게 도달하게 한 자"는 1년 이하의 징역 또는 1천만원 이하의 벌금에 해당하는 처벌을 받게 되었다.

사이버스토킹에서 최근 특히 문제가 되는 것은 앙심을 품고 다른 이의 이름을 성인음란사이트 게시판 같은 곳에 올려놓아 영문도 모른 채 다수의 사람들로부터 음란한 메일 등에 시달리도록 만드는 경우이다. 이러한 행위를 우선 성폭력특별법의 통신매체이용음란죄로 처벌할 수 있을지 생각해 볼 수 있으나, 그것은 쉽지가 않다. 왜냐하면, 우선 직접적으로 음란물을 송신한 것이 아니라 그렇게 하게끔 만든 것이라고 할 때, 그것은 범죄의 정범(正犯)이 아니라 그것을 사주한 교사범(教唆犯)이나 타인을 도구로 이용하는 간접정범(間接正犯)에 해당하는데, 예컨대 게시판에 성교 파트너를 구한다는 글을 올려 상대방이 음란한 메일을 받게 하는 것이 피교사자 혹은 피이용자를 직접적으로 사주한 것으로 보기에는 어려워서 교사범 혹은 간접정범의 구성 요건을 충족할 것인가가 확실치 않기 때문이다. 다음으로 피해자에게 음란한 내용의 메일을 직접 보내는 행위를 한 이들도 처벌하기 어려울 것이다. 다른 범죄도 마찬가지이지만 통신매체이용음란죄가 성립하기 위해서는 범죄의 고의가 있어야 하는데, 이 경우 그 행위자는 피해자가 음란한 내용을 원하는 것으로 생각하고 그에 답한다는 의도로서 그런 메일을 보낸 것이므로 고의가 성립하기 쉽지 않을 것이기 때문이다.

그러나, 이 문제에 대해 최근에 서울지방법원에서 그러한 사건을 명예훼손죄의 문제로 다룬 사안(이모씨는 1999년 12월 경쟁회사에서 이중으로 근무한 사실이 적발되어 퇴사 당하자, 2000년 2월 회사사장인 김씨의 인적사항을 이용하여 성인전용 웹 사이트에 회원으로 가입한 후, 게시판에 김씨의 ID로 성교 상대방을 구하는 음란한 내용과 함께 김씨의 연락처를 게재하여, 김씨가 남모르는 이들로부터 봉변을 당하였다)이 있다. 법원은 이것을 "허위의 사실을 적시하여 사람의 명예를 훼손하였다"는 것으로 보아 유죄 판결을 하였다. 법원은 이것을 음란성의 문제 이전에 피해자에 대한 심각한 명예훼손으로 본 것이다. 따라서 피해자가 실제로 그로 인해 음란한 메일을 받았는가의 여부를 떠나서, 성인 음란사이트의 게시판에 다른 사람이 피해자의 이름으로 성교파트너를 구한다는 내용을 올리고 피해자의 연락처를 남겨 놓았다면 그 자체로 명예훼손의 범죄행위가 되는 것이다. 정보통신망이용촉진및정보보호등에관한법률은 제61조 제1항에서 "사람을 비방할 목적으로 정보통신망을 통하여 공연히 사실을 적시하여 타인의 명예를 훼손한 자는 3년 이하의 징역이나 금고 또는 2천만원 이하의 벌금에 처한다"는 규정과, 제2항에서 "사람을 비방할 목적으로 정보통신망을 통하여 공연히 허위의 사실을 적시하여 타인의 명예를 훼손한 자는 7년 이하의 징역, 10년 이하의 자격정지 또는 5천만원 이하의 벌금에 처한다"는 규정을 두고 있다. 명예훼손죄는 피해자의 명시한 의사에 반하여 공소를 제기할 수 없는 반의사불벌죄이다.

5. 인터넷사기

인터넷사기(Internet Fraud, 사이버사기 또는 통신판매사기)는 정보통신망을 이용하여 이용자들에게 물품이나 용역을 제공할 것처럼 속이는 메시지를 보내 금품을 부정하게 취득하는 사기행위의 한 유형을 말한다.

인터넷사기는 그 범죄의 유형에 따라 개별 법률에서 적용되는 법규가 별도로 마련되어 있다. 일반적으로 인터넷사기 역시 사기의 한 유형이므로, 사람을 속여서 재물의 교부를 받거나 재산상의 이익을 취득하거나 제3자로 하여금 재물의 교부를 받게 하거나 재산상의 이익을 취득하게 함으로써 성립하는 형법상 '단순사기죄(형법 제347조)'가 적용될 수 있다.

그러나 우리 형법은 컴퓨터 등 정보처리장치에 허위의 정보 또는 부정한 명령을 입력하거나 권한없이 정보를 입력/변경하여 정보처리를 하게 함으로써 재산상의 이익을 취득하거나 제3자로 하여금 취득하게 한 경우에 '컴퓨터등사용사기죄(형법 제347조의2; 1995년 신설 및 2001년 부분개정)'를 두어 처벌하고 있으므로 인터넷사기에 대해서는 위 조항이 주요하게 적용가능한 규정이라 할 수 있다.

1) '컴퓨터 등 정보처리장치'는 일반적으로 "자동적으로 계산 또는 정보를 저장, 변경, 처리할 수 있는 장치", "자동적으로 정보를 처리하는 일체의 기계" 등으로 정의될 수 있으며 주컴퓨터뿐만 아니라 네트워크 시스템에서의 단말기 및 은행의 현금자동지급기도 포함된다.

2) '허위의 정보를 입력'한다는 것은 진실에 반하는 정보를 입력하는 것으로서, 입금

되지 않았는데도 은행컴퓨터에 허위의 입금데이터를 입력하는 것과 같이 사실관계에 반하는 정보를 입력하는 것을 말한다. 여기서 정보라 함은 자연인 또는 법인이 특정목적을 위하여 광 또는 전자적 방식으로 처리하여 부호 · 문자 · 음성 · 음향 및 영상 등으로 표현한 모든 종류의 자료 또는 지식을 말한다.

3) '부정한 명령을 입력'한다는 것은 객관적으로 정당하지 않은 명령을 입력하는 것이다. 즉, 사무처리시스템에 예정된 사무처리 목적에 비추어 지시 또는 처리해서는 안 될 내용을 입력하는 것을 말하는 것으로, 예를 들어, 예금을 인출해도 예금이 감소되지 않도록 프로그램을 조작하는 경우 등이 있다.

4) '권한 없이 정보를 입력 · 변경'한다는 것은 허위의 정보나 부정한 명령을 입력하는 것이 아니고 진실한 정보와 정당한 명령을 입력하는 것이지만, 권한이 없이 정보를 입력 · 변경하는 것을 말한다. 예를 들어, 타인의 현금카드를 절취하고 비밀번호를 알아내어 현금자동지급기에서 일정금액의 현금을 인출하는 경우, 인출에 대한 명령과 비밀번호를 입력하는 것 자체는 허위의 정보나 부정한 명령을 입력하는 것이라고 할 수 없다.

Ⅴ. 인터넷과 저작권

1. 연예인들의 사진을 자신의 인터넷 홈페이지에서 정보로 제공하는 경우 저작권법상 어떠한 문제가 있는가?
2. 인터넷상에서 신문기사를 제공하는 신문사 홈페이지의 온라인 신문기사를 분야별로 복제하여 자신의 홈페이지에 이용했다면, 저작권 침해에 해당되는가?
3. 국제적으로 유명한 예술 작품을 직접 사진으로 촬영하거나. 컴퓨터상에 떠다니는 명화들을 다운로드하여 인터넷을 통해 정보로 제공하려고 한다. 누구의 허락이 필요한 사항인가?
4. 인터넷상의 음악 사이트 운영자가 음악저작물에 관한 웹페이지 또는 음원서비스의 각종 창 내지 화면 등에 적정한 방법으로 작사 · 작곡가의 성명을 표시하지 아니한 경우 어떠한 문제가 있는가?
5. 신문사나 광고주 등의 허락을 받지 않고 신문이나 잡지의 사원모집 광고 또는 경품광고를 모아서 통신상에서 정보제공 하는 것은 저작권 침해가 되는가?

1. 저작권의 의의

정보화사회란 한 사회를 구성하는 정치, 경제, 문화 등의 모든 분야에서 정보의 역할이 증대되어 물질 중심에서 정보와 지식 중심으로 전환된 사회를 의미한다.

컴퓨터 기술과 통신 기술의 급속한 발전으로 정보 통신은 학술이나 사업 활동뿐만 아니라 일반 생활에 있어서도 필수 불가결한 존재로 변하고 있다. 특히 세계 각국이 경쟁적으로 추진하고 있는 초고속통신망이 구축됨에 따라 정보화 시대가 도래되어, 앞으로는 많은 정보가 이러한 통신망을 통해 공급, 전달, 소비될 것이고 그러한 정보의 상당한 부분은 저작권법의 보호 대상이 될 것이다.

초기 저작권(copyright)은 Copyright란 의미 그대로 복사할 권리(right to copy), 즉 복사권을 의미하였다. 그러나 통신 및 기술의 발전과 더불어 방송권, 영화 판권 등이 이에 포함되었으며, 새로운 이용방법의 발달과 더불어 대여권이 저작권의 내용으로 논의되기에 이르렀다. 이렇듯 저작권은 사이버스페이스의 등장과 더불어 확장일로에 있으며 새로운 해석과 개념정립이 요구되고 있는 권리인 것이다.

과거 녹음기, 녹화기, 복사기가 출현하였을 때 저작권법의 환경이 근본적으로 변화할 것으로 기대되었지만 이들 경우에는 아날로그 방식을 이용하고 있기 때문에 원본과 복사본의 질적인 차이가 있었고, 비용이나 시간 그리고 복사의 편의성에서 많은 차이가 있었기 때문에 실제로 저작권법에 그다지 영향을 주지 못했다.

그러나 최근에 등장한 인터넷과 같은 정보 통신매체들은 과거의 기술 진보와는 비교할 수 없는 특징을 가지고 있다. 기존의 복사기를 이용한 것과 달리 저작물의 복사본이 원본과 100% 동일하여 이를 인터넷으로 전세계에 텍스트뿐만 아니라 화상, 음성까지 전송할 수 있다. 특히 최근의 기술발전은 정보의 이동이 지리적 한계를 갖지 않으며 거래 비용의 문제도 거의 무시할 정도가 되었다. 이는 정보 중심의 사회로 가는 견인차 역할을 하고 있는 통신 및 기술의 발전으로 가능해진 것이다. 그러나 통신기술의 발달은 소프트웨어의 불법복제 등으로 인한 창작의욕 및 산업 발전에 부정적인 영향을 주는 요인으로도 작용하고 있다. 최근 들어 정보화 사회로 나아가면서 지적재산권의 개념은 정보 자체를 보호대상으로 하기 위해 본질적인 면까지 바꾸면서 정보재산권으로 발전하고 있다. 이러한 정보통신의 발전으로 인해 저작권법은 과거와 다른 환경 속에서 여러 가지 도전을 받고 있고 따라서 적극적으로 변화시켜 나가야 할 필요성이 있다.

2. 저작권의 기초

1) 저작권의 보호대상

(1) 저작자의 이익보호
(2) 저작인접권자의 이익보호
(3) 이용자의 공정한 이용의 도모
(4) 문화발전

2) 저작물의 의의

(1) 정의 : 문화, 학술 또는 예술의 범위에 속하는 창작물

(2) 저작물의 예시

① 소설 · 시 · 논문 · 강연 · 연술 · 각본 그 밖의 어문저작물
② 음악저작물
③ 연극 및 무용 · 무언극 등을 포함하는 연극저작물
④ 회화 · 서예 · 조각 · 공예 · 응용미술저작물 그 밖의 미술저작물
⑤ 건축물 · 건축을 위한 모형 및 설계도서를 포함하는 건축저작물
⑥ 사진 및 이와 유사한 제작방법으로 작성된 것을 포함하는 사진저작물
⑦ 영상저작물
⑧ 지도 · 도표 · 설계도 · 약도 · 모형 그 밖의 도형저작물
⑨ 컴퓨터프로그램저작물

3) 기타 저작물

(1) 2차적 저작물 : 원저작물을 번역 · 편곡 · 변형 · 각색 · 영상제작 그 밖의 방법으로 작성한 창작물은 독자적인 저작물로서 보호된다.

(2) 편집저작물 : 편집물(논문 · 수치 · 도형 기타 자료의 집합물로서 이를 정보처리장치를 이용하여 검색할 수 있도록 체계적으로 구성한 것을 포함한다)로서 그 소재의 선택 또는 배열이 창작성이 있는 것(이하 "편집저작물"이라 한다)은 독자적인 저작물로서 보호된다.

4) 보호받지 못하는 저작물

(1) 헌법, 법률, 조약, 명령, 조례 및 규칙

(2) 국가 또는 지방자치단체의 고시, 공고, 훈령 그 밖의 이와 유사한 것

(3) 법원의 판결 · 결정 · 명령 및 심판이나 행정심판절차 그 밖의 이와 유사한 절차에 의한 의결, 결정 등

(4) 국가 또는 지방자치단체가 작성한 것으로서 상기에 규정된 것의 편집물 또는 번역물

(5) 사실의 전달에 불과한 시사보도

(6) 공개한 법정 · 국회 또는 지방의회에서의 연술

5) 저작권의 종류

(1) 저작인격권 : 저작 인격권이란 정신적인 노력의 산물로 만들어 낸 저작물에 대해 저작자가 인격적으로 갖는 권리를 말한다. 저작인격권은 다른 사람에게 양도되거나 상속되지 않는, 저작자에게만 인정되는 권리이다.

① **공표권**－저작물을 공표할 것인지 말 것인지, 공표를 한다면 언제 어떤 방법으로 공표할 것인지를 결정할 수 있는 권리를 말한다.

② **성명표시권**－저작물을 공표할 때 어떤 이름(실명 또는 가명 등)으로 표시를 할 것인지, 아니면 이름을 아예 표시하지 않을 것인지를 결정할 수 있는 권리를 말한다.

③ **동일성유지권**－저작물을 원형 그대로 보존하고, 허락 없이 다른 사람에 의해 변경, 삭제 등이 되지 않도록 할 권리를 말한다.

(2) 저작재산권 : 저작재산권이란 저작자가 자신이 만든 저작물을 다양한 방식으로 이용함으로써 재산적 이익을 얻을 수 있는 권리를 말한다. 저작재산권은 다른 사람에게 양도하거나 상속될 수도 있는 권리이다.

① **복제권**－저작물을 인쇄, 복사하거나 사진을 찍거나 또는 음악 CD의 곡을 MP3 파일로 변환하는 것과 같은 행위를 할 수 있는 권리를 말한다.

② **공연권**－여러 사람들 앞에서 저작물을 연주하거나 상영하거나 또는 가창을 하는 등의 방법으로 공개할 수 있는 권리를 말한다. 여기에는 녹음기나 녹화기를 통해 재생하는 것도 포함된다.

③ **공중송신권**－여러 사람들이 저작물을 수신하거나 접근할 수 있도록 송신하거나 이용할 수 있도록 제공하는 것과 관련된 권리이다. 공중송신에는 여러 사람들이 동시에 수신할 수 있도록 음이나 영상을 송신하는 방송(예 : 라디오방송, TV방송), 여러 사람들

이 각자 원하는 시간과 장소에서 저작물을 접근할 수 있도록 하는 전송(예 : 미니홈피, 블로그 등에 저작물을 업로드하고 다운로드 받는 행위), 여러 사람들의 요청에 의해서 시작되는 디지털방식의 음을 송신하는 디지털음성송신(예 : 인터넷방송, 인터넷음악방송 등)이 포함된다.

④ 전시권 – 미술 작품, 사진 그리고 건축물과 같은 저작물의 원본이나 복제물을 전시할 수 있는 권리를 말한다.

⑤ 배포권 – 저작물의 원본이나 복제물을 여러 사람들에게 나눠 주거나 빌려 주는 것을 할 수 있는 권리를 말한다.

(3) 2차적 저작물

① 작성권 – 원래 있던 저작물을 번역, 편곡, 변형, 각색하거나 영상으로 제작하는 등의 방법으로 이용할 수 있는 권리를 말한다. 외국 서적을 번역하거나 고전 음악을 현대식으로 바꾸거나 또는 서설을 영화로 만드는 등의 이용을 할 수 있는 권리이다.

② 대여권 – 판매용 음반과 판매용 컴퓨터 프로그램에 대해서만 인정되는 권리이다. 원래 저작물에 대하여는 최초 판매의 원칙이 적용되기 때문에 예를 들어, 한번 판매된 책은 저작권자의 허락이 없어도 그 책을 다시 다른 사람에게 빌려 주거나 판매하는 등의 배포를 자유롭게 할 수 있다. 하지만, 음반이나 컴퓨터 프로그램은 한번 판매된 것이라 해도 저작권자의 허락을 얻지 않으면 영리를 목적으로 빌려주는 행위를 할 수 없다. 즉, 음반에 실린 노래나 컴퓨터 프로그램의 저작권자에게는 그러한 영리적인 대여를 금지하거나 허락할 수 있는 대여권이 있다. 이에 비해 만화책이나 영화 비디오를 대여점에서 저작권자의 허락이 없이 대여할 수 있는 것은 만화나 영화의 저작권자에게는 대여권이 인정되지 않기 때문에 가능한 것이다.

6) 지적 재산권의 제한

(1) 재판절차 등에서의 복제 : 재판절차를 위하여 필요한 경우이거나 입법 · 행정의 목적을 위한 내부자료로서 필요한 경우에는 그 한도 안에서 저작물을 복제할 수 있다. 다만, 그 저작물의 종류와 복제의 부수 및 형태 등에 비추어 저작재산권자의 이익을 부당하게 침해하는 경우에는 그러하지 아니하다.

(2) 학교교육목적 등에의 이용 : 고등학교 및 이에 준하는 학교 이하의 학교의 교육목적상 필요한 교과용 도서에는 공표된 저작물을 게재할 수 있다.

(3) 시사보도를 위한 이용 : 방송 · 신문 그 밖의 방법에 의하여 시사보도를 하는 경우

에 있어서 그 과정에서 보이거나 들리는 저작물은 보도를 위한 정당한 범위 안에서 복제·배포·공연·방송 또는 전송할 수 있다.

(4) 공표된 저작물의 인용 : 공표된 저작물은 보도·비평·교육·연구 등을 위하여는 정당한 범위 안에서 공정한 관행에 합치되게 이를 인용할 수 있다.

(5) 영리를 목적으로 하지 아니하는 공연·방송 : 영리를 목적으로 하지 아니하고 또한 청중이나 관중 또는 제3자로부터 어떤 명목으로든지 반대급부를 받지 아니하는 경우에는 공표된 저작물을 공연 또는 방송할 수 있다.

(6) 사적 이용을 위한 복제 : 공표된 저작물을 영리를 목적으로 하지 아니하고 개인적으로 이용하거나 가정 및 이에 준하는 한정된 범위 안에서 이용하는 경우에는 그 이용자는 이를 복제할 수 있다. 다만, 일반공중의 사용에 제공하기 위하여 설치된 복구기기에 의한 복제는 그러하지 아니하다.

(7) 도서관 등에서의 복제 등

① 조사·연구를 목적으로 하는 이용자의 요구에 따라 공표된 도서 등의 일부분의 복제물을 1인 1부에 한하여 제공하는 경우

② 도서관 등이 자료의 자체보존을 위하여 필요한 경우

③ 다른 도서관 등의 요구에 따라 절판 그 밖에 이에 준하는 사유로 구하기 어려운 저작물의 복제물을 보존용으로 제공하는 경우

④ 도서관 등은 컴퓨터 등 정보처리능력을 가진 장치를 통하여 당해 시설과 다른 도서관 등에서 이용자가 도서 등을 열람할 수 있도록 이를 복제·전송할 수 있다. 이 경우 도서관 등은 이 법에 의하여 보호되는 권리를 위하여 필요한 조치를 해야 한다.

(8) 시험문제로서의 복제 : 학교의 입학시험 그 밖의 학식 및 기능에 관한 시험 또는 검정을 위하여 필요한 경우 정당한 범위 안에서 공표된 저작물을 복제할 수 있다. 다만, 영리를 목적으로 하는 경우에는 그러하지 아니하다.

(9) 점자에 의한 복제·배포 : 공표된 저작물은 앞을 못보는 사람을 위하여 점자로 복제·배포할 수 있으며, 앞을 못보는 사람의 복리증진을 목적으로 하는 시설에서는 공표된 저작물을 녹음할 수 있다.

(10) 방송사업자의 일시적 녹음·녹화 : 방송사업자는 저작물을 스스로의 방송을 위하여 자체수단으로 녹음 또는 녹화할 수 있다.

(11) 미술저작물 등의 전시 또는 복제 : 미술저작물 등의 원작품의 소유자나 그의 동의

를 얻은 자는 그 저작물을 원작품에 의하여 전시할 수 있다. 다만, 가로 · 공원 · 건축물의 외벽 그 밖의 일반 공중에게 개방된 장소에 항시 전시하는 경우에는 그 저작권자의 허락을 받아야 한다.

7) 저작인접권

(1) 정 의 : 실연자, 음반제작자 및 방송사업자에게 부여되는 저작권에 유사한 권리

(2) 실연자의 권리

① 복제권
② 실연방송권
③ 판매용 음반의 방송사용에 대한 보상금 청구권
④ 음반의 대여허락

(3) 음반저작자의 권리

① 복제, 배포권
② 음반의 대여허락
③ 방송사용에 대한 보상금청구권

(4) 방송사업자의 권리

① 복제권
② 동시방송중계권

8) 저작권의 보호기간

(1) 원 칙

① 저작재산권은 이 절에 특별한 규정이 있는 경우를 제외하고는 저작자의 생존하는 동안과 사망 후 50년간 존속한다.

② 저작자가 사망 후 40년이 경과하고 50년이 되기 전에 공표된 저작물의 저작재산권은 공표된 때부터 10년간 존속한다.

③ 공동저작물의 저작재산권은 맨 마지막으로 사망한 저작자의 사망 후 50년간 존속한다.

(2) 무명 또는 이명 저작물의 보호기간 : 무명 또는 널리 알려지지 아니한 이명이 표시된 저작물의 저작재산권은 공표된 때부터 50년간 존속한다. 다만, 이 기간 내에 저작자가 사망한 지 50년이 경과하였다고 인정할 만한 정당한 사유가 발생한 경우에는 그 저

작재산권은 저작자 사망 후 50년이 경과하였다고 인정되는 때에 소멸한 것으로 본다. 다만, 다만 그 기간 내에 저작자의 실명 또는 널리 알려진 이명이 밝혀진 경우나 저작자의 실명등록이 있는 경우에는 이를 적용하지 않는다.

(3) 단체명의저작물의 보호기간 : 단체명의저작물의 저작재산권은 공표한 때부터 50년간 존속한다. 다만, 창작한 때부터 50년 이내에 공표되지 아니한 경우에는 창작한 때부터 50년간 존속한다.

(4) 계속적 간행물 등의 공표시기

① 공표시기는 책·호 또는 회 등으로 공표하는 저작물에 있어서는 매책·매호 또는 매회 등의 공표시로 하고, 일부분씩 순차적으로 공표하여 완성하는 저작물에 있어서는 최종부분의 공표시로 한다.

② 일부분씩 순차적으로 공표하여 전부를 완성하는 저작물의 계속되어야 할 부분이 최근의 공표시기부터 3년이 경과되어도 공표되지 아니하는 경우에는 이미 공표된 맨 뒤의 부분을 제1항의 규정에 의한 최종부분으로 본다.

(5) 영상저작물의 보호기간 : 영상저작물의 저작재산권은 공표한 때부터 50년간 존속한다. 다만, 창작한 때부터 50년 이내에 공표되지 아니한 경우에는 창작한 때부터 50년간 존속한다.

(6) 보호기간의 기산 : 저작재산권의 보호기간을 계산함에 있어서는 저작자가 사망하거나 저작물을 창작 또는 공표한 다음해부터 기산한다.

9) 저작권의 등록

(1) 등록사항

① 저작자 또는 저작재산권자의 성명·이명(공표 당시에 이명을 사용한 경우에 한한다)·국적·주소 또는 거소

② 저작물의 제호·종류·창작연월일

③ 공표의 여부 및 맨처음 공표된 국가·공표연월일

(2) 추정적 효력

① 저작자 또는 저작재산권자로 성명이 등록된 자는 그 등록저작물의 저작자 또는 저작재산권자로 추정

② 창작연월일 또는 맨처음의 공표연월일이 등록된 저작물은 등록된 연월일에 창작

또는 맨처음 공표된 것으로 추정

③ 등록되어 있는 저작권 · 출판권 또는 저작인접권을 침해한 자는 그 침해행위에 과실이 있는 것으로 추정한다.

(3) 제3자에 대한 대항력

① 저작재산권의 양도(상속 기타 일반승계의 경우를 제외한다) 또는 처분제한

② 저작재산권을 목적으로 하는 질권의 설정 · 이전 · 변경 · 소멸 또는 처분제한

3. 정보화 사회와 저작권법의 재검토

1) 복제 배포 등 법적 개념의 수정

우리 저작권법은 복제를 "인쇄 사진 복사 녹음 녹화 그 밖의 방법에 의하여 유형물을 다시 복제하는 것"(저작권법 제2조 22호) 이라고 정의하고 있다. 이러한 복제의 개념과 관련하여 소위 훑어보는(browse)행위를 복제의 개념에 포함시킬 것인가 아니면 포함시키지 말 것인가가 문제가 되고 있다. 이렇게 훑어보는 행위를 복제로 보고 이를 저작물의 사용으로 인정하는 입장에서는 일반적으로 훑어보는 것만으로도 저작물의 이용이라고 할 수 있으며, 순간적이기는 하지만 RAM상에 저장되었다가 사라지기 때문에 복제물이 있었다고 인정되었다. 더욱이 통신 프로그램의 갈무리(capture)기능이 발달된 지금의 기술 상태에서는 훑어보는 것인지 갈무리를 하고 있는지 알기 어렵다는 것이다. 이와 반대의 입장을 주장하는 사람들은 훑어보는 정보가 RAM상에 남아 있는 시간은 극히 순간이기 때문에 이를 복제라고 인정하는 것은 불가능하며 이렇게 훑어보는 것을 허용해야만 정보고속도로에서 유통되는 정보의 종류와 대강의 내용을 파악할 수 있고, 따라서 정보의 유통에도 도움이 된다고 주장하고 있다. 그 밖에 '배포권'이나 '출판'의 개념에 무형적인 '전송'(transmission)을 포함시켜야 한다는 소리도 있다.

2) 저작인격권의 완화

쌍방향성을 특징으로 하는 정보통신을 통하여 제공되는 각종의 정보와 자료는 아주 간편하게 편집 · 가공 · 변형할 수 있다. 이처럼 정보통신을 통하여 전달받은 저작물 또는 정보를 이용자가 이중, 삼중으로 편집 · 가공할 수 있게 됨에 따라 현행 저작권법이 인정하고 있는 저작인격권에서 특히 동일성유지권(저작자는 그 저작물의 내용 · 형식 · 제호의 동일성을 유지할 권리를 가진다(저작권법 제13조 제1항))의 침해 가능성이 현저

히 증가하게 되었다. 따라서 새로운 환경 변화와 관계없이 여전히 동일성유지권을 엄격하게 적용하게 될 경우 저작물의 원활한 유통과 이용의 촉진 및 정보 사회로의 전진이라는 시대적 조류에 역행하는 결과를 초래할 수 있으므로 동일성유지권의 완화는 어느 정도 불가피한 것으로 보인다.

3) 저작자 보호를 위한 기술적 방안

정보시대의 특징은 지적재산권의 침해가 훨씬 쉬워지는 반면에 그 적발이나 구제는 어렵다는 점이다. 이러한 침해 방지 기술을 무력화하는 기술이 재빨리 개발되고 있어 그야말로 모순의 악순환을 거듭하고 있다. 이러한 상황에서 지적재산권의 침해를 방지하고 이를 적발하는 기술을 보호하지 않는다면 저작의 의욕이 떨어지게 되고 지적재산권의 유통도 저해될 것임이 분명하다. 그리고 현재 저작자를 보호하기 위한 기술적 수단으로 논의되고 있는 방법으로는 첫째, 복제금지장치의 개발, 둘째, 정보유통을 위한 복제의 허용 및 신용카드, 선불카드 또는 은행의 VAN(Value Added Network; 부가가치 통신망)을 이용한 사용료의 결제 등이 있다.

4) 시스템 관리자의 책임

정보통신 하에서 저작권 침해가 이루어지는 경우, 그 해악은 치명적이라고 해도 과언이 아니다. 가령 특정인의 논문을 저작권자의 허락없이 인터넷에 올리는 경우 그 논문은 순식간에 걷잡을 수 없는 속도와 규모로 유통되고, 이로 인하여 원저작자는 엄청난 피해를 입을 수 있다. 이러한 이유로 정보 환경 하에서는 저작권 침해에 대하여 더욱 엄격한 기준을 적용해야 한다는 주장이 제기되고 있다. 침해자는 물론 이러한 장을 제공한 정보통신회사, 사설게시판 서비스 제공자, 자료 게재의 심사권이 있는 시스템관리자에 대하여 책임을 물어야 한다는 것이다.

이처럼 정보통신의 발전과 인터넷의 급격한 확산으로 인해 저작권에 많은 문제점이 대두되고 있다. 또한 인터넷을 이용한 저작물 유통량의 증가 및 유통 방법의 변화로 저작권법 상의 기존 개념들이 더 이상 적합하지 않게 되었다. 따라서 정보사회에 맞도록 기존의 저작권 개념을 획기적으로 수정하는 내용으로 저작권법을 개정할 필요가 있다.

4. 사이버스페이스와 저작권

1) 홈페이지와 저작권

홈페이지(Homepage)와 관련된 저작권의 문제는 소재와 관련된 저작권 문제와 소재의 편집 또는 배치와 관련한 저작권 문제로 나뉜다. 홈페이지 소재와 관련된 저작권 문제는 유명한 그림, 도안, 음악, 사진 등 타인의 저작물이나 초상을 사용함으로 발생하는 저작권 문제이다. 홈페이지 그 자체의 저작권 문제는 소재를 편집, 배치하는 홈페이지 배열행위 그 자체의 저작권 문제를 말하는 것이다.

저작권법 제16조에서는 편집물로서 그 소재의 선택 또는 배열에 있어서 창의성이 있는 것은 그 자체로서 저작권이 보호된다고 하였다. 따라서 홈페이지에 사용된 소재와 함께 소재들의 배치 문제로 인해 저작권, 저작인접권, 초상권 등의 권리문제가 발생할 수 있다.

그러나 홈페이지 저작권은 사실 애매모호한 부분이 있다. 또한 완전 도용이냐, 부분 도용이냐, 상업성을 갖느냐 그렇지 않느냐에 대해서도 문제가 달라질 수 있다. 완전도용은 법에서까지 제한을 하므로 도용한다면 법적으로도 문제가 될 수 있으나, 부분도용의 경우는 저작권자와 사용자의 주장이 상충될 가능성이 높기 때문에 이를 가리는 것은 상당히 까다로운 문제이다.

도용이라고 하더라도 그것이 비상업적일 때는 별문제가 되지 않으나, 반대로 상업적인 목적의 홈페이지라면 저작권법에 저촉될 수 있다.

2) 링크와 저작권

링크(Link)에는 하이퍼텍스트에 의하여 연결시키는 링크와 미디어 링크라는 두 가지 유형이 있다. 하이퍼텍스트 링크란 검색프로그램으로 웹 사용자를 동일한 사이트나 다른 종류의 사이트의 특정 페이지로 이동시켜주는 것이고, 미디어 링크란 이용자를 이동시켜주는 것이 아니라 이미지, 텍스트, 음성 클립 등을 가져오도록 검색프로그램에 지시하는 것이다.

링크의 저작권문제는 아직 국내외적으로 확립된 이론이 없으나, 법률 해석의 일반론으로 들어가 판단하여 볼 때에 일단 홈페이지를 인터넷상에 공개하는 것은 묵시적으로 링크를 허락하는 것으로 볼 수 있으므로 링크가부에 대한 아무런 언급이 없는 경우에는 링크를 할 수 있다고 보아도 좋다.

그러나 링크하고자 하는 상대편의 홈페이지에서 링크에 대한 제한규정을 두고 있다면 그에 따라야 한다. 예를 들어 먼저 허락을 받아야만 링크를 할 수 있도록 규정하고 있다면 사전허락없이 링크를 한 경우 문제가 될 수 있으며, 상업적 목적의 홈페이지로 링크를 금지한다든가 하는 규정이 있는 경우 상업적 목적의 링크는 금지된다.

그리고 아무런 링크제한 규정이 없는 경우도 이를 상업적으로 이용하는 홈페이지로 링크를 하는 것이 가능한가의 문제가 있다. 일반적으로 홈페이지를 인터넷상에 공개하는 경우에 자신의 홈페이지를 허락없이 상업적으로 이용하는 것까지 포함한다고 보기는 어려우므로 일단 명시적인 규정이 없는 경우 홈페이지 저작권자의 허락없이 상업적으로 링크할 수는 없다고 보인다.

한편, 링크하는 것만으로 저작권법상의 "복제"가 행해진다고 볼 수 있는가의 문제도 최근 들어 논의가 활발하게 이루어지고 있는 쟁점이다. 링크하는 것만으로 복제행위가 실제로 일어나지는 않으나, 단지 마우스를 클릭하는 것만으로 타인의 저작물인 홈페이지가 로딩된다는 점에서 단순히 종이로 된 책자에 인터넷주소가 찍혀 있는 것과는 달리 취급될 필요성이 있다는 의견이 강력하게 대두되고 있으며 저작권자의 허락을 받아야 할 경우임에도 허락없이 링크하는 경우 저작권침해로 보는 의견이 있다.

특히 미국의 저작권법상 인정되는 대리침해와 기여책임 이론에 의하면 직접 저작권을 침해하지 않더라도 저작권침해행위로 경제적 이익을 얻거나 침해행위에 기여하는 행위를 하는 경우에도 저작권침해로 보게된다.

최근에 많이 등장하는 검색엔진 등과 같이 개인이 의도적으로 링크하는 경우가 아니라 로봇에이전트에 의하여 수집된 웹페이지들이 검색엔진상에 출력되는 페이지에 링크되는 경우, 그 검색엔진서비스가 서비스 이용시에 유료로 운영되는 것이라면 역시 저작권문제가 일어날 가능성이 있으며, 서비스 자체는 무료이용이 가능하나 웹광고를 이용해 수익을 올리는 경우까지 저작권침해로 보기는 어려울 것으로 보인다.

야후 등과 같이 링크를 편집하여 제공하는 경우 역시 웹페이지상의 배너광고로 수익을 올리는 경우이므로 저작권침해로 보기는 어렵다. 이러한 설명은 링크에 대한 명시적 규정이 없는 경우를 말하는 것이며, 야후 등 디렉토리 서비스에서 명시적으로 링크를 제한하는 규정이 있는 웹페이지를 그 규정에 위반하여 링크하는 경우에는 문제가 생길 수 있다.

다만 로봇에이전트에 의한 링크는 기계적으로 이루어진다는 점에서 보다 확립된 검색제외표준기술이 정립될 때까지는 명시적 규정에 반한 기계적 링크까지 저작권침해로 보기는 어렵다.

검색엔진이나 디렉토리서비스의 경우 서비스 자체를 유료로 하는 경우와, 서비스는 무료로 하고 웹광고를 이용해 수익을 올리는 경우를 달리 평가하는 이유는 저작권법의 기본이념이 저작권자의 권리보호 못지 않게 인류공동의 문화발전이라는 공공적 측면을 강하게 가지고 있다는 것 때문이다. 단순히 자사의 이익만을 위해 인터넷상에 산재한 자료들을 링크하여 돈을 받고 서비스하는 경우와 원칙적으로 누구나 무료로 접근이 가능하되 검색되어진 웹페이지의 일부 귀퉁이에 스폰서들의 배너광고가 실리는 것을 동일하게 보기 어렵기 때문이다.

또한 링크는 저작권법적인 침해 측면 외에 인격권 내지 프라이버시 차원의 침해문제도 발생한다. 즉 음란사이트상에서 미성년자인 여부를 선택하게 하면서 미성년자가 선택하는 부분의 링크를 디즈니의 홈페이지에 연결해 놓는다든지 여자들의 사진이 있는 홈페이지들에 등급을 부여하여 여자들을 호색가의 감상대상으로 만들어 놓는다든지 하는 경우에 발생하는 문제들이다.

이들은 통상 링크되어지는 홈페이지저작자들이 링크를 원하지 않을 경우임이 명백함에도 이를 링크하는 경우로서 피링크자의 인격권 내지 프라이버시 침해의 문제들이 함께 발생한다. 따라서 통상적인 용도와 방법으로 링크되는 경우가 아니라면 반드시 허락을 받아야 할 것이다.

3) 프레임과 저작권

프레임(Framing)기술은 1996년 Netscape Navigator에서 처음으로 도입되었다. 프레임 기술이란 웹 페이지를 여러 개의 창으로 분리하여 개별적으로 운용되도록 하는 것을 뜻하며, 프레임 기술을 이용하면 다른 사이트의 페이지를 자신의 사이트 페이지 안에 삽입할 수 있습니다. 따라서 자신의 사이트에 다른 사이트 일부 또는 전체를 가져오게 함으로써 자신의 사이트를 떠나지 않고서도 다른 사이트의 내용을 볼 수 있도록 하는 것이다.

예를 들면, 조선일보 사이트에서 프레임 기술을 이용하여 조선일보 사이트를 떠나지 않고서도 동아일보, 뉴욕 타임즈 등을 볼 수 있도록 한다면, 조선일보 사이트에 접속한 사용자는 더 오래 동안 조선일보 사이트에 머무르게 되는 것이다. 조선일보는 사용자가 오래 동안 머무는 사이트가 됨으로 광고 수익 등 다양한 경제적 이익을 얻을 수 있는 것이다.

그러나 이러한 프레임 기술은 몇 가지 문제점을 갖는다. 예를 들어 A 사이트의 프레임에 B 사이트의 홈페이지를 가져온 경우, B 사이트의 광고나 로고를 삭제하고 A 사이트 자신의 광고를 올려놓을 수 있다는 점이다. 또한 B 사이트의 컨텐츠를 사용자들이 보게 하면서도 URL 주소는 어디까지나 A 사이트의 주소이고 사용자가 즐겨찾기에 추가해도 A 사이트의 주소가 추가된다는 점이다.

링크는 어느 경우에든 프레임링크도 포함하여 직접적인 저작권법 위반은 아니다. 따라서 링크로 인하여 피해를 볼 우려가 있는 사업체는 저작권이 있다고 자신할 것이 아니라 홈페이지 공지사항의 온라인 약관에 링크 사용에 관한 조항(예컨대 프레임은 금지된다, 일반 링크는 통지를 하고 사용하라든지)을 적어 놓는 것이 바람직하다고 할 수 있다. 정확히 프레임을 포함한 링크의 무단 사용은 저작권침해와 달리 불법행위에 해당하고, 불법행위는 사건별로 법정에서 다퉈지기에 때문에 프레임링크를 걸어도 피해자측이 상대의 고의 · 과실을 입증 못할 경우도 배제할 수 없기 때문이다.

제 5 장

무역거래와 법률실무

Ⅰ. 무역업의 의의

1. 무역업의 의의

무역업이라 함은 무역을 업으로 영위하는 것을 말한다(대외무역법 제2조 제4호).

우리나라는 무역질서의 확립과 대외신용 유지를 위해 일정한 요건을 갖추어 무역업 신고를 한 사람만이 수출입행위를 영위할 수 있도록 하고 있다.

2. 무역업의 신고

무역업을 신고하려면 대외무역 관리규정 제2-1-1조 규정에 따라 별지 제2-1호 서식에 의한 무역업 신고서에 구비서류를 첨부하여 한국무역협회장에게 신청하여야 한다. 무역업을 하는데 특별히 자격제한을 두지 않지만 대외무역법에 의거 통상산업부장관에게 신고를 하도록 하고 있다(대외무역법 제10조).

3. 무역업신고 유효확인

무역업을 신고한 자는 그 신고한 다음연도부터 한국무역협회회장에게 무역업신고의 유효기간(신고한 연도의 다음 2개연도) 만료 전 3월 이내에 유효확인을 신청하여야 무역업의 자격을 유지할 수 있다.

4. 무역업신고 신청 시 구비서류

① 무역업신고서 1부

② 사업자등록증 사본 1부

③ 농업 · 임업 · 축산업 또는 어업을 영위하는 자의 경우 해당증명서류 1부

④ 사단법인 한국무역협회 및 대한 상사중재원의 회원 가입 신청서 1부

〈 기본 무역흐름도 〉

<table>
<tr><td>무역업신고</td><td>무역업신고서
무역업신고사항변경신고서
무역업자지위계승신고서
무역대리업신고서</td><td>대외무역법에 의한 신고
한국무역협회
산업자원부의 위임</td></tr>
<tr><td>품목 선정</td><td>무역통계(상품별)
상품 정보
시장보고서(각 국가 유망 품목)</td><td>각국 무역통계기관
타 무역알선사이트</td></tr>
<tr><td>시장 조사</td><td>무역통계(국가별)
시장보고서(품목,국가별)
국가정보
경제동향</td><td>AC Nielson
D&B
국제무역기구 각국 경제신문
Journal of Commerce, Newspage</td></tr>
<tr><td>마케팅</td><td>무역 포탈 등록
일반 포탈 등록
홈페이지 제작, 배너 광고
관련 업체에 e-mail
OFF LINE 마케팅</td><td>T page 등 무역 포탈
Yahoo 등 일반 포탈
홈페이지 제작 서비스, 광고 주선
Out posting
종합상사, 무역공사 등의 지사</td></tr>
<tr><td>거래선 발굴</td><td>업체 검색
OFF LINE 발굴</td><td>무역 및 일반 포탈
종합상사, 무역공사 등의 지사</td></tr>
<tr><td rowspan="2">거래 제의(offer)업체
신용조사</td><td>이메일, 인터넷 폰, fax</td><td>이메일, 인터넷폰, 인터넷팩스</td></tr>
<tr><td>상장업체
비상장업체</td><td>KOMPASS, D&B 등
종합상사, 수출보험공사 등의 지사</td></tr>
<tr><td>거래 조건 협의</td><td>통신 수단
환율
물류비, 견본 발송
관세
시장가격
출장</td><td>이메일, 인터넷폰/팩스
인터넷 화상회의
은행, 경제신문 등
물류회사 (해운사, 택배사 등)
관세정보기관
시장조사기관 (D&B 등), 종합상사
비행기, 철도표, 여행, 관광 등 정보</td></tr>
</table>

수출승인		대외무역법 참조
인코텀즈 및 무역계약		
계약 체결	전자 서명	전자 서명 또는 인증 서비스
수출물품확보		
수출결제방법		
L/C개설	전자 금융	은행
운송, 보험		
선적, 통관	B/L 전자 발행	해운사, 물류사, 관세사, FORWARD
NEGO	전자 결제	은행, 해운사
사후관리	통신수단	이메일 등

Ⅱ. 사전조사

1. 품목선정

품목을 선정하기 위해서 알아야 할 점은 상품별 소비 통계와 상품 정보, 각 국가별 유망 품목에 대한 정보 등이다.

2. 시장조사

1) 시장조사의 의의

국제무역에서 말하는 시장조사는 첫째 어느 곳에 구매잠재력을 가진 고객이 있는가를 발견하는 것이고, 둘째 외국고객들은 어떤 상품을 원하고 있는가 즉 그들의 기호에 맞는 상품을 창조 개발하는 것이다.

자기가 생산하는 물건을 어떻게 하면 가장 많이 비싸게 팔 수 있으며, 유통분배비용(ditribution cost)을 가장 적게할 수 있으며, 어느 때 팔 것이며, 어디에다 팔 것이냐 하는 것 등을 조사 · 연구 · 분석하는 것이 주임무이다.

2) 해외시장조사의 의의

외국과 무역거래를 함에 있어 비용과 위험을 최소화하고 극대화하기 위해서는 사전에 신속정확한 해외 시장조사가 필수적인 전제조건이다.

그 방법에 있어 우선 대상 시장의 전반적 개황(정치, 경제, 사회, 풍토, 기후, 언어 등)을 조사한 다음 취급상품에 대한 세부적인 내용(무역관리제도, 시장특성, 수요와 공급, 유통구조, 경쟁상대, 거래처 등)을 조사하는 일련의 단계를 거치게 된다.

3) 시장조사의 내용

① 일반사항 – 해당국의 정치, 경제, 사회, 문화, 종교, 인구, 언어 등

② 경제동향 – 경제성장, 국민소득, 물가, 임금, 고용, 국제수지 등

③ 산업동향 – 산업구조 특히 제조업 등

④ 무역동향 – 대외무역구조, 특히 품목별, 지역별 경쟁국 진출동향 등

⑤ 무역관리제도 – 통화정책, 수입관리제도, 대한 수입규제, 기타 관세율 및 외환관리제도 등

⑥ 시장특성 및 유통구조 – 일반적인 시장특성외에 소비자계층, 상관습 및 구매시기, 유통구조의 형태, 주요수입상 명단 등

⑦ 시장접근방법 – 중개상, 전문 수입상, 도매상 등

⑧ 교역현황 – 우리나라의 전체 교역량 및 해당 품목에 대한 수입규모

⑨ 기타사항 – 해당국의 항만사정, 통신시설, 여행시 유의사항, 국민성, 상관습, 소비자분석 등

4) 시장조사의 방법

① 국별자료 이용 – UN 무역통계연보(Yearbook of Intenational Statistics, IMF 발간연보(International Financial Statistics) 등의 국별 수출입통계 자료

② 국내외 경제단체 및 유관기관 이용 – KOTRA나 한국무역협회 등

③ 주한 외국공관의 이용

④ 국내외 광고회사의 이용

⑤ 자체시장조사 방법 – 현지를 직접 방문하여 조사

3. 거래처 발굴

1) 의 의

사전 시장조사에 의하여 자사 상품의 시장성이 있는 대상 시장을 선정한 후 잠재력있는 유능한 거래처를 발굴하는데, 거래처 발굴에는 보다 신중하고 효과적인 방법이 동원되어야 한다.

거래 알선 사이트에 자사의 제품이나 자사를 홍보하는 것과 관련 유즈넷에 자사의 제품을 선전하는 방법 등이 있으며 자사의 제품을 원하는 사람들을 사이트 검색을 통하여 찾아보는 방법과 유명 사이트에 배너 광고를 통해서 자사를 선전하는 방법 그리고 웹사이트 상의 박람회 등에 스폰서로 적극 참여하는 방법 등이 있다.

2) 자체 홍보물의 이용

① **거래처 발굴을 위한 홍보물 제작** – 해외 배포용 catalog 등은 세심하게 계획하여 제작하되 전문가에게 의뢰하여 제작하는 것이 바람직하며, 홍보물의 내용은 상품의 설명에 주안점을 둔다.

② **홍보물의 배포** – 홍보물을 배포할 적절한 buyer의 명단은 KOTRA, 한국무역협회, 상공회의소 등 경제 단체 및 유관기관이나 이들이 발간하는 잡지, 주한 외국 대사관 상무관실 등을 통해서 입수할 수 있다. 또한 Internet을 통하여 Ditrectory를 제공하거나 무역거래를 알선하는 Sites에서도 입수할 수 있다. 이외에도 국내외에서 개최되는 전시회나 박람회 참가시 배포하는 것도 효과적이다.

3) 해외광고의 이용

① **국내발간 해외배포용 매체 광고** – 국내에서 발간되는 해외배포용 매체는 Korea Export, Korea Trading Post, Korea Trade, Buyers Guide 등이 있는데, 매체의 성격, 배포부수, 배포지역, 구독층 등을 신중히 분석하여 적절한 매체를 선정하는 것이 효과적이다.

② 해외발간 매체 광고

4) 해외 공공기관의 이용

각국의 상공회의소 또는 WTC(World Trade Center), WTCA(World Trade Centers Association) 등 무역관련 기관에 거래의 알선이나 관련업자의 소개를 의뢰한다.

5) 각종 사절단 및 전시회 참가

무역관련기관에서 구성, 파견하는 각종 투자 및 무역사절단, 박람회, 전시회에 참가한다.

6) 직접방문을 통한 발굴

거래처를 발굴하는 여러 가지 방법 중 경비면에서 문제가 되지만 직접 해당국을 직접 방문하는 것이 가장 좋은 방법이다.

4. 거래제의 요청

1) 거래제의(OFFER) 기재사항

① 상대방을 알게 된 경위
② 거래제의 상사의 업종, 취급상품, 거래국가 등
③ 거래제의 상사의 자국 내에서의 지위, 경험, 생산규모 등
④ 거래조건(특히 결제 및 가격조건 등)
⑤ 신용조회처(주로 거래은행명 및 주소)
⑥ 정중한 결문

2) 작성시 유의점

① 간단명료한 문장으로 매 문장마다 30자 이내로 5~6 문단 이내로 쓴다.
② 해당 시장은 처음이므로 상대회사를 통하여 개척하고자 한다는 점을 강조한다.
③ 한국에서 제일 큰 회사라는 말 등 과장된 회사 소개는 삼가한다.
④ 회사규모를 표현하려면 생산량이나 연간 매출액 등으로 표시한다.
⑤ 품질의 우수성과 경쟁적인 가격을 제시할 수 있는 회사라고 언급한다.
⑥ 처음부터 오퍼나 견본을 보내지 않으며, 상대방이 관심을 표명할 때 즉시 송부한다.
⑦ 거래관계가 성립되면 상호이익을 바탕으로 하고자 한다는 점도 명시한다.

3) 송부방법

일반적으로 서신으로 하지만, E-mail, Fax, Telex 등을 이용할 수 있다. 거래제의시 한 지역에 시차를 두고 2~3개 회사로 국한하여 보내는 것이 좋다.

4) 오퍼서식 및 작성

〈 오퍼(offer)서식의 예 〉

OFFER SHEET

We are pleased to offer the under-mentioned article(s) as per conditions and details described as follows:

Item No.	Commodity & Description	Unit	Quantity	Unit Price	Amount

Origin : Republic of Korea
Packing : Exoprt standard carton packing
Shipment : Within 1 month after receipt of L/C
Shipping Port : Seoul, Korea
Inspection : Our government inspection to be final
Destination : European main seaports
Payment : By irrevocalbe L/C in our favor
Validity : Until end of September, 1996
Remarks : Subject to our final confirmation

Looking forward to your valued order for the above offer, we are.

Yours faithfully,

Manner Kim
President
KoreanSource Co., Ltd.

(1) **총 설** : Offer는 특별히 정하여진 형식이나, 방식이 있는 것이 아니고 거래대상물품, 거래방식 등에 따라 다양한 형태를 취한다. 또한 기재사항도 거래특성에 따라 다양하겠으나 가장 전형적인 계약의 성립 및 이행요건별로 발행시의 유의사항을 설명하면 다음과 같다.

(2) **품명(Commodity)** : 보통상품에 대해서는 별 문제가 없으나 비슷한 종류가 여러 가지 있는 상품이나 상품명이 유사한 것은 혼동을 일으키지 않도록 분명하고 완전하게 기재한다.

예를 들면 만년필의 경우 단순한 Pen이라 기재하는 것보다 Fountain Pen으로 표시하여 Ball Pen과 구별하여야 한다.

(3) **규격(Grade or Specification)** : 같은 품목이라도 그 품질과 규격에 따라 가격의 차이가 많이 생길 수 있다. 예를 들면 같은 금(gold)이라도 24K와 14K가 다르며, 전구도 100W와 30W짜리는 그 성질에 많은 차이가 생긴다. 따라서 후일 분쟁 등이 발생하지 않도록 규격의 표시를 정확히 기재한다.

(4) **원산지(Origin)** : 상품에 따라서는 원산지에 따라 가격의 차이가 많이 생길 수 있다. 예로서 주류인 경우 Wine이라도 Spain산과 France산이 다르며, 동일국가 내에서도 지역에 따라 품질의 차이가 있을 수 있다. 같은 동물의 털도 더운 지방과 추운 지방의 것은 차이가 심하여 상품명은 동일하나 실질적인 품질에서 전혀 상이한 상품이 될 수 있다. 특히 1차 산품의 offer에서는 원산지의 표시가 매우 중요하다.

(5) **유효기간(Validity)** : Offer의 종류에 관계없이 Offer에는 유효기간이 명시되어 있다. 특히 Firm Offer의 경우 재확인 할 기회가 없기 때문에 더욱 중요한 의미를 갖는다. Offer가 상대방과 일정한 조건으로 계약 체결한 것을 청약하고 상대방이 수락하면 의무를 이행하여야 할 책임, 즉 구속력(binding force)을 질 것을 확약하는 것이 Firm Offer이므로 무기한 그 의무를 부담할 수는 없는 것이다. 국제상품의 시세는 수시로 변하고 있는데 유효기간을 과도하게 길게 정한 경우에는 국제시세가 하락하면 쌀 때 발행된 Offer로 인하여 손실을 초래할 것이며, 갑자기 국제시세가 앙등할 경우 원료의 확보도 없이 많은 주문이 쇄도해 오면 큰 손실을 입게 될 것이다. 따라서 모든 Offer에는 일정한 기간(reasonable period of time) 동안만 유효하도록 명시하여야 하며 특히 국제시세의 변동이 심한 원면, 원맥 등 1차산품의 Offer는 대개 1주일 이내의 유효기간을 주는 것이 상례로 되어 있다.

〈유효기간의 표현방법〉

기일에 의한 표현 : We offer firm for your reply within seven days.

기간에 의한 표현 : We offer firm for your reply reaching us by the 23rd July, 1994.

단기임을 표시하는 표현 : We offer firm for your reply reaching us by tomorrow (within 24 hours). We offer firm for immediate(prompt, urgent reply.

(6) 선적일(Shipping Date, Delivery Date) : Offer에는 반드시 언제까지 계약상품을 선적해 줄 수 있다는 Delivery Date가 표시되어야 한다. 대개는 선적일이 빠를수록 수입업자에게 유리하나 반드시 그런 것은 아니다. 경우에 따라서는 적기에 판매하고 보관료를 물지 않게 하기 위해서 선적을 언제부터 언제 사이에(not earlier than, not later than) 이행해 달라고 요구하는 수도 있다. 특히 계절을 타는 상품, 즉 크리스마스 장식용구 등과 같이 적기에 선적하지 못하면 치명적인 손해를 입는 상품은 정확한 선적기일을 제시하여야 한다.

(7) 포장방법(Packing Method) : 철근 같은 것은 포장되니 않은 상태로 거래되나 대개의 상품은 포장된 상태로 거래가 이루어진다. 그러므로 어떤 종류의 포장재, 또한 포장에 몇 단위씩 들어가는지 알려 주어야 된다. 무게가 가벼운 것으로 항공으로 운송되는 상품은 Carton Box에 포장되며, 선박에 의해서 운송되는 상품은 Wooden Case에 포장되는 것이 상례다. 물론 상품마다 통상거래될 때 포장되는 상태가 다르나 대개 "Standard Seaworthy Export Packing"이라고 해서 방수재료로 포장한 상품을 나무상자에 넣고 철대로 묶는다.

(예) "Each in a vinyl bag, 100 pieces in a carton box."
"Standard Export Packing."
"Export standard packing, Completely free from moisture and water "

(8) 수량(Quantity) : 상품이란 무한정 공급되는 것이 아니고 기한 내에 얼마나 공급해 줄 수 있느냐가 문제가 되므로 기일 내에 반드시 공급할 수 있는 수량만 Offer해야 하며 특히 Buying Offer일 때는 수량이 꼭 정해져 있다. 또한 수량의 기준도 개수(piece), 무게(weight), 길이(length), 용적(measurement) 등 다양하며 이들의 단위도 각각 상이하므로 그 수량의 단위사용에 주의하여야 한다.

(9) 단가(Unit Price) : Offer에서 가장 중요한 것이 단가이다. 상품규격과 마찬가지로

각국의 화폐단위가 다르므로 사용화폐를 분명히 명시하여야 하며, 특히 Dollar나 Franc으로 표시될 때는 여러 나라가 이 단위들을 사용하며 그 가치기준도 다르므로 어느 나라의 Dollar이며(U.S. dollar, Australian dollar 등) 어느 나라의 Franc(France franc, Swiss Frane 등)인지 분명히 하여야 한다. 물품의 수출입 대금결제 통화를 어느 나라 화폐로 결정하느냐 하는 것은 환위험(Exchange Risk)을 회피하는 데 중요하다. 일반적으로 통화결정은 ① 안정성 ② 교환성 ③ 유통성을 고려하여 결정해야 한다.

(10) **대금결제방법**(Payment Condition) : 대금결제를 송금결제로 할 것인가, 신용장에 의한 결제방법 또는 추심결제에 의한 방식으로 할 것인가의 대금결제방식과 상품인도와 대금지급과의 시차관계인 대금결제 기간을 제시한다. 이외에도 분할선적, 환적, 검사, 클레임 등 여러 가지를 들 수 있겠으나, 이들 모두가 Offer상 꼭 명시되어야 하는 것은 아니며, 특히 전보로 Offer할 때에는 거래를 성사시키는 데 영향을 미칠 만한 가장 중요한 조건들만 명시하고, 나머지는 계약체결시에 추가 또는 보완을 하면 된다.

Ⅲ. 무역계약의 기본조건

1. 품질조건

1) 품질의 결정방법

(1) **견본매매**(Sales by Sample) : 일반 물품의 경우 가장 보편화된 품질의 기준이 견본이다. 견본매매란 거래목적물의 품질을 제시된 견본에 의해 약정하는 방법이다.

(2) **상표매매**(Sales by Trademark) : 국제적으로 널리 알려져 있는 유명상표의 경우 견본을 제공할 필요없이 상표로서 품질의 기준을 삼는다.

(3) **명세서매매**(Sales by Specifications) : 선박, 공작기계 또는 철도차량 등은 견본제시가 불가능하므로 설계도나 청사진 등 규격서 또는 설명서로 물품의 품질을 약정하는 방법

(4) **표준품매매**(Sales by Standard) : 평균중등품질(Fair Average Quality : FAQ)조건 – 당해연도 당해지역에서 생산되는 물품 가운데 중급수준의 품질을 인도하기로 약정하는 방법으로 주로 곡물거래시 이용하는 조건 물품의 성질이나 상관습상 판매하기에 적합하면 된다. 이 조건은 주로 원목, 냉동어류, 광물류 등의 거래에 사용

(5) 규격매매(Sales by type) : 물품의 규격이 국제적으로 특정되어 있거나 수출국의 공적 규정으로 정해져 있는 경우이다. 예컨대 KS, JIS 등

2) 품질의 결정시기

(1) 선적품질조건(Shipped Quality Term) : 인도된 물품의 품질이 선적시점에 약정된 품질과 일치하면 그 후의 변질에 대하여는 매도인이 책임을 지지 않는 조건

(2) 양륙품질조건(Landed Quality Term) : 인도물품의 품질이 양륙시에 계약상의 품질과 일치할 것을 조건으로 하는 것으로 운송도중에 생기는 물품의 변질 책임을 매도인이 부담하는 조건

3) 품질의 증명방법

품질의 증명방법은 품질결정시기와 매우 연관성이 있다. 즉, 선적품질조건에서 품질의 증명책임, 즉 거증책임은 매도인에게 있으며, 반대로 양륙품질조건에서는 매수인에게 거증책임이 있다. 국제적으로 권위있는 전문감정인으로서는 Lloy's Surveyor나 Lloy's Agent Del-Corporation 등이 있다.

2. 수량조건

1) 수량의 단위

(1) 중량의 경우 Ton을 가장 많이 사용

－Long Ton(British Ton ; 2,240 Lbs : 1,016Kg)

－Short Ton(American Ton ; 2,000Lbs ; 907.2Kg)

－Metric Ton(French Ton ; 2,204Lbs ; 1,000Kg)

(2) 용적의 경우 용적톤(Measurement Ton : M/T)을 사용

－1M3를 1M/T으로 사용(＝1 CBM)

(3) 갯수의 경우 1개(piece), 1대(set), 1타스(dozen), 1 Gross는 12타스를, 1 Great Gross는 12 Gross(1,728)

(4) 포장의 경우 상자(case), 곤포(bale), 포대(bag), 통(barrel), 묶음(bundle)

(5) 길이의 경우 미터(meter)와 야드(yard)를 주로 사용

(6) 컨테이너의 경우 TEU(Twenty Feet Equivalent Unit)나 FEU(Forty Feet Equivalent

Unit)를 사용

2) 수량의 결정시기

(1) 선적수량조건(shipping quantity term)

(2) 양륙수량조건(landing quantity term)

3. 가격조건

1) 거래통화의 선정

수출국의 통화, 수입국의 통화, 제3국의 통화를 계약서상에 명시한다. 이는 환위험을 회피하는 데 중요하다.

2) 가격의 산정방법

① 포장비 ② 검사비 ③ 수출국 내에서의 내륙운송비 ④ 부두비용 ⑤ 행정비 ⑥ 선적비용 ⑦ 해상운임 ⑧ 해상보험료 ⑨ 목적항에서의 양화비용 ⑩ 목적항에서의 부두비용 ⑪ 수입관세 ⑫ 수입통관비용 ⑬ 수입국내에서의 내륙운송비 ⑭ 각종 수수료 ⑮ 기타 영업비용과 잡비

3) 정형거래조건의 해석에 관한 국제규칙(International Rules for the Interpretation of Trade Terms; INCOTERMS)

(1) 적출지인도가격

① EXW(Ex Works : 공장인도가격)

② FCA(Free Carrier : 운송인인도가격)

③ FAS(Free Alongside Ship : 선측인도가격)

④ FOB(Free On Board : 본선인도가격)

⑤ CFR(Cost and Freight : 운임포함가격)

⑥ CIF(Cost, Insurance and Freight : 운임보험료포함가격)

⑦ CPT(Carriage Paid To : 운송비지급가격)

⑧ CIP(Carriage and Insurance Paid to : 운송비보험료지급가격)

(2) 양륙지인도가격

① DAF(Delivered At Frontier : 국경인도가격)

② DES(Delivered Ex Ship : 착선인도가격)

③ DEQ(Delivered Ex Quay : 부두 인도가격)

④ DDU(Delivered Duty Unpaid : 관세미필인도가격)

⑤ DDP(Delivered Duty Paid : 관세필인도가격)

4. 선적조건

1) 선적시기의 약정

(1) 단월조건, 연월조건, 특정일 이전 선적조건

(2) 'from', 'till', 'until', 'to' 등은 당해일을 포함하며, 'after'는 당해일을 제외하고 'on or about'는 전후 5일을 포함하여 9일간을 말한다.

(3) 'first half', 'second half'는 전반(1일～15일)과 후반(16일～말일), 'beginning', 'middle', 'end'는 상순(1일～10일), 중순(11일～20일), 하순(21일～말일)을 의미한다.

(4) 즉시 선적 'prompt', 'immediately', 'as soon as possible'은 선적기간에 대한 약정이 없는 것으로 간주한다.

2) 분할선적 및 환적

(1) 분할선적 : 분할선적(partial shipment) 혹은 할부선적(instalment shipment)－거액거래 이거나 수입상의 판매계획이나 시황에 따라 주문된 수량을 수회로 나누어 선적하는 것이다. 반드시 신용장이나 계약서상에 허용여부를 명시하여야 하며, 명시하지 않았을 경우 분할선적이 가능한 것으로 본다.

(2) 환 적 : 환적(transhipment)은 선적항 또는 수탁지에서 도착항이나 목적항까지 선적이나 다른 운송수단에서 다른 선박이나 운송수단으로 이적이나 재선적을 하는 것이다. 환적도 분할선적과 마찬가지로 금지의 특약이 없는 한 허용되며, 비록 신용장상에 금지되어 있어도 복합운송을 약정하고 있으면 허용된다. 직항선적(direct shipment)의 약정시에는 환적이 금지되는 것으로 보지만 해난을 당하여 피난항에 기항하는 것은 인정된다.

3) 지연선적과 선적일의 증명

(1) **지연선적** : 약정된 선적일 내에 선적되지 않는 경우이다. 지연선적이 매도인의 귀책사유로 발생되면 계약위반이 되며, 매수인은 계약을 해제할 수 있다. 단, 불가항력(force majeure)으로 인한 경우 매도인은 면책(실무적으로 3주 또는 1개월 동안 선적기일이 자동 연장되는 것이 관례)되며, 자동연장은 매도인이 불가항력의 사실을 입증할 책임(상공회의소나 공인기관으로부 문서로 확인받아 이를 매수인에게 통지)이 있다.

(2) **선적일의 증명** : 선적일의 증명은 선화증권의 발행일을 기준으로 하며, 선적선화증권(Shipped Bill of Lading)의 경우 그 발행일이 선적일로 한다. 수취선화증권(Received Bill of Lading)의 경우 선화증권상의 본선적재일 표시(on board notation)가 선적일이다.

5. 결제조건

1) 결제방법

(1) **선지급** : 매도인이 물품의 선적 전에 대금을 수령하는 방식으로 매수인의 신용이 불확실한 경우나 소액 또는 견본구매에서 사용(단순송금방식, 주문시지급방식, 선대신용장방식)

(2) **동시지급** : 현물이나 서류와 상환으로 대금을 지급(신용장거래의 경우 일람출급방식, 계약서거래의 경우 지급도방식, 현금상환지급방식 또는 서류상환지급방식)

(3) **후지급** : 물품의 선적이나 인도 또는 서류의 인수 후 일정기간 뒤에 결제가 이루어지는 방식(신용장 베이스인 경우 기한부신용장, 계약서 베이스인 경우 인수도방식)

2) 결제수단

(1) **현금결제** : COD, CAD 및 CWO

(2) **수 표** : 개인수표(personal check), 은행수표(banker's check)

(3) **환** : 우편환(mail transfer : M/T)과 전신환(telegraphic transfer : T/T)

(4) 무역거래에는 주로 어음결제를 이용(화환어음과 무담보어음)

3) 결제통화

결제통화는 지정통화제도(designated currency)를 이용한다.

6. 보험조건

1) 보험당사자

보험자, 보험계약자, 피보험자이다. EXW, FCA, FOB, CFR, CPT조건인 경우 부보의무는 매수인이 지며, CIF, CIP조건인 경우 매도인이 부보의무를 부담한다.

2) 보험금액

보험가액, 보험금액, 보험금이라 한다. 보험금액은 적화보험에서는 CIF로 환산한 송장금액의 110%가 통례이다.

3) 담보조건

	위험부담의 분기점	비용이전	비 고
EXW	매도인의 작업장 구내에서 매수인의 임의처분할 수 있도록 물품을 인도하였을 때	매도인은 위험이점 시점까지 제반 비용 부담	수출승인 매도인 의무
FCA	매도인이 매수인이 지정한 운송인에게 수출 통관된 물품을 인도하였을 때	상 동	수출승인 매도인 의무
FAS	물품이 지정선적항의 부두에 혹은 부선으로 본선의 선측에 인도하였을 때	상 동	수출승인 매도인 의무
FOB	물품이 지정선적항에서 본선의 난간을 통과할 때	상 동	수출승인 매도인 의무
CFR	물품이 지정선적항에서 본선의 난간을 통과할 때	매도인은 적재시까지의 제비용+목적항까지의 운임+정기선의 경우 양하비 부담	상 동
CIF	상 동	매도인은 적재시까지의 제비용+목적항까지의 운임 및 보험료+정기선의 경우 양하비 부담	상 동

CPT	물품이 약정된 일자 또는 기간 내에 지정 목적지까지	운송할 운송인의 보관하에 또는, 후속운송인이 있을 경우 최초의 운송인에게 물품인도시 매도인은 FCA조건+지정된 목적지까지의 물품 운송비(복합운송 개념에서의 운송비)	수출승인 매도인 의무
CIP	물품이 약정된 일자 또는 기간 내에 지정 목적지까지 운송할 운송인의 보관하에 또는 후속 운송인이 있을 경우 최초의 운송인에게 물품 인도시	매도인은 CPT조건+지정된 목적지까지의 적하보험료 부담	수출승인 매도인 의무
DAF	접경지인도 장소에서 수입통관 직전의 상태로 매수인의 임의 처분하에 인도한 때	매도인은 위험이전까지의 제비용부담	수출승인 매도인의 의무 수입승인 매수인의 의무
DES	목적항 부두상에서 매수인에게 물품 인도한 때	상 동	상 동
DEQ	목적항 부두상에서 매수인의 임의처분하에 물품을 인도한 때	상 동	수출입 승인 매도인의무
DDU	약정된 일자 또는 기간 내에 매도인이 지정된 수입국내의 목적지점에 약정 물품을 반입하여 매수인의 임의 처분하에 인도한 때	상 동 (단, 관세 불포함)	수출승인 매도인 의무 수입승인 매수인 의무
DDP	상 동	상 동 (단,관세 포함)	수출입 승인 매도인 의무

Ⅳ. 무역계약의 체결

1. 무역계약서의 작성

무역계약은 청약(offer)과 승낙(acceptance)을 통한 당사자간의 합의에 의하여 성립하므로 계약서의 작성이 반드시 필요한 것은 아니다. 그러나 무역계약은 일반적으로 상품을 계약의 목적으로 하는 국제매매 계약이기 때문에 후일에 분쟁이 야기될 소지가 상당히 많다. 그러므로 매매당사자간에 이러한 분쟁을 방지하기 위해서 무역계약의 조건을 명백히 할 필요가 있으며, 또한 이를 문서화하여 서명한 매매계약서(sales contract)를 상호 교환하여 보관하는 것이 필요하다.

2. 무역계약서의 조항

매매계약서의 기재내용은 거래상대방, 상품의 내용, 상품의 목적지 등에 따라 달라지지만, 결국 매매 당사 자간에 합의된 사항을 빠짐없이 정확히 기재해야 한다. 매매계약서에 기재될 사항은 일반적으로 거래시마다 결정하여야 할 사항 즉, 품명, 품질, 규격, 수량, 가격, 선적 등에 관한 사항과 일반적으로 모든 거래에 공통되는 사항 즉, 불가항력, 무역조건, 권리침해, 클레임 조항, 중재, 준거법 등에 관한 사항으로 나눌 수 있다. 전자는 개별거래조항이라고 하며 보통 계약서의 표면에 타이핑되므로 표면조항 또는 타이핑조항이라고도 한다. 후자는 일반거래조항(general terms and conditions)이라고 하며, 보통 계약서의 이면에 인쇄되므로 이면조항 또는 인쇄조항이라고도 한다.

3. 무역계약서의 내용

(1) 계약당사자의 확정

매도인과 매수인의 이름 또는 상호와 주소를 명기하여 계약의 당사자를 확정한다.

(2) 계약성립의 확인

매매계약이 계약서에 기재된 조항에 따라 성립되었음을 확인하는 문언이다.

예문 : We as seller confirm having sold you as buyer the following goods on the terms and conditions as stated below and on the back hereof.

(3) 품명, 품질 및 규격

품명, 품질, 규격 등은 보통 일괄하여 기재한다. 품질은 FOB, CIF 등 선적지 조건으로 매매하는 경우에는 원칙적으로 선적지 품질조건(shipped qualjty terms)이지만, 특약에 의해 양륙지 품질조건(landed quality terms)으로 할 수도 있다. 품질에 관한 조건으로는 크게 견본매매(sale by sample), 설명매매 (sale by description), 상표매매(sale by brand) 등으로 분류할 수 있다.

(4) 수 량

상품의 성질과 형상에 의하여 중량, 용적, 갯수, 길이 등의 단위에 의해 거래된다. 포장된 상품을 매매 하는 경우에는 포장재료의 중량을 포함한 총중량(gross weight)인가, 포장재료의 중량을 포함하지 않은 순중량(net weight)인가를 명기할 필요가 있다. 또한 중량의 한 단위인 ton에 관해서는 long ton(영국톤, 2240lbs), short ton(미국톤, 2000lbs), metric ton(킬로톤, 2204lbs)의 구별을 분명히 해둘 필요가 있다. 수량에 관해서도 품질의 경우와 같이 FOB, CIF 등의 선적지 조건으로 매매하는 경우에는 원칙적으로 선 적지 수량조건(shipped quantity terms)이지만, 특약에 의해 양륙지수량조건(landed quantity terms)으로 할 수도 있다. 생산, 포장 등 기타의 사정으로 계약수량 대로의 수량을 인도하기가 곤란할 것으로 예상되는 경우에는 약간의 과부족을 용인하는 조항(More or Less Clause)을 두어야 할 것이다.

(5) 가 격

가격은 단위수량당의 단가(unit price)와 계약수량에 대한 합계금액(total amount)을 기재한다. 매매 가격의 정형으로서는 Incoterms 1990에 의한 FOB, CIF 등 13가지의 종류가 있다.

(6) 결제방법

무역 매매계약에서는 보통 결제조건으로서 화환어음(documentary bill of exchange)을 이용한다. FOB, CIF 등의 무역조건은 "결제는 화환어음에 의한다"(Payment to be made by a documentary bill of exchange)는 특약에 의해 매도인이 발행한 화환어음, 즉 선적서류가 첨부된 환어음을 매수인이 결제하게 된다. 또한 매수인의 대금지급을 보다 확실히 하기 위해 취소불능신용장(irrevocable L/C)의 개설이 전제조건이 되기도 한다.

(7) 선 적

무역거래 계약에서는 보통 화물선적 월을 결정한다. 예를 들면 8월 선적(shipment in August)인 경우에는 매도인은 8월 1일부터 8월 31일까지의 사이에 선적하면 된다. 8/9월 선적(Shipment in August/ September)인 경우에는 매도인은 8월 1일부터 9월 30일까지의 사이에 선적하면 된다. 신용장 거래에서는 분할선적(partial shipments)은 신용장에 특별히 금지조항이 없는 한 인정된다. 선적일은 일반적으로 선하증권의 일자(B/L date)를 선적된 일자로 간주하는 것이 거래 관행이다.

(8) 보 험

CIF계약 등에서 매도인이 매수인을 위해 화물을 보험에 부보하는 경우에는 보험조건을 명확히 결정해 둘 필요가 있다. 보험조건에는 전손담보조건(T.L.O. : Total Loss Only), 분손부담보조건(F.P.A. : Free from Particular Average), 분손담보조건(W.A. : With Average) 등이 있다.

(9) 포 장

포장(packing)은 내용물을 보호하는 견고성과 포장비용 자체의 절감 그리고 운임절감을 고려한 경제성을 감안하여 포장조건을 결정한다.

(10) 하 인

하인(shipping mark)은 화물의 분류를 원활히 수행하고 화물의 운송 및 보관시 필요한 화물 취급상의 지시, 주의를 포장에 표시하기 위하여 매수인이 매도인에게 요구하는 경우가 많다.

(11) 검 사

무역거래 계약서에서는 상품이 계약조건에 합치되어 있는가를 확인하기 위하여 제3자인 검사기관에 상품을 검사시키는 일이다.

(12) 불가항력

불가항력(force majeure)에 의하여 계약의 이행이 불가능하거나 이행이 지연되는 경우에 대비하여 미리 계약서상에 면책문언을 삽입한다.

(13) 무역조건

FOB, CIF 등 정형무역조건의 정의, 해석에 관하여는 인코텀스(Incoterms, 1990 edition)에 의하는 것이 가장 무난하다고 할 수 있겠다.

예문 : The trade terms used in this Contract shall be governed and interpreted by the provisions of Incoterms, 1990 edition, unless otherwise specifically stated.

(14) 권리침해

공업소유권 등에 관한 권리침해(infringement)에 대해서는 면책문언을 넣어두는 것이 좋을 것이다.

예문 : Buyer shall hold Seller harmless from liability for the infringement with regard to patent, trade mark, design and/or copyright originated or chosen by Buyer.

(15) 클레임 제기기한

클레임의 제기기한을 설정해 두는 것은 실무상 필요한 경우가 많다.

예문 : Any claim by buyer must be made in writing within fourteen(14) days of receipt of the goods at destination.

(16) 중 재

무역매매 계약에 관하여 발생하는 분쟁은 소송에 의하여 해결하기보다는 중재(arbitration)에 의하여 해결하는 편이 현실적으로 유리하다고 하겠다.

(17) 준거법

계약의 해석에 있어서 어느 국가의 법률을 적용하느냐 하는 문제는 미리 결정하여 계약서에 밝혀두는 것이 좋다.

〈 일반거래조건협정의 예문 〉

Agreement on General Terms and Conditions of Business

This Agreement entered into between The ABC C0., Inc., New York (hereinafter called the Buyers), and The XYZ Co., Ltd., Seoul, Korea (hereinafter called to as the Sellers) witness as follows:

(1) Business : Both Sellers and Buyers act as Principals and not as Agents.

(2) Samples and Quality : The Sellers are to supply the Buyers with samples free of charge, and the quality of the goods to be shipped should be about equal to the sample on which an ordcr is given.

(3) Quantity : Weight and Quantity determined by the seller, as set forth in shipping documents, shall be final.

(4) Prices : Unless otherwise specified, prices are to be quoted in U.S. Dollars on CIF New York basis.

(5) Firm Offers : All firm offers are to remain effective for three days including the day cabled. Sundays and National Holidays shall not be counted as days.

(6) Orders : Except in cases where firm offers are accepted all orders are to be subject to the Seller's final confirmation.

(7) Packing : Proper export wooden case packing is to be carried out, each case bearing the mark DATA with port mark, running case numbers, and the country of origin.

(8) Payment : Draft is to be drawn at 30 d/s under irrevocable Letter of Credit which should be opened in favor of seller immediately upon namely, Bill of Lading, Insurance Policy, Commercial Invoice and other documents which each contract requires.

(9) Shipment : Shipment is to be made within the time stipulated in each contract. The date of Bill of Lading shall be taken as conclusive proof of the day of shipment. Unless expressly agreed upon, the port of shipment shall be at the Seller's option.

(10) Marine Insurance : All shipments shall be covered on All Risks including War Risks and S.R.C.C. for the invoice amount plus l0 (ten) percent. All policies shall be made out in U.S. Dollar and claims payable in New York.

(11) Force Majeure : The Sellers shall not be responsible for the delay in shipment due to force majeure, including mobilization, war, strikes, riots, civil commotion, hostilities, blockade, requisition of vessels, prohibition of export, fires, floods, earthquakes, tempest and any other contingencies, which prevent shipment within the stipulated period. In the event of any of the aforesaid causes arising, documents proving its occurrence or existence shall be sent by the Sellers to the Buyers without delay.

(12) Delayed Shipment : In all cases of force majeure provided in the Article No. 11 the period of shipment stipulated shall be extended for a period of twenty one (21) days. In case shipment within the extended period should still be prevented by a continuance of the causes mentioned in the Article No.11 or the consequences of any of them, It shall be at the Buyer's option either to allow the shipment of late goods or to cancel the order by giving the Sellers the notice of cancellation by cable.

(13) Claims : Claims, if any, shall be submitted by cable within fourteen (14) days after arrival of goods at destination. Certificated by recognized surveyors shall be sent by mail without delay.

(14) Arbitration : All claims which cannot be amicably settled between Sellers and Buyers shall be finally settled by arbitration in Seoul, Korea in accordance with the Commercial Arbitration Rules of the Korea Commercial Arbitration Board and under the Laws of Korea. The award rendered by the arbitrator shall be final and binding upon both parties concerned.

(15) Trade Terms : Unless specially stated, the trade terms under this contract shall be governed and interpreted by the latest Incoterms.

This Agreement shall be valid on and offer September 20, 1996.

V. 기타 무역서류

1. 신용장

수입업자가 자신의 거래은행에 의뢰하여 그 거래은행이 발행하는 것으로서 거래은행이 수출업자에게 수입대금 지급을 보증하는 증서이다. 신용장이 첨부된 화환어음이 신용장발행은행에 재출되는 즉시 대금회수가 가능하기 때문에 수출업자는 신용장에 의하여 안심하고 수출을 이행할수 있으며 수출지의 외국환은행도 안심하고 화환어음을 매입할 수 있다. 발행은행이 수출업자가 신용장에 명기된 조건에 일치하는 운송서류를 첨부한 환어음을 발행하여 제시하면 그 환어음을 인수지급하겠다는 것을 약정한 증서이다.

〈 신용장 거래의 흐름 〉

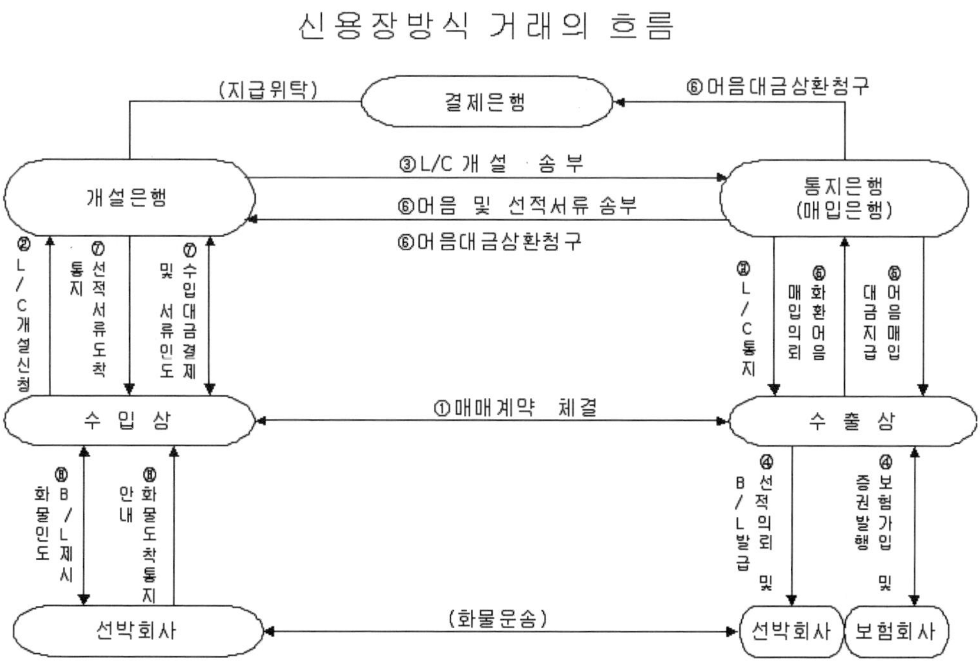

2. 선하증권(Bill of Lading ; B/L)

선하증권이란 운송계약의 증거, 화물의 영수 및 화물의 권리를 표시하는 서류이다. 화주와 운송인 간에 체결된 운송계약의 증빙인 선하증권은 운송인이 화물을 수령·선적하여 이를 해상운송을 거쳐 선하증권의 정당한 소지인에게 인도할 것을 약정하는 유가증권이다. 선하증권은 증권상에 기재된 화물의 권리를 구현하기 때문에 일반적으로 배서에 의하여 유통된다. 선하증권은 화환어음의 중심서류이기 때문에 화환취결로써 대금이 회수되는 오늘날에는 상업송장, 보험증권과 더불어 3대 필수서류로 불려진다.

3. 해상 또는 항공화물송장(Seaway/Airway Bill)

신용장통일규칙(UCP500)에서는 오늘날 운송기술의 변혁에 따른 새로운 방식의 운송서류를 수용해 나가야 할 필요성을 인식하여 신용장에 유통 가능한 선하증권 대신 비유통의 해상화물운송장을 요구하면, 은행은 그 명칭에 관계없이 위와 같은 요건으로 발행된 비유통성의 해상운송서류를 수리하도록 하였다.

수리요건은 해상선하증권에 관한 조항을 토대로 작성되어 있고 비유통해상운송서류의 수리 범위는 전술한 유통가능한 해상선하증권의 경우와 대등하다고 해석할 수 있다.

그러나 국제협약이나 미국을 제외한 각국의 국내법에서는 아직 비유통운송서류에 관한 규정을 두고 있지 않다. 이 때문에 1990년 6월 ICC와 국제해사위원회에서 해상화물운송장에 관한 통일규칙을 채택하였다.

비유통 해상화물운송장을 이용하는 모든 당사자들은 곤란한 법률상의 불확실성을 피하려면 CMI의 통일규칙에 과한 준거문언을 삽입해 두는 것이 바람직하다.

비유통 해상화물운송장은 최근들어 해상운송업계에서 사실상 이용되고 있는 양식으로서, 이는 각국의 실정법상으로는 아직 물품에 대한 권리증권도 아니며 물품에 대한 수령증으로도 불인정되고 있다. 신용장통일규치상의 해상화물운송장의 수리 요건은 다음과 같다.

〈 선하증권과의 비교 〉

선하증권 대 해상화물운송장 비교			
NO	항 목	선하증권	해상화물운송장
1	기 능	운송물품에 대한 권리증권	물품적재사실 통지서
2	운송계약증거	가능	가능
3	물품영수증	가능	가능
4	유가증권성	유가증권이며 권리증권임	유가증권이 아니며 권리 증권도 아님
5	권리행사자	적법한 소지인	수화인
6	유통성	유통 가능함	유통 불가능
7	수화인	변경 가능	변경 불가능
8	결제담보	매입은행의 결제의 물적 담보	물적 담보 불가하므로 은행은 무담보 어음 매입
9	사용용도	재판매용 물품, 장거리운송	소량 · 견본거래, 자기사용본 · 지사간거래, 단거리운송
10	UCP400	허용	불허
11	UCP500	허용	허용
12	신설동기	해당없음	Incoterms 1990 수용 및 운송업계요청

4. 송 장(Invoice)

1) 의 의

송장이란 매매 또는 위탁계약에 의하여 물품의 인도가 이루어질 때, 그 물품의 송화인이 수화인에 대하여 화물의 특성, 내용의 명세, 계산관계 등을 상세히 명확하게 알리기 위하여 작성하는 서류이다.

외국무역에 사용되는 송장은 국내거래에 사용되는 화물의 단순한 안내서에 지나지 않는 송장과는 그 성질이 달리한다. 무역송장의 특성은 ① 거래상품에 관한 중요사항을 기입한 화물의 명세서이며, ② 그 상품의 대금 및 제 비용 등 주요 가격구성요소를 표시한 계산서 겸 대금청구서이며, ③ 수화인의 입장에서 보면 수입화물에 대한 매입서이기도 하다.

따라서 경우에 따라서는 그 계약의 존재와 계약이행의 사실을 입증하는 유력한 자료가 되며 또한 세관신고의 증명자료도 된다. 송장은 선하증권과는 달리 그 자체는 아무런 청구권이 없는 것이지만 오랜 상거래 관습상 중요서류이다.

2) 작성상 주의사항

① 송장에 기재된 상품명세는 신용장상의 상품명세와 동일하여야 한다.
② 단가, 가격조건, 금액 등이 정확하고 신용장조건과 일치하여야 한다.
③ 신용장번호, 수익자, 수화인, 서명, 목적지, 작성자의 서명 등이 정확하여야 한다.
④ 선하증권, 보험증권, 기타 선적서류와 그 기재내용이 상치되지 않아야 한다.
⑤ 상업송장은 원칙적으로 신용장의 수익자에 의하여 발행되어야 한다.
⑥ 상업송장은 작성일은 어음의 발행일 이후의 날짜가 되지 않도록 해야 한다.
⑦ 작성자는 어음의 발행인이 되며 그가 서명을 한다.
⑧ 발행통수는 신용장상에 특별한 지시가 없을 때에는 2통이며 필요에 따라 그 이상을 작성한다.

〈 Invoice의 종류 〉

- Invoice 송장
  - Commercial Invoice (상업송장)
    - Shipping Invoice (선적송장)
      - Sales Invoice (매매송장)
      - Consignment Invoice (위탁판매송장)
      - Indent Invoice (위탁매입송장)
      - Sample Invoice (견본송장)
    - Proforma Invoice (견본송장)
  - Official Invoice (공용송장)
    - Consular Invoice (영사송장)
    - Customs Invoice (세관송장)

5. 원산지증명서(Certificate of Origin)

원산지증명서(C/O)는 수입통관시 관세양허용으로 뿐만 아니라 특정국으로부터의 수입제한 또는 금지, 국별통계를 위하여 수입국이 요구하는 경우 발행된다.

현재 우리나라에서는 양국의 통상협정에 의한 관세양허를 위한 일반원산지 증명서는 상공회의소가 발행하고 선진국의 개도국에 대한 G.S.P.(Generalized System of Preferences ; 일반특혜관세)의 적용을 받기 위한 G.S.P용 C/O는 각 시. 도청에서 발급받는다.

6. 포장명세서(Packing List)

포장명세서는 수입업자가 쉽게 각 화물의 내용을 파악하기 위하여 요구되는 포장된 내장품의 명세서로 상업송장의 부속서류로 작성되는 서류로서 계약서나 신용장상에 요구가 없으면 화환어음 취결시에 선적서류로서 은행에 제출할 필요가 없다. 그러나 포장명세서는 상업송장의 보충서류로 관례적으로 선적서류에 포함시키고 있다.

포장명세서에는 상품의 외장(Outer Packing)의 명세, 주문번호, 화인, 상자번호, 내용명세, 순중량, 용적 등이 기입된다.

7. 검사증명서(Certificate of Inspection)

검사증명서는 매매계약서의 품질조건에 권위있는 검사기관의 검사에 합격한 상품만을 선적하기 위해 약정한 것이다. 특정검사기관을 합의해 두지 않았을 경우에는 수입상의 대리인이 발행한 합격증 또는 지정검사기관의 검사합격증을 인정할 수 있다. 품질증명서(Quality Certificate)나 분석증명서(Certificate of Analysis) 등도 검사증명서의 일종이다.

8. 위생증명서(Certificate of Health)

위생증명서는 식료품, 육류 및 의약품 등을 수출하는 경우에 무균, 무해임을 증명하는 서류이다. 동·식물을 수출하는 경우에는 위생증명서의 일종인 검역증(Certificate of Quarantine)을 필요로 하는 경우도 있다. 이상의 서류 외에도 대변표 또는 차변표를 발생하는 경우도 있다. 대변표(Credit Note)는 전표의 발행자가 그 상대방에 대하여 지급계정이 있는 경우 그 내용과 금액을 상대방에게 통지하는 전표이다. 차변표(Debit Note)는 전표의 발행자가 그 상대방에 대하여 전표에 기재된 금액을 청구할 권리가 있음을 표시한 전표이다.

COMMERCIAL INVOICE

<table>
<tr><td colspan="3" rowspan="2">①Shipper/Seller</td><td colspan="3">⑦Invoice No. and date</td></tr>
<tr><td colspan="3">⑧L/C No. and date</td></tr>
<tr><td colspan="3" rowspan="2">②Consignee</td><td colspan="3">⑨Buyer(if other than consignee)</td></tr>
<tr><td colspan="3" rowspan="3">⑪Other references</td></tr>
<tr><td colspan="3">③Departure date</td></tr>
<tr><td colspan="3">④Vessel/flight ⑤
From</td></tr>
<tr><td colspan="3">⑥To</td><td colspan="3">⑫Terms of delivery and payment</td></tr>
<tr><td>⑬Shipping Marks</td><td>⑭No.&kind of packages</td><td>⑮Goods description</td><td>⑯Quantity</td><td>⑰Unit price</td><td>⑱Amount</td></tr>
<tr><td colspan="5"></td><td>⑲ Signed by</td></tr>
</table>

PACKING LIST

Seller Gil Dong Trading Co., Ltd.	Invoice No. and date 8905 HC 3108 Aug.15.20○○.
Consignee Monarch Products Co., Ltd. P.O.Box 208 Bulawayo, Zimbabwe	Buyer(if other than consignee) Monarch Products Co., Ltd. P.O.Box 208 Bulawayo, Zimbabwe
Departure date Aug.10.20○○.	Other references Country of Origin: Republic of Korea
Vessel/flight Phoenix From BUSAN, KOREA	
To Bulawayo, Zimbabwe	

Shipping Marks	No.& kind of packages	Goods description	Quantity or net weight	Gross Weight	Measurement
MON/T Bulawayo LOT NO C/NO.1-53 MADE IN KOREA	4200DX420D Material, As per Monarch Products Indent No T.858	Nylon Oxford	60,000M 1208.06 Kgs.	1,317kgs	24.5CBM

Signed by

Quotation

Ref. No. :
Date :

Messrs :

We are pleased to offer you the undermentioned goods on the terms and conditions described as follows :

Origin		Validity	
Supplier		Packing	
Maker		Delivery	

Payment : ( ) in favor of, Messrs.

Ex-work ( ) FOB ( ) CIF ( ) Others ( )

Accepted By : Very Truly Yours
Signature

No.	Commodity / Specification	Q'ty	Unit Price	Total Amount
Total Amount :				

20 . . .

○○Company

제 3 편

분쟁해결과 법률실무

제 1 장

민사분쟁에 관한 법률실무

Ⅰ. 대체적 분쟁해결제도

1. 의 의

대체적 분쟁해결제도(Alternative Dispute Resolution : ADR)란 재판 외의 분쟁해결방법으로 민사분쟁을 해결하는 제도로서 민사재판 이외의 제도, 즉 상담이나, 화해, 알선, 조정, 중재에 의해 처리되는 제도를 말한다. 과거의 사실관계에 대한 흑백논리적 결론이 아닌 장래를 향한 이익조정적 분쟁해결에 그 비중을 두고 현대 사회에서 광범위하게 이용되고 있다.

2. 장 점

1) 법원의 간섭이나 통제는 필요한 경우 최소한으로 할 수 있다.

2) 관계분야의 전문지식과 풍부한 경험을 가진 사람들 중에서 분쟁을 해결할 조정인, 중재인 등을 당사자 스스로 선임할 수 있다.

3) 소송보다 비교적 절차진행이 신속하고 경제적이어서 시간과 비용을 절약할 수 있다.

4) 절차의 진행이 법에 묶이지 아니하여 탄력적이며, 특히 엄격한 소송절차법칙이 적용되지 않는다.

5) 절차진행이 비공개적이기 때문에 기업의 비밀이나, 개인의 이익이 잘 보호된다.

6) 비형식적이기 때문에 분쟁을 해결한 후에도 당사자간에는 재판에서처럼 적대적이 아닌 우의적인 관계가 지속될 수 있다.

3. 단 점

1) 충분한 절차보장과 사실관계의 조사가 행해지지 않을 수 있기 때문에 ADR 절차가 경제적 · 사회적 강자로부터 양보를 얻어내는 절차로 전락할 수 있다.

2) 신속하고 저렴한 비용에 의한 분쟁해결만을 강조하다가 분쟁의 공정한 해결을 침해받을 가능성이 많다.

3) 판단기준이 애매하여 주관적 · 자의적이거나 양당사자의 주장을 단순히 반으로 나누는 식의 절충주의적 판단이 될 위험성이 있다.

4) 당사자에 의해 선임된 중재인은 대리인 의식이 작용하여 공정한 판단을 해할 우려가 있다.

5) 상소절차가 없기 때문에 잘못된 판단이 내려진다면 돌이킬 수 없는 위험을 부담해야만 하는 문제가 있다.

4. 대체적 분쟁해결 제도(Alternative Dispute Resolution; ADR)의 종류

1) 화 해

(1) 당사자 간의 협상에 의한 화해
(2) 민법상의 화해계약에 의한 화해
(3) 민사소송법상의 재판상 화해(제소 전 화해, 소송상 화해)

2) 알 선

제3의 전문가에 의한 우호적 해결

3) 조 정

(1) 법원의 민사조정(조정판사 및 조정위원 : 일방신청 · 직권조정 가능)
(2) 특별법상의 조정(개인정보, 전자거래, 금융분쟁, 무역분쟁 등)

4) 중 재

중재법에 의한 중재(법적 구속력 있음)

5. 우리나라 ADR의 문제점

1) 소송을 통한 갈등 해결에 많이 의존하고, 조정 등 ADR에 대한 인식이 재고되지 못하였다.

2) 민간부분의 ADR서비스가 활성화 되지 못하였다.

3) 분쟁조정에 관한 일반법이 없다.

4) 조정의 효력에 대하여 개별법마다 달리 규정하고 있다.

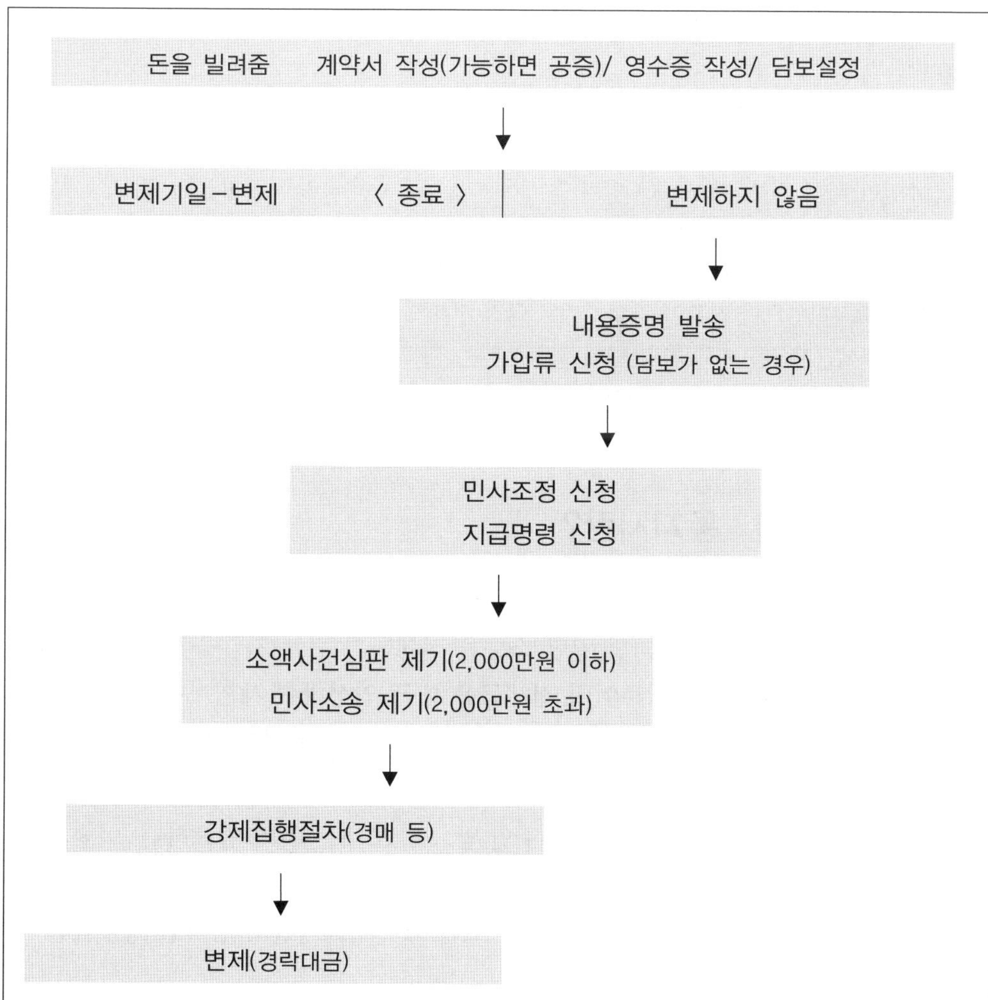

Ⅱ. 최고서 · 통지서

2012년 10월 1일 이××(채무자)는 박○○(채권자)에게 1,000만원을 빌리면서 2013년 9월 30일에 갚기로 약속하였다. 2013년 10월 1일이 되어도 돈을 갚지 않자 乙은 甲에게 돈을 갚으라고 독촉하자 甲은 일주일만 시간을 달라고 하였다. 그러나 일주일이 지나도 甲은 돈을 갚지 않았으며 연락마자도 끊겨버린 채 한 달이 지났다. 乙은 수소문 끝에 甲을 찾았으나 甲은 사정이 어렵다는 말만 되풀이하고 조금만 더 기다려달라고 하면서 시간을 끌었다. 乙은 불안해지기 시작하였으며 甲이 乙뿐만 아니라 많은 친구들에게도 돈을 빌려 갚지 않고 있다는 사실을 알게 되었다. 乙은 甲이 자신의 돈을 갚을 생각이 없다고 판단하고 소송을 준비하기로 마음먹었다.

세입자 김××씨(임차인)는 집주인 최○○씨(임대인)는 2014년 3월 5일부터 2016년 3월 4일까지 성동구 옥수동 △△ 아파트에 전세금 6천만원에 전세계약을 체결하였다. 2015년 10월 집주인이 와서 전세금을 2,500만원 올리거나 월세로 돌려달라고 말하였다. 김××씨는 이를 지급할 형편이 되지 않아 노원구 상계동에 새로운 집을 계약하고 계약만료일에 집을 비워준다고 집주인에게 말하였다. 김××씨는 전세계약이 만료에 즈음하여 집주인에게 전세금의 반환을 요구하였으나 집주인 최○○씨는 아직 전세가 나가지 않아 전세금을 줄 수 없다고 차일피일 전세금지급을 미뤄왔다. 이에 김××씨는 최○○씨가 전세금지급을 할 생각이 없다고 생각하여 일단 전세금을 지급하라는 독촉과 법적 조치의 의지를 표명하는 내용의 통지서를 주인 앞으로 보내기로 하였다.

1. 최고서 · 통지서란?

사례의 경우와 같이 채무자(돈을 빌려간 사람)이 대여금의 반환을 차일피일 미루거나 지급할 생각이 없다고 판단되면 일단 소송을 진행하기 전에 지급을 독촉(최고)하는 절차를 취할 필요가 있으며, 집주인이 전세금을 대폭 인상하여 세입자를 구하지 못하고, 계약기간이 만료하고 전세계약을 갱신하지 않기로 하였음에도 불구하고 차일피일 전세금지급을 할 생각을 하지 않는 경우에는 일단 전세금을 지급하라는 독촉과 법적 조치의 의지를 표명하는 내용의 통지서를 주인 앞으로 보내는 것이 필요하다. 이렇게 채권자 또는 임차인이 채무자 또는 임대인에게 법적 조치의 의지를 표명함으로써 소송으로 가지 않고 당사자간에 해결할 수도 있다. 또한 소멸시효기간이 임박한 경우에는 우선 독촉을 해두어야 시간을 벌 수가 있다.

2. 최고서 · 통지서의 작성방법

최고서 · 통지서는 특별한 형식이 정해져 있는 것은 아니며 그 작성목적에 따라서 다양하고 법률효과도 차이가 있다. 중요한 것은 작성목적에 따라 중요한 기재사항을 근거법규에 따라서 충분하고 정확하게 개재하여야 한다. 또한 최고서가 상대방에게 전달되었는지를 확인하기 위해서는 내용증명을 통해서 발송하는 것이 바람직하며 이때 내용증명의 형식으로 발송되기 위해서는 제목, 수신자의 주소와 성명, 발신자의 주소와 성명 등을 반드시 기재하여야 한다.

1) 최고서의 작성방법

최 고 서 (채무금반환청구서) ①

통지인 : 박 O O

수신인 : 이 X X

1. 귀하의 사업이 날로 번창하시길 기원한다. 드릴 말씀은 다름이 아니라, 본인이 귀하에게 지난 2012년 10월 1일자 빌려드린 채무금 금 10,000,000만원의 변제기일이 2013년 9월 30일임에도 불구하고, 변제기일로부터 2개월 이상이 지난 지금까지 지급되지 않고 있다. ②

2. 본인은 귀하가 약속하신 변제기일 이후 수차례 걸쳐 채무금의 지급을 촉구하였으나, 2013년 11월 25일 현재까지 채무금과 이자의 지급은 물론, 답변조차 없는 관계로 부득이 채무금의 반환청구서를 보내는 바입니다. ③

따라서, 본 청구서 도달 후 14일 이내에 채무금 원금과 월 3푼의 이자를 즉시 변제하여 줄 것이며, 만약 위 기한 내에 채무이행조치가 이루어지지 않을 경우 즉시 법적 조치를 취할 것임을 통보하오니 불필요한 시간과 비용의 낭비를 초래하지 않도록 하여 주시기 바랍니다. ④

2013년 11월 25 일

통지인(채권자) 박 ○○ (인)

서울시 ○○구 ○○동 ○○번지 ⑤

수신인(채무자) 이 X X

서울시 ○○구 ○○동 ○○번지 ⑥

① 제 목－제목은 내용증명을 보내는 목적이 나타나도록 임의로 정한다. 통고서, 최고서, 또는 반환청구서 독촉장 등 적당한 제목을 표시한다.

② 채권의 표시－육하원칙(누가 언제 어디서 어떻게 어떤)에 따라 채권이 발생하게 된 사실과 수령인이 채무자라는 사실을 특정하여 구체적으로 기재한다. 채권의 발생원인이 계약이라면 모든 내용을 항을 바꾸어 표시하는 것이 일목요연하게 알 수 있어 좋다. 동일한 채무자에게 여러 가지의 채권이 있는 경우에는 각 채권이 특정될 수 있도록 기재한다. 변제기가 있는 경우에는 변제기를, 변제기가 없는 경우에는 통지를 받은 날로부터 일정기간 안에 변제하지 않으면 채무불이행이 된다는 내용을 기재한다.

③ 독촉하는 원인의 기재－변제기가 지난 사실을 주지시키고, 채무자의 임의적인 변제를 구하기 위해서 서면을 발송한다는 취지를 기재한다.

④ 사후 법적조치의 예고－채무자가 이행하지 않는 경우에는 부득이하게 법적 조치를 취하지 않을 수 없다는 점을 기재한다.

⑤ 작성일과 발송일 서명날인

작성일은 중요하지 않으므로 기재하지 않아도 된다. 내용증명우편에 접수일로 기재되는 날짜가 바로 확정일이기 때문이다. 기재하는 경우 월만 기재해도 된다.

서명은 하지 않고 날인만 하여도 된다. 발송인으로 표시된 자와 독촉을 하는 채권자가 동일하다면 그 기명만으로도 충분하기 때문이다.

⑥ 수신인의 표시－내용증명우편은 서면상에 기재된 수신인명과 주소가 우편봉투에 기재된 수령인명, 주소와 일치하여야 증명의 효력이 있다. 수신인명은 한글로 기재하며 주소를 기재할 때는 번지 및 호수는 숫자만으로 기재한다.

2) 통지서의 작성방법

통 지 서

(전세계약해지 통보 및 전세보증금 반환의 건) ①

수신(임대인) 최 O O
발신(임차인) 김 X X

1. 서울시 성동구 옥수동 ××××
15층 △△ 아파트 중 8동 120X호 79.3392 m2 ②

③

2. 상기 주택에 대해서 김×× (임차인)과 최○○ (임대인)은 전세금 60,000,000원으로 2014년 3월 5일부터 2016년 3월 4일까지 2년간 전세계약을 체결하였다. 2016년 3월 4일 부로 계약이 종료되어 그 동안 수차에 걸쳐 전세계약 해지 및 보증금반환을 촉구하였으나 이를 이행치 않으므로 다음과 같이 통지하는 바입니다.

④

다 음

임대인께서는 2016년 4월 14일까지 전세보증금 전액을 반환해 주시기 바랍니다. 만일 이 기간 내에 특단의 조치 없이 전세금을 반환하지 않을 시에는 부득이 법적 조치할 것이니 이를 이행하여 상호 불미스러운 일이 없기를 바랍니다. ⑤

2016. 4. 1

발신(임차인) 김 X X (인)
서울 성동구 옥수동 ×××× ⑥
수신(임대인) 최 ○○
서울 서초구 서초동 ×××× ⑦

① **제 목**－제목은 내용증명을 보내는 목적이 나타나도록 임의로 정한다.

② **부동산의 표시**－반드시 기재하여야 하는 것은 아니지만 임대목적물을 명확히 하기 위해 기재하는 것이 좋다. 현재 임대(전세)하고 있는 부동산의 주소와 건물을 표시하되 등기부등본의 표제부를 보고 기재하시면 정확히 쓸 수 있다.

③ 임대(전세)보증금반환채권의 표시－육하원칙(누가 언제 어디서 어떻게 어떤)에 따라 채권이 발생하게 된 사실과 수령인이 채무자라는 사실을 특정하여 구체적으로 기재한다. 채권의 발생원인이 계약이라면 모든 내용을 항을 바꾸어 표시하는 것이 일목요연하게 알 수 있어 좋다. 동일한 채무자에게 여러 가지의 채권이 있는 경우에는 각 채권이 특정될 수 있도록 기재한다. 변제기가 있는 경우에는 변제기를, 변제기가 없는 경우에는 통지를 받은 날로부터 일정기간 안에 변제하지 않으면 채무불이행이 된다는 내용을 기재한다.

④ 독촉하는 원인의 기재－변제기가 지난 사실을 주지시키고, 채무자의 임의적인 변제를 구하기 위해서 서면을 발송한다는 취지를 기재한다.

⑤ 사후 법적 조치의 예고－채무자가 이행하지 않는 경우에는 부득이하게 법적 조치를 취하지 않을 수 없다는 점을 기재한다.

⑥ 작성일과 발송일 서명날인 등－작성일은 중요하지 않으므로 기재하지 않아도 된다. 내용증명우편에 접수일로 기재되는 날짜가 바로 확정일이기 때문이다. 기재하는 경우 월만 기재하여도 된다. 서명은 하지 않고 날인만 하여도 된다. 발송인으로 표시된 자와 독촉을 하는 채권자가 동일하다면 그 기명만으로도 충분하기 때문이다.

⑦ 수신인의 표시－내용증명우편은 서면상에 기재된 수신인명과 주소가 우편봉투에 기재된 수령인명, 주소와 일치하여야 증명의 효력이 있다. 수신인명은 한글로 기재하며 주소를 기재할 때는 번지 및 호수는 숫자만으로 기재한다.

3. 기타 주의사항

1) 서면이 여러 장인 경우에는 반드시 간인을 한다. 간인이란 서류와 서류 사이에 날인하여 서류가 이어져 있음을 표시하는 수단이다.

2) 최고서 · 통지서는 그 내용과 발송을 증명하고 향후 소송에서 증거로 사용하기 위해서는 내용증명으로 발송하는 것이 좋다.

Ⅲ. 내용증명

甲은 인터넷 검색 도중 ○○ 인터넷 사이버 쇼핑몰에서 CD 플레이어를 충동 구입하였다. CD 플레이어는 주문한 지 4일 후에 도착하였는데 광고에서 본 것과는 다르게 조잡하게 생겼으며 기능도 생각만큼 동작하지 않았다. 甲은 이를 반환하고 싶어 친구에게 물어보니 청약철회서를 우편으로 보내야 한다고 하였다. 甲은 청약철회서가 제대로 도착할지 그리고 쇼핑몰 측에서 받지 못했다고 하면 어떡하나 고민이 되었다. 이때 친구가 내용증명으로 보내면 된다고 하였다.

1. 내용증명의 의의

내용증명이란 특수취급우편의 일종이다. 즉, 법률상 분쟁이 발생하여 각종의 최고·통고 등 나중에 소송 또는 재판에서 증거로 사용되는 문서를 통상우편으로 발송하면 나중에 이를 증명할 수가 없기 때문에, 언제 누가 누구에게 어떠한 내용을 발송하였는가의 사실을 우체국장이 공적인 입장에서 증명해주는 증명취급제도의 하나이다.

2. 내용증명의 기능

보통 내용증명을 받게 되면 마치 법원이나 관공서에서 온 출석통지문을 받은 것처럼 당황하게 된다. 그러나 내용증명 자체에는 이러한 직접적인 법적 효과는 없다. 내용증명은 다음과 같은 기능을 한다.

먼저 채권 채무관계에서 채무자에게 일정한 내용의 통지를 하는 경우에 통지로서 의 역할을 하고 법적으로도 그 효력이 발생된다.

둘째로, 내용증명은 문서를 보냈다는 증거가 되며, 이는 자신의 권익보호를 위해 노력을 하고 있다는 점을 상대방에게 알려주어 상대방에 대한 심리적 압박이라는 기능을 하기도 한다.

셋째로, 확정일자를 부여하는 기능을 한다. 즉, 몇년 몇월 몇일에 발송되었다는 것을 증명하게 된다.

마지막으로, 내용증명은 소송에 있어서 중요한 증거서류가 된다.

결국 내용증명은 가정 또는 기업에서 발생하는 법률적 분쟁에 있어서 직접적인 법적 조치는 아니나 법적 조치로 나아가기 전에 유용하게 사용될 수 있는 제도라는 점에서 그 필요성이 있다.

|참고|

◎ 통상우편물

멀리 떨어져 있는 분들 간의 의사전달을 위해 문자로 표시된 신서를 말하였으나 사회의 변화와 발달로 그 개념이 확대되어 신서와 통화, 엽서, 서적, 농산물종자 등 주로 소형우편물을 말한다. 송달기준에 따라 빠른통상우편물과 보통통상우편물로 구분되며, 신서와 통화는 반드시 통상우편물로 취급해야 한다.

◎ 등기취급제도

우편물의 취급과정을 기록에 의하여 명확히 하는 우편물의 부가취급제도입니다. 이에는 특별등기취급제도와 일반등기취급제도가 있다.

종 류	의 의	대 상
특별등기취급제도	접수에서부터 받을 사람에게 배달되기까지의 전 취급과정에 우편물 접수번호를 기록하는 제도	통화등기, 물품등기, 유가증권등기, 현금추심취급우편물, 내용증명, 특사배달, 국내특급, 특별송달, 민원우편, 우편자루배달, 전자우편물, 모사전송우편물
일반등기취급제도	특별등기취급절차를 간소화한 것으로써 발송시 특수우편물 수령증을 교부하고 배달시에 수취인의 확인을 받는 점은 특별등기취급과 같지만 우편관서 상호간의 송달과정은 개별 우편물에 대한 확인기록이 아닌 총통수만 기록 수수하는 취급제도	접수시각증명, 배달증명, 이용자의 선택에 의해 일반우편물에 등기취급을 부가하는 경우

◎ 증명취급제도

1) 의 의 : 우편물을 이용자의 우편물내용 또는 송달관계 우편물의 접수사실 등을 명백히 하기 위하여 우편관서가 증명하여 주는 제도로 등기취급을 전제로 함.
2) 내용증명 : 발송인이 수취인에게 어떤 내용의 문서를 언제 발송하였다는 사실을 우편관서가 공적으로 증명하여 주는 제도
3) 배달증명 : 수취인에게 우편물을 배달 또는 교부한 경우 그 사실을 배달우체국에서 증명하여 발송인에게 통지하여 주는 제도로서 우편물 발송시와 우편물을 발송한 후 1년 이내까지 청구가 가능
4) 접수시각 : 증명 우편물의 접수시각을 우편물에 표시하여 증명하여 주는 제도로서 특허 또는 공업권 취득을 위한 출원, 상표의 등록 출원등과 같이 제출하는 서류 등의 발송시각이 권리의 취득에 중대한 영향을 미칠 때 이용하는 제도

3. 내용증명의 작성절차

1) 형 식

내용증명은 특별한 형식을 필요로 하지는 않는다. 통상 A4용지 또는 편지지에 작성할 수 있다.

2) 절 차

① 우체국에 원본과 등본 2통을 제출하고 내용증명으로 발송해 주도록 요청한다.

② 우체국에서 원본과 등본 2통의 동일 여부를 확인 후 3통 상호간에 통신일부인으로 계인한다.

③ 원본을 우체국 직원이 보는 앞에서 봉투에 넣고 봉함하여 제출하면 원본은 수신인에게 발송하고 등본 1통은 발신인에게, 나머지 1통은 우체국에서 보관한다.

3) 열람 및 재청구

우체국에서 3년간 내용증명우편을 보관하게 되어 있으므로 만약 내용증명우편을 분실한 경우에 발송인은 제출한지 3년 내에는 우체국에 가서 등본의 열람을 청구하거나 그 등본의 재교부를 청구할 수 있다. 단, 이 등본의 교부는 본인만이 신청할 수 있다.

4) 발 송

내용증명을 발송할 시에는 반드시 등기우편으로 발송하여야 한다. 그렇지 아니할 경우에는 상대방에게 통지가 도착했음을 입증할 수 없기 때문이다.

5) 영수증

영수증발급을 요구하면 직원은 접수대장을 기재, 확인하고 그 주요내용을 기재한 영수증을 발급한다. 동 영수증은 차후 증명서를 요구할 때 필요하므로 잘 보관하여야 한다.

4. 내용증명의 용도

1) 시효중단의 경우

채무의 이행을 최고하였을 때, 그 내용증명을 발송하였다고 하여 바로 시효가 중단되는 것은 아니다. 시효의 중단은 내용증명을 보내고 6개월 이내에 재판상의 절차를 진행시켜야만 시효중단의 효력이 발생한다. 이러한 의미에서 내용증명을 제출할 경우에는 시효기간의 만료 무렵에 제출하는 것이 효과적이다.

2) 계약해제(해지)의 경우

보통의 계약에 있어서 상대방이 이행을 하지 아니할 경우에는 상당한 기간을 정해 그 이행을 독촉을 하고 그 기간 내에 이행을 하지 아니할 경우에는 계약을 해제할 수 있는 것이고 이러한 계약해제의 경우 증거를 확실히 남긴다는 의미에서 내용증명으로 하는 것이 현명한 방법이다.

3) 무능력, 사기, 강박, 무권대리인에 의한 계약을 취소하는 경우

이와 같은 경우에도 그 취소의 의사표시를 내용증명으로 하는 것이 좋다.

4) 채권양도의 통지

채권양도의 통지라는 것은 甲이 乙에 대하여 외상대금채권을 가지고 있고 甲이 丙에 대하여 외상채무를 가지고 있을 경우에 甲은 丙에게 현금으로 채무를 변제하는 대신에 乙에 대한 외상채권을 丙에게 양도하여 결재하는 경우가 있는데 그와 같은 경우 "귀하에 대한 외상대금채권은 丙에게 지급하여 달라"는 내용의 채권양도통지를 내용증명우편으로 하는 것이다. 채권양도가 제3자에 대하여 효력이 있으려면 확정일자 있는 문서에 의하여 통지하여야 하기 때문이다.

5. 내용증명의 작성 사례

내용증명이란 발송인이 작성한 등본의 내용을 증명한다. 내용증명은 간략하게 요점중심으로 기재하지만, 소송에 있어서 결정적인 증거가 되기 때문에 그 문안을 신중히 생각하여 기재하여야 한다. 그리고 너무 자극적인 내용이나 권리남용의 문구를 작성하는 것은 피하여야 한다.

위의 사례에서 전자상거래 등에 관한 소비자보호법에 의하면, 사이버 쇼핑몰에서 물건을 구입한 소비자는 소비자의 귀책사유가 없다면 7일 이내에는 단순히 마음이 바뀌어도 청약을 철회할 수 있다. 즉, 아무리 소비자가 물건구매의사를 밝히고 사업자가 물건을 배송하였다 하더라도 7일 동안 계약의 성립시기를 늦춰놓고 있는 것이다. 따라서 甲은 7일 이내에 청약철회서를 발송하면 된다. 그러나 통상우편으로는 도중에 유실되거나 사업자가 받은 사실을 부인할 수도 있다. 등기우편 · 배달증명은 안전한 도달은 보장하지만 무엇을 보냈는지는 증명하지 못하기 때문에 내용증명 우편제도를 배달증명과 함께 이용할 필요가 있다.

(내용증명우편)

청약 철회 통지서

발송인 ▽ ▽ ▽
수신인 주식회사 다사라 쇼핑
대표이사 △ △ △ 귀하

- 내 용 -

1. 주문일 : 2008. 10. 1
2. 상품명 : CD 플레이어
3. 상품 인도일 : 2008. 10. 5
4. 본인은 상기일에 귀사 다사라 쇼핑 홈페이지에서 인터넷으로 상기제품을 주문한 바 있으나 상기 상품인도일에 받은 제품이 제대로 작동하지 않으며, 제품도 홈페이지에 게시된 것과 품질이나 모양이 다르므로 청약을 철회하고자 한다.

발신일 : 2008년 10월 10일

발송인 : 주소 서울 성동구 옥수동 ○○○ 연락처 010- 33X-555X
성명 ▽ ▽ ▽ (인)

수신인 : 주소 서울 강남구 삼성동 ×××
주식회사 다사라 쇼핑
대표이사 △ △ △ 귀하

① 제 목－내용증명의 목적을 쓴다. 단순히 내용증명이라고 쓰는 것은 바람직하지 않고 계약 해제 통보 , 손해배상청구, 통고, 청약 철회 통지 등과 같이 쓰는 것이 좋다.

② 수신인 · 발신인 주소 · 성명－당사자의 성명과 주소를 정확히 기재하여야 한다. 또한 반드시 봉투 겉면 주소와 일치해야 한다.

③ 내 용－사실관계와 의사표시의 내용을 쓴다. 청약 철회인 경우 계약 경위를 명시

하고 철회하겠다는 의사표시를 한다. 가능한 육하원칙에 따라 상세히 기술하고 요구 사항의 내용과 근거를 분명히 제시하는 것이 좋다.

④ 발신일자 · 발신인－발송 날짜를 쓰고 발신인에 도장을 찍거나 날인한다. 전자상거래의 청약철회의 효력은 발송일에 효력을 발생하므로 내용증명은 발송일의 확정에도 중요한 증명력을 갖는다.

⑤ 참 고－내용은 반드시 한글 또는 한자로 써야 한다. 영어는 고유 명사와 첨부물에 한해 쓸 수 있다. 그리고 편지가 2매 이상인 경우 반드시 계인(간인)을 해야 한다.

Ⅳ. 소액사건 심판제도

1. 소액사건 심판제도의 의의

민사상의 생활관계에서 분쟁의 대상이 되는 권리 또는 법률관계의 존립, 이행여부에 대하여 다툼이 자주 등장하는데 민사소송제도는 이와 같은 경우에 대비하여 마지막 구제수단으로 존재한다. 이중 소비자와 가장 밀접한 제도는 소액사건심판제도이다.

소액사건심판제도는 소액사건심판법에 규정되어 있다. 소액사건심판법이란 지방법원이나 지방법원지원에서 소액의 민사사건을 간이한 절차에 따라 신속하게 처리하기 위하여 민사소송소법에 대한 특례를 규정함을 목적으로 하여 제정된 법률을 말한다.

2. 적용대상

이 법률의 적용대상은 소송물의 가액이 3,000만원을 초과하지 아니하는 금전의 지급을 목적으로 하는 민사사건이다. 민사소송법에서는 소를 제기할 때 서면으로 하도록 되어 있지만 소액사건심판법에서는 구술에 의한 소의 제기를 인정하며, 소송절차를 간이, 신속하게 처리하도록 되어 있다.

3. 절차 및 처리

1) 법원 종합접수실 또는 민사과에 가면 인쇄된 소장 서식용지를 무료로 얻어 해당사항을 기입하면 소장이 되도록 마련되어 있기 때문에 굳이 별도의 소장을 작성할 필요가 없다.

또한 임의출석에 의한 소의 제기도 인정하고 있는데 즉 당사자 쌍방은 임의로 법원에 출석하여 소송에 관하여 변론을 할 수 있고 이 경우에 소의 제기도 구술에 의한 진술 만으로서 할 수 있도록 하고 있다.

2) 소가 제기되면 즉시 변론기일이 지정되며, 이때 변론기일은 보통 30일 이내로 지정된다. 1회의 변론기일에 심문을 종결하게 되므로 모든 증거를 최초의 변론기일에 제출할 수 있도록 준비하여야 한다. 원고가 소송을 제기해 놓고도 변론기일에 두 번 불출석할 경우 소송은 취하된 것으로 간주될 수 있다.

3) 재판장은 당사자 간에 조정을 붙이거나 결정으로 재판을 끝내며 당사자가 결정을 고지 받은 날로부터 1주일 이내에 이의신청을 내지 않으면 위 결정은 확정되어 강제집행할 수 있게 된다. 특히 법원은 소장, 준비서면 기타 소송기록에 의하여 청구가 이유없음이 명백한 때에는 변론 없이 청구를 각하할 수 있다. 준비서면이란 당사자가 미리 변론에서 진술하려고 하는 사항을 기재한 서면을 말하는데 당사자는 변론기일 전에 변론에서 말하려고 하는 것을 준비서면에 기재하여 법원에 제출하고 법원은 1통을 보존하고 1통을 상대방에게 송달한다.

4) 특히, 이 제도는 당사자의 편의를 도모해 주기 위해 당사자의 배우자, 부모, 조부모, 아들, 딸 등 직계혈족, 형제자매는 법원의 허가 없이 소송대리인이 될 수 있다. 단, 이때의 소송대리인은 위임장과 가족관계증명서 또는 주민등록등본을 제출해야 한다.

4. 이행권고결정제도

1) 이행권고결정이라 함은 소액사건의 소가 제기된 때에 법원이 결정으로 소장부본이나 제소조서등본을 첨부하여 피고에게 청구취지대로 이행할 것을 권고하는 결정을 말한다. 즉 간이한 소액사건에 대하여 직권으로 이행권고결정을 한 후 이에 대하여 피고가 이의하지 않으면 곧바로 변론 없이 원고에게 집행권원을 부여하는 것이다.

2) 또한 이행권고결정이 확정된 때에는 원칙적으로 별도의 집행문 부여 없이 이행권고결정정본으로 강제집행할 수 있도록 강제집행상의 특례를 규정하고 있다.

3) 그러나, 다음의 경우에는 이행권고결정을 할 수 없다.

(1) 지급명령이의 또는 조정이의사건

(2) 청구취지나 청구원인이 불명한 때

(3) 기타 이행권고를 하기에 적절하지 않은 경우

4) 한편, 이행권고결정에는 소장부본을 첨부하여야 하므로, 원고는 소액사건의 소장

을 제출할 때 원고와 피고의 수에 1을 더한 숫자만큼의 소장부본을 제출하여야 한다. 이는 이행권고결정의 원본용, 피고에게 송달하는 등본용, 확정 후 원고에게 송달하는 정본용으로 사용할 소장부본이 필요하기 때문이다.

5) 참여사무관 등은 이행권고결정이 피고에게 송달되어 확정되면 그 정본을 원고에게 송달하게 되고, 피고는 이행권고 결정등본을 송달받은 날부터 2주일 안에 서면으로 이의신청을 할 수 있다. 한편, 이행권고결정이 확정된 때에는 확정판결과 같은 효력을 부여받게 된다.

6) 이행권고결정에 기한 강제집행은 원칙적으로 집행문을 부여받을 필요없이 이행권고결정서정본에 의하여 하도록 되어 있다. 다만, 조건이 있는 채권인 경우와 승계집행문이 필요한 경우에는 재판장의 명을 받아 집행문을 부여받아야 한다.

소액사건 심판 청구서

청구취지

1. 청구금액 : (원　금)　금____________원
　　　　　(가산금)　기 간____________부터 소장부본 송달일까지
　　　　　　　　　　비 율 연____________푼
　　　　　　　　　　기 간 소장부본 송달 다음날부터 완제일까지
　　　　　　　　　　비 율 연 2할 5푼
2. 피고들 상호간의 관계 : 연대( )

청구원인

1. 대여내역
   (1) 대여자____________ (2) 차용자____________
   (3) 연대보증인____________, ____________
   (4) 대 여 일 :__________,____________,__________
   (5) 금　액 :________원, ________원, ________원
   (6) 변 제 기 :__________, __________, __________
   (7) 약정이율 :__________, __________, __________,
2. 기타 보충할 내용

20　.　.　.

원고　　　　(인)

Ⅴ. 지급명령제도

집주인인 김가물은 어느 날 법원으로부터 세입자인 박우겨에게 보증금 5,000만원을 지급하라는 우편물을 받았다. 박우겨는 이미 두 달 전에 계약이 만료되어 이사를 갔으며, 당시 보증금으로 3,000만원을 주었다. 김가물은 옛날 계약서를 찾아보니 분명히 보증금은 3,000만원으로 되어 있었다. 김가물은 박우겨로부터 소송에 관한 어떠한 주장도 들은 적이 없고 법원으로부터의 명령도 처음인지라 무척 당황하고 있다.

1. 지급명령제도의 의의

지급명령은 금전 등의 일정금액(또는 수량)의 지급청구에 관하여 채권자의 신청만에 의하여 간편하고, 신속하게 확정하고, 채무자에게 지급을 명하기 위한 특별소송절차인 독촉절차이다. 다만, 지급명령제도는 대한민국에서 공시송달에 의하지 아니하고 송달을 할 수 있는 경우에만 허용된다.

지급명령은 채권자의 청구에 의하여 금전, 물품(대체물), 유가증권의 청구인가 아닌가, 관할법원에 신청했는가 안했는가 등을 채권자가 제출한 신청서에 의하여 서면으로 심사를 하고, 요건이 구비되었다고 인정하면 관할법원은 지급명령을 발한다.

소송을 하지 않았는데 법원에서 채권자에게 돈을 지급하라는 우편물이 송달되었다면 상대방인 채권자가 법원에 "지급명령"을 신청한 것이다

지급명령은 일반 민사소송의 판결절차와 같이 변론이나 증거조사 등의 번거로운 절차를 하지 아니하고, 누구나 이용하기 쉬운 소송절차이다.

2. 지급명령의 신청절차

1) 지급명령절차에서는 신청인을 채권자, 그 상대방을 채무자라고 한다. 지급명령은 소가에 관계없이 채무자의 보통재판적 소재지나 근무지 또는 사무소 ·영업소의 특별재판적 소재지를 관할하는 지방법원에 전속한다.

2) 법원은 지급명령신청에 대하여는 채무자를 신문하지 않고, 각하사유가 없는 한 청구의 당부를 심리하지 않고 지급명령을 발하고 당사자 쌍방에 송달한다. 지급명령에는 당사자, 법정대리인, 청구의 취지와 원인을 기재하고, 채무자가 지급명령이 송달된 날로부터 2주일 이내에 이의신청할 수 있음을 부기하여야 한다.

3) 지급명령신청에 관할위반이 있거나 신청요건의 흠결이 있는 경우 또는 신청의 취지에 의하여 청구가 이유 없음이 명백한 때에는 그 신청을 각하한다. 신청각하의 결정

에 대하여는 불복을 신청하지 못한다. 이 결정은 기판력이 없으므로 채권자는 새로 소를 제기하거나 다시 지급명령을 신청할 수 있다.

4) 법원은 채권자로부터 지급명령신청에 따라서 지급명령을 발하고 그 명령정본을 채무자에게 송달한다.

3. 지급명령에 대한 불복 및 이의신청

1) 채무자는 지급명령의 내용에 동의할 수 없다면 즉시 이의신청을 하여야만 한다. 상대방이 요구하는 금액 중 일부가 부당한 경우에도 그 일부에 대해 이의신청을 해야 한다.

2) 이의신청은 지급명령정본을 송달받고 2주일 내에 해야 하고, 법원에 이의신청서를 접수하면 된다. 위 기간 내에 이의를 하지 않고 가만히 있으면 그 내용대로 확정된다.

3) 이의신청이 있으면 통상의 소송절차로 이행되며 지급명령을 신청한 때 소의 제기가 있는 것으로 보게 된다.

4) 지급명령은 내용증명과는 달리 법원에서 온 문서이므로 소홀히 하고 있다가는 억울하게 강제집행을 당하게 되는 경우가 생긴다. 간혹 채무자가 채권자에게 돈 다 돌려주었다고 해서 지급명령을 내버려두어 지급명령이 확정되면 아주 힘든 과정을 거쳐야 한다.

5) 민사소송법의 개정에 의하여 확정된 지급명령은 기판력은 없고 집행력만 인정된다. 확정된 지급명령 집행문은 지급명령을 발한 지방법원의 법원사무관이 부여하고, 지급명령이 확정되어 집행력 있는 채무명의로 효력이 생기더라도 채무자는 채무의 원시적 부존재를 주장하여 청구이의의 소를 제기할 수 있다.

4. 비 용

지급명령신청시에 법원에 납부하여야 하는 수수료액수는 아래 표에서 보는 바와 같이 청구금액에 비례하여 증액되고 이 점은 소송절차와 동일하지만, 기본적으로 소제기시 첩부할 인지액의 1/10이고, 예납할 송달료도 당사자 1인당 4회분으로서 소송절차 중 액수가 가장 적은 소액사건(당사자 1인당 10회분)보다 적다.

청구금액	독촉 수수료액
1,000만원 미만	청구금액 × 10,000분의 5
1,000만원 이상－1억원 미만	청구금액 × 10,000분의 4.5＋500원
1억원 이상－10억원 미만	청구금액 × 10,000분의 4＋5,500원
10억원 이상	청구금액 × 10,000분의 3.5＋55,500원

지급명령신청

채권자 박 우 겨
서울 중구 서소문동
전화번호

채무자 김 가 물
서울 서초구 서초동

청 구 취 지

채무자는 채권자에게 금 50,000,000원 및 이에 대하여 이 사건 지급명령정본이 송달된 다음날부터 다 갚을 때까지 연 ○○%의 비율에 의한 지연손해금과 다음 독촉절차 비용을 지급하라는 명령을 구함.

다 음

독촉절차비용 금 ○○○○○ 원
(내역 : 송달료 ○○○ 원, 인지대 ○○○ 원)

청 구 원 인

채무자는 채권자에게 200 . . . 주택임대차계약이 종료됨으로써 보증금 금 50,000,000원을 반환하기로 하였으나, 변제기일이 지난 현재까지 지급하여 주지 않으므로 본 신청에 이르게 되었다.

첨 부 서 류

1. 주택임대차계약서 사본 1통
2. 송달료납부서 1통

20 . . .
위 채권자 박 우 겨 (인)

서울중앙지방법원 귀중

지급명령에 대한 이의신청

사건 ○○○호 임대보증금

채권자 박 우 겨
서울 중구 서소문동

채무자 김 가 물
서울 서초구 서초동

위 독촉사건에 관하여 채무자는 200 . ○. ○. 지급명령정본을 송달받았으나 이에 불복하여 이의신청을 한다.

20 . . .

위 채무자 김 가 물 (인)
(연락처 :)

서울중앙지방법원 귀중

Ⅵ. 민사조정절차

1. 민사조정절차의 의의

민사조정절차는 조정담당판사 또는 법원에 설치된 조정위원회가 분쟁당사자로부터 주장을 듣고 여러 사정을 참작하여 조정안을 제시하고 서로 양보와 타협을 통하여 합의에 이르게 함으로써 분쟁을 평화적이고, 간이 · 신속하게 해결하는 제도이다.

2. 소송절차와 조정절차

민사분쟁을 해결하는 절차에는 크게 소송절차와 조정절차가 있다. 소송절차는 분쟁당사자 쌍방이 권리를 주장하고 다툼 있는 사실관계에 대한 증거를 제출하면 법원이 어느 당사자의 주장이 옳은지를 판단하여 판결로서 분쟁을 강제적으로 해결하는 제도이다. 이에 반하여 민사조정절차는 분쟁당사자로부터 주장을 듣고 여러 사정을 참작하여 상호 타협과 양보에 의하여 평화적으로 해결되는 차이가 있다.

3. 민사조정절차의 장점

1) 소송과 같은 엄격한 절차를 거치지 아니하고 자유로운 분위기에서 자신의 의견을 충분히 말할 수 있다.

2) 소송에 비하여 신속한 해결이 가능하다. 민사조정을 신청하면 빠른 시일 내에 조정기일이 정해지고, 대부분 한번의 기일(출석)로 종료된다.

3) 비용이 저렴하다. 소송에 비하여 인지대가 1/5로 저렴하다.

4) 당사자 사이의 상호 타협과 양보에 의하여 분쟁을 해결하므로 감정대립이 남지 않는다.

5) 일반적으로 민사조정절차는 조정담당판사 또는 조정위원회가 딱딱한 법정이 아닌 자유로운 분위기의 조정실에서 당사자의 말을 충분히 듣고 실정에 맞게 분쟁을 해결하고, 비공개로 진행되기 때문에 비밀이 철저히 보장된다.

4. 민사조정신청서의 작성 및 제출

민사 조정 신청을 하기 위해서는 먼저 민사 조정 신청서를 작성하여야 한다. 조정 신청서는 변호사나 법무사에게 의뢰하여 작성할 수 있고, 또 본인이 스스로 작성할 수 있다. 법원에서는 본인의 조정신청서 작성을 돕기 위하여 법원에 민사조정신청서 양식을 비치하고 있다. 그리고 손을 다치는 등으로 스스로 조정 신청서를 작성할 수 없을 때에는 법원 직원에게 구술로 신청할 수도 있다. 신청서 양식은 각급 법원에 비치된 양식을 이용할 수 있으며, 꼭 비치된 양식을 사용하지 않아도 된다. 법원의 용지 규격이 A4 규격이므로 A4 용지에 작성하여 제출하여도 무방하다.

5. 비 용

1) 조정수수료

민사조정신청을 법원에 제출하기 위하여는 조정수수료를 첨부하여야 한다.

조정신청금액	조정수수료액
1,000만원 미만	조정신청금액×0.01%
1,000만원 이상~1억원 미만	조정신청금액×0.09%+1,000원
1억원 이상~10억원 미만	조정신청금액×0.08%+11,000원
10억원 이상	조정신청금액×0.07%+111,000원

2) 송달료

민사조정 신청서를 제출할 때에는 또한 송달료도 납부해야 한다. 민사조정 신청서를 제출할 때에는 지방법원 및 지원 시·군 법원에 당사자 1인당 5회분(15,100원)의 송달료를 현금으로 납부하여야 한다. 단, 전산화 미이행 시·군 법원(양구군, 양양군, 청양군, 영천군, 성주군, 고령군, 봉화군, 청송군, 군위군, 울진군, 영양군, 곡성군, 무주군, 임실군, 장수군, 순창군 법원) 의 경우에는 당사자 1인당 2회분(6,040원)의 송달료를 우표로 납부하여야 한다.

6. 제출법원

민사조정신청은 피신청인의 주소지, 근무지, 사무소 또는 영업소의 소재지, 분쟁목적물의 소재지, 손해발생지를 관할하는 법원에 제출하면 된다. 민사조정사건은 소가가 금 2,000만원을 초과하는 경우에도 시·군법원에서 관할한다.

7. 조정기일과 출석

조정신청서를 제출하면 얼마 후에 법원으로부터 신청인과 피신청인(상대방)에게 조정기일이 통지된다. 본인이 출석하는 것이 원칙이며, 조정담당판사의 허가가 있으면 친족이나 피용인 등을 보조인이나 대리인으로 출석하게 할 수 있다.

조정 기일에 신청인이 두번 출석하지 않으면 조정 신청은 취하된 것으로 되며, 상대방(피신청인)이 출석하지 아니하면 조정담당판사가 직권으로 조정에 갈음하는 결정을 하게 된다.

8. 조정의 성립

조정이 성립되면 그 합의내용을 조서에 기재하게 된다(조정조서). 조정조서의 내용은 재판상 화해와 동일한 효력이 있다. 재판상 화해와 동일한 효력이 있다는 의미는 동일한 내용의 판결이 있는 경우와 같은 법적 효력이 부여되는 것으로 만일 상대방이 조정조항에서 정한 의무를 성실하게 이행하지 않는 경우에는 조정조서에 기하여 강제집행을 할 수 있다.

조정기일에 출석하여 서로 의견을 나누었음에도 불구하고 합의가 성립하지 아니하는 경우, 법원은 상당한 이유가 없는 한 직권으로 조정에 갈음하는 결정을 하게 된다.

9. 이의신청

이 조정에 갈음하는 결정에 대하여 당사자들이 그 결정문을 받아보고 2주일 이내에 이의신청을 하지 않으면 그 결정에 동의하는 것으로 보게 되어 그 결정 내용대로 조정이 성립된 것과 같은 효력이 생기게 된다. 당사자가 조정에 갈음하는 결정을 송달받고 2주일 이내에 이의신청을 하면 소송절차로 이행된다.

조정 신청시에 소송이 제기된 것으로 처리되고, 처음부터 소송을 제기하였다면 소장에 첨부하여야 할 인지액에서 조정신청할 때 납부한 수수료를 공제한 차액만을 추가로 인지 및 심급에 따른 송달료를 첨부하면 된다.

10. 조정신청서 작성

① 당사자 표시 – 신청인과 피신청인의 성명(가능하면 한글외에 한자로도 표시)을 정확하게 기재하고, 정확한 주소를 기재한다. 주소의 기재에 있어서는 조정절차의 진행을 위하여 당사자(신청인, 피신청인)에게 기일소환장을 송달하거나 연락을 할 때 반드시 필요하므로 정확한 주소(우편번호)와 연락 가능한 전화(이동전화, 팩스)번호를 확인한 다음 빠짐 없이 기재하여야 한다.

② 신청취지 – 현재 신청인과 피신청인 사이에 분쟁 중인 법률관계에 대하여 신청인이 어떠한 해결을 구하는지를 결론만 간단하게 기재한다. 신청인측이 너무 자신에게 유리한 내용만을 강조하여 기재하는 것은 바람직하지 않다. 왜냐하면 상대방이 내용을 보고 감정이 상하여 이후 조정절차의 진행에 악영향을 줄 우려가 있기 때문이다.

③ 분쟁의 내용 – 현재 피신청인과 사이에 다툼이 있는 사실관계를 간략하고 요령있게 정리하여 기재한다. 왜냐하면 자세한 사정은 조정 기일에 구두로 설명할 수 있기 때문이다. 여기서도 위 신청취지 기재시와 마찬가지로 피신청인측을 자극하여 조정성립에 악영향을 줄 수 있는 기재는 삼가는 것이 바람직하다.

④ 증거서류 – 조정신청을 이유 있게 하는 증거서류를 첨부한다.

조 정 신 청 서

신 청 인 김 갑 동 (金 甲 童) ①
서울 강남구 신사동

피신 청 인 이 을 남 (李 乙 男)
서울 중구 서소문동

사 건 명 : 임대보증금 반환

신 청 취 지

피신청인은 신청인에게 금 50,000,000원을 지급한다. ②
라는 조정을 구한다.

분 쟁 내 용 ③

1. 신청인은 200 . . . 피신청인으로 부터 그의 소유인 서울 강남구 신사동 소재 주택을 임대보증금 50,000,000원, 임대기간 20 . . .부터 2년으로 하여 임차하고, 임대보증금 전액을 지급하였다.
2. 그후 20 . . . 임대기간이 만료되었으나 피신청인은 자금사정이 어렵다는 이유로 임대보증금을 반환하지 아니하므로 그 지급을 받기 위하여 조정을 신청한다.

증 거 서 류 ④

1. 임대차계약서 1통
2. 주민등록등본 1통
3. 영수증 1통

20 . . .
신 청 인 (인)

법원 귀중

Ⅶ. 특별 조정제도

1. 전자상거래 소비자 분쟁조정제도

1) 한국소비자원 소비자분쟁조정제도

(1) 분쟁조정의 신청

① **한국소비자원** – 한국소비자원은 소비자 또는 국가 · 지방자치단체 · 소비자단체 등으로부터 피해구제의 청구를 받은 날로부터 30일 이내에 소비자와 사업자간에 합의가 이루어지지 않을 경우 지체 없이 소비자분쟁조정위원회에 조정을 요청하고 그 결정에 따라 처리하여야 한다.

② **소비자단체** – 소비자단체는 소비자불만 및 피해를 처리함에 있어 소비자와 사업자간에 합의가 이루어지지 않을 경우 소비자를 대리하여 소비자분쟁조정위원회에 분쟁조정을 신청할 수 있다.

소비자단체에 의한 소비자분쟁조정 사건 접수시 소비자분쟁조정위원회는 관련규정에 따른 분쟁조정결정 후 지체 없이 그 결과를 당사자 및 신청을 의뢰한 소비자단체에 통지한다.

③ **관계당사자** – 소비자와 사업자간에 발생한 분쟁에 대해 한국소비자원 또는 소비자단체의 합의권고에 따른 합의가 이루어지지 않은 경우 관계 당사자는 소비자분쟁조정위원회에 분쟁조정을 신청할 수 있다.

소비자분쟁조정위원회에서 다루어지는 사건은 반드시 한국소비자원이나 소비자단체의 합의 권고가 먼저 이루어져야 한다.

(2) 분쟁조정 기한 · 방식

소비자분쟁조정위원회는 원칙적으로 조정신청을 받은 날로부터 30일 이내에 조정결정을 하되, 부득이한 사정이 있는 경우에는 조정기한을 정하여 연장할 수 있다. 회의는 비공개가 원칙이다.

(3) 분쟁조정 결정(해결방안)

소비자분쟁조정위원회는 사실조사, 전문가 자문, 시험검사, 양 당사자의 진술과 관계자료 등을 검토한 후 객관적이고 공정한 절차에 의해 위원들간의 의견을 모아 양 당사자간 합의에 이르도록 조정결정(해결방안)을 내린다.

조정결정은 법원에 의한 판결이 아닌 조정안의 제시이다. 조정결정 내용은 즉시 당사자에게 통보되며, 당사자가 통보를 받은 날로부터 15일 이내에 조정을 수락하여 조정서에 기명·날인하거나 수락거부의 의사를 표시하지 않을 경우 조정은 성립되고, 양 당사자 중 어느 한쪽이 수락거부의 의사를 표시하는 경우에는 조정은 불성립되게 된다.

수락거부의 의사표시는 반드시 서면으로 하여야 한다.

(4) 분쟁조정 결정의 유형

소비자분쟁조정위원회의 심의를 거쳐 양 당사자에게 조정안이 제시되는 경우 조정결정 내용에 대해 양 당사자는 수락여부의 의사표시를 할 수 있다.

소비자분쟁조정위원회의 심의 결과 청구내용이 이유가 없다고 인정되는 경우 등에 '조정을 하지 아니하는 결정'을 하게 된다. 이는 곧 당사자에게 조정안을 제시할 수 없다는 것을 의미한다.

소비자분쟁조정위원회의 조정결정으로 종결된 사건에 대해서는 「소비자기본법」상 재심절차가 없기 때문에 당사자는 소액심판제도, 민사조정제도, 민사소송제도 등을 이용하여 분쟁을 해결할 수 있다.

(5) 조정의 효력

조정이 성립되면 소비자분쟁조정위원회는 조정서를 작성하게 되며 조정서의 내용은 '재판상 화해'와 동일한 효력(「민사소송법」상 확정판결과 동일한 효력) 이 부여된다.

즉, 조정이 성립되어 '재판상 화해'의 효력이 발생되면 기판력이 생기기 때문에 다시 소송을 제기하여 다툴 수 없다.

(6) 조정성립후 불이행

조정이 성립되었으나 결정내용을 이행하지 않을 경우에는 「대법원규칙」(제 1768호, '각종 분쟁조정위원회 등의 조정조서 등에 관한 집행문 부여에 관한 규칙')에 따라 법원으로부터 집행문을 부여받아 강제집행을 할 수 있다.

'재판상 화해'의 경우 '민법상 화해'의 경우와 달리 법원을 통한 소송 등의 절차 없이 곧바로 집행문을 부여받아 강제집행을 할 수 있는 보다 강력한 효력이 있다.

〈 조정이 성립된 사건을 이행하지 않는 경우 구체적 처리방안 〉

강제집행은 소비자분쟁조정위원회(사무국)에서 '조정서 송달 증명서'를 발급받은 다음 소비자분쟁조정 위원회의 소재지 관할 법원인 '서울중앙지방법원'에서 '집행문'을 부여받아 집행목적물이 소재하는 지방법원 소속 집행관사무실을 방문하여 강제집행을 신청할 수 있다.

–조정서 송달 증명서 발급

청구인 본인의 신분증, 조정결정서 정본, 조정서 등을 지참하여 한국소비자원 4층 소비자분쟁조정위원회 사무국에서 조정서 송달 증명서를 발급 받는다.

–강제집행 방법

발급받은 조정서 송달 증명서, 조정결정서 정본, 조정서를 한국소비자원 관할법원인 서울중앙지방법원(민사집행과 기타집행2계 02-530- 1899)에 제출하여 집행문을 부여받은 다음 집행목적물이 소재하는 지방법원 소속 집행관 사무실을 방문하여 강제집행을 신청한다.

(7) 조정 불성립의 경우

소비자분쟁조정위원회의 조정결정에 대하여 당사자 일방이 이를 거부하여 조정이 불성립된 경우 법원의 소송절차(소액심판제도 등 민사소송)을 통해 해결한다.

〈 소비자분쟁조정 절차도 〉

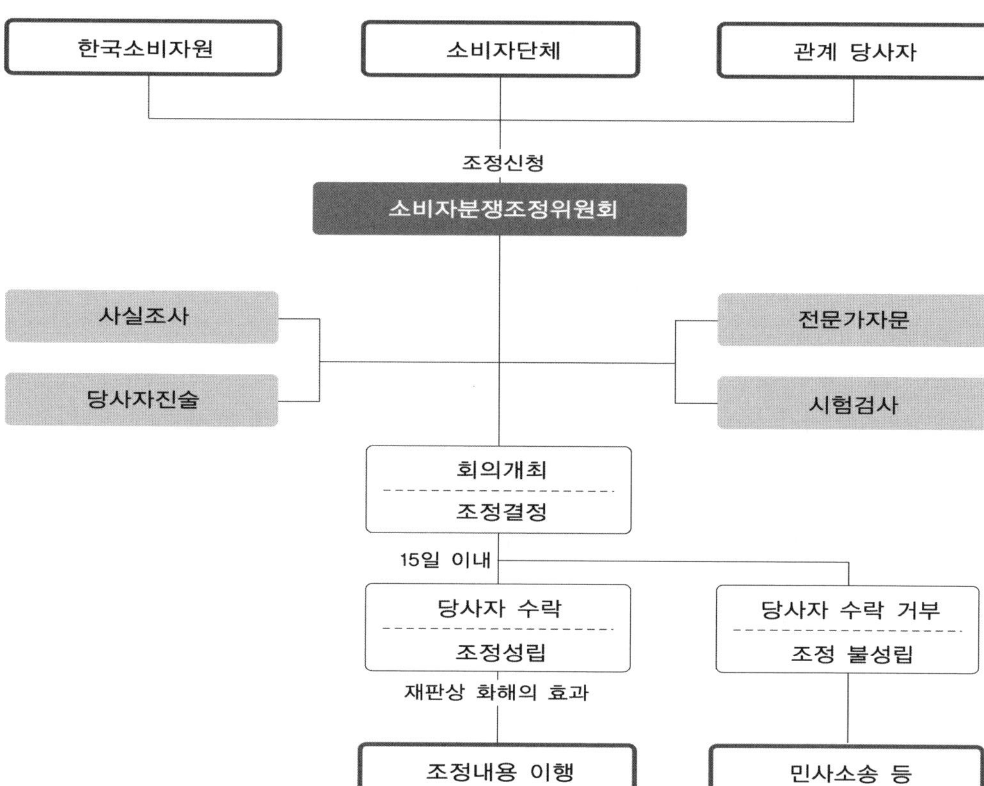

〈 조정 사례 〉

1. 사건개요

신청인은 2008. 4. 7. 피신청인으로부터 방문판매로 차량용 내비게이션을 718,000원에 구입한 후 제품이 마음에 들지 않고 계약 내용이 이행되지 않는 등의 사유로 2008. 4. 16. 내용증명으로 청약철회함.

2. 당사자 주장

가. 신청인(소비자)

신청인은 제품의 내용이 마음에 들지 않고 일부 계약내용이 미이행 되는 등의 사유로 2008. 4. 16. 청약철회하고 제품을 탈착하여 반송하였으므로 구입대금 718,000원의 환급을 요구함.

※ 현재 제품은 피신청인이 재반송하여 신청인이 보관중임.

나. 피신청인(사업자)

계약 내용의 미이행 사항이 없으며 신청인이 사전에 피신청인과의 협의 없이 탈착하여 내비게이션의 스크래치 및 출력증강기의 파손 및 전원이 들어오지 않는 하자가 발생하였으므로 구입 대금 환급 요구는 수용할 수 없음.

3. 판 단

가. 사실관계

(1) 계약 관련 사항

o 구입일 : 2008. 4. 7.

o 제품명 : 제**(차량용 내비게이션)

o 결제금액 : 718,000원(현금결제)

o 내용증명발송일 : 2008. 4. 16.

(2) 제품상태

위원회 담당자가 신청인으로부터 이 사건 제품을 인도받아 확인해 본 결과 내비게이션에는 뚜렷한 흠집을 발견하지 못하였으며 출력증강기에도 파손된 부분을 발견하지 못하였고 전원이 들어오지 않는 부분에 대하여는 우리원 시험검사소에 시험을 의뢰하고자 작동원리 및 기능 등에 대한 자료를 피신청인에게 의뢰하였으나 이에 응하지 않음.

나. 책임 유무 및 범위

신청인은 「방문판매 등에 관한 법률」 제8조(청약철회 등)에 따라 14일 이내에 청약철회를 하였고 제품의 하자 부분에 대하여는 피신청인이 협조하지 않아 확인할 수 없으나 신청인의 책임 있는 사유로 인하여 재화 등이 멸실 또는 훼손되었다고 단정하기 어려우므로 피신청인은 신청인으로부터 이 사건 내비게이션 등을 반환받고 구입대금 718,000원을 반환함이 타당하다.

다. 결 론

이상을 종합하면, 피신청인은 2008. 8. 23.까지 신청인으로부터 이 사건 내비게이션 등을 반환받음과 동시에 신청인에게 금 718,000원을 지급함이 상당하다.

4. 결정사항

피신청인은 2008. 8. 23.까지 신청인으로부터 이 사건 내비게이션 등을 반환받음과 동시에 신청인에게 금 718,000원을 지급한다.

2) 집단분쟁조정제도

(1) 의 의

다수의 소비자에게 같거나 비슷한 유형의 피해가 발생한 한국소비자원 내에 설치된 소비자분쟁조정위원회('조정 위원회')에서 일괄적으로 분쟁조정을 할 수 있다.

(2) 조정신청

① **의뢰 또는 신청기관**－국가, 지방자치단체, 한국소비자원 또는 소비자단체, 사업자가 조정위원회에 서면(집단분쟁조정의뢰 · 신청서)으로 의뢰 또는 신청

② **신청요건**－물품 등으로 인한 피해가 같거나 비슷한 유형으로 발생한 소비자의 수가 50명 이상이고, 사건의 중요한 쟁점(피해의 원인이나 결과)이 사실상 또는 법률상 공통되어야 한다.

〈 제 외 〉

- 소비자단체협의회의 자율적 분쟁조정, 한국소비자원 원장의 권고, 기타 사업자와 분쟁해결이나 피해보상에 관한 합의가 이루어진 소비자
- 분쟁조정기구에서 분쟁조정이 진행 중인 소비자
- 해당 물품 등으로 인한 피해에 관하여 법원에 소를 제기한 소비자

(3) 집단분쟁조정절차의 개시 및 공고

집단분쟁조정을 의뢰 또는 신청받은 조정위원회는 위원회의 의결로 집단분쟁조정의 절차를 개시할 수 있고 이 경우 조정위원회는 14일 이상 그 절차의 개시를 공고한다. 한국소비자원의 인터넷 홈페이지 및 전국을 보급지역으로 하는 일간신문에 게재한다.

(4) 참가신청

조정위원회는 집단분쟁조정의 당사자가 아닌 소비자 또는 사업자로부터 추가 참가신청을 접수한다. 추가 참가하려는 소비자 또는 사업자는 개시공고기간 내에 서면으로 신청한다.

(5) 조정결정

조정위원회는 집단분쟁조정의 당사자 중에서 공동의 이익을 대표하기에 적합한 1인 또는 수인을 대표당사자로 선임할 수 있고, 조정위원회는 대표당사자를 상대로 조정절차를 진행한다.

조정위원회는 집단분쟁조정절차 개시 공고가 종료한 날로부터 30일 이내에 그 분쟁조정을 마쳐야 하며, 부득이한 사정이 있는 경우에는 조정기한을 연장할 수 있다.

조정결정된 내용은 즉시 당사자에게 통보되며 당사자가 통보를 받은 날로부터 15일 이내에 분쟁조정의 내용에 대한 수락 여부를 조정위원회에 통보하여야 한다. 이 경우 15일 이내에 의사표시가 없는 때에는 수락한 것으로 본다.

(6) 조정의 효력

조정이 성립된 경우 그 조정내용은 "재판상 화해"와 동일한 효력이 있다(일반분쟁조정 사건과 동일). 즉, 민사소송법상의 확정판결과 동일한 효력이 발생한다.

조정이 성립된 후 당사자 일방이 이를 이행하지 않는 경우에는 법원(서울중앙지방법원)으로 부터 집행문을 부여받아 강제집행을 할 수 있다.

(7) 보상권고

조정위원회는 사업자가 조정위원회의 집단분쟁조정의 내용을 수락한 경우에 집단분쟁조정의 당사자가 아닌 자로서 피해를 입은 소비자에 대한 보상계획서를 작성하여 조정위원회에 제출하도록 권고할 수 있다.

보상계획서 제출을 권고받은 사업자는 그 권고를 받은 날부터 15일 이내에 권고의 수락여부를 통지하여야 한다.

조정위원장은 사업자가 제출한 보상계획서를 일정한 기간 동안 한국소비자원 인터넷 홈페이지에 공고하고, 집단분쟁조정 절차에 참가하지 못한 소비자는 보상계획서에 따라 피해보상을 받을 수 있다.

(8) 참고사항

소비자 피해 발생의 원인행위가 법 시행 이전이라도 집단분쟁조정사건의 요건을 구비한 경우 집단분쟁조정 신청·의뢰가 가능하다.

소비자는 집단분쟁조정을 신청할 수 있는 기관에 개별적으로 또는 집단(50명)으로 분쟁조정을 신청하여야 한다. 즉, 조정위원회에 직접 신청할 수는 없다.

〈 집단분쟁조정 개시공고의 예 〉

'리니지1 게임'계정 이용정지 사건에 대한 집단분쟁조정 개시

소비자분쟁조정위원회(위원장 정구환)는 2009년 2월 2일 리니지1 게임 이용자들이 자동사냥 프로그램을 사용하지 않았음에도 부당하게 게임 계정이 영구 이용정지 되었다는 이유로 (주)엔씨소프트를 상대로 이용정지 해제 및 위자료를 요구한 사건에 대하여 집단분쟁조정 절차를 개시하기로 결정했다.

※ 자동사냥 프로그램이란, 사람의 조작없이 자동적으로 게임 내 사냥행위를 수행하고 아이템을 취득함으로써 비정상적으로 짧은 시간에 높은 레벨에 진입할 수 있도록 하는 프로그램을 말하며, (주)엔씨소프트사의 운영정책에는 자동사냥 프로그램을 사용하였을 경우 단 1회의 위반만으로 계정을 영구 이용 정지하도록 되어 있음.

이번 사건은 4건의 집단사건 및 86건의 개별사건(신청인 390명, 473개 계정)을 병합한 첫 번째 온라인 게임 집단분쟁 사건으로서 소비자와 사업자간의 자동사냥 프로그램 단속에 관한 해묵은 다툼을 해결하는 계기가 될 것으로 보인다.

개시결정에 따라 소비자분쟁조정위원회는 2월 9일부터 2월 28일까지 동일한 피해를 입은 소비자들이 일괄적으로 구제받을 수 있도록 집단분쟁조정 참가신청 절차를 진행할 예정이다. 참가 신청을 원하는 소비자는 한국소비자원 홈페이지(www.kca.go.kr)−상담 마당−집단분쟁조정 참가/조회에서 참가 신청을 할 수 있다.

신청인은 반드시 리니지1 게임 계정 가입자 본인이어야 하며, 자동사냥 프로그램을 사용하지 않았음에도 게임운영자(GM)가 연출한 특이사항에 답변을 하지 못했음을 이유로 계정이 이용정지되었어야 한다.

또한 계정압류 시점이 2006년 3월 1일 이후인 소비자들만 참가할 수 있다. 이는 '전자상거래 등에서의 소비자보호에 관한 법률 시행령'에서 사업자는 소비자의 불만 또는 분쟁처리에 관한 기록을 3년간 보존하도록 규정되어 있어 계정이 압류된 지 3년이 지난 경우에는 피해의 확인이 불가능하기 때문이다.

〈 집단분쟁조정제도 절차도 〉

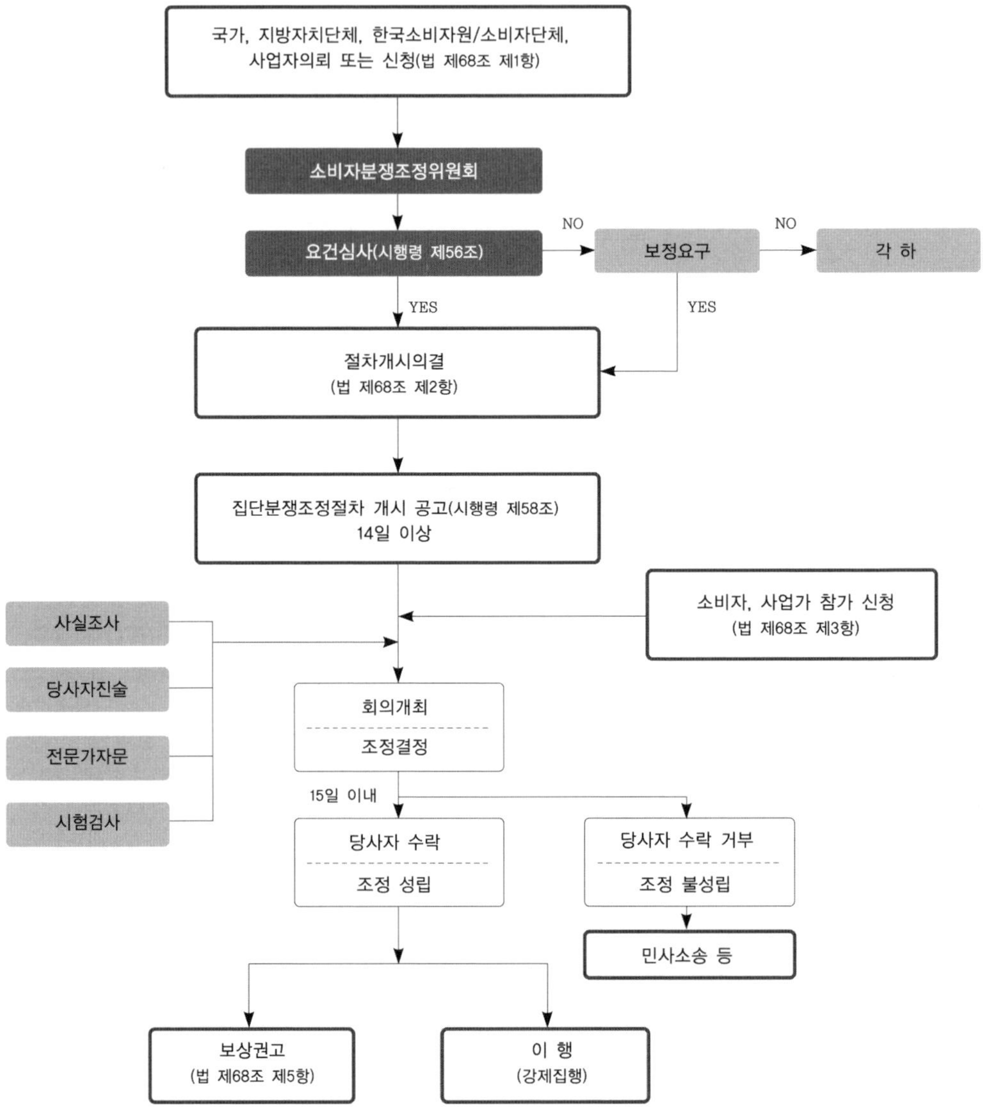

3) 전자상거래 분쟁조정제도

(1) 전자상거래 분쟁조정위원회

전자거래 분쟁을 신속 , 공정하게 해결하고, 그 피해를 구제하기 위해 전자거래기본법 제32조에 의거하여 2000년 4월 12일 한국전자거래진흥원 내에 설치되었다.

(2) 조정대상

소비자와 전자거래기업간(B2C), 개인간(C2C), 전자거래기업 상호간(B2B) 분쟁 등 전자거래 관련 모든 분쟁

(예) 배송관련(배송지연, 미인도, 배송비), 계약관련(계약취소거부, 계약조건변경, 약정불이행), 상품정보오기(가격오기 등), 반품 및 환불, 개인정보(침해, 유출 등), 온라인게임 등

(3) 조정방법

① 대면조정－특수하고 복잡한 사안의 경우 조정관계인이 조정장소(전자거래분쟁조정위원회조정실)에 출석, 대면하여 조정 진행

② 사이버조정

(a) 온라인채팅조정시스템 또는 음성화상조정시스템으로 진행

(b) 「2인 이상 다수인」이 공동으로 정보공개를 청구하는 때에는 「1인」의 대표자를 선정하여 청구

(c) 사이버조정센터(www.ecmc.or.kr)에 접속, 사이버상에서 조정절차의 전부 또는 일부를 진행함으로써 조정기한 단축 및 제반비용과 시간 절감

(d) 당사자간 지역, 시간, 장소의 제한 없이 실시간 조정 가능

(4) 조정절차

① 전자거래와 관련하여 분쟁이 발생한 경우 그 분쟁의 이해관계인은 위원회에 분쟁의 조정신청

② 위원장은 조정신청을 받은 때에 즉시 관계당사자에게 그 내용을 통지하고 합의 및 조정에 응할 것을 권고

③ 관계당사자가 조정에 응하거나 당사자간 합의가 이루어지지 않은 때에 이의 담당조정부 구성

④ 담당조정부 구성 후 대면 또는 사이버조정을 통해 조정안을 작성하여 당사자들에게 이의 수락 권고

〈 전자상거래 분쟁조정제도 절차도 〉

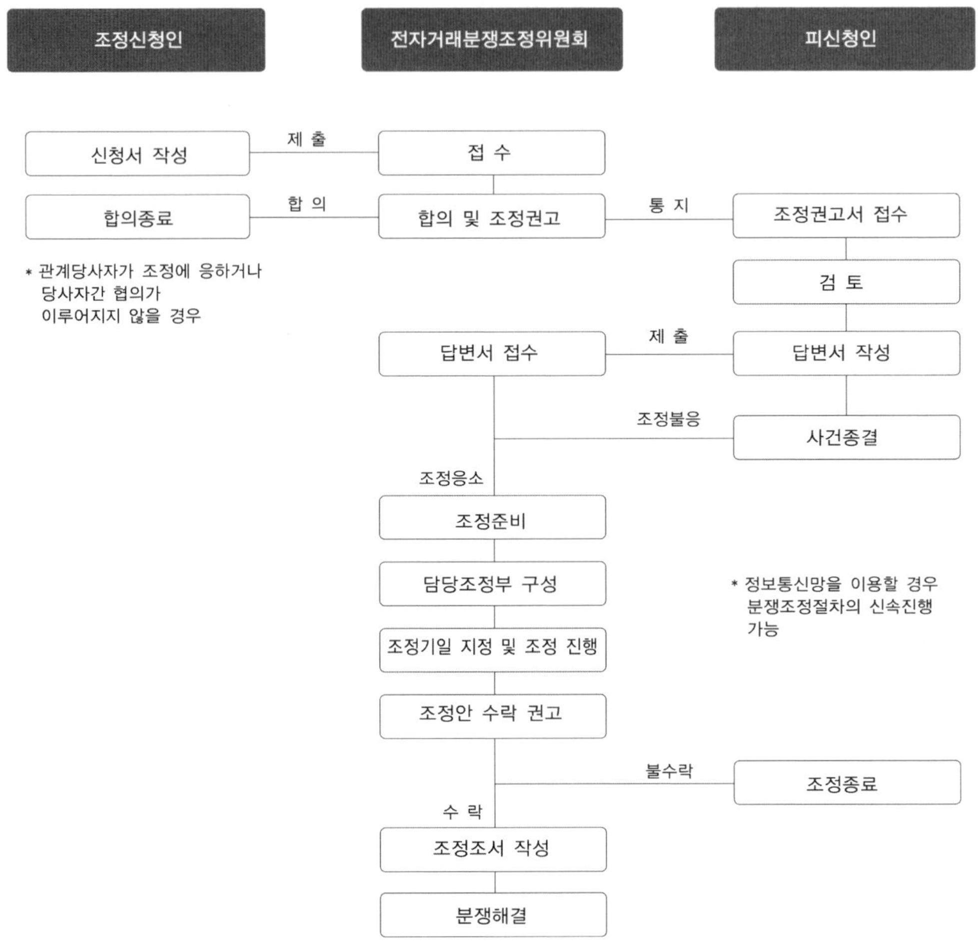

2. 개인정보보호 분쟁조정

개인정보의 침해 및 오·남용 등으로 인해 서비스제공자와 이용자가 분쟁이 생긴 경우, 침해사실의 입증곤란과 고가의 소송비용 등의 이유로 소송을 통한 해결방식은 비효율적이다. 따라서 신속하고 효과적인 구제를 위하여 법적인 해결 이전에 간편한 분쟁조정절차에 의해 해결하는 것이 필요하며, 이를 위해 개인정보보호종합지원시스템(www.privacy.go.kr)에 개인정보분쟁조정위원회가 설치되어 있다. 이는 개인정보보호법 제40조에 의거하여, 개인정보와 관련한 당사자 간의 분쟁사건을 접수하여 합리적이고 원만하게 조정하여 해결하는 업무를 담당하는 준사법적 기구이다. 개인정보분쟁조정위원회는 위원장 1인, 상임위원 1인을 포함한 20인 이내로서 부교수급 이상 교수, 판사, 검사 또는 변호사, 시민사회단체 또는 소비자단체 추천자 및 사업자 단체 임원 등 다양한 분야의 개인정보보호 전문가로 구성되어 있다.

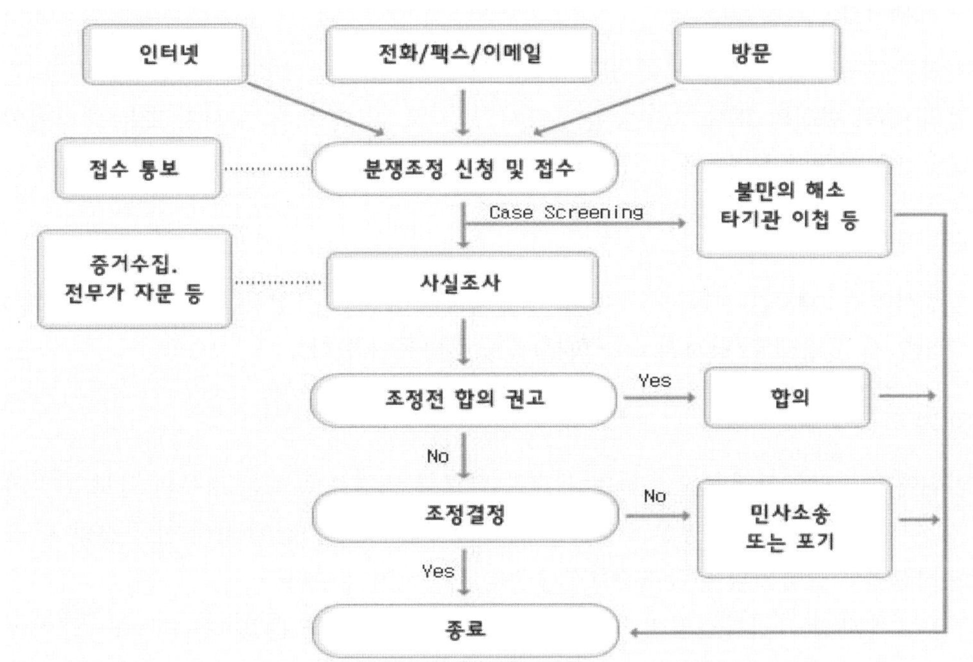

Ⅷ. 가압류

1. 가압류의 의의

가압류는 금전채권이나 금전으로 환산할 수 있는 채권에 관하여 장래 그 집행을 보전하려는 목적으로 미리 채무자의 재산을 압류하여 채무자가 처분하지 못하도록 하는 제도이다.

2. 가압류신청의 관할 법원

민사소송법상 가압류사건은 가압류할 물건의 소재지 지방법원이나 본안소송이 계속중이거나 앞으로 본안이 제소되었을 때 이를 관할 할 수 있는 법원 중 한 곳에 제출하여야 한다.

강제집행에 관하여는 당사자의 합의에 의한 합의관할은 인정되지 않는다.

3. 신청서의 기재사항 및 수수료

1) 기재사항

가압류신청서에는 당사자 및 법정대리인의 표시, 소송대리인의 표시, 신청의 취지, 신청의 이유, 법원의 표시, 소명방법의 표시, 연 · 월 · 일의 표시, 당사자 또는 대리인의 기명날인을 하여야 한다.

2) 수수료

신청서에는 2,000원(지급보증위탁문서의 제출을 동시에 신청하는 경우에는 2,500원)의 수입인지 및 송달료(당사자 수×3회분)를 납부하여야 한다.

3) 기 타

법원에서 가압류신청을 인용하는 재판은 담보를 조건으로 하는 경우와 담보없이 하는 경우가 있는 바, 담보제공을 조건으로 하는 경우에는 그 조건에 따라 현금 공탁 후 공탁서 사본을 제출하거나 공탁보증보험증권을 제출하여야 한다.

부동산에 대한 가압류결정의 경우 신청인은 재산소재지를 관할하는 시 · 구 · 군청에서 가압류할 금액의 2/1000에 해당하는 등록세와 등록세액의 20/100에 해당하는 교육세를 납부한 후 영수필증을 제출하여야 한다.

등록세액이 3,000원 미만인 경우에도 3,000원을 납부하여야 한다.

자동차 · 선박 가압류의 경우 등록세액은 1건당 7,500원, 건설기계인 경우 1건당 5,000원 그리고 항공기의 경우는 1건당 6,000원이며, 교육세액은 등록세액의 20/100이다.

4. 가압류의 집행기관

유체동산의 가압류는 집행관이 이를 집행한다. 채권자는 가압류결정정본을 가지고 가압류할 유체동산의 소재장소를 관할하는 지방법원 관할 집행관에게 집행위임을 하고 수수료를 납부하면 집행관은 14일 이내에 집행에 착수함과 동시에 재판서 정본을 채무자에게 송달한다.

가압류 신청서

채권자 : (연락처 :)
주 소 :

채무자 : (연락처 :)
주 소 :

청구채권의 표시

신청의 취지

신청의 이유

첨부 서류

20 . . .
위 채권자 (인)

지방법원 귀중

Ⅸ. 가처분

1. 가처분의 의의

채권자가 금전채권이 아닌 특정계쟁물에 관하여 청구권을 가지고 있을 때 판결이 확정되어 그 강제집행시까지 방치하면 그 계쟁물이 처분되거나 멸실되는 등 법률적 사실적 변경이 생기는 것을 방지하고자 판결을 받기 전에 그 계쟁물의 현상변경을 금지시키는 집행보전제도이다.

방법은 천태만상이므로 가처분의 형식도 일정하지 않으나, 일반적으로는 처분행위를 금지하는 처분금지가처분과 점유 이전행위를 금지하는 점유이전금지가처분이 있고, 또한 당사자간에 현재 다툼이 있는 권리관계 또는 법률관계가 존재하고 그에 대한 확정판결이 있기까지 현상의 진행을 그대로 방치한다면 권리자가 현저한 손해를 입거나 목적을 달성하기 어려운 경우에 잠정적으로 임시의 조치를 행하는 보전제도로서 예컨대 건물의 명도청구권을 본안의 권리로 가지고 있는 자에게 임시로 그 건물 점유자의 지위를 준다든지, 해고의 무효를 주장하는 자에게 임금의 계속 지급을 명하는 따위의 가처분을 할 수 있다.

2. 가처분 신청방법

가처분신청의 관할법원은 현재 본안소송(통상의 소송절차 및 독촉절차, 제소전화해절차, 조정절차, 중재판정절차 등)이 계속중이라면 그 법원이 관할법원이 되고, 현재 본안이 계속중에 있지 않으면 앞으로 본안이 제소되었을 때 이를 관할할 수 있는 법원에 제출하면 된다.

신청서에는 2,000원(지급보증위탁문서의 제출을 동시에 신청하는 경우에는 2,500원)의 인지와 송달료를 납부하여야 한다. 송달료는 당사자 수×3회분을 납부하여야 한다.

3. 기 타

법원에서 가처분신청을 인용하는 재판은 담보를 조건으로 하는 경우와 담보없이 하는 경우가 있는 바, 담보제공을 조건으로 하는 경우에는 그 조건에 따라 현금 공탁 후 공탁서 사본을 제출하거나 공탁보증보험증권을 제출하여야 한다.

부동산에 대한 가처분 촉탁시에는 등록세를 납부한 후 영수필증을 첨부하여야 한다. 피보전권리의 가액(소유권이전등기청구권인 때에는 부동산가액)의 2/1,000에 해당하는 등록세와 등록세액의 20/100에 해당하는 교육세이다. 납부장소는 부동산 소재지 시·구·군청이다.

가처분 신청서

채권자 : (연락처 :)
주 소 :

채무자 : (연락처 :)
주 소 :

목적물 가액

신청의 취지

신청의 이유

첨부 서류

20 . . .

위 채권자 (인)

법원 귀중

X. 민사소송

1. 민사소송의 의의

국민의 사적인 생활에서 발생하는 분쟁을 해결하기 위한 재판절차를 말한다.

2. 소장 작성 및 접수

1) 개 요

먼저 소장을 관할 법원에 제출해야 한다. 통상은 피고의 주소지를 관할하는 법원이 소를 제기해야 할 법원이 된다.

소장을 제출하기 위해서는 소를 제기하는 내용과 기술한 소장과 이에 따른 소장표지를 작성하고, 작성된 소장을 가지고 소장복사본 1부와 증빙서류를 갖추고 인지대와 송달료를 납부하여야 한다.

소장이 접수되면 피고에게 소장부본을 송달하여 원고의 청구에 대해서 어떻게 생각하는지를 답변서를 통해 밝히라고 통지한다. 또한 피고에게 언제 어디로 출석하라는 내용의 변론기일 소환장이 송달된다.

2) 관할법원의 확인

민사소송의 모든 재판은 원칙적으로 피고의 주소지를 관할하고 있는 법원에서 재판을 받게 되어 있다. 그러나 소송 수행상의편의를 감안하여 여러 가지 특별한 관할을 인정하고 있다.

가장 중요한 것은 재산권에 관한 소송은 의무 이행지를 관할하는 법원에 제기할 수 있다는 규정이다. 즉, 채무자가 채권자의 주소지에 가서 이행할 것을 요구하고 있다. 따라서 원고는 의무이행지인 자신의 주소지 관할 법원에 소송을 제기할 수 있다.

3) 소장의 작성

소송을 제기하려면 우선 소장을 작성하여 법원에 제출해야 한다. 소장의 작성 방법에 대해서는 아래(8. 소장의 작성방법)에서 자세히 소개한다.

4) 소장접수

소장이 완성되면, 소장에 첨부해야 하는 서류들을 준비해야 한다.

우선 피고에게 송달될 수 있도록 피고의 숫자만큼 소장을 더 만든 소장부본을 작성한다. 여기서 송달이란 당사자가 기타 소송관계인에게 소송상의 서류의 내용을 알 수 있는 기회를 주기 위해 법률상 정해진 방식에 의하여 서류를 전달하는 것을 말한다.

법원에 증거로 제출하는 문서인 서증까지 준비되면 서류들을 순서대로 편철하여 소장과 소장부본에 도장을 찍고, 중간에 빠진 장이 없다는 것을 확인하기 위해 간인을 한다. 이렇게 날인과 간인까지 마쳤으면, 이제 법원에 가서 송달료를 납부하고 인지를 붙인 후에 접수한다.

3. 피고의 대응

1) 상대방의 주장이 맞는 경우

소장을 수령한 경우 상대방의 주장이 맞다면, 재판기일 전 또는 재판기일에 상대방과 화해하든지 또는 법원에 조정을 해달라는 취지의 답변서를 제출하거나, 아예 재판 날짜에 나가지 않고 패소 판결문을 받으면 된다.

2) 상대방의 주장이 부당한 경우

원고의 소장 부본에 대응하여 자신의 주장을 정리해서 최초로 법원에 제출하는 서면을 답변서라고 하는데, 원고의 청구를 인정하지 않으면 되도록 빨리 답변서를 제출해야 한다. 이때에는 원고 숫자만큼의 사본을 만들어서 답변 뒤에 첨부하여 제출해야 한다.

4. 소장접수 후 절차

소장이 접수되면 소장부본과 변론기일 소환장이 피고에게 송달된다. 그런데 사정에 따라 송달이 안될 경우에는 주소 보정 명령에 따라 소장에 대한 보정 작업을 하면 된다. 보정 작업은 피고의 정확한 주소지를 확인하여 주소 보정서를 제출하면 된다.

그런데 피고가 어디에 살고 있는 지 도저히 확인할 수 없는 경우에는 공시송달 신청을 한다.

5. 1심 변론절차

1) 변론의 진행

(1) **개 요** : 변론이란 소송이 제기된 법원의 공개법정에서 당사자 쌍방이 말로써 판결을 하는 데 있어서 기초가 될 사실과 증거들을 제출하는 것이다. 이러한 변론기일은 판사가 심리를 종결할 때까지 계속된다.

(2) **제1차 변론의 진행** : 제1차 변론의 진행은 원고가 소장을 진술했을 때, 피고가 원고의 청구를 인정하면 판사가 변론을 그것으로 종결하고 즉시 판결선고를 하거나 선고기일을 지정하여 선고를 하게 된다. 하지만 피고가 출석했고 원고의 청구를 부인하는 경우에는 원고가 소장을 진술한 것처럼 피고가 미리 제출해 둔 답변서를 진술하면 된다.

피고가 불출석하면서 아무런 서류도 제출하지 않았을 경우에는 피고가 원고의 주장사실에 대해서 다투지 않는 것으로 인정되어 변론을 종결하고 선고를 한다.

(3) **제2차 변론기일의 준비** : 1차 변론으로 끝나지 않은 경우 2차 변론에서 진술하고자 하는 사항을 기재하여 미리 법원에 제출하는 준비서면을 작성한다. 준비서면은 재판장이 미리 읽어보고 소송을 지휘할 수 있도록 가능하면 빨리 제출하는 것이 좋다.

(4) **변론의 종결** : 원고와 피고가 주장 · 입증을 다 했다고 재판장이 판단하면 재판장은 변론을 종결하는데 이를 결심이라고 한다. 즉 심리를 끝냈다는 말이다. 변론을 종결할 경우에도 당사자는 변론을 재개할 것을 신청할 수 있는데, 이를 받아들일지 여부는 법원의 재량에 속한다.

2) 증거제출

(1) **개 요** : 민사재판에서 승소하기 위해서는 자신에게 유리한 증거와 증인을 찾아서 스스로 신청해야 한다. 이를 위해서 증빙서류제출, 증인신청과 증인신문, 검증/감정의 신청과 문서와 관련된 증거신청을 할 수 있다.

(2) **증인신청과 증인신문** : 증인이란 소송에 있어서 자기가 직접 보고 듣고 경험한 과거의 사실이나 상태에 대하여 진술하는 사람이다. 증인신문을 신청할 때에는 증인의 성명을 말하고 증인으로 신청하겠다고 말하면 된다.

(3) **검증, 감정의 신청** : 검증이란 법원이 직접 당해 사건에 관하여 보거나 듣고 느낀 것을 증거로 하는 증거조사 방법이다. 그리고 감정이란 특별한 지식이나 경험을 가진 제3자로부터 그 지식을 구체적 사실에 적용한 판단을 얻는 것을 목적으로 하는 증거조사방법이다.

(4) **문서와 관련된 증거신청** : 서증으로 제출하고 싶은 서류를 상대방이나 제3자가 가지고 있는 경우가 있다. 이 경우는 문서송부촉탁, 문서제출명령, 서증 조사를 이용하면 된다.

3) 판결의 선고 및 송달

(1) 판결의 선고 : 보통 변론이 종결된 날로부터 2~3주 후에 판결을 선고한다. 보통 법정에서는 판결을 선고할 때, 원고 또는 피고가 전부 승소한 경우에는 판사가 원고승소 또는 피고승소라고 간단하게 선고하는 경우가 많지만 원고가 일부만 승소한 경우에는 원고의 청구중에서 인정되는 부분을 구체적으로 밝히는 것이 보통이다.

(2) 판결문 송달 : 판결문은 판결이 선고된 날로부터 10일정도 지난 후에 도착하는 것이 보통이다. 판결문을 송달받으면 승소한 원고는 통상 붙여지는 가집행 선고에 근거하여 가집행을 할 수 있다.

6. 판결 선고 후 절차

1) 항소 및 상고절차와 판결확정

(1) 항소 및 상고절차 : 1심에서 패소한 원고와 피고는 항소나 상고를 할 수 있다. 항소는 판결문을 송달받은 날로부터 2주 이내에 원심법원에 항소장을 제출하면 되고, 상고 또한 판결문을 송달받은 날로부터 2주 이내에 상고장을 항소심법원에 제출하여 대법원에 상고할 수 있다.

그러나 상고이유는 항소이유와는 달리 제한이 있는데, 판결에 영향을 미친 헌법, 법률, 명령 또는 규칙의 위반이 있음을 이유로 해서만 상고할 수 있다.

(2) 판결확정 : 1심 판결이 내려졌는데, 패소한 당사자가 항소를 하지 않으면 판결은 확정된다. 패소한 당사자가 항소를 하고 또 상고까지 한 경우에는 대법원에서 판결을 선고할 때 확정된다. 그리고 항소나 상고를 하였다가 취하하거나, 항소권이나 상고권을 포기할 때에도 판결은 확정된다.

7. 소송비용 확정절차

법원은 판결을 선고할 때 소송비용을 누구의 부담으로 할 것인지를 판결문의 주문에 포함시키고 있다.

원고가 전부 승소한 경우에는 소송비용을 전부 피고에게 부담시키고 있다. 하지만 원고가 일부 승소한 경우에 판결문에서는 소송비용을 부담할 사람과 부담비율만 정해줄 뿐 구체적인 금액은 정해주지 않는다. 따라서 강제집행을 할 때 소송비용까지 포함시키려면, 별도로 소송비용 확정결정 신청을 해서 결정문을 받아야 한다.

신청시 원고는 소송비용확정결정 신청서, 소송비용계산서, 소송비용의 증빙서류(영수증 등)를 제출하여야 한다.

법원은 소송비용을 결정하기 전에 상대방에게 소송비용 계산서 등본을 송달하고 상대방이 아무런 의견을 내지 않으면 법원이 소송비용액을 결정한다. 이 소송비용액 확정결정은 1주일 이내에 즉시 항고를 하지 않으면 확정되고, 집행문을 부여받아 강제집행을 할 수 있다.

8. 소장의 작성방법

1) 표제어

소장 작성은 먼저 표제어로 소장이라고 표시한다.

2) 원고와 피고

소송을 제기하는 사람과 그 상대방을 '당사자'라고 하는데, 소송을 제기하는 사람을 '원고', 소송을 당한 상대방을 '피고'라고 한다.

(1) **성 명** : 성명은 가족관계등록부 또는 주민등록상의 이름을 명확히 기재하여야 한다. 성명기재가 잘못된 경우에는 당사자가 달라지게 되므로 자격이 없는 사람이 원고나 피고가 된 경우에는 법원은 소를 각하한다. 따라서 당사자가 누구인지 명확히 알 수 있도록 성명, 주소뿐만 아니라 필요한 경우 상호, 별명, 연령, 직업 등을 기재하여야 할 경우도 있다. 정확한 성명을 기재하기 위하여 가족관계등록부상의 이름과는 달리 널리 통용되는 별명이 있는 경우에는 별명을 함께 기재해도 좋다. 그리고 소를 제기할 당시에는 이름을 확실히 몰라 소장에 별명을 기재하였으나 소송진행 중에 본명을 알게 된 경우에는 소장정정신청을 하여 본명을 첨가하여 기재하여도 무방하다.

또 제소당시에 상대방의 이름이 너무 많아 종잡을 수 없는 경우에는 그 중에서 가장 널리 통용되는 이름을 기재하고 일명 ○○○라고 병기하여도 된다.

법인인 경우에는 법인의 명칭이나 상호를 표시하여야 하고 대표자 또는 관리인을 기재하여야 한다.

(예) 원고　　주식회사 ○○
서울 서초구 서초동
대표이사 최○○
서울 강남구 양재동

(2) 주 소 : 주소란에 기재하는 주소는 소장에 첨부하는 주민등록상의 주소지와 일치해야 한다. 증서상의 주소와 현주소가 다른 경우에는 전주소와 현주소를 같이 표시한다.

소송의 당사자가 법인인 경우에는 본점사무소 소재지를 표시하여야 한다. 또한 법인의 경우 공부상 주소와 현주소가 다른 경우에는 공부상 주소를 먼저 기재하고 현주소를 같이 기재한다.

(3) 우편번호 : 우편번호를 기재하는 것은 법원의 업무과중을 조금이라도 완화하기 위하여 법원에서 협조를 구하는 사항이다. 사건마다 일일이 법원에서 우편번호를 찾아서 소환장을 작성해야 하는 수고를 조금이라도 덜어주려면 미리 소장에 우편번호를 기재해 제출하는 것이 좋다.

(4) 전화번호 등 : 혹시 주소나 송달장소만으로 송달이 되지 않거나, 재판진행 중 재판부에서 급히 연락할 일이 경우에 연락이 가능할 수 있는 집이나 회사 전화번호나 핸드폰, 팩스 번호를 기재한다. 필수기재사항은 아니다.

(5) 송달장소 : 주민등록상의 주소지와 현재 살고 있는 곳의 주소지가 다르거나, 꼭 그렇지 않더라도 낮에는 회사에 출근하거나 집이 비워서 우편물을 받을 수 없는 것이 확실하다면(법원의 우편물은 낮시간에 본인에게 직접 전해주도록 되어 있다). 주민등록상의 주소 외에 낮시간에 직접 우편물을 받을 수 있는 주소(직장주소)를 기재한다.

송달장소란 그야말로 법원의 우편물을 보낼(송달할) 주소를 말하며, 원고건 피고건 법원의 우편물을 받을 수 있는 장소를 반드시 기재해야 한다. 이때 주민등록상의 주소지와 실제 우편물을 받을 장소가 다른 경우에, 그 주소를 '송달장소'라고 한다.

3) 사건명(소송의 이름)

소송을 통하여 청구하는 것이 어떤 사건인지를 표시하는 것으로 사건명은 정확하고 간결하게 표시한다. 예를 들면 '손해배상청구의 소' 또는 '대여금청구의 소' 등과 같이 붙인다. 이러한 명칭은 법에 의하여 정하여 진 것은 아니고 편의상 붙이는 것으로 한번 붙여지면 사건명은 소의 변경이 있더라도 바꾸지 않는 것이 관례이다.

4) 청구취지

청구취지란 어떠한 분쟁에 관하여 어떠한 분쟁해결방식을 원하는가에 대하여 간단히 표현하는 소송의 결론부분이라고 할 수 있다.

즉, 원고가 소송을 통해 어떤 재판을 요구하는가 하는 것을 표시하는 부분이다. 청구취지는 처음 소장 단계에서부터 분명하게 기재하는 것이 원칙이기는 하지만 소송을 진행하는 과정에서 판결을 선고하기 전까지는 언제든지 추가하거나 빼거나 변경할 수도 있다.

이러한 청구취지는 일정해야 하고 무조건이어야 한다. 이는 심판의 대상이나 범위가 불확정하다든지 조건적이 되어버리면 소송상태의 확실성이나 안정성을 유지할 수 없기 때문이다.

소장 기재 청구취지의 맨 마지막은 소송비용에 대한 청구와 가집행선고의 신청을 기재하는 경우가 많다. 이는 모든 소송에서 의례히 기재하는 부분이다.

5) 청구원인

소송을 하게 된 이유를 말하는 것으로 청구원인을 어느 정도의 분량으로 쓸 것인가에 대하여는 정해진 기준은 없다.

6) 입증방법

소장에 기재한 청구원인사실을 입증할 수 있는 증거들을 말한다. 증거의 기재는 소장의 필수적 기재사항은 아니고 임의적 기재사항이다. 모든 증거방법을 소장에 모두 기재하기는 어려우므로 통상 '구술변론시 수시 제출하겠음' 이라고 기재해 놓고 증거서류는 나중에 법원에 나갔을 때 필요에 따라 제출하는 경우가 많으나 명백한 증거방법이 있으면 소장에 기재한 후 소장 뒤에 증거서류를 첨부하면 된다.

소장에 기재하는 경우에는 甲 1호증 甲 2호증이라는 순번을 붙여서 구분하고 증거물 또는 증거서류 자체에도 이에 알맞은 번호를 붙여서 증거설명이 쉽도록 한다.

7) 첨부서류

소장에 첨부하는 서류가 있을 때에는 그 내역을 일일이 열거해야 한다. 이는 서류의 분산을 발견하기 쉽게 하고, 제출누락이 없는지 확인하기 쉽도록 한다. 소장에 항상 붙여서 제출하는 서류로는 인지대와 송달료 납부서와 소장부본 이다.

8) 소장부본

소장을 작성하면, 법원제출용 1부, 상대방에게 줄 것 1부(상대방이 2명이면 2부), 본인이 보관할 것 1부 등 최소한 3부를 만들어서 가지고 있어야 한다. 이 중 법원용과 상대방용은 소장 접수시에 법원에 접수하여야 한다.

9) 납부서

소장을 제출할 때는 민사소송등인지법에 의하여 인지를 첨부하여야 하며, 송달료 처리의 특례에 관한 규칙의 시행에 따른 송달료를 납부하여야 한다.

(인지대)

1심	1,000만원 미만	소가×0.005
	1,000만원~1억원 미만	소가×0.0045+5,000
	1억원~10억원 미만	소가×0.004+55,000
	10억원 이상	소가×0.0035+555,000

(송달료) 1회분 = 3,020원

민사 제1심 소액사건	당사자수×송달료 10회분
민사 제1심 단독사건	당사자수×송달료 15회분
민사 제1심 합의사건	당사자수×송달료 15회분
민사항소사건	당사자수×송달료 12회분
민사 상고사건(다)	당사자수×송달료 8회분
민사 조정사건(머)	당사자수×송달료 5회분
부동산 등 경매사건(타경)	(신청서상의 이해관계인 수+3)×송달료 10회분

10) 작성연월일

소송행위를 한 사람이 언제 무엇을 하였는지를 그 소송서류에 기재하여 둘 필요가 있다. 이는 여러 가지 서류를 제출한 경우 그 서류를 특정하는 데에는 그 일자가 중요한 구실을 하게 된다. 예를 들면 4월 6일자 준비서면, 7월 8일자 증거신청서 등으로 인용한다.

11) 원고의 성명기재와 날인

소장 말미에는 원고의 이름을 쓰고 그 옆에 도장을 찍어야 한다. 인감도장이 아니어도 상관없다. 소송서류가 여러 장인 경우에는 간인도 하여야 한다. 여기서 날인은 서류의 작성자가 하는 것이며 그 서류에 대하여 책임을 진다는 의미도 된다.

12) 제출법원

소장에 표시하는 법원은 소송을 제기하는 법원, 즉, 소장을 제출하는 법원을 적고, 그 옆에 '귀중'이라고 기재한다.

소 장

원고 김 O O
서울시 서초구 서초동
「송달할 장소 : 서울시 마포구 신공덕동」
우편번호 : 000-000
전화번호 :

피고 유 O O
서울시 영등포구 여의도동
우편번호 :

손해배상청구의 소

청 구 취 지

1. 피고는 원고에게 금 10,000,000원 및 이에 대한 2012. 3. 1부터 다 갚을 때까지 연 2할 5푼의 비율에 의한 돈을 지급하라.
2. 소송비용은 피고의 부담으로 한다.
3. 위 제1항은 가집행할 수 있다.

라는 판결을 구함.

청 구 원 인

1. 피고는 2012.3.1 오전 11시경 그가 보유하는 자가용승용차(차량번호 서울 2보 2345)를 운전하던 중, 강남구 역삼동 강남역 지점에서 횡단보도를 건너던 원고를 충돌하여 오른쪽 하퇴부에 골절 타박상을 가하여 6주간의 치료를 요하는 부상을 입혔다.

2. 위 부상으로 원고는 합계 1,000만원의 아래와 같은 손해를 입었다.

(1) 치료비 400만원

(2) 치료기간 중 영업를 못하여 수입이 감소된 손해 금 300만원

(3) 위자료 300만원

원고의 외부적인 상처는 치료되었으나 입원기간 중에 입은 정신적인 고통과 앞으로 부상한 부위의 후유증이 상당기간 계속될 수 있다는 담당의사의 의견에 따른 불안감 등을 참작하여 위 300만원의 위자료를 청구한다.

입증방법

1. 진단서(甲 제1호 증) 1통
2. 급여지급확인서 (甲 제2호 증) 1통

첨부서류

1. 위 입증서류 각1통
1. 소장부본 1통
1. 납부서 1통

20 . . .

위 원고 김 ○ ○ (인)

서울중앙지방법원 귀중

XI. 강제집행

1. 강제집행의 의의

빌려준 돈이나 상품대금 등 채권이 있으나 채무자가 임의로 변제를 아니한다고 하여 채권자가 함부로 채무자의 재산 또는 금품을 빼앗은 등의 강제행위는 할 수 없다.

이러한 경우 채권자의 신청에 의하여 국가가 정해진 법 절차에 따라 채권자를 대신하여 강제로 돈을 받아주는 것이 강제집행절차이다.

2. 강제집행정지

1) 판결문을 송달받은 후 2주일 내에 상소(항소, 상고)를 제기하면 판결은 확정되지 않는다. 또한, 판결의 내용이 소유권이전등기절차를 이행하라고 하는 등의 가집행선고가 없는 판결은 판결이 확정되기 전에는 강제집행을 할 수 없다.

그러나 판결에 가집행선고가 있는 경우에는 상소가 제기되어 판결이 확정되지 않았더라도 채권자는 집행문을 부여받아 강제집행을 실시하여 목적달성을 할 수 있기 때문에 이 경우 채무자는 강제집행정지신청을 하여 판결 확정시까지 강제집행을 일시 정지시킬 수 있다.

2) 강제집행정지신청을 하려면, 항소장을 원심법원에 접수하고, 접수증명서를 교부받아 강제집행정지신청서에 첨부하고, 신청서에 1,000원의 인지를 첨부하여 항소장 제출법원에 제출하면, 법원은 상당한 이유가 있는 경우 강제집행의 일시 정지를 명하는 결정을 하게 된다.

3. 집행문 부여

1) 집행권원

강제집행을 하려면 우선 집행력을 갖춘 집행권원이 있어야 하는데 민사소송법에 규정된 집행권원 중 중요한 것 몇 가지를 보면 판결, 화해조서, 인낙조서, 조정조서, 확정된 지급명령, 공정증서 등이 이에 해당한다.

2) 집행문 부여

다음은 위 집행권원에 집행문을 부여받고 송달증명, 확정증명 등을 부여받아야 한다. 집행문이란 그 채무명의에 기하여 강제집행을 할 수 있다는 증명서인 셈이다.

집행문을 부여받으려면, 판결은 소송기록이 있는 법원(항소심에 계류중이면 항소심 법원)에, 화해・조정・인낙조서는 해당법원, 공정증서는 공정증서를 작성한 공증인사무소에 집행권원을 첨부하여 집행문부여신청을 해야 한다.

법원에 제출할 집행문부여신청서 및 송달증명원, 확정증명원에는 각 500원의 인지를 첩부하여야 하며, 공증인에 대하여 신청하는 때에는 2,000원의 수수료를 납부하여야 한다. 집행문부여신청, 송달증명, 확정증명원의 신청서는 각 법원 민원실에 비치되어 있다. 또한 이 증명은 우편으로도 신청할 수 있다.

3) 강제집행신청

위와 같은 서류 등이 구비되면 강제집행의 대상을 선택하여 강제집행신청을 해야 하는데, 그 대상이 부동산이나 채권, 기타재산권인 때에는 법원에, 유체동산인 경우에는 집행관에게 신청하여야 한다.

강제집행정지결정 신청서

신 청 인 :
주 소 :
전화번호 :

피신청인 :
주 소 :
전화번호 :

신 청 취 지

신 청 이 유

소 명 방 법

20 . . .

위 신청인 (인)

지방법원 귀중

◈ 집행문부여신청, 송달증명원, 확정증명원

<table>
<tr><td>신 청 서</td><td>(*해당사항을 기재하고 해당번호란에 "○"표)</td></tr>
<tr><td colspan="2">사 건 번 호 : 가 (차) (단독 . . . 선고 기타)

원고(채권자) :

피고(채무자) :</td></tr>
<tr><td colspan="2">1. 집행문부여신청

위 당사자간 사건의(판결, 결정, 명령, 화해조서, 인낙조서, 조정조서) 정본에 집행문을 부여하여 줘기 바랍니다.</td></tr>
<tr><td colspan="2">2. 송달증명원

위 사건의 (판결, 결정, 명령, 화해조서, 인낙조서, 조정조서) 정본이 . . . 자로 상대방에 송달되었음을 증명하여 주시기 바랍니다.</td></tr>
<tr><td colspan="2">3. 확정증명원

위 사건의 (판결, 결정, 명령,)이 . . .자로 확정되었음을 증명하여 주시기 바랍니다.</td></tr>
<tr><td colspan="2">200 . . .

위 (1항, 2항, 3항) 신청인 원고(채권자) (인)
법원 귀중</td></tr>
<tr><td colspan="2">위(송달, 확정) 사실을 증명한다.
200 . . .
법원 법원사무관(주사) (인)</td></tr>
</table>

4. 부동산에 대한 강제집행

부동산에 대한 강제집행에는 강제경매신청과 임의경매신청을 하는 방법이 있다.

강제경매의 대상이 되는 부동산에는 토지와 건물, 공장재단, 광업재단, 광업권, 어업권, 소유권 보존등기된 입목, 지상권, 자동차, 건설기계 및 항공기가 있다.

강제경매는 채무자가 집행권원에 따른 급부 의무를 임의로 이행하지 않는 경우에 집행문이 부여된 집행권원, 송달증명원, 확정증명원, 부동산등기부등본 등을 구비하여 부동산소재지 지방법원에 경매신청을 하는 것이다.

임의경매는 저당권, 질권, 전세권 등 담보물권을 설정한 후 이행기에 채무자가 이행을 하지 않을 경우 담보권실행을 위하여 부동산소재지 지방법원에 담보권을 증명하는 등기부등본 및 설정계약서 등을 첨부하여 경매신청을 하는 것을 말한다.

임의경매는 집행권원이 필요하지 않으며 나머지 경매절차는 강제경매와 같다.

5. 금전채권에 대한 강제집행

1) 금전채권

채무자가 제3채무자에 대하여 가지는 금전의 지급을 목적으로 하는 채권을 말한다. 통상 압류의 대상이 되는 채권의 종류에는 매매대금, 대여금, 급료, 임대차보증금, 도급대금, 공탁금출급청구권, 전화설비비, 예금채권 등이 있다.

2) 신청의 방식 및 요건

압류명령을 신청하기 위하여는 집행문이 부여된 집행권원, 집행권원의 송달증명, 집행문 및 증명서등본의 송달, 이행일시의 도래, 담보제공증명서의 제출 및 그 등본의 송달, 반대급부제공 등의 요건을 갖추어야 한다.

신청서에는 집행력 있는 정본, 송달증명원, 집행당사자 및 제3채무자가 법인인 때에는 법인등기부등본, 대리인에 의한 신청일 때에는 위임장 등의 서면을 첨부해야 한다.

압류명령 신청서에는 2,000원의 인지를 첩부하고, 송달료 〔3회분×3,020(우편료)〕를 납부하여 채무자 주소지 관할 지방법원에 제출하여야 한다.

압류명령과 추심명령, 전부명령을 동시에 신청하는 경우에는 4,000원의 인지를 첩부하여야 한다.

3) 압류의 효과

압류명령이 제3채무자에게 송달이 되면 채무자에게는 송달이 되지 않았다 하더라도 효력이 발생하며, 압류명령을 받은 제3채무자는 채무자에 대한 지급이 금지된다.

압류신청과 동시 또는 압류가 된 후에 채권자는 추심명령을 신청하여 그 명령서를 가지고 채무자 대신 압류된 채권을 제3채무자로부터 받아갈 수 있고, 전부명령을 신청하여 제3채무자에 대한 채권을 직접 압류채권자에게 이전하는 방법을 취할 수도 있다.

6. 동산에 대한 강제집행

1) 의 의

동산집행에 있어서는 집행관이 집행기관이 된다. 따라서 채권자는 압류할 대상을 정한 다음 집행문이 부여된 집행권원과 송달증명서를 구비하여 집행목적물이 소재하는 지방법원소속 집행관에게 서면으로 집행신청을 하여야 한다.

신청서에는 채권자, 채무자 및 대리인의 표시, 집행권원의 표시, 강제집행의 목적물인 유체동산의 소재장소 등을 기재하여야 한다. 신청서는 집행관 사무실에 비치하고 있다.

2) 집행절차

채권자가 집행관에 대하여 집행위임을 하면 집행관은 채무자소유의 유체동산 중 압류가 금지되는 물건(민사집행법 제195조에서 규정하고 있음)을 제외하고 압류를 실시한 후 압류물을 경매방법으로 또는 적의 매각의 방법으로 환가하여 영수한 매득금을 채권자에게 인도하는 방법으로 진행한다.

부동산강제경매신청서

수입인지 5,000원

채 권 자 성 명 :
주 소 :

채 무 자 성 명 :
주 소 :

청구금액 : 원금 원 및 이에 대한 : 200 년 월 일부터 다갚을 때까지 연 % 비율에 의한 금원
경매할 부동산의 표시 : 별지 목록 기재와 같음

항소 사건경매의 원인된 채권과 집행할 수 있는 채무명의

채무자는 채권자에게 법원 9 가 청구사건의 20 년 월 일 선고한 판결(또는 공증인 작성 호 공정증서)의 집행력 있는 정본에 기하여 위 청구금액을 변제하여야 할 것이나 이를 이행하지 아니하므로 위 부동산에 대한 강제경매절차를 개시하여 주시기 바랍니다.

첨 부 서 류

1. 집행력 있는 정본 1통
2. 송달증명서 1통
3. 부동산등기부등본 1통

20 . . .
위 채권자 (인)
(연락처 :)

지방법원 귀중

부동산임의경매신청서

수입인지 5,000원

채 권 자 성 명 :
주 소 :

채 무 자 성 명 :
주 소 :

소 유 자 성 명 :
주 소 :

청구금액 : 원금 원 및 이에 대한 : 200 년 월 일부터 다 갚을 때까지
연 % 비율에 의한 금원
경매할 부동산의 표시 : 별지 목록 기재와 같음

담보권과 피담보채권의 표시

채권자는 채무자에게 20 년 월 일 금 원을, 이자는 연 %, 변제기일 20 년 월 일 지방법원 등기 접수 제 호로서 저당권설정등기를 마쳤는데, 채무자는 변제기가 경과하여도 아직까지 변제하지 아니하므로 위 청구금액의 변제에 충당하기 위하여 부동산에 대하여 담보권실행을 위한 경매절차를 개시하여 주시기 바랍니다.

첨 부 서 류

1. 부동산등기부등본 1통
2. 채권증서 1통

20 . . .

위 채권자 (인)
(연락처 :)

지방법원 귀중

채권압류 및 추심명령신청

채 권 자 :
주 소 :

채 무 자 :
주 소 :

제 3 채무자 :
주 소 :

청구채권의 표시

1. 금 원
2. 압류할 채권의 종류 및 수액

신 청 취 지

채무자가 제3채무자에 대하여 가지고 있는 위 채권을 압류한다. 제 3채무자에 대하여 위 압류된 채권의 지급을 하여서는 아니된다. 라는 재판을 구한다.

신 청 원 인

첨 부 서 류

20 . . .

위 채권자 (인)

지방법원 귀중

압류할 채권의 표시 사례

1. 대여금

금 원

채무자가 제3채무자에 대하여 년 월 일 대여한 금 원의 대여금 반환청구채권

2. 매매대금

금 원

채무자가 제3채무자에게 년 월 일 매도한 물건에 대한 금 원의 매매대금 채권

3. 급 료

금 원

채무자가 제3채무자로부터 매월 지급받는 급료(본봉 및 제수당) 및 기말수당(상여금)중 제세공과금을 공제한 잔액의 1/2씩 위 청구금액에 이를 때까지의 금액 및 위 청구금액에 달하지 아니한 사이에 퇴직한 때에는 퇴직금 중 제세공과금을 공제한 잔액의 1/2씩 위 청구금액에 이를 때까지의 금액

4. 임대차 보증금

금 원

채무자가 제3채무자로부터 년 월 일 를 임차함에 있어 제3채무자에게 지급한 임대차보증금 금 원의 반환채권

5. 공탁금출급청구권

금 원

채무자가 제3채무자에 대하여 가지는 년 월 일 공탁자 가 물건의 매매대금으로서 로 공탁한 금 원의 출급청구권

채권압류 및 전부명령신청

채 권 자 :
주 소 :

채 무 자 :
주 소 :

제 3 채무자 :
주 소 :

청구채권의 표시

1. 금 원
지방법원 (. . . 선고)의 이행판결에 의한 원금 채권의 일부

2. 압류할 채권의 종류 및 수액

신 청 취 지

1. 채무자가 제3채무자에 대하여 가지고 있는 위 채권을 압류한다.
2. 제3채무자에 대하여 위 압류된 채권의 지급을 하여서는 아니된다.
3. 위 압류된 채권은 지급에 갈음하여 채권자에게 전부한다.

라는 재판을 구한다.

신 청 원 인

첨 부 서 류

20 . . .

위 채권자 (인)

지방법원 귀중

제 2 장

형사사건에 관한 법률실무

Ⅰ. 형사사건과 형사절차

1. 형사사건이란?

1) 형사사건의 의의

살인, 강도, 뇌물수수처럼 중대하고, 사회전체에 미치는 영향이 큰 문제를 국가의 힘(공권력)으로 강제로 해결해야 하는 사건을 말한다. 이러한 형사사건은 개인의 자유와 신체에 미치는 영향이 크기 때문에 엄격히 법률로서 그 처벌 대상을 정해 놓는데, 이를 "죄형법정주의"라 한다.

2) 형사사건의 형태

(1) 개인에 관한 범죄(개인 간의 법익 침해)

① 인격적 법익침해－살인, 폭행, 상해, 강간, 주거침입, 명예훼손 등

② 재산적 법익침해－절도, 강도, 사기, 공갈, 횡령, 배임, 장물 등

(2) 사회법익에 관한 범죄(사회질서 침해) : 방화, 문서위조, 화폐위조, 도박 등

(3) 국가법익에 관한 죄 : 내란, 외환, 직권남용, 공무집행방해, 위증, 무고죄 등

3) 특수한 형태의 형사사건

(1) 폭력행위 등 처벌에 관한 법률 : 야간에 흉기를 가지고 2명 이상이 폭력을 행사할 경우 적용

(2) 특정범죄 가중처벌법 : 뺑소니, 고액뇌물, 불법체포, 유괴, 상습절도, 보복 등

2. 형법의 기능

1) 규제적 기능

형법이 일정한 범죄에 대하여 일정한 형벌을 과할 것을 예고함으로써 당해 범죄에 대한 국가의 규범적 평가를 밝히는 작용을 말한다.

2) 보호적 기능

형벌이 범죄에 의하여 침해될 사회질서의 기본가치를 보호하는 작용을 말한다. 여기서 사회질서의 기본가치란 법익뿐만 아니라 사회 윤리적 행위가치도 포함되는 것으로 보고 있다.

3) 보장적 기능

형법이 국가형벌권의 한계를 명백히 하여 자의적 형벌로부터 국민의 자유와 권리를 보장하는 작용을 말한다.

4) 사회 방위적 기능

형법이 범죄로부터 사회를 방위·보존하고 사회의 안녕질서를 유지하기 위한 작용을 말한다(형법의 본질적 기능).

3. 형 벌

1) 형벌의 본질

(1) 응보형주의 응보형주의란 형벌의 본질을 범죄에 대한 정당한 응보라고 이해하는 사상이다.

(2) 목적형주의

① 의 의 – 목적형주의란 형벌의 본질을 장래의 범죄를 예방하여 범죄로부터 사회를 방위하려는 목적을 위한 수단으로 이해하려는 사상이며 근대학파에 의하여 주장된 것이다. 형벌은 응보로써 그 자체에 목적이 있는 것이 아니라 범죄를 예방하고 사회를 방위·보호하려는 목적을 위한 수단이다.

② 근 거 – 목적형주의는 형이상학적인 자유의사에 기초를 둔 응보형 사상이 범죄에

방에 있어서 무력하다는 방법론적 반성에 그 근거를 두고 있다.

③ 내 용

㉠ 형벌은 그 자체가 목적이 아니라 범죄예방 또는 사회방위와 같은 목적을 가진 것으로 파악한다.

㉡ 배분적 정의를 실현하는 것을 그 이념으로 한다.

㉢ 형벌로써 사회방위의 목적을 달성하기 위하여는 범인의 반사회적 성격을 교육·개선하지 않으면 안된다. 따라서 목적형주의는 교육형주의 내지 개선형주의로 발전하게 되었다.

④ 구 분

㉠ 일반예방주의－범죄예방의 대상을 사회일반인에게 두고 형벌에 의하여 사회일반인을 위하·경계함으로써 범죄를 범하지 못하도록 하여 범죄예방의 효과를 얻으려는 사상이다.

(ⅰ) 형벌집행에 의한 일반예방론 : 필란제리에 의하여 주장되어 불란서 혁명(1789년) 전까지 채용된 것으로 형벌의 집행에 의하여 사회일반인을 위하·경고함으로써 범죄예방의 목적을 달성하려는 견해이다. 위하설이라고도 한다. 오히려 무감각하게 되거나 변태심리적 효과를 가져 올 염려가 있다.

(ⅱ) 형벌예고에 의한 일반예방설 : 베카리아·벤담 등에 의하여 주장되고, 포이에르바하의 심리강제설에 의하여 이론적으로 완성된 것이다. 형벌예고에 의한 심리강제설이라고도 한다.

㉡ 특별예방주의－범죄예방의 대상을 범죄인 그 자체에 두고 형벌은 범죄인이 재범을 하지 않도록 예방함을 그 목적으로 하는 사상이다.

(ⅰ) 배해설 : 사형·무기자유형에 의하여 범죄인을 사회로부터 배해처분하려는 견해이다. 범죄인 분류에 대응하여 개선가능자에 대하여는 개선적 처분을, 개선불능자에 대하여는 도태·배해적 처분을 적용함으로써 형벌의 본질·목적인 사회방위를 실현하는 것이다.

(ⅱ) 개선설 : 범죄인의 재범가능성을 방지함에 중점을 두고 범죄인이 다시 범죄를 범하지 않도록 개선·교화하여 유용한 사회일원으로 복귀시키려는 견해이다.

(ⅲ) 교육형설 : 범죄를 범죄인의 반사회적 성격의 징표라고 하고, 범죄예방의 방법으로서의 형벌은 범죄인의 반사회적 성격을 교육·개선하는 데 있다는 견해이다.

⑤ 비 판

㉠ 일반예방주의

(ⅰ) 형벌집행에 의한 일반예방설, 즉 위하설은 공포에 무감각한 이상자 또는 우발범인 에는 효과가 없다. 일시적인 효과가 있더라도 계속하여 반복될 때에는 오히려 무감각하게 되거나 변태심리를 낳게 하여 역효과를 초래한다고 하지 않을 수 없다.

(ⅱ) 형벌예고에 의한 일반예방론, 즉 심리강제설은 모든 인간을 범죄에의 쾌락과 형벌에의 불쾌를 합리적·타산적으로 교량한 끝에 행동한다는 이성적 인간상을 전제로 한다. 그러나 범인의 대부분은 이성을 상실한 비정상인 또는 정신결함자일 뿐만 아니라 충동에 따라 행동하는 현실의 인간임을 간과하고 있다.

(ⅲ) 위하력을 지나치게 과신한 나머지 국가에 의한 폭력을 초래할 위험이 있고 범인에게 부당한 희생을 강요함으로써 현대국가의 인권존중의 사상에 배치된다고 하지 않을 수 없다.

㉡ 특별예방주의

(ⅰ) 특별예방주의를 일관할 때에는 형벌은 보안처분에 의하여 대체되어야 하는 결과가 된다.

(ⅱ) 형벌이 범죄인의 사회복귀를 위한 교육이라는 이유만으로 형벌의 정당성을 인정할 수는 없다.

2) 형벌의 종류

(1) 사 형 : 사형은 수형자의 생명을 박탈하는 것을 내용으로 하는 생명형이며, 가장 중한 형벌이다. 집행방법은 교수형이 원칙이나 군인인 경우 총살형을 처할 수도 있다. 현행 형법상 사형을 과할 수 있는 범죄로는 내란죄, 외환죄, 간첩죄, 폭발물사용죄, 방화치사죄, 살인죄, 강도살인 및 해상강도살인·치사·강간죄 등이다.

(2) 징 역 : 수형자를 형무소 내에 구치하여 정역(강제노동)에 복무하게 하는 형벌로서, 수형자의 신체적 자유를 박탈하는 것을 내용으로 한다는 의미에서 금고 및 구류와 같이 자유형이라고 한다.

징역에는 무기와 유기의 2종이 있고, 무기는 종신형을 말하며, 유기는 1월 이상 30년 이하이고, 유기징역에 형을 가중하는 때에는 최고 50년까지로 될 수 있다.

(3) 금 고 : 수형자를 형무소에 구치하고 자유를 박탈하는 점에서 징역과 같으나, 정

역에 복무하지 않는 점에서 징역과 다르다. 그러나 금고수형자에게도 신청에 의하여 작업을 과할 수 있다. 금고에 있어서도 무기와 유기가 있으며, 그 기간은 징역형과 같다. 금고는 주로 과실범 및 정치상의 확신범과 같은 비파렴치성 범죄자에게 과하고 있다.

(4) 구 류 : 금고와 같으나 그 기간이 1일 이상 30일 미만이라는 점이 다르다. 구류는 아주 예외적인 경우에만 적용되며(동법 제266조 과실상해죄), 주로 경범죄에 과하고 있다(경범죄처벌법상의 경범죄 등). 형무소에 구치하는 것이 원칙이나 실제로는 경찰서의 유치장에 구금하는 경우가 많다.

(5) 자격상실 : 수형자에게 일정한 형의 선고가 있으면 그 형의 효력으로서 당연히 일정한 자격이 상실되는 형벌 범죄인의 일정한 자격을 박탈하는 의미에서 자격정지형과 더불어 명예형 또는 자격형이라고 한다.

형법상 자격이 상실되는 경우로써 사형, 무기징역 또는 무기금고의 판결을 받은 경우이며, 상실되는 자격은 ① 공무원이 되는 자격, ②공법상의 선거권과 피선거권, ③ 법률로 요건을 정한 공법상의 업무에 관한 자격, ④ 법인의 이사, 감사 또는 지배인 기타 법인의 업무에 관한 검사역이나 재산관리인이 되는 자격이다.

(6) 자격정지 : 수형자의 일정한 자격을 일정한 기간 정지시키는 경우로 현행 형법상 범죄의 성질에 따라 선택형 또는 병과형으로 하고 있다. 유기징역 또는 유기금고의 판결을 받은 자는 그 형의 집행이 종료하거나 면제될 때까지 자격상실의 내용 중 ①, ②, ③의 자격이 당연 정지된다. 판결 선고에 기하여 다른형과 선택형으로 되어 있을때 단독으로 과할 수 있고, 다른 형에 병과할 수 있는 경우 병과형으로 과할 수 있다. 자격정지기간은 1년 이상 15년 이하로 하고 그 기산점으로 유기징역 또는 유기금고에 자격정지를 병과하였을 경우 징역 또는 금고의 집행을 종료하거나 면제된 날로부터 정지기간을 기산하고, 자격정지가 선택형인 경우(단독으로 과할 경우) 판결이 확정된 날로부터 기산한다.

(7) 벌 금 : 범죄인에 대하여 일정액의 금전을 박탈하는 형벌로 과료 및 몰수와 더불어 재산형이라고 한다. 벌금은 50,000원 이상으로 한다. 다만, 감경하는 경우에는 50,000원 미만으로 할 수 있다. 벌금은 판결확정일로부터 30일 이내에 납입하여야 하며, 벌금을 납입하지 아니한 자는 1일 이상 3년 이하 노역장에 유치하여 작업에 복무하게 하는데 이를 환형유치라고 한다.

(8) 과 료 : 벌금과 같으나 그 금액이 2천원 이상 5만원 미만으로, 판결확정일로부터 30일 이내에 납입하여야 하며, 납입하지 아니한 자는 1일 이상 30일 미만의 기간 노역

장에 유치하여 작업에 복무하게 한다.

(9) 몰 수 : 몰수는 원칙적으로 타형에 부가하여 과하는 형벌로서, 범죄행위와 관계있는 일정한 물건을 박탈하여 국고에 귀속시키는 처분이다. 몰수에는 필요적 몰수와 임의적 몰수가 있는데 임의적 몰수가 원칙이다. 몰수할 수 있는 물건으로는 ① 범죄행위에 제공하였거나 제공하려고 한 물건, ② 범죄행위로 인하여 발생하였거나 이로 인하여 취득한 물건, ③ ① 또는 ②의 대가로 취득한 물건으로서 범인 이외의 자의 소유에 속하지 아니하거나 범죄 후 범인 이외의 자가 정을 알면서 취득한 물건의 전부 또는 일부이다. 몰수하기 불가능한 경우 그 가액을 추징한다(동법 제48조 제1항, 제2항).

4. 죄형법정주의

1) 개 념

전통적인 의미에 있어서 죄형법정주의란 「법률 없으면 범죄 없고 형벌도 없다」는 근대형법의 기본원리를 말한다. 법률구속성의 원칙이라고도 한다.

2) 존재의의

(1) 형법최고의 인권보장원리

죄형법정주의는 죄형전단주의와 대립된 개념으로서 국가형벌권의 자의적 남용으로부터 시민의 인권을 보장하기 위한 근대법치국가가 쌓아올린 금자탑으로 개인의 자유와 권리를 보장하기 위한 기준임과 동시에 형법의 '최고원리'로서의 의미를 갖는다.

(2) 형법해석의 기준

죄형법정주의는 실정형법의 해석과 적용에 있어서 최고의 가치기준으로서의 의미를 갖는다.

3) 죄형법정주의의 현대적 내용

(1) 관습형법금지의 원칙 : 불문형법의 일종인 관습법은 형법의 법원으로서는 금지되어야 한다.

(2) 유추해석금지의 원칙 : 법문의 가능한 의미를 넘어서 명시되지 아니한 유사한 사실에까지 법문을 적용하려는 해석으로서 법관에게 일종의 법의 창조를 허용하여 국민의 예측가능성을 박탈하는 결과가 되어 죄형법정주의에 반하므로 이를 허용할 수 없다.

(3) 형법불소급의 원칙 : 형벌법규는 그 시행 이후에 이루어진 행위에 대해서만 적용되고 시행 이전의 행위에까지 소급하여 적용할 수 없다.

(4) 절대적 부정기형금지의 원칙 : 범인에게 선고할 형은 정기형이고 부정기형은 금지한다는 원칙이다. 절대적 부정기형은 형이 명확하지 않은 경우에 해당하여 법적 안정성을 해치고 인권보장을 위태롭게 할 뿐만 아니라 법관이 유죄선고만 하였다가 행형성적에 따라 집행기관이 그 형량을 정한다면 사법권에 대한 행정권의 침해가 되어 죄형법정주의에 반하므로 허용될 수 없다.

(5) 명확성의 원칙 : 법률로써 규정한 범죄의 구성요건과 형벌의 양(형기)와 질(종류)은 일반인이 사전에 알 수 있도록 명확히 규정되어 있어야 한다는 것을 말한다.

(6) 적정성의 원칙 : 형벌법규의 내용이 기본적 인권을 실질적으로 보장할 수 있도록 적정해야 한다는 것이다.

5. 범죄의 개념과 성립요건

1) 범죄의 개념

사회적 유해성을 지닌 행위 또는 문화규범에 반한 행위라고 할 수 있지만 좁은 의미로는 법적으로 보호되는 생활이익 또는 가치라고 하는 법익을 침해 또는 위협하는 반사회적 행위를 말한다.

2) 범죄의 본질

(1) 권리침해설 : 개별적인 권리를 침해하는 데 범죄의 본질이 있다는 견해이다.

(2) 법익보호설 : 법률상 보호되어 있는 생활이익 내지 가치라고 하는 법익을 침해 또는 위태롭게 하는 데 범죄의 본질이 있다는 견해이다. 통설의 입장이다.

(3) 의무위반설 : 사회질서 내지 법익을 침해하지 아니할 의무를 위반한 데 범죄의 본질이 있다는 견해이다.

3) 범죄의 성립요건

(1) 구성요건해당성 : 구체적 사실이 범죄의 구성요건에 해당하는 성질을 말한다.

(2) 위법성 : 구성요건에 해당하는 행위가 법률상 허용되지 않는 성질을 말한다. 그러나 정당행위, 정당방위, 긴급피난, 자구행위, 피해자의 승낙에 의한 행위 등은 구체적 행위가 형식적으로 구성요건에 해당하더라도 실질적으로 사회상규에 위배되지

아니하기 때문에 예외적으로 허용된다.

(3) **책임성** : 해당 행위를 한 행위자에 대한 비난가능성을 말한다. 따라서 형사미성년자, 심신상실자와 같은 책임무능력자의 행위나 강요된 행위는 책임이 조각되어 범죄로 되지 않는다.

4) 범죄의 가벌요건

(1) **객관적 가벌요건** : 범죄의 성부와 관계없이 성립된 범죄의 가벌성만을 좌우하는 외부적·객관적 사유를 말한다. 예컨데 사전수뢰죄에 있어서「공무원 또는 중재인이 된 사실」이 여기에 해당한다.

(2) **인적 가벌요건** : 이미 성립한 범죄에 관하여 행위자의 특별한 신분관계 또는 태도로 인하여 형벌권의 발동이 저지되는 인적 사정을 말한다.

(3) **소추조건**

① **친고죄**－소송제기에 피해자 기타 일정한 고소권자의 고소를 필요로 하는 범죄를 말한다. 정지조건부 범죄라고도 한다.

② **반의사불벌죄**－피해자의 명시한 의사에 반해서는 소추할 수 없는 범죄를 말한다. 해제조건부범죄라고도 한다.

③ **특별법상의 고발**－조세범처벌법위반(제6조), 관세법위반(제299조 제1항)

6. 형사사건의 절차

1) 수 사

수사란 이러한 형사사건을 조사하는 절차를 말하는 것이다. 모든 수사의 최종 책임자는 검사입니다. 범죄가 성립되는지, 어떤 처분을 해야 하는지를 결정하는 것은 매우 어렵고 중요하므로 판사와 동등한 자격 및 능력을 갖춘 검사를 책임자로 한 것이다.

사법경찰관리는 검사의 지휘를 받아 수사를 한다. 사법경찰관리에는 일반 형사사건을 취급하는 일반 사법경찰관리와 철도공안, 산림, 소방, 해사 등 특별한 사항만 수사할 수 있는 특별 사법경찰관리가 있다.

수사기관이 수사를 개시하는 단서에는 제한이 없다 고소, 고발처럼 범죄 신고를 받거나 풍문이나 신문 기사를 보고 시작하거나 우연히 목격하고 인지를 할 수도 있다. 수사기관은 범죄의 혐의가 있다고 사료되는 때는 범인, 범죄사실과 증거를 수사하여야 한다. 그러나 범죄의 혐의가 없거나 범죄가 되더라도 처벌할 수 없음이 명백한 때에는 수사를 할 수 없다.

2) 입 건

수사기관이 수사를 개시하여 형사사건으로 되는 것을 입건한다고 하며 이와 같이 입건이 되어 수사대상이 되면 형사소송법상 '피의자' 가 되는 것이다.

아직 범죄의 혐의는 뚜렷하지 않아 정식으로 입건하기에는 부족하지만 진정이나 투서가 있다든가 또는 진정 등이 없더라도 조사를 해 볼 필요가 있는 경우에는 정식입건을 하지 않고 내부적으로 조사를 할 때가 있다. 이를 흔히 내사라고 하는데 내사를 할 때에는 내사사건부에 기재함은 물론이다.

그리고 예컨대, 살인사건이 났다고 할 때 범인이 아닌가 하는 상당한 의심이 가는 자가 있으나 범인이라는 뚜렷한 혐의가 아직 발견되지 않은 경우 흔히 그 자를 용의자라고 부른다. 이에 대하여 조사가 더 진행되어 범죄의 혐의가 인정됨으로써 정식으로 입건되면 그때부터 그 자는 피의자의 신분이 되는 것이다.

3) 체 포

입건된 피의자가 죄를 범하였다고 의심할 만한 상당한 이유가 있고 정당한 이유 없이 출석요구에 응하지 아니하거나 응하지 아니할 우려가 있는 때에는 피의자를 체포할 수 있다. 체포를 하기 위하여는 원칙적으로 판사가 발부한 체포영장이 있어야 하며 사법경찰관이 피의자를 체포하기 위하여는 먼저 검사에게 체포영장을 신청하면 검사는 판사에게 청구하여 체포영장을 발부받게 되는데, 명백히 체포의 필요가 인정되지 아니하는 경우에는 검사나 판사는 체포영장을 기각할 수 있다.

다만 수사기관은 범죄가 무겁고 긴급한 사정이 있어 판사의 체포영장을 발급받을 여유가 없을 때에는 그 사유를 알리고 영장 없이 피의자를 체포할 수 있는데 이를 긴급체포라 한다. 사법경찰관이 피의자를 긴급체포한 경우 즉시 검사의 승인을 얻어야 한다.

범죄의 실행 중이거나 실행의 직후인 자를 현행범인이라 하는데, 현행범인은 누구든지 영장 없이 체포할 수 있다. 수사기관이 아닌 자가 현행범인을 체포한 때에는 즉시 수사기관에 인도하여야 한다. 체포 또는 긴급체포한 피의자를 구속하고자 할 때에는 체포한 때부터 48시간 이내에 판사에게 구속영장을 청구하여야 하며, 그 기간 이내에 구속영장을 청구하지 아니하거나 (영장에 의한 체포 또는 현행범인 체포의 경우)구속영장을 발부받지 못한 때(긴급체포의 경우)에는 피의자를 즉시 석방하여야 한다.

4) 구속과 불구속

수사기관은 수사를 한 결과 범죄가 무겁고 죄질이 나쁘며 일정한 주거가 없거나 도망 또는 증거인멸의 염려가 있는 경우에는 피의자를 구속할 수 있다.

구속을 하려면 증거가 있이야 하며, 반드시 판사가 발부한 구속영장이 있어야 한다. 구속영장의 청구절차 및 방법은 체포영장의 경우와 같으며 상당한 이유가 있는 경우에는 검사나 판사는 영장을 기각할 수 있다. 구속영장을 청구 받은 판사는 구속의 사유를 판단하기 위하여 필요한 때에는 피의자를 출석시켜 신문할 수 있다. 구속은 예외적인 경우이고 수사는 불구속 상태에서 하는 것이 원칙이라고 할 것이다

5) 송 치

형사사건화된 모든 사건은 검사만이 수사를 종결할 수 있다. 그러므로 사법경찰관은 그가 수사한 모든 형사사건에 대하여 기록과 증거물을 그리고 구속한 경우에는 피의자를 검찰청으로 보내야 하는데 이를 송치한다고 한다.

그리고 사법경찰관은 송치할 때 그동안 수사한 결과를 종합하여 사법경찰관으로서의 의견(예 : 기소, 불기소 또는 기소중지, 무혐의 등)을 붙여서 송치하는데 이를 송치의견이라고 한다. 이 의견은 검사가 수사를 종결하는데 참고가 되지만 그 의견에 기속되는 것은 아니다. 검사는 그 책임 하에 사건에 대하여 종국결정을 하여야 한다.

6) 기 소

검사는 사법경찰관으로부터 송치받은 사건이나 직접 인지 등으로 수사한 사건에 대하여 피의자가 재판을 받아야 한다고 판단되는 경우에는 이를 법원에 회부하게 되는데 이를 공소제기 즉 기소한다고 하며, 검사에 의하여 기소된 사람은 피고인이라 한다.

그런데 검사가 피의자에 대하여 징역형이나 금고형에 처하는 것보다 벌금형에 처함이 상당하다고 생각되는 경우에는 기소와 동시에 법원에 대하여 벌금형에 처해 달라는 뜻의 약식명령을 청구할 수 있는데 검사가 약식기소를 하는 경우에는 석방을 하여야 한다.

| 참고 |

약식명령의 경우 판사는 공판절차를 거치지 않고 수사기록만으로 재판을 하게 된다. 그러나 판사는 약식절차에 의하는 것이 불가능 또는 부적당하다고 생각하는 경우에는 정식재

판에 회부하여 공판을 열어 재판을 할 수도 있다.

피고인이나 검사는 판사의 약식명령에 불복이 있으면 7일 내에 정식재판을 청구할 수 있다. 실무상으로 검사는 약식기소를 할 때 구형에 해당하는 벌금 상당액을 피고인으로부터 미리 예납을 받고 있는데 예납한 피고인은 약식명령에 기재된 벌금을 다시 납부할 필요는 없다.

7) 불기소

검사가 사건을 수사한 결과 재판에 회부하지 않는 것이 상당하다고 판단되는 경우에는 기소를 하지 않고 사건을 종결하는데 이를 불기소처분이라고 한다. 불기소처분으로 중요한 것은 기소유예와 무혐의 처분이 있다.

(1) **기소유예** : 기소유예는 죄는 인정되지만 피의자의 연령이나 성행, 환경, 피해자에 대한 관계, 범행의 동기나 수단, 범행 후의 정황 등을 참작하여 기소를 하여 전과자를 만드는 것보다는 다시 한 번 성실한 삶의 기회를 주기 위하여 검사가 기소를 하지 않고 용서해 주는 것을 말한다. 그리고 검찰실무에서는 '선도조건부기소유예제도'를 많이 활용하고 있는데 이는 선도위원이 피의자를 선도하여 앞으로 재범하지 않는다는 조건으로 검사가 기소를 유예하는 것인데 이 제도의 실시 결과 재범률이 무척 낮아져 좋은 성과를 얻고 있다.

(2) **무혐의 처분** : 무혐의 처분은 법률전문가인 검사가 수사한 결과 범죄를 인정할 만한 증거가 없는 경우에 피의자의 무고함을 최종적으로 판단하는 처분이다. 또 민사상의 채무불이행에 해당되어 무혐의 처분을 한 경우에는 형사상 범죄가 성립되지 않는 것을 의미할 뿐이지 민사상의 채무까지 면해주는 것이 아님을 주의할 필요가 있다. 그런데 기소유예에 대하여 한가지 알아둘 것은 한번 기소유예를 하면 특별한 사정이 없으면 다시 같은 죄로 기소를 하지 않지만 만약 기소유예 후에 또 죄를 저질렀다고 하는 경우 등의 사정이 있으면 검사는 기소유예 처분한 범죄에 대하여 새로 기소를 할 수 있다는 점이다. 그리고 이는 무혐의에 대하여도 마찬가지로 만약 새로운 증거가 발견된다면 검사는 기소를 할 수 있다.

(3) **각하처분** : 고소, 고발의 각하처분은 무익한 고소·고발의 남용, 남발에 의한 피고소·피고발인의 인권침해를 방지하고 고소·고발인의 권익을 합리적으로 보호조정하기 위한 제도로 고소인 또는 고발인의 진술이나 고소장 또는 고발장에 의하여도 처벌할 수 없음이 명백한 고소, 고발사건의 경우에는 검사는 피고소·피고발인을 소환 조사하지도 아니하고 각하 결정할 수 있다.

(4) 공소권 없음 : 고소취하나 공소시효가 완성된 경우에 하는 처분

7. 형사재판

1) 형사재판의 의의 및 절차

형사재판이란 기소된 피고인에 대해 법원에서 공판을 열어 심리를 진행하는 것이다. 검사가 기소한 사건에 대하여 법원은 공판을 열어 재판을 하게 된다. 그러나 검사가 약식 기소한 사건에 대하여는 공판을 열지 않고 기록만으로 재판을 하지만 전술한 바와 같이 판사가 정식재판을 할 필요가 있다고 생각하면 사건을 정식재판에 회부할 수도 있다. 공판은 보통 법원에 마련된 공판정에서 공개리에 진행이 된다. 이 재판에서 피고인은 자기의 억울함이나 정당함을 주장할 수 있고 또 변호인의 도움을 받을 수 있다. 그 주요한 절차는 다음과 같다.

〈 형사소송절차도 〉

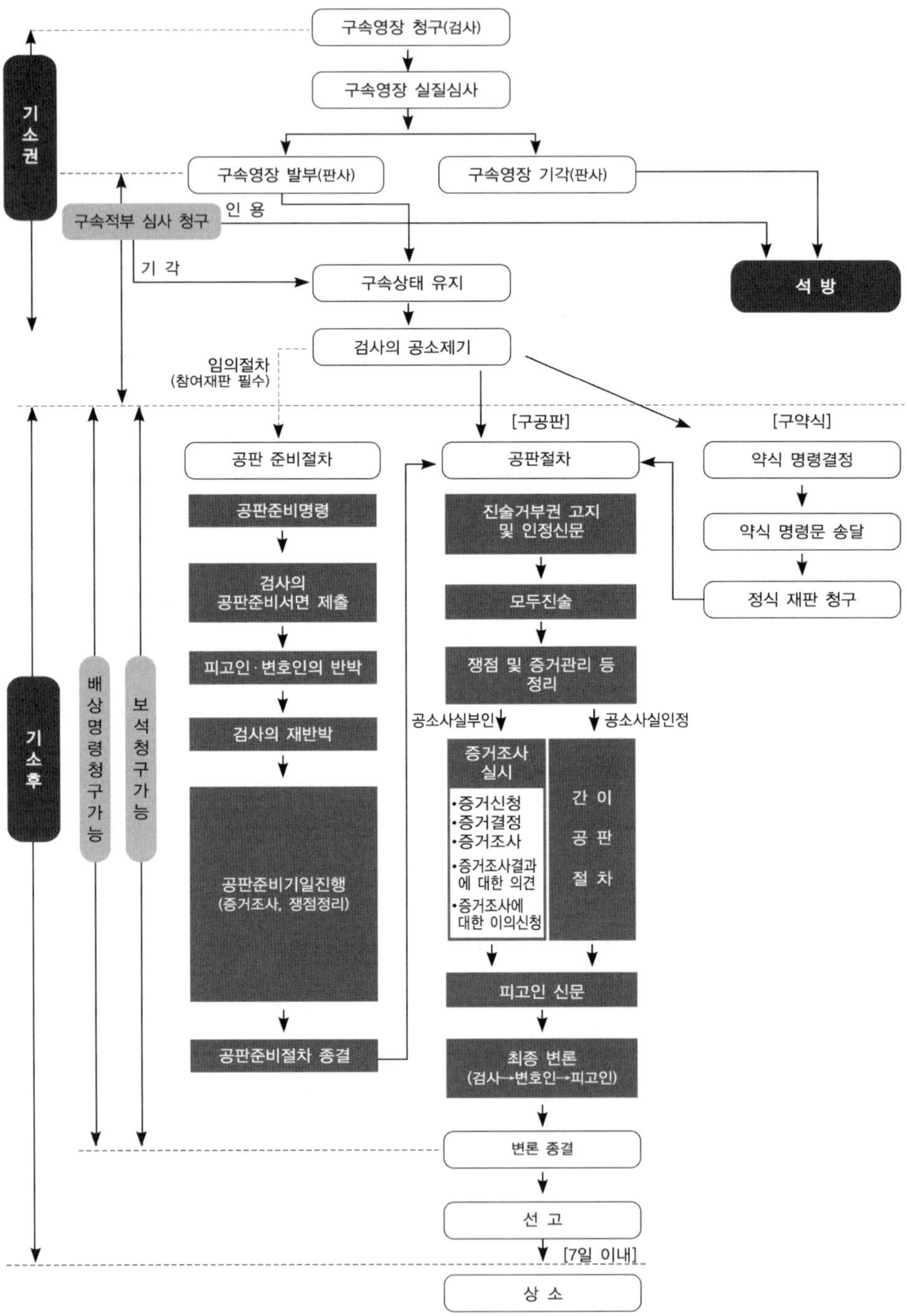
구속영장 청구(검사)
구속영장 실질심사
구속영장 발부(판사)
구속영장 기각(판사)
기소권
구속적부 심사 청구
인 용
기 각
구속상태 유지
석 방
검사의 공소제기
임의절차
(참여재판 필수)
[구공판]
[구약식]
공판 준비절차
공판준비명령
검사의
공판준비서면 제출
피고인·변호인의 반박
검사의 재반박
공판준비기일진행
(증거조사, 쟁점정리)
공판준비절차 종결
공판절차
진술거부권 고지
및 인정신문
모두진술
쟁점 및 증거관리 등
정리
공소사실부인
공소사실인정
증거조사
실시
•증거신청
•증거결정
•증거조사
•증거조사결과
에 대한 의견
•증거조사에
대한 이의신청
간 이
공 판
절 차
피고인 신문
최종 변론
(검사→변호인→피고인)
변론 종결
선 고
[7일 이내]
상 소
약식 명령결정
약식 명령문 송달
정식 재판 청구
기소후
배상명령청구가능
보석청구가능

2) 판 결

(1) 유죄의 판결

심리결과 피고인의 죄가 인정되면 판사는 유죄의 판결을 하는데 정상에 따라 실형을 선고하는 수도 있고 집행유예를 붙여주는 경우도 있으며 정상이 특히 참작될 때는 선고유예를 하는 수도 있다.

집행유예는 형(예컨데 징역1년)을 선고하면서 일정 기간 그 형의 집행을 미루어 두었다가 그 기간동안 재범을 하지 않고 착실히 살면 형의 선고를 실효시켜 아예 집행을 하지 않는 것이며, 선고유예는 형의 선고 자체를 미루어 두었다가 일정기간 무사히 경과하면 면소(免訴)된 것으로 간주하는 것이다.

(2) 무죄의 판결

물론 기소한 사건에 대하여 유죄로 인정할 증거가 없으면 판사는 무죄를 선고한다.

3) 재판의 관할

재판은 사건에 따라 판사 한사람이 하기도 하고 판사 3인으로 구성된 합의부에서 하기도 하는데 원칙적으로 단기 1년 이상의 징역에 해당하는 사건은 합의부의 관할이다. 단독판사가 한 재판에 대하여는 고등법원에 각 항소를 할 수 있고 이에 대하여는 다시 대법원에 각 상고할 수 있다.

4) 형의 집행

법원의 판결에 의하여 선고된 형은 검사의 지휘에 의하여 집행하는데 징역이나 금고형은 교도소에서 집행한다. 그리고 벌금은 판결 확정일로부터 30일 이내에 납부하여야 하며 벌금을 납부하지 않는 경우에는 1일 이상 3년 이내의 범위에서 노역장에 유치하게 되므로 스스로 납부하여 불이익을 면해야 할 것이다.

5) 가석방과 형집행정지

징역 또는 금고의 형의 집행중에 있는 자 가운데 복역 성적이 양호하고 뉘우침이 있는 때에는 무기에 있어서는 10년, 유기에 있어서는 형기의 3분의 1을 경과한 후에 법무부장관이 가석방을 할 수 있다.

가석방의 기간은 무기형에 있어서는 10년으로 하고, 유기형에 있어서는 남은 형기로 하되, 그 기간은 10년을 초과할 수 없다. 가석방된자는 가석방 기간중 보호관찰을 받는다. 그러나 가석방 중에 행실이 나쁘거나 다시 죄를 저지르면 가석방이 취소 또는 실효되어 남은 형기를 마저 복역하여야 한다. 그리고 예컨데 형의 집행으로 생명을 보전할 수가 없거나 잉태 후 6개월 이상인 때 또는 연령이 70세 이상인 때 기타 중대한 사유가 있으면 검사는 형집행을 정지시키고 석방할 수도 있다.

6) 형의 실효(전과말소)

한 번의 잘못으로 형을 받았다고 하더라도 일정한 기간 죄를 저지르지 않으면 전과를 말소하여 정상적인 사회복귀를 보장할 필요가 있다. 징역 또는 금고의 집행을 종료하거나 집행이 면제된 자가 피해자의 손해를 보상하고 자격정지 이상의 형을 받음이 없이 7년을 경과한 때에는 본인이 신청을 하면 재판의 실효를 선고받을 수 있다. 그러나 일반인들은 이 신청절차 등을 모르고 있기 때문에 정부는 "형의 실효 등에 관한 법률"을 제정하여 형의 집행을 종료 또는 면제 받은 후 일정기간 동안 자격정지 이상의 죄를 저지르지 않은 경우에는 자동적으로 형을 실효시키도록 하였다.

문민정부의 출범과 동시에 동 법률을 개정하여 형의 실효기간을 단축함으로써 수형인의 인권을 보장하고 조속한 사회복귀를 도모토록 하였다. 그 기간은 3년을 초과하는 징역 또는 금고는 10년, 3년 이하의 징역 또는 금고는 5년, 벌금은 2년이고 다만 구류나 과료는 형의 집행을 종료하거나 그 집행이 면제된 때에 그 즉시 실효된다.

8. 형사사건과 합의

범죄를 저질러 남에게 피해를 입히면 적절히 피해를 보상해주고 합의를 하는 것이 사람의 도리이다. 형사사건 처리과정에서 검사나 판사는 피의자나 피고인에게 합의를 권유하고, 합의를 하면 이를 참작해 가벼운 처분이나 판결을 하는 것이 관례이다.

그러나 피해보상은 근본적으로 민사문제이므로 형사사건에서 참고가 될 뿐이고 수사기관이나 법원에서 강요할 수는 없는 것이므로 가해자가 검사나 판사의 권유에 따라 적절한 피해보상을 하지 아니하는 경우에는 민사재판을 통하여 해결할 수밖에 없다.

어떤 피해자들은 수사기관이나 법원에서 피해보상도 받아주지 않고 형사사건을 처리한다는 이유로 각종 민원을 제기하는 사례가 있는데 법제도의 취지를 잘 이해하여야 할 것이다. 다만 일정한 형사사건의 경우에는 배상명령을 신청하여 민사문제까지 처리되는 수도 있다.

형사사건의 피해자는 재판부에 대하여 범인을 엄벌해 달라거나 선처해 달라는 등의 의견을 진술하고 싶을 때가 많다. 형사소송법에서는 피해자의 신청이 있으면 법원에서는 특별한 경우 외에는 피해자를 증인으로 채택하여 의견을 진술할 기회를 주도록 하고 있다.

〈 수사의 절차 〉

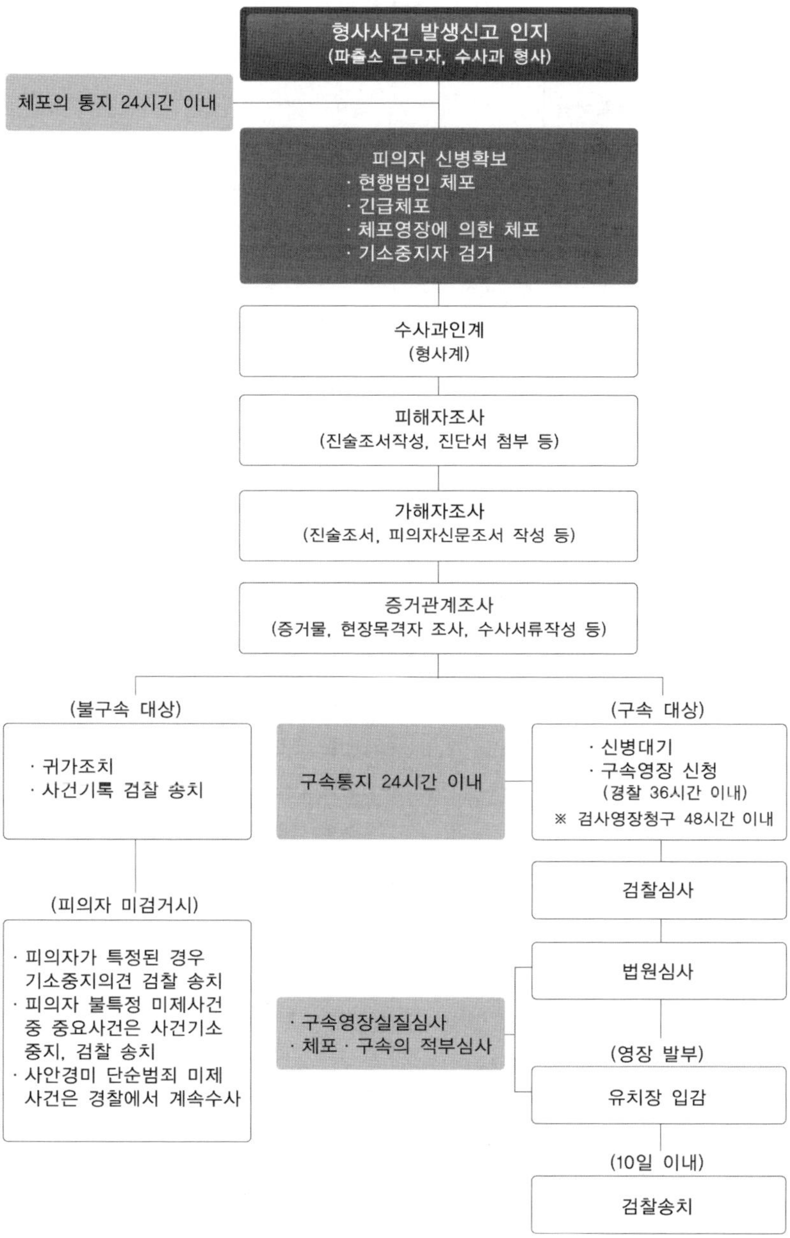

구 속 영 장

[체포된 피의자용] ○ ○ 법 원

<table>
<tr><td>영 장 번 호</td><td colspan="2"></td><td>죄 명</td><td></td></tr>
<tr><td rowspan="3">피 의 자</td><td>성 명</td><td></td><td>직업</td><td></td></tr>
<tr><td>주민등록번호</td><td colspan="3">–</td></tr>
<tr><td>주 거</td><td colspan="3"></td></tr>
<tr><td>청 구 한 검 사</td><td colspan="2"></td><td>변 호 인</td><td></td></tr>
<tr><td>체 포 된 형 식</td><td colspan="2">□ 체포영장에 의한 체포
□ 긴급체포 □ 현행범인</td><td>체 포 일 시</td><td>20 . . . :</td></tr>
<tr><td rowspan="2">범 죄 사 실 의 요 지</td><td colspan="2" rowspan="2">별지 기재와 같다</td><td>청 구 일 시</td><td>20 . . . :</td></tr>
<tr><td>반 환 일 시</td><td>20 . . . :</td></tr>
<tr><td>심 문 신 청 여 부</td><td colspan="4">□ 신청(□피의자 □변호인 □기타 신청권자 □발부 후 □)
□ 신청 없음</td></tr>
<tr><td>피 의 자 심 문 여 부</td><td colspan="2">□ 심문(20 . . . : 00)
□ 심문하지 아니함</td><td>유 효 기 간</td><td>20 . . . 까지</td></tr>
<tr><td>구 금 할 장 소</td><td colspan="4">□ [ ]경찰서 유치장 □ [ ]구치소 □ [ ]교도소</td></tr>
<tr><td colspan="3">□ 피의자는 일정한 주거가 없다.
□ 피의자는 증거를 인멸할 염려가 있다.
[ ]

□ 피의자는 도망하였다.
□ 피의자는 도망할 염려가 있다.
[ ]

□ 피의자는 소년으로서 구속하여야 할 부득이 한 사유가 있다.</td><td colspan="2">피의자가 별지 기재와 같은 죄를 범하였다고 의심할 만한 상당한 이유가 있고, 구속의 사유가 있으므로, 피의자를 구금한다.
유효기간이 경과하면 집행에 착수하지 못하며 영장을 반환하여야 한다.

20 . . .

판 사</td></tr>
<tr><td>집 행 일 시</td><td colspan="2">20 . . . :</td><td>집 행 장 소</td><td></td></tr>
<tr><td>구 금 일 시</td><td colspan="2">20 . . . :</td><td>구 금 장 소</td><td></td></tr>
<tr><td>집 행 불 능 사 유</td><td colspan="4"></td></tr>
<tr><td>처 리 자 의 소 속 관 서, 관 직</td><td colspan="2"></td><td>처 리 자 기 명 날 인</td><td></td></tr>
</table>

체 포 영 장

[통상] ○ ○ 법 원

<table>
<tr><td>영 장 번 호</td><td colspan="2"></td><td>죄 명</td><td colspan="2"></td></tr>
<tr><td rowspan="3">피 의 자</td><td>성 명</td><td></td><td>직업</td><td colspan="2"></td></tr>
<tr><td>주민등록번호</td><td colspan="4">–</td></tr>
<tr><td>주 거</td><td colspan="4"></td></tr>
<tr><td>청 구 한 검 사</td><td colspan="2"></td><td>청 구 일 자</td><td colspan="2">20 . . . :</td></tr>
<tr><td>변 호 인</td><td colspan="2"></td><td>유 효 기 간</td><td colspan="2">20 . . .까지</td></tr>
<tr><td>범 죄 사 실 의 요 지</td><td colspan="2">별지 기재와 같다</td><td>인 치 할 장 소</td><td colspan="2">□[ ]지방검찰청 [ ]지청
□[ ]경찰서</td></tr>
<tr><td>구 금 할 장 소</td><td colspan="5">□ [ ]경찰서 유치장 □ [}구치소 □ [ ]교도소</td></tr>
<tr><td colspan="3">□ 피의자는 정당한 이유 없이 수사기관의 출석요구에 응하지 아니하였다.

□ 피의자는 정당한 이유 없이 수사기관의 출석요구에 응하지 아니할 우려가 있다.

□ 피의자는 일정한 주거가 없다(다액 50만원 이하의 벌금, 구류 또는 과료에 해당하는 사건).</td><td colspan="3">피의자가 별지 기재와 같은 죄를 범하였다고 의심할 만한 상당한 이유가 있고, 체포의 사유 및 체포의 필요가 있으므로, 피의자를 체포한다.
유효기간이 경과하면 체포에 착수할 수 없고, 유효기간이 경과한 경우 또는 유효기간 내라도 체포의 필요가 없어진 경우에는 영장을 반환하여야 한다.
20 . . .
판 사</td></tr>
<tr><td>체 포 일 시</td><td colspan="2"></td><td>체 포 장 소</td><td colspan="2"></td></tr>
<tr><td>인 치 일 시</td><td colspan="2"></td><td>인 치 장 소</td><td colspan="2"></td></tr>
<tr><td>구 금 일 시</td><td colspan="2"></td><td>구 금 장 소</td><td colspan="2"></td></tr>
<tr><td>집 행 불 능 사 유</td><td colspan="5"></td></tr>
<tr><td>처 리 자 의 소 속 관 서, 관 직</td><td colspan="2"></td><td>처 리 자 기 명 날 인</td><td colspan="2"></td></tr>
</table>

Ⅱ. 형사고소

1. 고소의 의의

고소는 범죄의 피해자 등 고소권을 가진 사람이 수사기관에 대하여 범죄 사실을 신고하여 범인을 처벌해 달라고 요구하는 것이다.

어떤 범죄로 인해 피해를 입은 사람이나 그와 일정한 관계를 가지고 있는 사람이 범죄에 관한 내용을 수사기관에 신고하여 범인의 처벌을 요구하는 것을 고소라고 하고, 고소장을 작성하여 검찰청 또는 경찰서에 제출하는 것이다. 일단 고소가 시작되면 수사기관은 고소된 사건에 대하여 죄의 유무를 막론하고 수사에 착수하게 된다.

고소는 일정한 고소권을 가진 사람만이 할 수 있으며, 고소권자 이외의 제3자가 범죄사실을 알게 되어 수사기관에 신고하여 처벌을 요구하는 것을 고발이라고 한다.

2. 고소장의 작성방법, 제출기관

고소란 범죄의 피해자 등 고소권을 가진 사람이 수사기관에 대하여 범죄사실을 신고하여 범인을 처벌해 달라고 요구하는 행위이다. 고소권자는 범죄의 피해자이며, 피해자가 제한능력자이거나 사망한 경우에는 피해자와 일정한 신분적 관계에 있는 사람이 고소권자가 된다.

고소는 관할수사기관에 하는 것이 가장 빠르며, 청와대나 법무부장관, 기타 다른 국가기관에 고소를 하여도 해당 수사기관(경찰서)으로 전달되며 관할수사기관이 아닌 다른 수사기관에 고소하는 경우에는 시간이 걸리므로 해당수사기관(피고소인등이 조사받기 쉬운 장소 등, 관할경찰관서)에 고소하는 것이 바람직하다.

고소장에는 일정한 양식이 있는 것은 아니고, 고소인과 피고소인의 인적사항, 피해를 입은내용, 처벌을 바란다는 명시적 의사표시 등만 들어 있으면 되고, 그 사실이 어떠한 죄에 해당되는지 명시할 필요가 있는 것도 아니다.

고소가 있으면 해당수사기관에서 수사를 개시하고 고소인은 수사기관에 출석하여 고소사실을 진술할 권리(피해자 진술서)가 있으며 검사가 고소사건에 대하여 불기소처분을 하면 그 처분통지를 받을 권리가 있다. 또한 불기소처분의 사유를 알고 싶으면 이를 통지하여 달라고 요구할 권리도 있다. 그리고 불기소처분에 불만이 있으면 상급고등검찰청이나 대검찰청에 항고 및 재항고를 할 수 있다.

3. 고소자의 의무 및 권리

적법한 고소가 있으면 고소인은 수사기관에 출석하여 고소사실을 진술할 권리가 있고 수사에 협조할 의무도 있다.

또 검사가 고소사건을 불기소처분하게 되면 그 처분통지를 받을 권리가 있고 불기소처분의 사유를 알고 싶으면 알려 달라고 요구할 수 있으며, 상급 고등검찰청과 대검찰청에 항고 및 재항고를 할 수 있다. 그 외 특별한 범죄에 대하여는 재정신청도 할 수 있다.

4. 관련문제

1) 친고죄 · 반의사불벌죄

범죄 중에는 피해자의 명예나 입장을 고려하여 고소가 없으면 처벌할 수 없는 죄가 있는데 그것을 친고죄라 한다. 모욕죄 등이 그것이다.

친고죄는 범인을 알게 된 날로부터 6개월이 지나면 고소를 할 수 없다. 또 한번 고소를 취소하면 다시 고소할 수 없고, 1심의 판결이 선고된 후에는 고소를 취소하더라도 소용이 없다.

그리고 공범이 있는 경우에는 고소인 마음대로 일부만 고소하거나 취소할 수 없고 공범전부에게 고소와 취소를 하여야 한다.

친고죄와 달리 고소가 없어도 처벌할 수 있으나 피해자가 처벌을 원하지 않는다는 의사를 표시하면 처벌할 수 없는 죄가 있는데 명예훼손죄, 폭행죄 등이 그것이다. 처벌을 원하지 않는 의사표시는 친고죄의 고소취소와 같은 효력이 있다.

2) 고 발

범죄의 피해자나 고소권자가 아닌 제3자가 수사기관에 대하여 범죄 사실을 신고 하여 범인을 처벌해 달라는 의사표시를 고발이라고 하는데 형사소송절차에서는 대체로 고소와 그 취급을 같이 한다.

3) 무고죄

고소인은 있는 사실 그대로 신고하여야 한다. 허위의 사실을 신고 하는 것은 국가기관을 속여 죄 없는 사람을 억울하게 처벌받게 하는 것이므로 피해자에게 큰 고통을 줄 뿐만 아니라 억울하게 벌을 받은 사람이 국가를 원망하게 되어 결국 국가의 기강마저

흔들리게 되므로 무고죄는 엄벌로 다스리고 있다. 흔히 소장에 상대방을 나쁜 사람으로 표현하기 위하여 자신의 피해사실과 관계가 없는 사실을 근거없이 과장되게 표현하는 고소인들이 있는데 이는 옳지 않은 일 일뿐 아니라 잘못하면 그 때문에 무고죄에 해당될 수가 있다.

예컨대 소문난 사기꾼이라든지, 노름꾼으로 사회의 지탄을 받는다든지 하는 등의 표현이다. 또 수사기관에서 불기소처분이 내려졌다거나 국가기관에서 법률상 들어줄 수 없다고 판정이 된 문제에 관하여 고소인 자신이 그와 다른 견해를 가지고 있다 하여 자기의 뜻을 관철하고자 같은 내용의 고소 진정을 수없이 제기하는 것도 무고죄에 해당될 가능성이 많은 것이다.

5. 고소 시 유의사항

일시적 기분에 좌우되어 경솔하게 고소를 하여 후회를 하는 자가 많다. 우리는 고소가 사건해결의 첩경 이라고 생각하기 전에 당사자끼리 상호 원만히 해결하는 자세가 필요하다.

피해를 핑계 삼아 과중한 돈을 요구하다가 화해가 결렬되자 홧김에 고소를 제출하는 자가 있으나 모두 바람직한 일은 아니다. 또한 가해자 측에서도 자신의 잘못을 피해자에게 정중히 사과하고 상호 원만한 합의를 하도록 노력하여야 한다.

더 나아가 고소를 제기하는 경우에도 신중을 기할 필요가 있다. 고소를 함에 있어서 허위의 사실을 포함시킨다면 경우에 따라서 오히려 고소인이 무고죄로 처벌받게 될 수 있다. 고소를 하기 이전에 한 번 더 상대방과 접촉하여 상호 합의하에 원만히 문제를 해결해 보는 것이 좋다.

고 소 장

고 소 인 ○ ○ ○
주 소
전화번호
주민등록번호

피고소인 ○ ○ ○
주 소
전화번호
주민등록번호

고 소 취 지

고소인은 피고소인을 상대로 아래와 같이 ○○죄로 고소를 제기하오니 철저히 조사하여 엄벌하여 주시기 바랍니다.

고 소 이 유

1. 사실관계 생략

첨 부 서 류

1. 고소사실을 증명할 수 있는 서류

20 . . .
고소인 ○ ○ ○ (인)

○ ○ 지 방 검 찰 청 귀 중

Ⅲ. 즉결심판

1. 즉결심판의 의의

경미한 범죄사건에 대하여는 정식수사와 재판을 거치지 아니하고 간략하고 신속한 절차로 처벌을 마침으로써 법원과 검찰의 부담을 줄이고 당사자에게도 편의를 주려는 제도이다.

2. 즉결심판의 대상

2만 원 이하의 벌금, 구류, 과료에 처할 경미한 범죄로서, 중요한 것을 예로 들면 다음과 같다.

1) 행정법규위반 사건

도로교통법상의 자동차주정차금지위반, 향토예비군처벌법상의 예비군훈련불참자 등

2) 형법위반사건

폭행죄, 단순도박죄 등 허위신고, 무임승차 등 50개 항목의 경범죄처벌법위반사범 등

3. 처리절차

즉결심판은 관할경찰서장 또는 관할해양경찰서장이 관할법원에 이를 청구한다. 즉결심판을 청구함에는 즉결심판청구서를 제출하여야 하며, 즉결심판청구서에는 피고인의 성명 기타 피고인을 특정할 수 있는 사항, 죄명, 범죄사실과 적용법조를 기재하여야 한다.

4. 심판절차

즉결심판은 판사의 주재 하에 경찰서가 아닌 공개 장소에서 열린다. 피고인이 출석하는 것이 원칙이지만 벌금·과료를 선고하는 경우나 피고인이 불출석심판을 청구하여 법원이 이를 허가한 경우에는 불출석재판도 한다.

판사는 피고인에게 사건 내용을 알려주고 변명의 기회도 주며, 피고인은 변호사를 선임할 수도 있지만 신속, 간편한 심리를 위하여 경찰의 조서만을 증거로 삼아 유죄를 선고할 수도 있다.

판사는 보통 구류, 과료 또는 벌금형을 선고하지만 즉결심판을 할 수 없거나 즉결심판절차에 의하여 심판함이 적당하지 아니하다고 인정할 때에는 즉결심판의 청구를 기각하도록 하고 있다. 청구기각 된 사건은 경찰서장이 지체 없이 검찰에 송치하여 일반의 형사절차에 따라 처리된다.

5. 정식재판의 청구

즉결심판에 불복이 있는 피고인은 선고일로부터 7일 이내에 정식 재판청구서를 경찰서장에게 제출하면 정식재판을 받을 수 있게 된다.

6. 형의 집행

즉결심판이 확정되면 확정판결과 같은 효력이 있게 되며 형의 집행은 보통 경찰서장이 하고 검사에게 보고 한다.

벌금은 20만 원 이하이고 과료는 2,000원 이상 30,000원 미만인데 경찰서장에게 납입하며 구류는 1일 이상 30일 미만으로서 보통 경찰서 유치장에서 집행하나 검사의 지휘 하에 교도소에서 집행하는 경우도 있다.

Ⅳ. 구속영장실질심사

1. 의 의

구속영장실질심사는 구속영장이 청구된 피의자에 대하여 법관이 수사기록에만 의지하지 아니하고 구속여부를 판단하기 위하여 필요한 사항에 대하여 직접 피의자를 심문하고, 필요한 때에는 심문장소에 출석한 피해자, 고소인 등 제3자를 심문하거나 그 의견을 듣고 이를 종합하여 구속 여부를 결정하는 제도이다. 피의자의 방어권 및 법관대면권을 최대한 보장하기 위해 법관이 영장에 관한 실질심사를 하도록 한 것이다.

2. 피의자심문

1) 체포된 피의자의 경우

이미 체포영장에 의하여 체포되거나, 현행범으로 체포되거나 긴급 체포된 피의자에 대하여 구속영장을 청구 받은 판사는 지체 없이 심문을 하여야 한다. 이 경우 특별한 사정이 없는 한 구속영장이 청구된 날의 다음날까지 심문하여야 한다.

2) 미 체포된 피의자의 경우

미 체포된 피의자에 대하여 구속영장을 청구 받은 판사는 피의자가 죄를 범하였다고 의심할 만한 이유가 있는 경우에 구인을 위한 구속영장을 발부하여 피의자를 구인한 후 심문하여야 한다. 다만, 피의자가 도망하는 등의 사유로 심문할 수 없는 경우에는 심문 없이 영장 발부 여부를 결정할 수 있다.

3. 심문장소 및 기일 통지

체포된 피의자에 대하여는 구속영장의 청구를 받은 즉시, 그 외의 피의자에 대하여는 피의자를 인치한 후 즉시 심문기일과 장소를 검사, 피의자 및 변호인에게 각각 통지한다.

4. 국선변호인 선정

판사는 심문할 피의자에게 변호인이 없는 때에는 직권으로 국선변호인을 선정하여야 한다.

5. 심문절차

1) 진술거부권 고지

피의자에게 일체의 진술을 하지 아니하거나 개개의 질문에 대하여 진술을 거부할 수 있으며 이익 되는 사실을 진술할 수 있음을 고지한다.

2) 인정심문

피의자의 성명, 주민등록번호(외국인등록번호 등), 주거, 직업을 확인하여 피의자의 동일성을 확인한다.

3) 범죄사실 및 구속사유의 고지

구속영장청구서에 기재된 범죄사실 및 구속사유를 고지한다.

4) 피의자 심문

판사는 구속여부를 판단하기 위하여 필요한 사항에 관하여 피의자를 심문하고, 이 경우 피의자는 판사의 심문 도중에도 변호인의 조력을 구할 수 있다. 판사는 필요한 경우에 법원에 출석한 피해자 또는 제3자에 대하여 심문할 수 있다.

5) 관계인의 의견진술

검사와 변호인은 판사의 심문이 끝난 후 의견을 진술할 수 있으며, 필요한 경우에는 판사의 심문 도중에도 판사의 허가를 얻어 의견을 진술할 수 있다. 피의자의 법정대리인 · 배우자 · 직계친족 · 형제자매나 가족 · 동거인 또는 고용주, 판사가 방청을 허가한 피해자나 고소인도 판사의 허가를 얻어 사건에 관한 의견을 진술할 수 있다.

6. 구속 여부의 결정

판사는 심문이 끝나면 구속여부를 결정한다. 이 경우 판사가 구속사유가 없다고 판단하여 구속영장청구를 기각하면 체포된 피의자는 구금상태에서 벗어나게 되고, 구속영장이 발부되면 미체포 피의자도 그 때부터 구금된다.

7. 재구속의 제한 등

검사 또는 사법경찰관에 의하여 구속되었다가 석방된 사람에 대하여는 다른 중요한 증거를 발견한 경우를 제외하고는 동일한 범죄사실에 관하여 재차 구속하지 못한다.

구속여부의 재판은 유 · 무죄에 대한 재판이 아니다. 즉, 영장이 기각된 경우에도 검사에 의하여 기소가 되면 재판을 거쳐 유 · 무죄 또는 실형 여부를 결정하므로, 석방결정은 사건의 종국적인 결정과는 무관하다.

Ⅴ. 구속의 적부심사제도

1. 의 의

피의자가 구속된 경우, 그 구속이 부당하다고 생각되면 법원에 그 구속이 적합한지 아니면 부당한지의 판단을 청구할 수 있는데, 이를 구속적부심사라 한다.

2. 청구권자

구속된 피의자 본인은 물론 피의자의 변호인, 법정대리인, 배우자, 직계친족, 형제자매나 동거인 또는 고용주도 청구할 수 있으며, 다만, 피의자가 아닌 사람이 청구하는 경우에는 피의자와의 관계를 소명하는 자료(예 : 가족관계부, 주민등록등본 등)를 신청서에 첨부하여야 한다.

3. 청구의 방식

청구서 양식에 다음과 같은 사항을 기재하여 청구하면 된다.

1) 구속된 피의자의 성명, 주민등록번호(주민등록번호가 없거나 이를 알 수 없는 경우에는 생년월일, 성별), 주거

2) 구속영장의 발부일자

3) 청구의 취지 및 이유

4) 청구인의 성명 및 구속된 피의자와의 관계

청구서 작성에 필요한 사항을 확인하기 위하여 청구권자는 구속영장 등을 보관하고 있는 검사, 사법경찰관 또는 법원사무관 등에게 그 등본의 교부를 청구할 수 있다.

4. 절차 및 효력

피의자 또는 기타 청구권자로부터 구속적부심사청구를 받은 법원은 지체없이 피의자를 심문하고 증거를 조사하여 구속여부를 결정하여야 한다. 구속적부심사결과 법원의 석방명령이 있으면 피의자는 즉시 석방되는데, 이에 대하여 검사는 이의를 제기(항고)하지 못한다. 또한 동일한 사건에 대하여 구속적부심사를 다시 청구할 수 없다. 단 영장에 의하여 수시기관에 체포 또는 구속되었다고 하더라도 피의자는 적부심사절차에 따라 다시 법원으로부터 체포 또는 구속의 적부여부를 심사 받을 수 있다.

이 절차에서 체포 또는 구속이 부당하다고 하여 법원이 석방을 명하면 피의자는 즉시 석방되며, 이에 대하여 검사는 항고를 하지 못한다.

구 속 적 부 심 사 청 구 서

피 의 자 :
생년월일 : 년 월 일생
주 소 :

위 피의자에 대한 ___________ 사건에 관하여 귀원에서 __월 __일자로 발부한 구속영장에 의하여 _____구치소(유치장)에 수감 중인 바, 구속적부심사를 청구하오니 청구취지와 같이 결정하여 주시기 바랍니다.

청 구 취 지

피의자 ________ 의 석방을 명한다.
라는 결정을 구한다.

청 구 이 유

1. 피의사실 인정 여부 : 인정( ), 불인정( )
2. 이 건 구속이 잘못되었다고 생각하는 이유 :
3. 구속 후의 사정변경(합의, 건강악화, 가족의 생계곤란 등) :
4. 기타 :

. . .

청구인 (인)
피의자와의 관계 :
주 소 :
전 화 : ( ) –

서울중앙지방법원 귀중

Ⅵ. 보석제도

1. 보석제도의 의의

보석이란 법원이 적당한 조건을 붙여 구속의 집행을 해제하는 재판 및 그 집행을 말한다. 피고인이 도망하거나 지정된 조건에 위반한 경우에 과태료 또는 감치에 처하거나 보석을 취소하고 보증금을 몰취하는 등의 심리적 강제를 가하여, 공판절차에의 출석 및 나중에 형벌의 집행단계에서의 신체확보를 기하고자 하는 제도이다. 신체를 구속하지 않으면서도 구속과 동일한 효과를 얻을 수 있게 함으로써 불필요한 구속을 억제하고 이로 인한 폐해를 방지하려는 데 그 존재의의가 있다.

2. 보석 청구권자

보석을 청구할 수 있는 사람은 피고인, 피고인의 변호인 · 법정대리인 · 배우자 · 직계친족 · 형제자매 · 가족 · 동거인 · 고용주이다. 다만, 청구가 없을지라도 법원은 상당한 이유가 있는 경우에는 직권으로 보석을 허가할 수 있다.

3. 보석 허가사유

법원은 보석의 청구가 있으면,

1) 피고인이 사형 · 무기 또는 장기 10년이 넘는 징역이나 금고에 해당하는 죄를 범한 때

2) 피고인이 누범에 해당하거나 상습범인 죄를 범한 때

3) 피고인이 죄증을 인멸하거나 인멸할 염려가 있다고 믿을 만한 충분한 이유가 있는 때

4) 피고인이 도망하거나 도망할 염려가 있다고 믿을 만한 충분한 이유가 있는 때

5) 피고인의 주거가 분명하지 아니한 때

6) 피고인이 피해자, 당해 사건의 재판에 필요한 사실을 알고 있다고 인정되는 자 또는 그 친족의 생명 · 신체나 재산에 해를 가하거나 가할 염려가 있다고 믿을 만한 충분한 이유가 있을 때를 제외하고는 보석을 허가하여야 한다.

또한, 법원은 위에서 열거한 예외사유에 해당하는 경우에도 상당한 이유가 있으면 직권 또는 청구에 의하여 보석을 허가할 수 있다.

4. 보석의 심리 및 재판

법원은 보석이 청구되면 검사의 의견을 물어 보석의 허가 여부를 결정한다. 또한 법원은 결정을 하기에 앞서서 원칙적으로 구속된 피고인을 심문하여야 하지만, 이미 제출한 자료만으로 보석의 허가 여부를 판단하는 데에 지장이 없는 경우에는 심문을 하지 않을 수도 있다.

5. 보석의 조건 및 취소

법원은 보석을 허가하는 경우에는 필요하고 상당한 범위 안에서 지정 일시 · 장소에 출석하고 증거를 인멸하지 않겠다는 서약서 제출, 보증금 납입 약정서 제출, 주거 제한 등 도주 방지 조치 수인, 피해자 등 위해 및 접근 금지, 제3자 출석보증서 제출, 법원 허가 없는 외국 출국 금지, 금원 공탁 또는 담보 제공, 보증금 납입 또는 담보 제공, 출석보증 조건 이행의 조건 중 하나 이상의 조건을 정한다. 보석 허가 결정에서 명한 조건이 이행되지 않는 경우 석방이 되지 않거나 보석이 취소될 수 있다.

법원이 보석보증금 납부를 조건으로 보석을 허가함에 있어 보석보증보험증권을 첨부한 보증서(보험보증서)로써 보증금에 갈음할 수 있음을 허가한 때에는 보석보증금을 현금으로 납부하지 않고 보험보증서의 제출만으로도 피고인이 석방될 수 있다.

보석청구인이나 피고인의 법정대리인, 배우자, 직계친족, 형제자매, 가족, 동거인 또는 고용주는 법원에 보험보증서의 제출허가를 구할 수 있다.

법원은 피고인이 법원의 소환을 받고도 정당한 이유 없이 출석하지 아니하거나 주거의 제한 기타 법원이 정한 조건을 위반한 때 등의 경우에는 검사의 청구 또는 직권으로 보석을 취소할 수 있고, 보석이 취소되면 피고인은 다시 구금된다. 법원은 피고인이 정당한 사유 없이 보석조건을 위반한 경우에는 결정으로 1천만원 이하의 과태료를 부과하거나 20일 이내의 감치에 처할 수 있다. 출석보증서를 제출하고 석방된 피고인이 정당한 사유 없이 기일에 불출석하는 경우에도 그 출석보증인에게 500만원 이하의 과태료를 부과할 수 있다.

6. 보석보증금의 몰수 및 환부

1) 보증금의 몰수

보석이 취소되는 경우에는 법원은 결정으로 보증금의 전부 또는 일부를 몰수할 수 있다(임의적 몰수). 그리고 보석으로 석방된 사람이 형의 선고를 받고 판결이 확정된 후에 집행하기 위한 검사의 소환을 받고도 이유 없이 이에 불응하거나 도망한 때에도 법원은 직권 또는 검사의 청구에 의하여 결정으로 보증금의 전부 또는 일부를 몰수한다(필요적 몰수).

2) 보증금의 환부

피고인이 공판절차를 통해 집행유예나 벌금 등의 판결을 받고 석방되는 등 구속영장의 효력이 소멸한 때, 또는 구속 또는 보석이 취소되었으나 법원이 보증금을 몰수하지 않은 때에는 보증금을 환부 받을 수 있다. 다만, 보증금의 환부에 관한 업무는 법원의 사무가 아니라 검찰청의 사무이므로 검사의 지휘에 의하여 환부를 받게 된다.

보 석 허 가 청 구 서

사 건 :
피 고 인 :

청 구 취 지

○ 피고인 ______ 에 대한 보석을 허가한다.
○ 보석보증금은 보석보증보험증권으로 갈음한다.
라는 결정을 구한다.

청 구 원 인

첨부서류 : 1. 주민등록등본(호적등본)
2. 재산관계진술서
3.
4.

. . .

청 구 인 (인)
피고인과의 관계
주 소
전 화 ( ) –

서울중앙지방법원 형사 제_(단독,부) 귀중

Ⅶ. 국선변호인제도

1. 국선변호인제도의 의의

헌법 제12조 제4항은 '형사피고인이 스스로 변호인을 구할 수 없을 때에는 법률이 정하는 바에 의하여 국가가 변호인을 붙인다' 라고 하여, 국선변호인제도를 규정하고 있다. 형사피고인(체포 · 구속적부심사청구의 경우에는 피의자)에 대하여 국선변호인이 선임되는 경우는 크게 2가지이다.

2. 법원의 직권에 의하여 선임되는 경우

1) 구속영장이 청구되고 영장실질심문절차에 회부된 피의자에게 변호인이 없는 때

2) 피고인이 구속된 때, 미성년자인 때, 70세 이상인 때, 농아자인 때, 심신장애의 의심이 있는 자인 때, 사형, 무기 또는 단기 3년 이상의 징역이나 금고에 해당하는 사건으로 기소된 때

3) 피고인의 연령, 지능, 교육정도 등을 참작하여 권리보호를 위하여 필요하다고 인정되고, 피고인이 국선변호인의 선정을 희망하지 아니한다는 명시적인 의사를 표시하지 않은 때

4) 치료감호법상 치료감호청구사건의 경우

5) 군사법원법이 적용되는 사건의 경우

6) 또한 국선변호인은 원래 피고인에게만 인정되고 피의자에게는 인정되지 않으나 다만 체포 · 구속적부심사를 청구한 피의자가 위 국선변호인 선임사유에 해당하고 변호인이 없는 때에는 국선변호인을 선정하여야 한다. 나아가 재심개시결정이 확정된 사건에 있어서도 일정한 경우에는 국선변호인을 선임하여야 하는 경우가 있다.

3. 피고인 또는 피의자의 청구에 의하여 선임되는 경우

피고인이 빈곤 기타의 사유로 변호인을 선임할 수 없는 때에는 피고인의 청구에 의하여 국선변호인을 선임하는 경우가 있다.

위와 같은 피고인 또는 피의자의 청구에 의하여 국선변호인이 선임되는 경우에는 그 사유에 대한 소명자료(영세민증명 등)를 법원에 제출하여야 하나 사건 기록에 의하여 그 사유가 명백히 소명되었다고 인정될 때에는 제출하지 않아도 된다.

4. 국선변호인 선정 청구

1) 피고인

법원은 공소가 제기된 피고인에게 공소장부본의 송달과 함께 국선변호인 선정에 관한 고지도 함께 하고 있는데, 특히 피고인이 빈곤 기타의 사유로 인하여 개인적으로 변호인을 선임할 수 없을 때에는 그 고지서 뒷면에 '국선변호인선정 청구서'가 인쇄되어 있으므로 그 빈칸을 기재하고 날인한 다음 신속하게(늦어도 고지서를 받은 때부터 48시간 안에) 법원에 제출한다.

2) 피고인 이외의 청구권자

피고인의 법정대리인, 배우자, 직계친족, 형제자매와 호주 역시 독립하여 국선변호인의 선정을 청구할 수 있다.

5. 국선변호인

국선변호인은 재판부별로 전속되어 있고, 그 전속변호인이나 그외 변호인들 중에서 원하는 변호인이 있으면 국선변호인선정 청구서에 기재할 수 있다. 다만, 변호인의 사정 등에 따라 원하는 변호인이 선정되지 않을 수 있다.

국선변호인은 피고인 1인에 대하여 변호인 1인을 선정함이 원칙이지만, 공동 피고인이 있는 경우 공동 피고인들 사이에 서로 이해관계가 대립하지 않을 때에는 그 공동 피고인들에 대하여 동일한 변호인을 선정할 수 있다.

국선변호인은 변호사나 사법연수생 중에서 선임하고, 그 보수는 법원에서 지급한다.

재판부			재판장	허	부

국선변호인 선정 청구서

(피고인 이외의 청구권자 용)

사건번호 및 죄명			
피고인	성 명		□ 구 속 □ 불구속
	주 거		

【변호인의 도움을 받을 권리】

피고인은 변호인의 도움을 받을 권리가 있습니다.

피고인이 스스로 변호인을 선임할 수 없을 때에는 법원은 국선변호인을 선정합니다.

【필요적 변호】

피고인에게 다음과 같은 사정이 있는 경우에는 변호인 없이 재판을 진행할 수 없습니다.

이러한 피고인이 스스로 변호인을 선임하지 않은 때에는 법원은 반드시 국선변호인을 선정하게 됩니다.

피고인에게 해당되는 사정이 있는 경우 ☑ 표시하시기 바랍니다.

- □ **미성년자인 때**
- □ **70세 이상의 자인 때**
- □ **농아자인 때**
- □ **심신장애의 의심 있는 자인 때**
- □ **법정형이 사형·무기 또는 3년 이상의 징역·금고에 해당하는 때**

【임의적 변호】

피고인이 경제 사정 등으로 사선변호인을 선임할 수 없는 때에는 법원에 국선변호인의 선정을 청구할 수 있습니다.

피고인의 **법정대리인, 배우자, 직계친족, 형제자매와 호주** 역시 독립하여 국선변호인의 선정을 청구할 수 있습니다.

피고인이 국선변호인의 선정을 청구하지 않는 경우에도 법원은 필요하다고 인정하는 때에는 국선변호인을 선정할 수 있습니다.

뒷 면 에 계 속 됩 니 다.

【국선변호인 선택】

재판부별로 **전속되어 있는 변호인들** 중에 국선변호인으로 선정하여 주기 원하는 변호인이 있는 경우 **'전속변호인' 난**에 그 변호인의 성명을 적기 바랍니다.

※ 재판부별 전속변호인은 담당재판부에 문의하기 바랍니다.

만일 재판부에 **전속된 변호인 이외의 변호인**을 국선변호인으로 선정하여 주기 원하는 경우는 **'기타' 난**에 그 변호인의 성명, 연락처 등을 적기 바랍니다.

※ 변호인의 사정에 따라 원하는 변호인이 선정되지 않을 수도 있습니다.

	성 명	주 소	전화번호	비고
전속변호인				
기타				

위와 같이 국선변호인의 선정을 청구합니다.

. . .

피고인의

☐ 법정대리인 ☐ 배우자 ☐ 직계친족 ☐ 형제자매 ☐ 호주 <해당란에 ☑ 표시>

(이 름) (인) (또는 서명)

서 울 중 앙 지 방 법 원 귀 중

☞ 참고 사항

1. 이 양식의 짙은 색 부분을 기재하여 이 법원에 제출하기 바랍니다.
2. 피고인은 담당재판부로부터 송부받은 양식을 사용하고, 특히 구속된 피고인은 국선변호인 선정청구서를 교도소, 구치소 또는 경찰서에 제출하면 됩니다.

Ⅷ. 배상명령제도

1. 배상명령제도란?

형사사건의 피해자가 범인의 형사재판 과정에서 간편한 방법으로 민사적인 손해 배상명령까지 받아 낼 수 있는 제도이다. 절도나 상해를 당한 경우에 그 범인이 절도죄나 상해죄로 형사 처벌을 받는다고 하더라도 피해자가 피해보상을 받으려면 따로 민사 소송 절차를 밟아야 하는 것이 원칙이지만 피해자에게 신속, 간편하게 보상을 받도록 해 주기 위하여 마련된 제도이다.

2. 배상명령을 신청할 수 있는 형사사건

1) 상해를 당했을 때
2) 상해를 당하여 불구가 되거나 난치의 병에 걸렸을 때
3) 폭행을 당하여 상처를 입거나 죽었을 때
4) 과실 또는 업무상 과실로 상처를 입었거나 죽었을 때
5) 절도나 강도를 당했을 때
6) 사기나 공갈을 당했을 때
7) 횡령이나 배임의 피해자 일 때
8) 재물을 손괴 당했을 때로 한정되어 있다.

3. 배상명령을 신청하는 방법

1) 위의 정한 범죄에 직접적인 피해자 또는 그 상속인만이 신청할 수 있다.

2) 범인이 피고인으로 재판받고 있는 법원에 2심의 변론이 종결되기 전까지 배상명령 신청서를 제출하면 된다.

3) 다만 그 형사재판에 증인으로 출석하여 증언할 때에는 구두로도 신청할 수 있다. 그리고 배상명령을 신청할 때에는 별도의 인지를 붙일 필요가 없다.

4. 배상명령의 신청 범위

범죄로 인하여 발생한 직접적인 물적 피해와 치료비뿐이다. 그 이상 예컨대 위자료까지 신청하려면 민사소송을 제기하여야 한다.

5. 배상명령의 효과

배상명령이 기재된 유죄판결문은 민사판결문과 동일한 효력이 있어 강제집행도 할 수 있다. 신청인은 신청이 이유 없다고 각하되거나 일단 배상명령이 있으면 배상명령을 다시 신청할 수 없다. 피고인은 배상명령에 불만이 있으면 유죄판결에 대하여 상소를 하면 된다.

배상명령신청서

사 건　　20○○고단 ○○○호 ○○사건

피 고 인　　△ △ △

배상신청인　○ ○ ○
○○시 ○○구 ○○동 ○번지

신 청 취 지

피고인은 배상명령 신청인에게 금 10,000,000 및 20○○. ○. ○일부터 완제일까지의 연 2할 5푼의 이자를 지급하라

신 청 원 인

1. 피고인은 ○년여 전에 신청인이 거주하는 동네에 이사온 뒤로 온갖 감언이설과 친절한 행위로 신용을 얻은 후, 신청인외 동네 사람들로부터 고율의 이자를 지급한다고 하며 거액의 금원을 차용하여 배상신청인에게 첫 달 한달만 이자를 지급하고는 즉시 미국으로 출국 도주함으로서 배상신청인을 사기한 것입니다.
2. 따라서 배상신청인은 피고인으로부터 신청취지에 의한 금품상당액의 피해를 입었으므로 피고인에 대한 형사사건의 판결과 동시에 위 피해금품을 변상해 주도록 하는 배상명령을 발하여 주도록 이에 신청한다.

첨 부 서 류

1. 차 용 증 사본　　　1부.

20○○. ○. ○.

배상명령신청인 ○ ○ ○ (인)

○ ○ 지 방 법 원　형 사 제　　부　　귀 중

Ⅸ. 형사보상청구제도

이무죄씨는 이웃집에서 발생한 살인사건의 용의자로 긴급체포되었다. 범인을 목격한 목격자가 이무죄 씨를 범인으로 지목하였기 때문이다. 이무죄 씨는 살인사건이 발생한 날 집에서 잠을 잤지만 이를 입증할 사람이 없었다. 그러나 이무죄 씨가 구속되어 재판을 받던 중 진범이 잡혔으며 모든 범죄사실을 자백하였다. 결국 이무죄 씨는 풀려날 수 있었지만 직장도 잃고, 주위의 사람들이 살인자라는 눈총으로 자신을 바라본다는 정신적 압박감에 정상생활을 할 수 없었다. 이러한 이무죄 씨의 피해에 대해서 국가는 아무런 책임이 없는 것일까?

1. 형사보상청구제도란?

형사재판절차에서 무죄재판을 받은 자는 재판확정전까지의 구금에 대한 보상을 청구할 수 있고, 피의자로서 구금된 후 불기소된 자는 그 구금에 대한 보상을 청구할 수 있는 제도이다(단, 구금된 이후에 불기소할 사유가 있는 경우, 기소중지등 종국처분이 아닌 경우 및 기소유예, 공소보류 등의 경우는 제외).

2. 보상금 청구 절차

형사재판 절차에서 무죄재판을 받은 자는 재판이 확정된 날로부터 1년 이내에 무죄재판을 한 법원에 보상을 청구하여야 하고, 법원은 보상청구가 이유있을 때 보상결정을 하게 되며, 청구인은 보상결정이 송달된 후 1년 이내에 보상결정 법원에 대응한 검찰청에 보상금지급을 청구하어야 한다.

단, 형사미성년자, 심신장애자 등의 사유로 무죄재판을 받은 경우, 본인이 허위자백을 하거나 또는 다른 유죄의 증거를 만듦으로써 기소, 미결구금 또는 유죄판결을 받게 된 것으로 인정된 경우, 1개의 재판에서 일부에 대하여 무죄재판을 받고 다른 부분에 대하여 유죄재판을 받았을 경우는 법원의 재량에 의하여 보상청구의 전부 또는 일부가 기각될 수 있다.

피의자로서 구금된 후 기소되지 아니한 자는 검사로부터 불기소처분의 통지를 받은 날로부터 1년 이내에 불기소처분을 한 검사가 소속하는 지방검찰청(지방검찰청 지청의 검사가 그러한 처분을 한 경우에는 그 지청이 속하는 지방검찰청)의 피의자보상심의회에 보상을 청구할 수 있다.

단, 본인이 허위의 자백을 하거나 다른 유죄의 증거를 만듦으로써 구금된 것으로 인정되는 경우, 구금기간중 다른 사실에 대하여 수사가 행하여지고 그 사실에 관하여 범죄가 성립한 경우, 보상을 하는것이 선량한 풍속 기타 사회질서에 반한다고 인정할 특별한 사정이 있는 경우는 피의자보상의 전부 또는 일부를 지급하지 아니할 수 있다.

3. 보상금액

1일 보상금 상한가는 보상청구의 원인이 발생한 연도의 일급 최저임금액의 5배 이내에서 결정되고 전체 보상금은 1일보상금에 구금일수를 곱한 금액이 된다.

* **보상금최고액** : 구금일수 × 최저임금액(현재 34,560원)의 5배

형 사 보 상 청 구 서

청 구 인 :
주 소 :
본 적 :
성 명 :
주민등록번호 :

1. 청 구 금액 금 원

2. 청구원인사실

가. 구속년월일
나. 구 속 장 소
다. 석방년월일
라. 구 금 일 수
마. 재판진행상황

심급	사건번호	법 원	선고년월일	재판결과	확정년월일

3. 청구인은 위 2항과 같이 구속되었다가 무죄판결을 선고 받고 석방된 사실이 있는 바, 판결이 확정된 날로부터 1년이 경과하지 않았기에 형사보상법 제1조(2조)에 의하여 위 1항 청구금액과 같이 형사보상청구를 한다.

4. 첨부서류

가. (무죄) 판결등본 각 1통.
나. 판결 확정증명 1통.
다. 호적등본(상속인일 경우) 1통.
라. 제적등본(상속인일 경우) 1통.
마.
바.

. . .

청구인 (인)
전 화 ( ) –

○○○○법원 ○○지원 귀중

Ⅹ. 범죄피해자구조제도

아내와 아들을 둔 김성실 씨는 공사장 인부로 일하면서 하루 하루의 생계를 꾸려가고 있었다. 그러던 어느 날 늦게 일을 마치고 귀가하던 중 이유없이 폭행을 당하여 1급장애판정을 받았다. 경찰은 가해자를 찾기 위하여 수사를 하였으나, 늦은 시간에 목격자도 없어 진전이 없었다. 하루아침에 가장을 잃은 두 유족은 당장 생계가 막막하게 되었다. 이들은 어떠한 보상도 받을 수 없는 것일까요?

1. 범죄피해자구조제도란?

위의 사례와 같이, 사람의 생명 또는 신체를 해하는 범죄행위로 인하여 사망하거나 중장해를 당하고서도 가해자를 알 수 없거나 가해자에게 아무런 자력이 없는 관계로 피해의 전부 또는 일부를 보상받지 못하고, 그 생계유지가 곤란한 사정이 있다. 이 경우 국가에서 피해자 또는 유족에게 일정한 한도의 구조금을 지급하는 제도가 있으며 이를 범죄피해자구조제도라고 한다(범죄피해자구조법).

더 나아가, 범죄척결에 국민이 안심하고 협조할 수 있도록 범죄수사 또는 형사재판절차에 있어서 고소, 고발이나 증언을 하였다는 이유로 보복범죄를 당한 경우에는 구조요건을 일반범죄의 피해구조요건보다 완화하여 가해자의 불명 또는 무자력, 피해자의 생계곤란 여부와 관계없이 범죄피해구조금을 지급할 수 있도록 되어 있다.

2. 구조금을 지급받을 수 있는 사람

1) 유족구조의 경우는 살인 등 강력범죄로 인하여 사망한 사람의 유족 중에서 피해자의 사망당시 피해자의 수입에 의하여 생계를 유지하고 있던 배우자, 자, 부모, 손, 조부모, 형제자매이다.

2) 장해구조의 경우는 위와같은 범죄로 인하여 중대한 신체장해를 당한 사람으로 신체장해등급 기준상 1급내지 3급의 장해에 해당하는 노동능력을 100% 상실한 사람이다.

3. 구조금이 지급되지 않는 경우

다음과 같은 경우에는 구조금이 지급되지 아니한다.

1) 피해자와 가해자간에 친족관계(사실상 혼인관계 포함)가 있는 경우

2) 피해자가 범죄행위를 유발하였거나 당해 범죄피해의 발생에 관하여 피해자에게 귀책사유가 있는 경우

3) 기타 사회통념상 구조금의 전부 또는 일부를 지급하지 아니함이 상당하다고 인정되는 경우

또한 범죄피해를 원인으로 국가배상법 또는 기타 법령에 의한 급여 등을 지급받을 수 있는 경우나, 가해자로부터 손해배상을 받은 때에는 그 금액의 한도 내에서 구조금을 지급하지 아니한다.

4. 구조금의 지급신청 절차

1) 구조금을 지급받고자 하는 사람은 그 주소지 또는 범죄발생지를 관할하는 지방검찰청에 설치된 범죄피해구조심의회에 신청하면 된다.

2) 범죄로 인한 피해가 발생한 것을 안 날로부터 1년이 경과하였거나, 범죄피해가 발생한 날로부터 5년이 경과한 때에는 신청을 할 수 없으니 기한에 유의하여야 한다.

5. 구조금액

1) 유족구조금의 경우 1,000만 원이 지급된다.

2) 장해구조금은 장해의 정도에 따라 1급은 600만 원, 2급은 400만 원, 3급은 300만 원을 지급할 수 있도록 하고 있다.

3) 피해자의 장해정도가 명확하지 않거나 그 이외의 사유로 인하여 신속하게 구조결정을 할 수 없는 때에는 피해자의 응급구제를 위하여 유족구조금의 경우는 200만 원, 장해구조금의 경우는 100만 원의 한도안에서 가(假)구조금을 청구할 수도 있다.

(앞 면)

장해구조금지급신청서

년 월 일

지방검찰청 범죄피해구조심의회 귀중

신 청 인 ( )
주 소
주민등록번호

아래와 같이 유족구조금의 지급을 신청합니다.

범죄피해	①발생일시		년 월 일 오전·오후 시경
범죄피해	②발생장소		
범죄피해	③피해자(신청인)	성명, 성별	( )남·여
범죄피해	③피해자(신청인)	주민등록번호	
범죄피해	③피해자(신청인)	주소	
범죄피해	③피해자(신청인)	직업(근무처 명칭, 소재지)	
범죄피해	③피해자(신청인)	부상 또는 질병이 치유된일자	년 월 일
범죄피해	④피해의발생상황		
범죄피해	⑤신체상의장해부위및상태		
범죄피해	⑥관할검찰청		지방검찰청(지청)
⑦기존신체상의장해상태			
⑧손해배상금수령여부			유(수령한 손해배상의 가액 금 원)·무
⑨첨부서류			뒷면 참조
⑩비고			

수수료 없음

※ 뒷면의 주의사항을 잘 읽고 기입하여 주십시오

23231-24011민
88.6.21 승인

190㎜×268㎜
(신문용지(특급) 54g/㎡)

(뒷 면)

주의사항

1. ③의 난의 "부상 또는 질병이 치유된 일자"에는 부상 또는 질병이 치유되지 아니한 경우에도 그 증상이 고정된 경우에는 그 고정된 날을 기입하여 주십시오
2. ⑤의 난은 그 기입사항이 첨부하는 진단서의 기재사항과 같을 경우에는 "진단서와 같음"이라고 기입하여 주십시오
3. ⑦의 난은 이미 신체상의 장해있는 피해자가 범죄행위에 의하여 동일한 부위에 대해서 장해의 정도를 가중하여 중장해로 된 경우에 기입하는 것으로 기입사항이 첨부되는 진단서의 기재사항과 같을 경우에는 "진단서와 같음"이라고 기입하여 주십시오
4. 첨부서류
   가. 신청인의 부상 또는 질병의 치유일자 및 그 치유된 상태하에서의 신체상의 장해부위 및 상태에 관한 의사 또는 치과의사의 진단서 또는 기타 서류 1부
   나. 신청인에게 범죄피해발생전에 동일한 부위에 대해서 이미 신체장애가 있었던 경우에는 그 장해부위 및 상태에 관한 의사 또는 치과의사의 진단서 또는 기타 서류 1부
   다. 별지 제7호서식의 급여액증명서, 별지 제8호서식의 소득금액증명서, 비과세증명서, 납세증명서 또는 신청인 가구의 생계유지 곤란 사실을 증명할 수 있는 서류 1부

제 3 장

헌법재판의 법률실무

Ⅰ. 헌법재판

1. 헌법재판의 의의

사람은 살아가면서 다른 사람과 일정한 관계를 맺게 된다. 이 가운데 한 사람이 권리가 있고 다른 사람은 그에 상응하는 의무가 있는 관계도 나타나는 바, 이러한 관계는 그 권리와 의무가 모두 법적인 근거에 의하여 정하여지므로 이를 일반적으로 법률관계라고 한다. 이러한 법률관계에 대하여 다툼이 발생한 경우에는 대체로 법원의 재판을 통하여 누구에게 어떠한 내용의 권리가 있는지를 확정하여 그 다툼을 해결하게 된다.

그런데 그러한 법률관계의 근거가 되는 법률이 헌법에 위반되는 잘못이 있다고 주장하거나, 국민에게 의무를 지우거나 국민의 자유를 제한하는 국가 공권력의 작용이 헌법에 위반된다고 다툴 때가 있다 이때에는 법원의 재판을 통하여 해결하는 것이 아니라, 헌법에 정한 권한 있는 재판기관이 그 분쟁에서 과연 무엇이 헌법에 합치되는 것이고 합치되지 않는 것인지 판단하여 헌법에 반하는 법률조항이나 공권력 행사를 바로잡음으로써 해결하게 되는데, 바로 이러한 것이 헌법재판이다.

헌법은 국가의 기본적이고 으뜸가는 법으로서 모든 하위 법령, 즉 법률, 명령, 규칙 등의 내용은 헌법에 위반되어서는 아니 되며 대통령, 입법부, 행정부, 사법부 등 모든 국가기관은 모든 통치권의 행사에서 헌법을 준수하여야 한다. 그런데 구체적인 문제에서는 어떻게 하는 것이 헌법에 부합하는 것인지에 관하여 국가기관 사이, 또는 국가기관과 국민 사이에서 의견의 차이와 분쟁이 발생할 수 있다. 이러한 다툼을 해결하여 국가 공권력 작용이 헌법을 준수하게 하고 국민의 기본권을 보호하게 하는 재판이 바로 헌법재판인 것이다.

헌법재판을 담당하는 국가기관은 나라마다 역사적 배경이나 그때의 정치적 상황에 따라서 다르지만, 대체로 ① 일반 법원과는 다른 별도의 기관, 예컨대 헌법재판소나 헌법위원회가 맡는 경우와 ② 사법부(대법원)가 담당하는 경우가 있다. ①과 같은 제도를 두고 있는 대표적인 나라는 독일, 오스트리아, 이탈리아, 프랑스 등이며, ②와 같은 제도를 가지고 있는 대표적인 나라로는 미국과 일본이 있다. 우리나라는 현재 헌법재판소에서 헌법재판을 하고 있으므로 ①에 속한다.

2. 헌법재판과 일반 재판과의 차이점

먼저, 민사상 분쟁에서 일반 민사재판과 헌법재판의 차이를 통하여 헌법재판과 일반재판과의 차이를 살펴본다. 민사상 분쟁, 즉 개인 사이에 금전대여관계나 임대차관계, 혼인이나 상속에 관한 관계에서 분쟁이 발생한 경우 예컨대, 어떤 사람이 다른 사람에게 돈을 빌려 주었는데 돈을 빌린 사람이 제때 돈을 갚지 않거나 갚은 금액에 다툼이 있는 대여금 관계인 경우에 민사소송에서는 당사자 간에 돈을 빌려 준 사실이 정말 있는지, 돈을 빌려 준 사실이 있다면 아직 갚지 않은 금액과 제때 갚지 않음으로써 발생한 손해에 대하여 지연이자를 정하고 있는 법률규정을 적용하여 배상할 금액을 확정하게 된다. 그러나 이때에 지연이자에 대한 법률규정에 문제가 있다고 하더라도 민사소송 과정에서는 그 법률규정의 잘못을 주장하여 적용을 회피할 수 없다, 이때 그 민사소송에서 적용되는 법률규정의 문제점을 다투어서 그 적용을 벗어나기 위하여는 그 법률규정이 헌법에 위반된다는 판단이 필요하며 바로 이와 같이 일반 소송에서 적용되는 근거 법률규정의 문제점을 다툴 수 있는 것이 헌법재판의 하나인 위헌법률심판절차이다.

이러한 과정은 형사재판이나 행정재판도 기본적으로 동일하다. 즉 헌법재판이란 일반 소송과정에서는 당연히 적용하게 되는 법률조항 자체에 대하여 그 위헌 여부까지를 판단하게 되므로 일반 소송으로는 해결할 수 없는 문제점을 근본적으로 해결하게 되는 것이다. 또한 일반 민사나 형사, 행정소송에서는 재판의 결과가 원칙적으로 그 소송의 당사자에게만 미치지만, 위와 같이 위헌법률심판절차에서 그 법률이 위헌이라고 선고되는 경우에는 그 법률조항의 효력이 상실되어 그 법률조항의 적용을 받고 있던 사람들은 그 소송의 당사자가 아니어도 재판 결과의 적용을 받게 된다.

그러나 헌법재판은 일반 소송과 달리 국가기관이 그 재판의 결과에 따르지 아니하여도 이를 강제적으로 따르게 할 수 없는 한계가 있다. 예를 들면, 대여금 지급소송에서 돈을 빌려 준 사람이 이기는 경우 돈을 빌린 사람이 계속해서 돈을 갚지 않을 때에는 돈을 빌려 준 사람은 법원의 도움을 얻어 돈을 빌린 사람이 가지고 있는 재산을 강제로 팔아 빌린 돈을 받을 수 있다. 하지만, 헌법재판의 경우에는 예컨대 어떠한 법률조항에 대하여 헌법에 합치하지 아니하다며 입법자에게 개선입법을 촉구하여도 입법부가 이를 따르지 않을 경우 헌법재판소가 입법부로 하여금 강제로 지키게 할 수 있는 수단이 따로 없다.

3. 헌법재판의 기능

헌법재판은 국가기관이 헌법을 지키지 아니하는 행위를 했을 때나 헌법이 뜻하는 바에 대하여 의문이 생겼을 때에 행하여진다. 그렇게 함으로써 국가기관으로 하여금 헌법을 잘 지키도록 하고 국민의 자유와 권리를 보장함으로써 질서를 유지하고 민주주의를 보호하는 것이 헌법재판의 중요한 기능이다.

4. 헌법재판의 종류

헌법재판에는 입법부가 만든 법률이 헌법에 위반되는지를 심사하고, 헌법에 위반된다고 판단하는 경우에 그 법률의 효력을 잃게 하거나 적용하지 못하게 하는 '위헌법률심판', 형벌 또는 보통의 징계절차로는 처벌하기 곤란한 고위 공무원이나 특수한 직위에 있는 공무원이 맡은 직무와 관련하여 헌법이나 법률에 어긋나는 행위를 하였을 경우 그에 대한 소추를 통하여 그 공무원을 재판으로 파면하거나 공직에서 물러나게 하는 '탄핵심판', 어떤 정당의 목적이나 활동이 헌법이 정하는 민주적 기본질서에 반하는 경우, 그 정당을 해산할 것인지를 결정하는 '정당해산심판', 국가기관 상호간이나 지방자치단체 상호간 또는 국가기관과 지방자치단체 사이에 권한이 누구에게 있는지 또는 권한이 어디까지 미치는지에 관하여 다툼이 생기는 경우 이를 해결하는 '권한쟁의심판', 그리고 국가권력이 헌법상 보장된 국민의 기본권을 침해하는 경우에 기본권이 침해된 국민이 헌법재판기관에 대하여 자신의 기본권을 침해하는 국가권력의 행위가 헌법에 위반되는지를 가려내어 그 행위의 효력을 없애 줄 것을 요청하는 '헌법소원심판' 등이 있는데, 원칙적으로 모두 헌법재판소의 권한으로 되어 있다.

그 밖에 대통령선거, 국회의원선거, 시장이나 군수 등 지방자치단체장선거, 지방의회의원선거 등 공직선거가 헌법 또는 법률에 위반하여 효력이 없다고 다투거나 선거에서 어떤 사람이 당선된 것이 헌법이나 법률에 위반된다고 다투는 경우 이를 심사하는 선거소송심판도 보통 헌법재판으로 불리나 현재 우리나라에서는 이를 헌법재판소가 아닌 일반 법원(대법원 등)에서 맡고 있다.

Ⅱ. 심판절차

1. 심판청구

헌법재판소는 재판기관이므로 헌법적 다툼이 있는 사건을 스스로 찾아내어 처리할 수는 없다. 즉 헌법재판은 반드시 누군가가 헌법적 다툼을 헌법재판소에서 해결해 줄 것을 바라는 뜻을 적은 서류를 헌법재판소에 제출하여야 시작된다.

위 서류를 청구서라고 하는데 청구서의 작성방식은 법으로 정하여져 있다. 위헌법률심판에는 법원의 제청서, 탄핵심판에는 국회의 소추의결서 정본이 헌법재판소에 송부되므로 이들 서류를 청구서로 보아 심판을 개시한다.

청구서에는 일정한 내용을 기재하여야 하는데 예를 들면, 위헌법률심판의 경우에는 '어느 법원에서 재판 중인 어떤 사건을 처리하는 데에 문제가 되는 어느 법률의 어떤 내용이 무슨 이유로 헌법에 위반되는지 등'을, 정당해산심판의 경우에는 '어느 정당이 무슨 이유로 해산되어야 하는지'를, 권한쟁의심판의 경우에는 '어느 국가기관이나 지방자치단체가 다른 국가기관 또는 지방자치단체와 어떤 행위에 대하여 어떤 이유로 권한의 다툼이 있는지 등'을, 헌법소원심판의 경우에는 '어떤 공권력의 행사 또는 불행사 때문에 헌법상 보장된 자기의 어느 기본권이 무슨 이유로 침해되었는지 등'을 구체적으로 분명하게 기재하여야 한다. 청구서에는 증거나 참고가 되는 서류를 첨부할 수 있다.

청구서의 내용이 불분명하거나 내용에 부족함이 있으면 재판장이 이를 보충하여 제출하도록 명령하는데(이를 "보정명령"이라고 한다.) 청구인은 이에 따라야 한다.

2. 변호사강제주의와 국선대리인제도

각종 심판절차에서 정부가 당사자일 때에는 법무부장관이 정부를 대표하고 국가기관 또는 지방자치단체는 변호사 또는 변호사의 자격이 있는 소속직원을 대리인으로 선임하여 심판을 수행하게 할 수 있다. 그에 비하여, 당사자가 개인일 때에는 자신이 변호사가 아니면 반드시 변호사를 대리인으로 선임하여야만 심판청구를 하거나 심판을 수행할 수 있도록 되어 있다. 이를 변호사강제주의라고 한다.

헌법재판에서 법률전문가가 아닌 개인이 심판절차를 수행할 경우, 법률지식의 부족으로 재판의 본질을 제대로 이해하지 못하여 필요한 주장을 제대로 하지 못하거나 중요한 증거자료를 제대로 제출하지 못하여 자신의 권리를 올바로 보호받지 못할 수 있고,

나아가 재판의 결과가 국가기관과 국민 전체에 영향을 미치는 헌법재판의 신뢰를 떨어뜨릴 수도 있다. 또 감정에 얽매여 불필요한 주장이나 증거자료를 늘어놓거나 재판에서 이길 가능성이 없는 사건을 청구함으로써 재판관의 업무를 가중시켜 구제받아야 할 사건의 처리가 늦어질 수도 있다. 따라서 법률전문가가 아닌 개인은 반드시 법률전문가의 도움을 받아 헌법재판에 관여하도록 하는 것이 국민의 기본권을 효율적으로 보장하고 헌법질서를 지키는 데 도움이 된다. 일반 재판의 경우와 달리 유독 헌법재판에서만 변호사강제주의가 채택된 것은 바로 이러한 이유 때문이다.

그러나 정말 구제받아야 할 사람이 변호사를 선임할 돈이 없어 권리구제를 받지 못하는 경우가 있어서는 아니 될 것이므로 이에 대비하여 국선대리인제도가 마련되어 있다. 당사자가 심판청구를 하면서 대리인을 선임할 경제적 능력이 없다는 자료와 함께 국선대리인선임신청을 하면, 헌법재판소는 그 신청내용을 보고 국선대리인선임이 필요하다고 인정되면 국가의 비용으로 변호사를 선임하여 주고 있다.

다만, 2003. 3. 12. 개정된 헌법재판소법에는 "헌법재판소가 공익상 필요하다고 인정할 때에는 국선대리인을 선임할 수 있다(제70조 제2항)."라는 규정을 신설하여 국선대리인의 선임요건으로 종래의 무자력 요건 이외에 공익상 요건을 추가하였다. 한편, 국선대리인 선임요건에 해당하더라도 그 심판청구가 명백히 부적법하거나 이유없는 경우 또는 권리의 남용이라고 인정되는 경우에는 국선대리인을 선정하지 아니할 수 있도록 하여 국선대리인 선임신청이 남용되는 일이 없도록 하고 있다.

3. 청구기간

헌법재판은 헌법에 관한 다툼이 있으면 바로 청구할 수 있다. 그러나 대개는 미리 변호사에게 물어도 보고 관련 자료를 찾아보기도 하여야 하므로 일이 생긴 후 얼마간의 기간이 지나서야 비로소 헌법재판을 청구할 수 있게 된다. 그렇다고 하여 일이 생기고 아주 오랜 기간이 지난 후에도 헌법재판을 청구할 수 있도록 허용할 수는 없다. 만일 이를 허용한다면 당사자로서는 좋겠지만 그와 관련된 다른 사람이나 국가기관은 불안한 상태에서 지내야 하고 이미 분쟁이 해결되었다고 믿고 행동한 다른 이해관계인들도 새로 분쟁에 휘말려야 하는 등의 예상치 못한 불이익을 받아야 한다. 그뿐만 아니라 시간이 오래 경과하면 다툼에 관련된 자료들도 다시 찾기 힘들어 올바른 재판을 하는 데도 상당한 지장을 주게 된다. 이러한 이유들 때문에 헌법재판은 반드시 일정한 기간 내에 청구하도록 되어 있는데, 이 기간을 청구기간이라고 한다. 청구기간은 헌법재판의 유형에 따라 법으로 정하여져 있으므로 해당 항목에서 따로 설명하기로 한다.

4. 사건의 배당과 재판부의 구성

심판청구서가 헌법재판소에 제출되면 사무처에서 사건번호와 사건명을 부여하여 접수한 다음(예 : 95헌바24 부가가치세법 제36조 등 위헌소원), 심리를 위하여 재판부로 사건기록을 넘긴다. 헌법재판소에는 현재 전원재판부와 3개의 지정재판부가 있다. 전원재판부란 재판관 9명 전원이 사건의 심리에 관여하는 재판부를 말하며 헌법재판소의 심판은 전원재판부에서 하는 것이 원칙이다. 지정재판부란 재판관 3명이 사건의 심리에 관여하는 재판부로서 지정재판부에서는 헌법소원심판 사건에 관하여 전원재판부가 심리하기에 앞서 법률에서 정한 일정한 요건을 갖추지 못하였음이 명백한 사건을 미리 걸러내어(이를 '사전심사'라고 한다) 심리하지 않기로 하는 결정(각하결정)을 하고 그 외의 사건들은 전원재판부로 회부하는 역할을 한다. 전원재판부로 회부된 사건은 전원재판부의 심리와 토의(이를 '평의'라고 한다) 결과에 따라 사건의 결론이 내려지게 된다. 사건의 쉽고 어려움에 따라 평의가 한 차례에 끝나는 경우와 여러 차례 되풀이되는 경우가 있다.

이때 심판사건 자체나 그 사건의 당사자와 어떤 관련이 있어 심판을 공정하게 처리하기 어렵다고 여겨지는 재판관이 있을 때에는 심판의 공정성을 위하여 그 재판관은 법률에 따라 당연히 그 심판절차에서 배제되거나 또는 스스로의 요구나 당사자의 신청에 따라 심판에 관여하지 않게 되는데 이를 재판관의 제척 · 회피 · 기피 제도라고 한다.

전원재판부가 사건을 심리하기 위하여는 재판관 7명 이상이 출석하여야 하고 종국심리(평의를 여러 차례 거치는 경우 마지막 심리)에 관여한 재판관만으로 결정을 한다.

5. 심리의 방식

탄핵심판과 정당해산심판, 권한쟁의심판은 심판정에서 당사자들이 말로써 주장을 하면 재판부가 이를 들은 후 의문이 있으면 질문을 하고 답변을 듣는 방식으로(이를 '구두변론'이라고 한다.), 위헌법률심판과 헌법소원심판은 당사자나 이해관계인이 낸 서류를 검토하는 방식으로(이를 '서면심리'라고 한다) 한다. 다만, 위헌법률심판과 헌법소원심판이라도 재판부가 필요하다고 인정할 때에는 구두변론을 열 수 있다. 구두변론은 공개하지만 서면심리와 평의는 공개하지 않는다.

심판에 관하여 이해관계가 있는 당사자나 국가기관 등은 헌법재판소에 의견서를 낼 수 있고, 재판부는 당사자가 신청하거나 재판부가 필요하다고 인정하는 증거에 관하여 증거조사를 할 수 있으며, 다른 국가기관 또는 공공단체의 기관에 대하여 심리에 필요한 사실을 조사하여 보내 주도록 요청하거나 기록이나 자료를 보내어 줄 것을 요구할 수도 있다. 그러나 재판 · 소추 또는 범죄수사가 진행 중인 사건의 기록을 보내 줄 것을 요구할 수는 없다.

6. 종국결정

재판부가 심리를 마치고 결론을 내리면 결정서를 작성하고 관여 재판관 전원이 서명과 날인을 하여 공개된 심판정에서 이를 선고한다. 결정서에는 사건번호와 사건명, 당사자와 심판수행자 또는 대리인, 주문(결론), 이유, 결정일자를 기재한다.

종국결정이 선고되면 참여 사무관 등은 바로 결정서 정본을 만들어 이를 당사자에게 보내 주고 관보에 결정내용을 실어 일반에게 그 내용을 널리 알린다.

헌법재판소에 접수된 모든 사건에 대하여 종국결정이 선고되는 것은 아니다. 종국결정이 선고되기 전에 심판청구인이 헌법재판소의 결론을 받아 볼 필요가 없다고 판단하여 심판청구를 취하하거나 법원이 위헌법률심판의 제청신청을 철회하는 경우에는 종국결정 없이 심판절차가 종료되기도 한다. 종국결정은 크게 심판청구의 내용에 대하여 실질적인 심사에 들어가기 전에 심판청구가 형식적인 요건을 갖추지 못했을 때 하는 본안 전 결정과 심판청구에 대하여 실질적인 심사를 거쳐 내리는 본안에 대한 결정으로 나눌 수 있다.

본안 전 결정인 각하결정이란 심판청구가 이유 있는지를 따져 볼 필요도 없이 예컨대, 청구기간을 지나서 한 청구나 변호사가 대리하지 아니한 청구와 같은 경우에 내리는 결정으로, 결정서에 '이 사건 심판청구를 각하한다'와 같은 형식으로 적는다.

본안에 들어가서, 즉 심판청구를 실질적으로 심사한 후 청구를 받아들일 수 없는 경우, 예를 들면 위헌법률심판 청구의 경우 법률이 헌법에 위반되지 아니하거나 헌법소원심판 청구의 경우 청구인의 기본권이 위헌적으로 침해당하지 않았다고 인정될 때 합헌결정 또는 기각결정 등을 한다. 이때 결정서에는 '어느 법 제00조는 헌법에 위반되지 아니한다', 또는 '이 사건 심판청구를 기각한다'와 같은 형식으로 적는다.

본안에 들어가서 심판청구를 받아들이는 경우, 즉 심판청구를 인용하는 경우에 내리는 결정으로 헌법재판의 유형에 따라 '어느 법 제00조는 헌법에 위반된다', '00검찰청 검사의 어떤 처분은 어떤 기본권을 침해한 것이므로 이를 취소한다' 등의 형식으로 적는다.

그리고 위헌결정이나 헌법소원심판 청구를 받아들이는 결정 및 헌법재판소의 종전의 견해를 변경하는 결정에는 반드시 재판관 6명 이상의 찬성이 있어야 한다(그러므로 9명의 재판관 중 과반수인 5명이 위헌의 의견을 갖고 있다 할지라도 위헌결정이 선고되지 아니할 때가 있다).

헌법재판소의 위헌결정이나 심판청구를 인용하는 결정에 대하여는 모든 국가기관과 지방자치단체가 따라야 하며 이와 어긋나는 처분이나 법적용을 하여서는 아니 된다. 예컨대 어느 법률이 위헌이라고 선고되면 그 법률은 효력을 상실하므로 법원은 재판에 그 법률을 적용하여서는 아니 되고 행정부도 그 법률에 근거한 행위를 할 수 없는 것이다.

7. 심판비용

헌법재판에 소요되는 비용은 국가가 부담한다. 재판에서 진 당사자가 소송비용을 부담하여야 하는 일반 법원의 재판과 비교하여 보면 특별히 다른 점이라고 할 수 있다. 이것은 헌법이 보장하는 기본권을 침해받고도 재판에서 지면 비용을 내어야 한다는 걱정 때문에 헌법재판을 청구하지 못하는 경우가 없도록 하기 위함이다. 다만, 당사자의 신청에 의한 증거조사 비용은 헌법재판소규칙이 정하는 바에 따라 신청인에게 부담시킬 수도 있다.

Ⅲ. 헌법소원심판

1. 기본권 구제형 헌법소원심판

1) 정 의

국가권력이 국민의 기본권을 침해하는 경우에 기본권을 침해받은 국민이 헌법재판소에 자신의 기본권을 침해하는 국가 공권력작용이 헌법에 위반되는지를 가려내 그 효력을 없애줄 것을 요청하는 제도로서 국민의 기본권을 보호하기 위한 최후의 보루이다. 즉 모든 국민은 자신의 권리가 침해되었을 때 우선 일반 소송절차를 통하여 그 권리를 구제받게 되나, 이러한 방법에 의하여 충분한 구제가 되지 못하거나 구제방법이 아예 없는 경우에 그 침해받은 권리가 헌법이 보장하는 기본권인 경우에 헌법재판소에 그 기본권을 침해하는 행위를 취소하거나 위헌임을 확인하여 주도록 헌법소원심판을 청구할 수 있는 것이다. 이와 같이 헌법소원심판은 국민의 기본권이 정당한 이유 없이 침해되는 것을 막아주는 방파제로서의 역할을 하고 있으며 이로써 헌법에 규정된 국민의 기본권은 진정한 권리로 살아 숨쉬게 되는 것이다. 우리가 헌법소원을 헌법재판의 꽃 또는 현대판 신문고라 부르는 이유가 여기에 있다.

2) 심판대상

헌법소원심판의 대상이 되는 국가권력은 공권력의 행사 또는 불행사이다. 국가기관이나 지방자치단체는 법에 따라 국민이나 주민에게 일방적으로 어떤 의무를 부담시키거나 의무이행을 강제할 수 있는 힘을 가지는데 이러한 힘을 공권력이라 한다. 이러한 공권력에 의한 국민의 기본권 침해는 국가나 지방자치단체가 국민에게 어떤 종류의 의무를 부담시키거나 의무이행을 강제하는 적극적 행위에 의하여 발생하는 것이 보통이나, 국가나 지방자치단체가 국민을 위하여 당연히 하여야 할 의무를 하지 않고 이를 방치함으로써 기본권이 침해되는 경우도 있으므로 이러한 공권력의 행사와 불행사 모두가 헌법소원심판의 대상이 된다. 예를 들면, 국회의 입법행위와 행정부의 행정행위 및 사법부의 공권력행사가 있다. 다만, 헌법재판소법은 법원의 재판을 헌법소원의 심판대상에서 제외시키고 있으므로 법원의 재판에 대하여는 헌법재판소가 위헌으로 결정한 법률을 적용한 재판이 아닌 경우에는 헌법소원심판을 청구할 수 없다.

국회가 제정한 법률에 의하여 직접 기본권을 침해받은 경우나 국회가 일정한 내용의 법률을 만들어야 할 의무가 있음에도 불구하고 이를 만들지 않고 이로 말미암아 기본권이 침해되는 경우에도 헌법소원을 심판청구할 수 있다.

다음, 행정부의 공권력으로 중요한 것은 종래 재판에 의하여서는 사실상 구제를 받을 수 없었던 권력적 사실행위가 있다. 행정 각부의 장관이 국민에 대하여 한 권고나 조언들도 경우에 따라서는 행정부가 가지고 있는 공권력을 배경으로 하고 있어 국민이 사실상 그 권고나 조언에 따르지 않을 수 없는데, 이 경우 그 권고나 조언은 실질적으로 공권력을 행사한 것이나 다름없으므로 이에 대하여 헌법소원을 청구할 수 있다. 제5공화국 시절에 있었던 국제그룹해체사건에서의 재무부장관의 해체지시가 대표적인 예이다. 또 금융실명제실시를 위한 대통령의 긴급재정경제명령과 같이 국민에게 일정한 의무를 과하는 대통령의 긴급명령에 대해서도 그로 인하여 기본권을 직접 침해받은 때에는 헌법소원을 청구할 수 있다. 마찬가지로 법률의 위임에 따라 행정부가 명령 · 규칙 등을 만든 경우에도 그 명령 · 규칙에 의하여 기본권을 직접 침해받았으면 헌법소원을 청구할 수 있다. 나아가 행정부 자체의 공권력의 행사는 아니라 하더라도 국립대학교와 같이 일정한 한도 내에서 공권력을 행사할 수 있는 기관이나 단체가 대외적으로 국민의 기본권과 관련이 있는 공권력을 행사한 경우 이로 인하여 기본권을 침해받은 국민이 헌법소원을 청구할 수 있음은 물론이다. 국립대학교인 서울대학교가 발표한 대학입학고사 주요요강과 같은 것이 그 예이다.

그리고 행정부나 사법부가 일정한 내용의 공권력을 행사하여야 할 의무가 있는 데도 이를 행사하지 않아서 기본권이 침해되는 경우도 그 공권력의 불행사가 위헌이라는 내용의 확인을 구하는 헌법소원을 청구할 수 있는데, 법원이 법무사법에 규정된 법무사시험을 시행하지 않아 직업선택의 자유를 침해하고 있었던 것이 그 한 예이다.

3) 헌법소원심판을 청구할 수 있는 자

헌법소원을 청구하기 위해서는 공권력에 의하여 현재 자신의 기본권이 직접 침해되어야 한다. 먼저 공권력에 의하여 자기 자신의 기본권이 침해되어야 한다. 따라서 남의 기본권이 침해되었다는 이유로는 헌법소원을 청구할 수 없다(이러한 요건을 '자기관련성'이라 한다).

다음, 원칙적으로 기본권이 현재 침해받고 있어야 한다. 그러므로 가까운 장래에 기본권이 침해될 우려가 거의 확실한 경우를 제외하고는 장래에 기본권의 침해가 있을 것으로 막연히 예상된다는 이유만으로 곧바로 헌법소원을 청구할 수 없다. 그리고 과거에는 기본권의 침해가 있었으나 현재에는 그 침해가 없어진 경우에도 원칙적으로 헌법소원을 청구할 수 없다(이러한 요건을 '침해의 현재성'이라 한다). 다만 공권력에 의한 기본권의 침해가 일시적으로만 생기는 경우가 있는데, 헌법재판이 끝나기까지에는 상당한 기간이 필요하므로 이러한 경우 최종재판을 하기 전에 기본권 침해의 상태가 이미 종료되었다는 이유로 헌법소원의 요건이 갖추어지지 않은 것으로 처리하면 국민의 기본권을 보장할 수 없는 사각지대가 생기게 된다. 따라서 헌법재판이 있기 전에 기본권 침해의 상태가 종료되었더라도 그러한 형태의 기본권 침해가 반복될 가능성이 있는 경우에는 예외적으로 헌법소원이 허용된다. 예를 들어 구속 · 수감중인 사람이 변호인의 도움을 받기 위하여 변호인 접견신청을 하였으나, 수사기관에 의하여 거부된 경우 그 침해행위 자체가 종료되었다 하더라도 그 후 이와 같은 행위는 반복될 가능성이 있고,

또 변호인의 도움을 받을 권리는 매우 중요한 기본권의 하나이므로 그와 같은 경우 헌법소원이 허용되는 것이다.

끝으로, 공권력에 의하여 기본권이 직접 침해되어야 한다. 이는 특히 국회가 만든 법률이나 하위 법령인 행정부의 명령・규칙에 의하여 기본권을 침해받았다고 하여 헌법소원을 청구하려는 경우 중요한 요건이다. 예를 들어 어떤 법률이나 명령・규칙이 행정부 등의 처분행위에 의해 집행될 것을 예정하고 있고, 그 처분행위에 의하여 비로소 기본권이 침해된 경우에는, 기본권을 직접 침해한 행위는 행정부의 처분행위이지 법률이나 명령・규칙 자체는 아니므로, 그 법률이나 명령・규칙에 대하여는 직접 헌법소원을 청구할 수 없다(이러한 요건을 '침해의 직접성'이라 한다).

4) 다른 법률에 정한 구제절차를 모두 거친 후일 것

헌법소원은 공권력에 의하여 기본권이 침해된 경우 구제받을 수 있는 좋은 방법이지만, 한편으로는 그 공권력에 의한 기본권 침해에 대하여 다른 방법으로 구제받을 수 있는 법률적 절차가 있다면 그 모든 절차를 적법하게 거친 후가 아니면 청구할 수 없는 제약이 있다.

다른 방법에 의한 구제절차로 가장 대표적인 것이 법원의 재판이다. 다만 위에서 설명한 것과 같이 법원의 재판에 대하여는 헌법소원을 청구할 수 없도록 되어 있으므로, 결국 우리 제도는 기본권을 침해받은 경우 우선 법원의 재판으로 구제받도록 하고, 그것이 불가능한 경우, 예를 들어 법률에 의하여 직접 기본권의 침해를 받은 경우와 같이 법원의 재판으로는 직접 권리구제를 받을 수 없는 때에는 헌법소원에 의하여 권리를 구제받도록 하고 있다고 할 수 있다.

이와 같이 헌법소원이 기본권 구제의 보충적 수단으로만 기능한다 하여도 헌법소원의 의미나 가치는 결코 가벼운 것이 아니다. 과거에는 국민의 기본권과 직접 관련이 있는 각종의 법령이나 국가가 공권력을 배경으로 사실상 강압적인 위치에서 행한 각종의 권력적 사실행위 등에 대하여는 법원의 재판을 통하여 효율적인 권리구제를 받기가 사실상 불가능하였으나 이제는 헌법소원제도에 의하여 이러한 분야에서도 국민의 기본권이 효율적으로 보장될 수 있게 되었기 때문이다. 법원의 재판이 허용되지 않는 경우에도 법령이 다른 구제절차를 마련해 놓고 있으면 그 구제절차를 모두 거친 후 헌법소원을 청구하여야 한다.

법령에 위와 같은 구제절차가 마련되어 있지 않고 법원의 재판도 허용되지 않는 경우에는 곧바로 헌법소원을 청구할 수 있음은 물론이다. 결국, 헌법소원은 국민의 기본권 보장을 위한 마지막 수단이라고 말할 수 있다.

5) 청구기간 내의 청구일 것

기본권이 침해된 경우에 언제까지라도 헌법소원을 청구할 수 있다고 하면 법률관계가 매우 불안정해질 수가 있으므로, 헌법소원은 일정한 기간 내에 청구되어야 한다.

헌법재판소법은 헌법소원을 청구할 수 있는 기간을 기본권 침해의 사유가 있음을 안 날부터 90일 이내, 그 사유가 있는 날부터 1년 이내로 제한하였는데 이는 결코 긴 기간은 아니므로, 헌법소원을 청구하고자 하는 사람은 항상 그 기간에 신경을 써야 한다. 그리고 법률에 의하여 직접 기본권이 침해되는 경우 보통 그 법률의 시행일로부터 기간을 계산하며, 다만 시행 후에 해당 사유가 발생하여 비로소 기본권이 침해된 경우는 그 사유발생일로부터 기간을 계산한다.

2. 위헌법률심판형 헌법소원심판

헌법재판소법은 위와 같은 헌법소원 외에도 소송당사자가 법원에 재판의 전제가 되는 법률에 대하여 위헌법률심판의 제청신청을 하였음에도 법원이 이를 받아들이지 않은 경우 헌법재판소에 직접 문제된 법률의 위헌 여부에 대한 헌법소원심판을 청구할 수 있는 길을 열어 놓았다. 예를 들어 어떤 사람에게 법원이 사형을 선고하였고 이에 대하여 피고인이 항소를 하면서 형벌로서의 사형제도는 생명권을 침해하는 것으로 헌법에 위반된다는 내용으로 법원에 대하여 사형을 형벌의 하나로 규정하고 있는 형법조항에 대한 위헌법률심판을 헌법재판소에 제청하여 줄 것을 신청하였으나 법원이 이를 받아들이지 않는 경우, 피고인은 직접 헌법재판소에 위 조항의 위헌 여부에 대한 헌법소원심판을 청구할 수 있다.

즉 법원의 재판 자체는 헌법소원의 대상이 되지 않는 것이나, 재판에서 다루어지는 법률이 위헌인지에 관하여는 헌법재판소의 심판을 받아볼 수 있는 길이 열려 있는 것이다.

이러한 헌법소원은 그 형식과 이름만이 헌법소원일 뿐이지 그 실질은 위헌법률심판과 마찬가지로 규범통제에 그 목적이 있는 것이기 때문에 원칙적으로 위헌법률심판 절차에 따라 심판하게 된다. 따라서 문제된 법률이 법원의 재판의 전제가 되기만 하면 헌법소원을 청구할 수 있으며, 이 경우에는 그 법률에 의하여 당사자의 기본권이 침해되었는지 여부가 문제되지 않는다.

그리고 이 헌법소원의 경우는 법원에서 위헌법률심판의 제청신청이 받아들여지지 않은 날, 더 엄밀히 말하면 법원의 기각결정문을 송달받은 날부터 30일 이내에 청구하여야 한다.

3. 심리의 방식과 종국결정

헌법소원이 청구되면 위에서 말한 여러 가지 요건을 모두 갖추었는가를 심사한다. 위에서 설명한 요건을 모두 갖추지 못한 헌법소원 심판 청구는 부적법한 것이므로 이를 각하하게 되는데 이는 3명의 재판관으로 구성된 지정재판부나 재판관 전원으로 구성된 전원재판부 모두가 할 수 있다.

헌법소원이 위와 같은 요건을 모두 갖추어 적법한 경우에는 헌법재판관 전원으로 구성된 전원재판부에서 청구인 및 관계된 국가기관 등으로부터 서면으로 의견이나 각종 자료를 제출받은 후 문제 된 공권력의 행사 또는 불행사가 위헌인지에 대하여 판단하게 된다. 심리 결과 문제된 공권력의 행사 또는 불행사가 위헌이라고 판단되면, 헌법재판소는 그 공권력의 행사를 취소하거나 공권력의 불행사에 대하여 위헌이라고 확인하게 된다. 그리고 필요한 경우에는 그 공권력 행위의 근거가 된 법률에 대하여도 위헌이라고 선언할 수 있다. 이와 같은 헌법재판소의 결정은 모든 국가기관을 기속하며, 경우에 따라 국가기관은 헌법재판소의 결정의 취지에 따라 새로운 행위를 하여야 하는 경우도 있다.

그러나 문제된 공권력의 행사 또는 불행사가 위헌이 아니라고 판단되면 헌법재판소는 청구인의 심판청구를 이유 없다고 하여 기각한다.

Ⅳ. 위헌법률심판

1. 위헌법률심판의 정의

위헌법률심판이란 국회가 만든 법률이 헌법에 위반되는지를 심사하고 헌법에 위반된다고 판단되는 경우에 그 법률을 효력을 잃게 하거나 적용하지 못하게 하는 것이다. 우리나라의 위헌법률심판절차는 법률이 공포된 후에, 그 법률을 법원의 구체적인 사건에 적용하여 재판을 하면서 그 법률이 위헌인지 여부가 문제될 경우에 이루어진다. 참고로 외국의 경우에는 법률이 아직 공포되지 않았거나, 법원의 재판과 관계없이도 그 법률의 위헌여부가 문제될 때에는 일정한 국가기관의 신청으로 심판이 이루어지도록 하는 경우도 있다.

2. 구체적인 절차

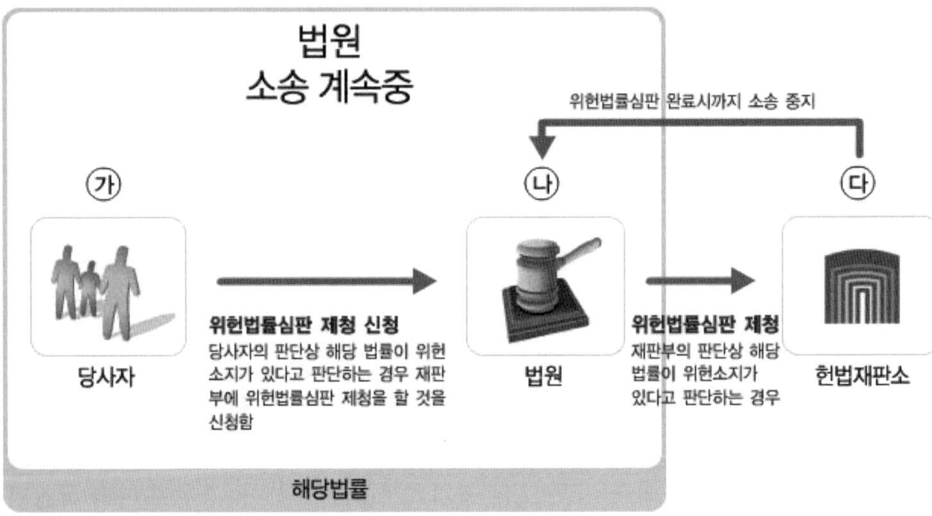

우선 위헌법률심판의 제청을 할 수 있는 자는 법원이다. 법원은 자신이 재판중인 어떤 사건에 적용되는 법률이 위헌이라는 의심이 드는 경우에 스스로 헌법재판소에 위헌법률심판제청을 할 수 있다.

일반 국민이 위헌법률심판의 제청절차에 다가갈 수 있는 방법으로는, 재판중의 당사자가 해당법률이 위헌의 의심이 있다 하면서 그에 대한 위헌법률심판제청을 해줄 것을 법원(대법원 및 각 지방법원 등 각급법원)에 신청하는 길이 있다. 이때 법원이 그 신청에 타당성이 있다고 보면 그 신청을 인정하여 헌법재판소에 위헌법률심판제청신청을 할 수 있고, 만일 당사자가 법원에 위헌법률심판제청신청을 하였는데 법원이 이를 기각하는 경우에는 그 당사자는 적법한 기간 내에 헌법재판소에 직접 그 법률조항에 대하여 헌법소원심판을 청구할 수 있다.

이와 같이 위헌법률심판제청은 법원이 헌법재판소에 제청하는 것이므로, 현재 법원에서 문제되는 어떤 법률과 관련된 재판을 하고 있지 않을 때나 재판과는 관련이 없는 법률조항에 대하여는 위헌법률심판의 제청을 할 수 없고 당사자도 위헌법률심판제청을 해줄 것을 신청할 수 없으며 따라서 이 신청이 기각되었을 때 할 수 있는 헌법소원심판청구도 할 수 없다.

법률이 아닌 명령이나 규칙이 헌법이나 법률에 위반되는지가 재판의 전제가 될 때에는 법률의 경우와 달리 헌법재판소에 위헌제청을 하지 않고 그 사건을 담당하는 법원이 이를 심사할 수 있으며 최종적으로는 대법원이 심사하게 된다.

3. 심리의 방식과 종국결정

위헌법률심판은 헌법재판관 전원으로 구성된 전원재판부에서 심리하고, 심리 후 종국결정을 내리게 된다. 위헌법률심판절차에서 내려질 수 있는 종국결정의 기본적 유형으로는 각하결정, 합헌결정 및 위헌결정이 있고 한정합헌 · 한정위헌결정, 헌법불합치결정과 같은, 변형된 형태의 실질적인 위헌결정이 있다.

각하결정의 경우에는 "……위헌여부심판제청을 각하한다" 로 표시하고, 합헌결정의 경우에는 "……은 헌법에 위반되지 아니한다"는 형식으로, 위헌결정은 "……은 헌법에 위반된다"라는 형식으로 표시한다.

헌법재판소는 법률이 헌법에 위반된다고 보이는 경우에는 그냥 단순히 법률의 전부 또는 일부의 위헌을 선언할 수도 있으나, 심판의 대상이 된 법률(조항)이 여러 가지 의미로 해석될 소지가 있을 때, 사안에 따라 합헌이 될 수 있는 한정된 경우만에 대하여 합헌결정을 할 수도 있으며(한정합헌결정, 예 : "……를 어떻게 해석하는 한 헌법에 위반되지 아니한다", "…… 어떠한 해석 하에 헌법에 위반되지 아니한다"), 위헌이 될 수 있는 한정된 경우만에 대하여 위헌을 선언할 수도 있다(한정위헌결정, 예 : "어느 법 제○○조를 어떤 경우에까지 적용하는 것은 헌법에 위반된다", "어느 법 제○○조는 어떻게 해석하는 한 헌법에 위반된다"). 또 경우에 따라서는 법률의 중요한 조항이 위헌으로 됨에 따라 그 법률 전체를 시행할 수 없다고 인정될 때에는 법률 전부에 대하여 위헌의 선언을 한다(예 : "어느 법은 헌법에 위반된다").

그밖에 법률이 헌법에 위반되기는 하지만 일정한 사유가 있는 경우에는 위헌결정을 피하고 법률의 위헌성만을 확인하는 헌법불합치결정을 할 수 있다. 헌법불합치결정의 경우에는 헌법에 합치되지 않는 조항의 효력상실 여부나 시기, 또는 적용중지 여부에 따라 구체적 표시방법에 차이가 있다. 그리하여 위헌이기는 하지만 당분간 위헌인 법률을 계속 적용하는 것을 허용하는 선언을 할 수도 있는데(예 : "어느 법 제○○조는 헌법에 합치하지 아니한다. 위 법률조항은 ○○년 ○○월 ○○일을 시한으로 입법자가 개정할 때까지 그 효력을 지속한다"), 이와 같은 여러 유형으로 결정 선고하는 이유는 법률의 위헌을 선언하게 되면 모든 국가기관은 그 법률을 적용할 수 없게 되어 법률이 없는 것과 같은 결과가 되므로 경우에 따라서는 큰 사회적 혼란이 일어날 수도 있고(예를 들면, 공무원의 보수를 너무 적게 책정하였다는 이유로 이를 정한 법률을 위헌으로 선언할 경우 보수지급의 근거가 되는 법률 자체가 없어지게 되어 새 법률을 만들 때까지는 그 보수마저도 아예 지급할 수 없는 더욱 위헌적 상태가 발생하게 된다), 또 헌법에 위반된 법률의 일부 내용을 헌법에 위반되지 않는 방향으로 개정하는 방법이 여러 가지일 때 이에 대하여까지 헌법재판소가 판단을 할 경우에는 자칫하면 입법자인 국회의 권한을 침해함으로써 권력분립원리에 어긋날 수도 있어 (예를 들면, 헌법은 공무원 중 일부에 대하여서만 법률로 단체행동권, 즉 쟁의권을 제한할 수 있다고 규정하고 있음에도 노동쟁의조정법은 모든 공무원에 대하여 쟁의권을 금지하여 헌법에는 위반되나 그 위반되는 범위는 다시 법률로 정하여야 할 필요가 있는 경우나, 토지초과이득세법이 평등의 원칙이나 재산권 보장, 조세법률주의 등에 위반되어 위헌으로 선언하여야 하나 토지공개념에 비추어 법률 자체를 존속시킬 필요가 있고 다만 이를 국회에서 헌법에 위반되지 않는 방향으로 개정하여야 한다고 판단되는 경우가 그것이다) 이러한 점들을 고려하여 결정을 하여야 하기 때문이다.

위헌법률심판의 제청을 한 법원에서는 헌법재판소의 위헌 여부 결정이 있을 때까지 제청과 관련이 있는 재판을 진행하지 않고 있다가 헌법재판소의 결정이 있게 되면 그에 따라 다시 재판을 진행하게 된다. 다만, 법원이 긴급하다고 인정하는 경우에는 종국재판(마지막 결론을 내리는 재판, 위의 예에서는 피고인을 사형 또는 무기징역에 처하는 재판) 이외의 소송절차를 진행할 수 있다.

V. 헌법소원청구

1. 청구인

대한민국 국민이면 누구나 청구할 수 있다. 자연인뿐만 아니라 회사와 같은 법인도 청구할 수 있다. 미성년자도 청구할 수 있으나, 다만 부모님과 같은 법정대리인이 소송행위를 대신하여야 한다.

헌법이 내외국인을 구별하지 않고 기본권을 보장할 때에는, 외국인도 헌법소원을 청구할 수 있다.

2. 종 류

헌법소원의 종류에 따라 달라집니다. 헌법소원에는 두 가지 종류가 있다.

공권력의 행사 또는 불행사로 인하여 헌법상 보장된 기본권을 침해받은 사람이 제기하는 헌법소원인 권리구제형 헌법소원과, 법원에 위헌법률심판제청신청을 하였으나 기각된 경우에 제청신청 당사자가 헌법재판소에 제기하는 위헌심사형 헌법소원이다.

1) 권리구제형 헌법소원

공권력의 행사 또는 불행사로 기본권이 침해되었을 때 청구할 수 있다.

(1) 공권력의 행사 또는 불행사

청구의 대상이 되는 공권력의 행사로는 다음과 같은 것들을 들 수 있다.

① 입법부 – 법률, 입법부작위

② 행정부 – 대통령령, 부령, 조례, 행정부작위, 권력적 사실행위

행정소송의 대상이 되는 행정처분에 대한 헌법소원은 받아들여지지 않는다.

③ 사법부 – 대법원규칙

법원의 재판은 헌법소원의 대상이 되지 않는다.

다만, 헌법재판소가 이미 위헌이라고 선언한 법령을 적용한 재판에 대하여만 예외적으로 헌법소원이 허용된다.

(2) 기본권의 침해

헌법이 국민에게 보장하고 있는 기본적인 자유와 권리를 침해당하는 경우에 청구할 수 있다. '자기의' 기본권을 '직접' 침해당하고 있는 사람만이 청구할 수 있다.

(3) 다른 구제절차의 경유

다른 법률에 구제절차가 있는 경우에는 헌법소원을 청구하기 전에 그 절차를 모두 거쳐야 한다. 다만, 사전에 구제절차를 거칠 것을 기대하기 어려운 사정이 있는 경우에는 예외적으로 곧바로 헌법소원을 청구하는 것이 허용되는 경우도 있다.

그러나 법령 자체로 인하여 직접 기본권을 침해당하고 있는 때에는 그 법령을 대상으로 곧바로 헌법소원을 청구할 수 있다.

2) 위헌심사형 헌법소원

법원에서 소송진행중인 당사자가 재판에 적용될 법률조항이 위헌이라고 생각되어 그 법원에 위헌심판제청신청을 하였으나 기각(또는 각하)당한 경우에 헌법소원을 청구할 수 있다.

(1) 법률 또는 법률조항

법률 또는 법률조항에 대해서만 헌법소원을 청구할 수 있고, 대통령령 등의 하위법령에 대하여는 이 유형의 헌법 소원을 청구할 수 없다.

(2) 법률의 위헌 여부가 재판의 전제가 될 것

문제된 법률 또는 법률조항이 당해 소송사건에 적용될 법률이어야 하고 그 위헌여부에 따라 재판의 주문이 달라지거나 재판의 내용과 효력에 관한 법률적 의미가 달라지는 경우에만 청구할 수 있다.

3. 청구기간

1) 권리구제형 헌법소원

기본권의 침해가 있음을 안 날부터 90일 이내에, 기본권의 침해가 있는 날부터 1년 이내에 청구하여야 한다.

이 둘 중 어느 하나의 기간이 지났으면 헌법소원은 부적법하게 된다.

법령에 의하여 직접 기본권이 침해되었음을 이유로 헌법소원을 청구할 때에는 법령의 시행일이 위 청구기간의 기산일이 된다. 따라서 법령이 시행된 사실을 안 날부터 90일 이내에, 법령이 시행된 날부터 1년 이내에 청구하여야 한다.

그러나 법령이 시행된 뒤에 비로소 그 법령에 해당하는 사유가 발생하여 기본권이 침해를 받게 된 때에는 시행일이 아니라 그 사유가 발생하였음을 안 날부터 90일 이내에, 그 사유가 발생한 날부터 1년 이내에 청구하면 된다.

한편, 다른 법률에 의한 구제절차를 거치고 헌법소원을 청구하는 경우에는 그 구제절차에서 내린 최종결정을 통지받은 날부터 30일 이내에 헌법소원을 청구하여야 한다.

2) 위헌심사형 헌법소원

법원으로부터 위헌제청신청을 기각(또는 각하)한다는 결정문을 송달받은 날부터 30일 이내에 청구하여야 한다.

3) 유의점

청구서를 제출하기 전에 국선대리인 선임신청을 할 경우에는 그 신청서 접수일을 기준으로 청구기간의 준수 여부를 판단한다. 헌법소원 청구서 또는 국선대리인 선임신청서를 우편으로 접수시킬 경우에는 청구기간 내에 우편이 접수되도록 유의하여야 한다. 청구기간 내에 발송하였다 하여 청구기간을 준수한 것으로 되지 않다. 근무시간이 지났더라도 헌법재판소 당직실을 통하여 접수시킬 수 있다.

4. 청구절차

1) 변호사강제주의와 국선대리인 제도

헌법소원은 누구나 청구할 수 있지만, 청구인이 변호사가 아닌 한 반드시 변호사를 대리인으로 선임하여야 한다. 그러나 정말 구제받아야 할 사람이 변호사를 선임할 돈이 없어 권리구제를 받지 못하는 일이 없도록 국선대리인제도가 마련되어 있다.

국선대리인의 선임을 희망할 때에는 헌법재판소에 국선대리인 선임신청서를 제출하여야 한다. 국선대리인 선임신청은 청구인이 작성한 헌법소원 청구서를 제출하면서 할 수도 있고 헌법소원 청구서를 작성하지 않고, 선임신청서만을 제출함으로써 할 수도 있다. 후자의 경우에는 헌법소원을 청구하고자 하는 이유를 함께 기재하여야 한다.

헌법재판소가 국선대리인을 선임하여 주는 기준을 예시하면 다음과 같다

〈헌법재판소국선대리인의 선임 및 보수에 관한 규칙 제4조 제1항〉

(1) 월 평균수입이 150만 원 미만인 사람

(2) 국민기초생활보장법에 의한 수급자

(3) 국가유공자 등 예우 및 지원에 관한 법률에 의한 국가유공자와 그 유족 또는 가족

(4) 위에는 해당하지 아니하나, 청구인이나 그 가족의 경제능력 등 제반 사정에 비추어 보아 변호사를 대리인으로 선임하는 것을 기대하기 어려운 경우

따라서 국선대리인 선임신청을 할 경우에는 청구인이 위 각 기준에 해당한다는 점을 소명하는 자료를 첨부하여야 한다.

다만, 헌법재판소가 공익상 필요하다고 인정할 때에는 위 요건에 해당되지 않더라도 국선대리인을 선임할 수 있다. 한편, 국선대리인 선임요건에 해당하더라도 그 심판청구가 명백히 부적법하거나 이유없는 경우 또는 권리의 남용이라고 인정되는 경우에는 국선대리인을 선정하지 아니할 수 있다.

2) 청구서의 제출

변호사인 대리인의 이름으로 작성한 청구서를 헌법재판소에 제출하여야 한다.

청구인이 작성한 청구서가 이미 제출되어 있더라도 그것만으로는 헌법소원 청구로서의 효력이 없다.

청구서는 전자접수나 직접 방문하여 접수시킬 수도, 우편으로 접수시킬 수도 있다.

다만, 우편접수의 경우 헌법재판소에 접수된 날짜를 기준으로 함을 유의해야 한다.

3) 청구서 작성

청구유형에 따른 기재례를 참조하시어 간결한 문장으로 정연 · 명료하게 작성하여 부본 3부와 함께 접수하면 된다. 청구서에 기재된 내용이 불명료하여 뜻하는 바를 파악하기 힘든 경우에는 심판절차가 지연될 수 있다.

5. 심판절차

먼저, 재판관 3인으로 구성된 지정재판부에서 '사전심사'를 하게 된다. 여기에서는 헌법소원의 청구가 명백히 부적법한지, 아닌지를 심사한다.

청구에 부적법하거나 불명확한 점이 있어 보정명령을 내릴 수도 있으니, 이 때에는 보정기간을 준수하여 보정하면 된다.

심사결과 재판관 3명 전원이 1) 다른 법률에 따른 구제절차가 있는 경우 그 절차를 모두 거치지 않거나 또는 법원의 재판에 대하여 헌법소원의 심판이 청구된 경우, 2) 청구기간이 지난 후 헌법소원심판이 청구된 경우, 3) 변호사를 대리인으로 선임함이 없이 청구된 경우, 4) 그 밖에 헌법소원심판청구가 부적법하고 그 흠결을 보정할 수 없는 경우 중 어느 하나에 해당한다고 인정하면, 전원재판부에 회부하지 않고 사건을 각하하며, 이로써 사건은 종결된다. 지정재판부에서 이와 같이 각하하지 않는 사건은 재판관 9명으로 구성되는 전원재판부에 회부된다.

전원재판부에 회부된 사건에 대한 종국결정의 유형은 다음과 같다.

① 각하 – 헌법소원의 청구가 부적법한 경우에 하는 결정

② 기각 – 헌법소원의 청구가 적법하고 본안의 이유가 없을 때에 하는 결정

③ 인용 – 헌법소원의 청구가 부적법하지도 않으며 본안의 이유가 있을 때에 하는 결정. 여기에는 취소, 위헌확인 결정이 있고, 특히 법령에 대한 헌법소원을 인용하는 결정에는 단순위헌, 헌법불합치, 한정위헌, 한정합헌 결정이 있다.

④ 심판절차종료선언 – 청구인의 사망으로 소송이 종료된 때, 그리고 심판청구의 취하에 관하여 다툼이 있는 때에 하는 결정

전원재판부에서 평의가 종결되어 선고기일이 지정되면 청구인에게 통지를 하고, 선고기일에 헌법재판소 심판정에서 선고를 하며, 결정문을 청구인에게 송달한다.

헌법소원의 청구가 인용되면 위헌적인 공권력의 행사가 취소되거나 그 위헌성이 확인됨으로써, 또는 청구인의 기본권을 침해하는 법령의 효력이 상실됨으로써 청구인의 기본권이 회복되게 된다.

위헌심사형 헌법소원이 인용되면 법원의 소송이 끝나 이미 확정되었다 하더라도 청구인은 법원에 재심을 청구하여 구제받을 수 있다.

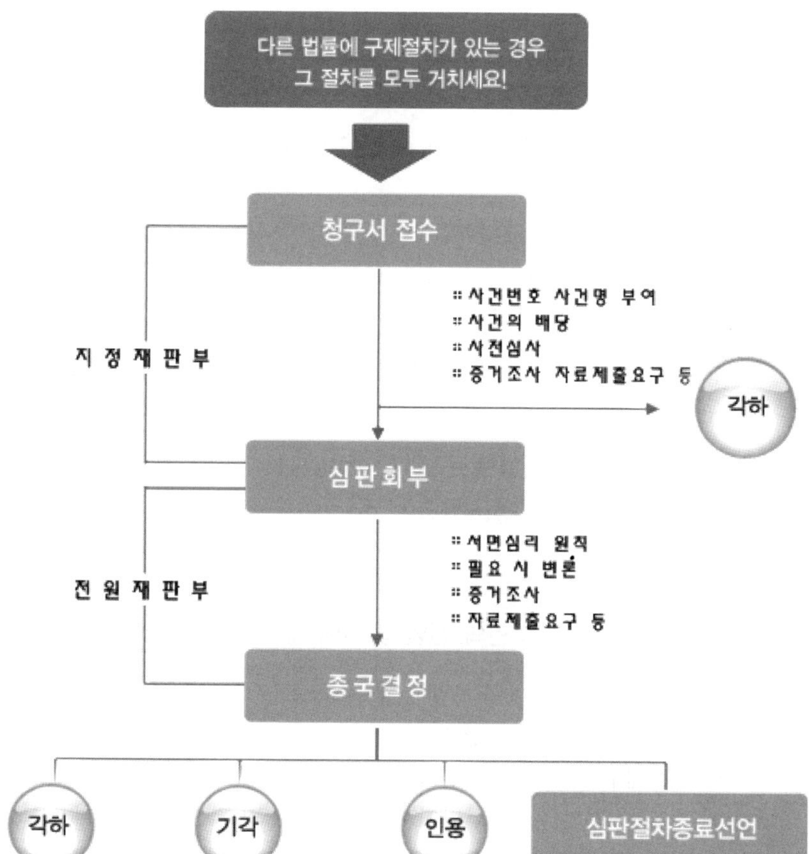

6. 불복절차

헌법재판소의 결정에 대하여는 불복할 수 없다.

헌법재판소의 결정에 대하여는 재심도 극히 예외적으로만 허용된다. 현재까지의 판례에 의할 때, 행정작용에 대한 권리구제형 헌법소원에서 내린 결정에 판단유탈이 있을 때에는 재심이 허용된다.

다만, 각하결정을 받았으나 부적법한 부분을 보정할 수 있을 때에는 이를 보정한 후 다시 헌법소원을 청구할 수 있다.

Ⅵ. 국선대리인제도

1. 변호사강제주의와 국선대리인제도

헌법소원은 누구나 청구할 수 있지만, 청구인이 변호사가 아닌 한 반드시 변호사를 대리인으로 선임하여야 한다. 변호사를 선임할 돈이 없어 권리구제를 받지 못하는 일이 없도록 국선대리인제도가 마련되어 있다.

국선대리인의 선임을 희망할 때에는 헌법재판소에 국선대리인 선임신청서를 제출하여야 한다. 국선대리인 선임신청은 청구인이 작성한 헌법소원 청구서를 제출하면서 할 수도 있고 헌법소원 청구서를 작성하지 않고, 선임신청서만을 제출함으로써 할 수도 있다. 후자의 경우에는 헌법소원을 청구하고자 하는 이유를 함께 기재하여야 한다.

〈헌법재판소 국선대리인의 선임 및 보수에 관한 규칙 제4조 제1항〉

(1) 월평균 수입이 150만 원 미만인 사람

(2) 국민기초생활보장법에 의한 수급자

(3) 국가유공자 등 예우 및 지원에 관한 법률에 의한 국가유공자와 그 유족 또는 가족

(4) 위에는 해당하지 아니하나, 청구인이 시각 · 청각 · 언어 · 정신 등 신체적 · 정신적 장애가 있는지 여부 또는 청구인이나 그 가족의 경제능력 등 제반사정에 비추어 보아 변호사를 대리인으로 선임하는 것을 기대하기 어려운 경우

따라서 국선대리인 선임신청을 할 경우에는 청구인이 위 각 기준에 해당한다는 점을 소명하는 자료를 첨부하여야 한다.

다만, 헌법재판소가 공익상 필요하다고 인정할 때에는 위 요건에 해당되지 않더라도 국선대리인을 선임할 수 있다. 한편, 국선대리인 선임요건에 해당하더라도 그 심판청구가 명백히 부적법하거나 이유 없는 경우 또는 권리의 남용이라고 인정되는 경우에는 국선대리인을 선정하지 아니할 수 있다.

2. 청구서의 제출

변호사인 대리인의 이름으로 작성한 청구서를 헌법재판소에 제출하여야 한다. 청구인이 작성한 청구서가 이미 제출되어 있더라도 그것만으로는 헌법소원 청구로서의 효력이 없다.

청구서는 전자접수나 직접 방문하여 접수시킬 수도, 우편으로 접수시킬 수도 있다. 다만, 우편접수의 경우 헌법재판소에 접수된 날짜를 기준으로 한다.

제 4 장

행정사건의 법률실무

Ⅰ. 행정구제제도

행정구제란 행정작용으로 자기의 권리, 이익이 침해되었거나 침해될 것으로 주장하는 자가 행정기관이나 법원에 손해전보, 원상회복 또는 당해 행정작용의 취소, 변경을 청구하거나, 기타 피해구제 또는 예방을 청구하고, 이에 대하여 행정기관 또는 법원이 심리하여 권리, 이익 보호에 관한 판정을 내리는 것을 말한다.

| 참고 |

※ 행정구제제도 개관

- 사전적 구제제도
  - (1) 행정절차
  - (2) 직권시정
  - (3) 정당방위 : 사전적 · 직접적 구제제도
  - 사전적 · 사후적 구제제도
    - (4) 청 원
    - (5) 옴부즈만(호민관)제도
- 사후적 구제제도
  - (1) 손해전보제도(실체법상구제)
    - ① 손해배상
      - 공무원의 위법한 직무행위로 인한 손해배상
      - 영조물의 설치 · 관리의 하자로 인한 손해배상
    - ② 손실보상 : 적법한 공권력행사로 인한 손해전보
  - (2) 행정쟁송제도(절차법상 구제)
    - ① 행정심판
      - 항고심판
        - 일반항고심판
          - 취소심판
          - 무효 등 확인심판
          - 의무이행심판
        - 특별항고심판
      - 당사자심판
    - ② 행정소송
      - 주관소송
        - 항고소송
          - 법정항고소송
            - 취소소송
            - 무효 등 확인소송
            - 부작위위법확인소송
          - 비법정항고소송
        - 당사자소송
          - 실질적 당사자소송
          - 형식적 당사자소송
      - 객관소송
        - 민중소송
        - 기관소송
  - (3) 형사책임(고소 · 고발)
  - (4) 공무원의 징계책임
  - (5) 헌법소원

오늘날의 행정은 과거에 비하여 질적, 양적으로 확대, 발전되어 국민생활의 거의 전 분야를 그 작용범위로 하기에 이르렀고, 이에 따라 행정작용으로 인한 국민의 권익침해의 가능성도 마찬가지로 증대되고 있다. 위법한 행정작용에 의한 재산권의 침해 또는 신체적 상해, 위법한 영업의 정지나 취소로 인한 재산상의 침해 등은 그 전형적 예이다.

그러나 국민의 권리, 이익을 침해하는 행정작용은 반드시 위법 또는 부당한 행위에 한정되는 것은 아니다. 즉 그 자체로서는 법률에 의거한 적법한 행정작용일지라도 그로 인하여 특정인에게 특별한 손실이 발생할 수 있는 바, 당사자에게 귀책사유가 없는 한 그러한 특별한 손실도 전보되어야 할 것임은 물론이다.

이와 같이 행정작용으로 인한 침해로부터 국민의 권리, 이익을 보호하기 위한 행정구제제도는, 헌법상 국민의 기본권 보장과 실질적 법치주의의 관점에서는 필요불가결한 것이다.

행정구제는 내용적으로 이를 사후구제와 사전구제로 나눌 수 있다. 사후구제란 행정작용 등으로 인하여 국민의 권리 또는 이익의 침해가 발생한 경우에 당해 작용을 시정하거나 그로 인한 손해를 전보하여 주는 제도를 말한다. 행정구제는 보통 이러한 사후구제제도의 의미로 쓰이며, 행정쟁송제도(행정심판, 행정소송)와 행정상 손해전보제도(손해배상, 손실보상)가 이에 해당한다.

사전구제란 위법, 부당한 행정작용 등으로 인하여 권익침해가 발생하기 전에 이를 예방하는 제도적 장치를 말한다. 행정구제로서는 이러한 사전구제가 이상적이기는 하나, 현실적으로는 순수한 의미의 사전구제제도에 해당하는 것은 찾기 어렵다. 그러나 행정절차는 사전구제적 기능도 수행하는 것이며, 또한 현재 외국의 '옴부즈만' 제도나 우리나라의 청원제도, 민원처리제도는 사전구제적 제도로서의 의미도 가지고 있다고 할 것이다.

Ⅱ. 행정상 손해전보제도

1. 행정상의 손해배상

1) 공무원의 직무상 불법행위로 인한 손해배상

(1) 의 의

공무원이 그 직무를 집행함에 당하여 고의 또는 과실로 법령에 위반하여 타인에게 손해를 가한 경우 인정되는 국가 등의 손해배상책임

(2) 요 건

① 공무원 – 광의의 공무원 개념 : 널리 공무를 위탁 받아 그에 종사하는 모든 자

┌ 긍정 : 집달관, 소집중인 향토예비군, 미군부대 카튜사, 시청소차 운전수
└ 부정 : 의용소방대원, 시영버스운전사, 공무집행에 자진 협력하는 사인

② 직무를 집행함에 당하여

(ⅰ) 직무행위의 범위 : 권력작용 + 관리작용, 사경제작용 → 민법

(ⅱ) 직무행위의 내용 : 입법, 사법, 행정 작용을 불문

(ⅲ) 공무원의 부작위 : 행정청의 재량, 행정편의주의, 반사적 이익론 → 재량의 0으로의 수축이론(행정개입청구권)에 의한 구제 확대

(iv) 직무의 범위 : 직무행위 자체 + 객관적으로 직무범위에 속한다고 판단되는 행위 + 직무행위와 밀접한 관련이 있는 행위

(v) 판단기준 : 공무원에게 직무집행의 의사가 있는지 여부와 관계없이 객관적으로 직무행위의 외관을 갖추고 있는지의 여부를 기준(외관설)

③ 고의, 과실

(i) 과실책임주의의 채택 : 고의 · 과실이 국가배상의 요건

(ii) 과 실 : 중과실, 경과실 모두 포함

(iii) 판단기준 : 당해공무원을 기준

(iv) 과실의 객관화 : ① 과실을 객관적인 주의의무위반으로 파악(공무원의 주관적 능력 · 사정 불고려)하여 과실개념을 고도화, ② 조직과실 개념을 취하여 가해공무원의 특정은 불요하다는 등의 이론 ⇒ 피해자 구제의 실질화 도모

(v) 일응추정의 법리 손해발생 입증하면 과실이 있는 것으로 일응추정

④ 법령의 위반(위법)

(i) 법 령 : 법률, 법규명령, 행정법상 일반법원칙 등 불문법

※ 행정규칙 → 비포함(비법규설)

(ii) 위 법 : 기속행위의 의무위반, 재량행위의 경우에는 재량의 일탈, 남용

(iii) 입증책임 : 원고에게 있다는 견해와 법원이 직권으로 고려하면 충분할 뿐 원고가 따로이 입증할 필요가 없다는 견해

⑤ 타인에 대한 손해의 발생

(i) 타 인 : 가해자인 공무원과 기타 가해행위 관여자 제외한 모든 사람

(ii) 손 해 : 적극적 손해 · 소극적 손해, 재산적 손해 · 비재산적 손해 불문하고 피해자가 입은 모든 불이익.

(iii) 가해행위와 손해발생간의 상당인과관계

(3) 손해배상의 범위

① 원칙 – 가해행위와 상당인과관계 있는 모든 손해

② 군인 · 군무원에 대한 특례

군인, 군무원, 경찰공무원, 향토예비군대원은 다른 법령에 의해 보상받는 경우에는 손해배상청구하지 못함(이중배상금지의 원칙).

③ 손익상계 – 피해자가 손해 입은 동시에 이익을 얻은 경우 손해배상액에서 그 이익에 상당하는 금액을 공제

2) 영조물의 설치 · 관리의 하자로 인한 손해배상

(1) 서 설

도로 · 하천 기타 공공의 영조물의 설치 또는 관리에 하자가 있기 때문에 타인에게 손해를 발생하게 하였을 때에는 국가 또는 지방자치단체는 이를 배상하여야 한다(무과실책임-공무원의 고의 · 과실 불필요).

(2) 배상책임의 요건

① 영조물－행정주체가 직접 행정목적에 제공한 유체물(학문상의 공물)

국유재산 중 잡종재산은 제외된다.

② 설치 · 관리의 하자

하자란 사회통념상 일반적으로 갖추어야 할 안전성을 갖추지 못한 상태를 말한다(객관설). 입증책임은 원고인 피해자에게 있으며 불가항력적 사유는 제외된다.

③ 손해의 발생

(3) 배상의 범위

영조물의 설치 · 관리의 하자와 상당인과관계에 있는 모든 손해

(4) 배상책임자

국가 또는 지방자치단체

2. 행정상 손실보상

1) 의 의

(1) 개 념

적법한 공권력의 행사로 인하여 사유재산에 가하여진 특별한 희생에 대하여 사유재산권의 보장과 공평부담의 견지에서 행정주체가 행하는 조절적인 재산의 전보

① 적법행위	cf) 손해배상-위법행위
② 공권력의 행사	cf) 공특법상의 임의매수-비권력작용
③ 재산상의 손실	cf) 생명 · 신체에 대한 침해의 보상
④ 특별한 희생	cf) 사회적 제약

(2) 근 거

① 이론적 근거

특별희생설－사유재산에 가하여진 특별한 희생은 국민 전체의 부담으로 전보하는 것이 정의와 공평의 원칙에 합당

② 실정법적 근거

공공필요에 의한 재산권의 수용, 사용 또는 제한 및 그에 대한 보상은 법률로써 하되 정당한 보상을 지급하여야 한다(헌법 제23조 제3항).

손해배상과는 달리 손실보상에 관한 일반법은 없으며 개별법의 보상규정에서 정하고 있다.

③ 보상규정 없는 공용침해

(ⅰ) 위헌무효설(다수설) : 보상규정을 두지 않은 법률은 위헌무효이고, 그에 근거한 공용침해행위는 불법행위이므로 손해배상의 청구가 가능. 이 견해에 대해서는 이와 같이 행정상의 손해배상의 문제로 보게 되면, 가해행위의 위법성이 존재해야 하고, 이는 다시 과실요건의 충족을 필요로 하는데, 이때에 공무원의 과실의 존재를 인정하기 어려워(공무원은 행위당시 자신이 불법한 행위로서 국민에게 손해를 끼친다는 인식이 없다는 말) 결국은 당사자의 배상이 부정된다는 비판이 제기된다.

(ⅱ) 유추적용설(수용유사침해이론) : ㉠ 법률에 손실보상규정이 없는 경우에는 헌법 제23조 제1항(재산권보장) 및 제11조(평등원칙)에 근거하고 헌법 제23조 제3항 및 관계규정의 유추해석을 통하여 보상을 청구할 수 있다는 것이다.

㉡ 이는 독일에서 발전된 수용유사침해이론을 도입하여 이를 손실보상의 문제로 해결하려는 것이다.

(ⅲ) 방침규정설 : ㉠ 헌법상 손실보상에 관한 규정은 입법의 방침을 정한 것에 불과한 프로그램규정이라 한다.

㉡ 따라서 이 견해는 손실보상에 관한 구체적인 사항이 법률로써 정해져야만 사인(私人)은 손실보상청구권을 갖게 된다는 것이다.

(ⅳ) 직접효력설 : 직접효력설은 헌법 제23조 제3항에 의해 국민에게 직접적으로 손실보상청구권이 발생하고 따라서 비록 도시계획법이 규정을 두지 않더라도 국민은 이 헌법규정에 따라 보상을 청구할수 있다고 한다. 그러나 이 설은 부대조항이론을 정면으로 부정하는것이어서 타당하지 않고, 헌법조항에서 바로 구체

적인 청구권이 발생한다는 것은 헌법상기본권이론에 비추어 타당하지 못하다는 비판이 있다.

(3) 손실보상청구권의 성질

① 공권설 – 손실보상은 공권력행사작용의 법적 효과이므로. 손실보상청구소송은 당사자소송에 의함. 다수설

② 사권설 – 손실보상관계는 사법상의 채권 · 채무관계에 불과. 손실보상청구호송은 민사소송 방식으로. 판례

2) 손실보상의 원인

(1) 공공필요에 의한 재산권에 대한 공권적 침해

① 재산권 – 법에 의해 보호되고 있는 재산적 가치있는 일체의 권리

② 공권적 침해 – 공용사용 · 수용 · 제한

(2) 특별한 희생

사회적 제약을 넘어서는 특별한 희생의 존재

(3) 적법성

손실보상의 원인이 되는 개인의 재산에 대한 침해는 적법한 것이어야 하며 여기서 적법한 것이라고 함은 법률에 근거한 것임을 의미한다. 따라서 공권력이 법령에 위반하여, 즉 위법하게 개인의 재산권을 침해한 때에는 국가배상의 원인이 될 뿐 엄격한 의미의 손실보상의 원인은 되지 않는다고 보아야 한다.

(4) 보상규정

현행 헌법은 보상규정에 관하여 법률로써 정하도록 하고 있다.

3) 손실보상의 기준

(1) 정당보상의 원칙

(2) 개발이익의 공제

공공사업으로 인하여 지가가 크게 상승함으로써 토지소유자 등이 받는 이익(개발이익)은 보상액산정에서 배제 ex) 공시지가, 개발이익환수, 개발부담금, 토초세

(3) 보상의 내용

① 대인적 보상 – 피수용자의 수용목적물에 대한 주관적 가치를 기준

② **대물적 보상**－수용목적물에 대한 객관적 시장가격을 기준

③ **생활보상**－재산권에 대한 침해로 인하여 생활의 근거를 상실하게 되는 재산권의 피수용자 등에 대한 생활재건에 필요한 정도의 보상

a. 주거의 총체가치의 보상　　b. 영업상 손실의 보상
c. 이전료 보상　　d. 이주대책
e. 소수잔존자 보상　　f. 잔지보상

> * 대인적 보상 → 대물적 보상 → 생활보상

④ **현행법**- 대물보상의 원칙, 생활보상의 지향

⑤ 공권의 성질을 갖는다.

Ⅲ. 행정쟁송제도

- 형식적 쟁송 : 행정절차
- 실질적 쟁송
  - 행정심판 (약식쟁송)
    - 주관적 쟁송
      - 항고쟁송
        - 취소심판
        - 무효 등 확인심판
        - 의무이행심판
      - 당사자쟁송(=재결신청)
    - 객관적 쟁송 : 거의 예가 없음
  - 행정소송 (정식쟁송)
    - 주관적 소송
      - 항고소송 : 취소, 무효 등 확인
      - 부작위위법확인소송
      - 당사자소송
    - 객관적 소송
      - 민중소송 : 선거소송
      - 기관소송

1. 행정소송의 의의

행정쟁송은 행정작용이 위법하거나 부당한 경우에 행정작용을 통제하여 사후적으로 법치주의 원칙에 따른 행정작용의 적법성을 회복하고(행정통제기능), 이를 통해 국민의 권리보호를 도모(권리보호기능)하기 위한 제도이다.

여기에는 행정심판과 행정소송의 두 제도가 있는 데, 행정심판은 행정법상의 분쟁에 대하여 행정기관이 스스로 심리하고 판정하는 쟁송절차로서, 원칙적으로 하급행정청의 위법부당한 작용에 대하여 상급청이 통제하는 것을 말한다. 행정소송은 법원이 주체가 되어 행정법상의 분쟁을 해결하는 절차를 말한다.

행정심판은 하급청의 위법한 작용을 바로잡아 적법한 행정을 유지하려는 목적, 즉 행정통제기능이 주가 되나, 행정소송은 이미 위법하게 발동되어버린 행정작용을 독립된 기관인 법원이 국민의 권익을 지켜주기 위해 발동되므로 권리보호기능이 주가 된다.

2. 종 류

1) 실질적 쟁송과 형식적 쟁송 〈분쟁이 실질적으로 존재하는 지의 여부〉

형식적 쟁송 ⇒ 분쟁이 현실적으로 존재하지 않는 행정 절차를 의미

2) 주관적 쟁송과 객관적 쟁송

- 주관적 쟁송 ⇒ 개인적 권익의 보호. 항고 쟁송 · 당사자쟁송
- 객관적 쟁송 ⇒ 법규적용의 객관적 적정. 민중쟁송 · 기관쟁송

3) 행정쟁송의 단계에 따라

- 시심적 쟁송 ⇒ 당사자쟁송
- 복심적 쟁송 ⇒행정행위에 의한 1차적 규율. 항고쟁송

4) 정식쟁송과 약식쟁송

- 정식쟁송 ⇒ ① 구두변론의 기회, ② 심판기관의 독립성 ⇒ 행정소송
- 약식쟁송 ⇒ 행정심판

3. 행정소송과 행정심판

	행정심판	행정소송
기본적 차이	행정통제 색채농후	개인적 권리구제 중시
성 질	약식생송	정식쟁송
쟁송 대상	위법·부당한 처분	위법한 처분
원고 적격	법률상 이익	법률상 이익
판정기관	행정기관	법원
소송형태	취소심판 무효 등 확인심판 의무이행심판	취소소송 무효 등 확인 소송 부작위위법 확인 소송 당사자 소송 기관소송·민중소송
심리원칙	서면심리·구술심리	구술 심리
제소기간	처분이 있음을 안 날로부터 90일 이내, 처분이 있은 날로부터 180일 이내	처분 등이 있음을 안 날부터(재결서 정본을 송달받은 날부터) 90일 이내, 처분 등이 있은 날부터(재결이 있은 날부터) 1년 이내
공통점	① 쟁송사항에 개괄주의, ② 직권증거조사, ③ 집행정지, ④ 불고불리의 원칙과 불이익금지의 원칙, ⑤ 사정(재)판결	

제 5 장

법률구조제도

Ⅰ. 법률구조제도 의의

1. 법률구조제도

사회의 발전과 더불어 점점 복잡하고 다양해진 각종 법률제도의 혜택을 모든 국민들이 고루 누릴 수 있도록 하기 위해서는 경제적인 이유나 법률지식의 부족으로 사실상의 법의 보호 밖에 놓인 국민을 지원할 수 있는 제도적인 장치가 필요하다.

법률구조제도는 경제적으로 어렵거나 법을 모르기 때문에 법의 보호를 충분히 받지 못하는 국민들에게 법률상담, 변호사 또는 공익법무관에 의한 소송대리 및 형사변호 등의 법률적 지원을 함으로써 정당한 권리를 적법한 절차에 의하여 보호하고 국민의 기본적 인권을 옹호하는 법률분야의 사회복지제도이다.

2. 대한법률구조공단

대한법률구조공단은 이러한 법률구조사업을 효율적으로 추진하기 위하여 1987년 9월 1일 법률구조법에 의하여 설립되어 국가예산으로 운영되는 공공기관으로, 법률구조사업을 통한 국민의 기본권 옹호와 법률복지의 증진을 위해 힘쓰고 있으며 그 밖에도 법률구조제도에 관한 조사 · 연구, 준법정신의 양양을 위한 계몽사업 등을 하고 있다.

공단은 경북 김천시에 본부를 두고, 그 아래 18개의 지부와 41개의 출장소, 72개의 지소를 전국의 법원, 검찰청에 대응하여 설치하고 있다.

Ⅱ. 법률구조대상

1. 구조대상사건

1) 민사 · 가사사건

2) 국가를 상대로 하는 소송 중 국가배상법에 의한 손해배상사건

3) 개인회생 및 파산 · 면책사건

4) 형사사건

5) 행정심판사건과 행정소송사건(단, 행정심판사건은 국무총리실 및 각 시 · 도 행정심판위원회 사건에 한정)

6) 헌법소원사건

2. 구조대상자

1) 민사 · 가사사건, 행정심판 · 행정소송사건, 헌법소원사건의 경우

(1) 월평균 수입 260만원 이하의 국민 및 국내 거주 외국인

(2) 위관급 장교 이하의 군인

(3) 국가보훈대상자 및 5.18민주유공자, 참전유공자

(4) 물품의 사용 및 용역의 이용으로 인한 피해를 입은 소비자

(5) 헌법재판소가 공단 소속변호사 또는 공익법무관을 국선대리인으로 선정한 사건의 청구인

(6) 법원으로부터 소송구조결정(개인회생, 파산사건 포함)을 받은 사람－인지대 등 소송비용에 대해서만 소송구조결정을 받은 사람은 제외

(7) 가정폭력 · 성폭력으로 인한 피해자(국내 거주 외국인 여성 포함)

(8) 국내 거주 북한이탈주민

(9) 농업인, 어업인, 축산인, 장애인, 생활보장수급자, 기초노령연금수급자, 영세담배소매인, 체불임금근로자, 범죄피해자, 소상공인과 같이 특별한 지원이 필요하여 무료법률구조대상자로 지정된 사람

(10) 한부모 가족

(11) 요보호 아동

(12) 소년소녀가장

(13) 의사자유족 · 의상자와 그 가족, 중장기 복무 제대군인

(14) 가족관계 미등록자

(15) 다문화가족(결혼이민자와 귀화허가를 받은 자)

(16) 기타 생활이 어렵고 법을 몰라 스스로 법적 수단을 강구하지 못하는 국민 또는 국내 거주 외국인

2) 형사사건의 경우

(1) 월평균 수입 260만 원 이하의 국민 및 국내 거주 외국인

(2) 국가보훈대상자 및 5.18민주유공자, 참전유공자

(3) 가정폭력 · 성폭력과 관련된 형사사건의 구속피의자 또는 피고인(국내 거주 외국인 여성 포함)

(4) 국선변호사건(법원이 소속변호사나 공익법무관을 국선변호인으로 선정한 사건)의 피의자 또는 피고인

(5) 국내 거주 북한이탈주민

(6) 농업인, 어업인, 축산인, 장애인, 생활보장수급자, 기초노령연금수급자, 영세담배소매인, 체불임금근로자, 범죄피해자, 소상공인과 같이 특별한 지원이 필요하여 무료법률구조대상자로 지정된 사람

(7) 가족관계 미등록자

(8) 한부모 가족

(9) 요보호 아동

(10) 소년소녀가장

(11) 가족관계 미등록자

(12) 다문화가족(결혼이민자와 귀화허가를 받은 자)

(13) 기타 생활이 어렵고 법을 몰라 스스로 법적 수단을 강구하지 못하는 국민

Ⅲ. 신청절차

1. 기본 절차

법률구조신청을 하기 위해서는 본인의 주민등록등본과 법률구조대상자임을 소명할 자료, 그리고 주장사실을 입증할 자료를 구비하고, 가까운 공단 사무실에 내방하여 상담을 신청하면 된다. 상담을 마친 경우 공단 소정의 법률구조신청서와 위의 구비서류를 공단 사무실에 제출하면 된다.

2. 기본 서류(공통)

(1) **주민등록증** : 서류송달 등 법률구조업무 수행, 대리인 자격여부 등의 판단자료가 된다.
(2) **위임장** 대리인이 신청하는 경우에만 필요하다.

3. 주장사실 입증자료

승소가능성의 판단, 소가산정 및 소송수행시 필요한 서류는 법률구조신청서와 사건별 구비서류를 갖추어 신청하면 된다.

4. 대상자 소명자료

법률구조신청자는 법률구조대상자임을 입증할 수 있는 소명자료를 제출하여야 한다.

대상자	소명자료
월평균 수입이 260만원 이하인 국민	월평균 수입이 260만원 이하임을 증명하는 근로소득원천징수영수증 또는 보수지급 명세서, 건강보험공단에서 발행하는 건강보험가입증명서(징수결정내역상세조회표 첨부) 또는 국민연금관리공단에서 발행하는 국민연금 이력요약/가입증명서, 세무서장 발행의 소득금액증명서 등
농 · 어업인	농지원부 또는 농 · 수협 조합원증명원
군인	재직증명서
국가보훈대상자 5.18 민주유공자 및 참전유공자	독립유공자 또는 그 유족과 국가유공자 또는 그 유족, 5.18민주유공자 또는 그 유족임을 증명하는 증명서, 참전유공자증 사본
소비자	물품의 사용 및 용역의 이용으로 인한 피해를 입은 사실증명
생활보장수급자	수급자증명서
장애인	시 · 군 · 구, 읍 · 면 · 동사무소 발행의 장애인증명 또는 복지카드(장애인복지법 제2조에 의한 장애인에 한함)
영세담배소매인	월평균 담배판매수입금액이 260만원 이하임을 증명하는 주식회사 KT&G 관할 지점장 또는 담당직원의 확인서
법원소송구조의 피구조자	소송구조결정 정본 또는 그 사본
가정폭력 등 피해자	여성폭력관련 상담소 및 시설에서 확인한(가정폭력 · 성폭력) 피해상담사실확인서, 진단서(가정 · 성폭력에 의한 상해임을 증명할 수 있는 2주 이상의 상해진단서, 진단서 또는 소견서), 고소장사본 및 수사기관에서 발행한 고소장 접수증명서
소년 · 소녀가장	가족관계증명서 등
한부모 · 조부모 가족	모 · 부자가정 : 모 · 부자복지법 시행규칙 제9조의2에 의한 모 · 부자가정 증명서 미혼모 · 부가족, 기타 한부모가족 : 가족관계증명서, 주민등록등본, 한부모가족임을 증명하는 증인진술서 등 조부모가족 : (외)조부모 및 손자녀 가족관계증명서, 주민등록등본, 조부모가족임을 증명하는 증인진술서 등
국내 거주 북한이탈주민	북한이탈주민을 증명하는 증명서
사회연대은행(사)	함께 만드는 세상의 지원수혜자 확인서
임금체불근로자	임금 및 퇴직금 체불로 인한 피해근로자임을 입증하는 노동부 발행 무료법률구조신청용 임금 및 퇴직금 체불확인서

범죄피해자	위 각호의 법률구조대상자 증빙서류 및 범죄피해자로 인정할 수 있는 판결문, 공소장, 고소장 및 고소장접수증명서, 사실증명원, 사건처분 결과통지서, 재산범죄사건은 유죄판결문
개인회생 및 파산 · 면책 신청대상자	개인회생 및 파산·면책신청대상자로 인정할 수 있는 부채증명서,임대차계약서,지방세세목별과세증명서, 소득증명서,기타 공신력 있는 서류
월평균수입이 260만원 이하인 국내거주 외국인	여권사본 또는 외국인 등록증사본 등 국내거주 외국인임을 증명할 수 있는 서류, 월평균 수입이 260만원 이하임을 증명하는 근로소득원천 징수영수증, 보수지급 명세서, 건강보험공단에서 발행하는 징수결정 내역상세조회표, 국민연금관리공단에서 발행하는 이력요약/가입증명서, 세무서장 발행의 소득금액증명서 등
기타 영세민	위 각호에 해당하지 아니하는 자로서 직업, 주거, 재산, 가족사항, 학력, 건강상태 등 제반사정에 비추어 구조함이 상당하다고 인정할 수 있는 건강보험가입 증명서(징수결정내역상세조회표 첨부), 국민연금 이력요약 가입증명서,소득금액증명서, 지방세세목별과세증명서, 주택임대차계약서, 기타 공신력 있는 서류
선 원	임금 및 퇴직금이 체불된 경우－해양수산부 발행 무료법률구조신청용 임금 및 퇴금금 체불금품확인서, 신분증, 인장, 법인등기부등본재해보상 사고의 경우－선원수첩, 선원신분증명서, 선박소유자가 발급한 신원보증서, 근로계약서, 취업규칙, 임금대장 등
가족관계 미등록자	가족관계등록부 부존재 증명서
의사자유족 · 의상자와 그 가족	의사상자 증서, 의사상자 인정결과 통보서 사본, 가족관계증명서 등(의사자유족 등)
중장기 복무 제대군인	국가보훈처 발행 중·장기 복무 제대군인 무료법률구조대상자 확인서
기초노령연금수급자	시· 군· 구청장 발행의 기초노령연금수급자 임을 증명하는 증명서 등
다문화가족 (결혼이민자와 귀화허가를 받은 자)	시·군·구·읍·면·동사무소 발행의 기본증명서, 혼인관계증명서, 가족관계증명서, 주민등록등본 등(결혼이민자 등)

Ⅳ. 신청사건 처리절차

1. 기본절차

법률구조 신청서가 접수되면 공단에서는 곧바로 사실조사에 착수하게 된다.

공단은 사실조사가 일정단계에 이르면 당사자에게 분쟁에 대한 법률적인 문제점과 그 해결방법을 제시하여 당사자간에 원만히 화해를 이룰 수 있도록 권유하거나, 구조의 타당성, 승소가능성, 집행사능성을 심사하여 "소송"을 할 것인지 여부를 결정한다.

그리고 소송을 하기로 결정된 사건은 소속변호사나 공익법무관이 소송을 수행하게 된다.

구조결정된 사안의 진행과정에 대하여 궁금하신 경우에는 홈페이지 '나의 사건 검색'을 통해 검색할 수 있다.

2. 민사, 가사사건 등 처리절차

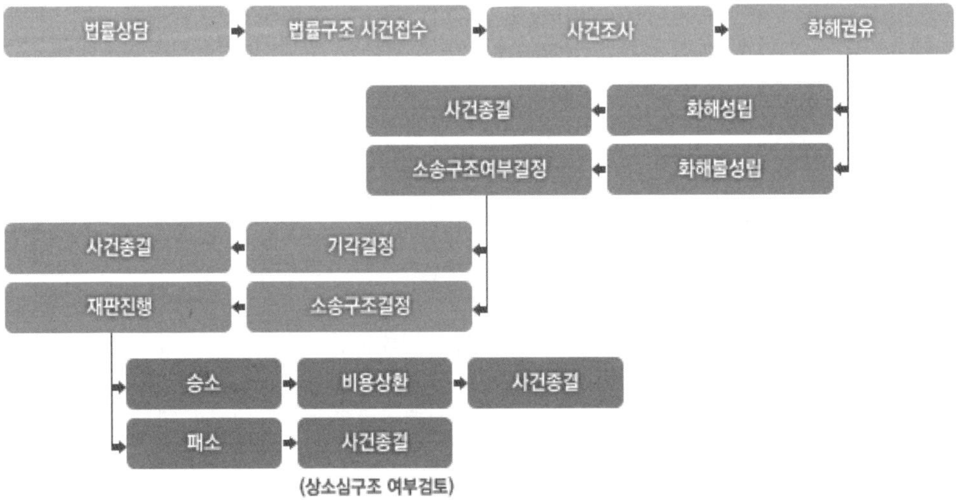

3. 형사사건 처리절차

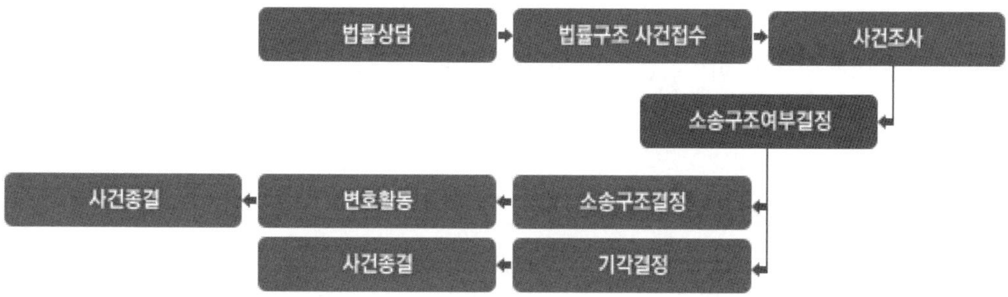

4. 불복절차

한편, 공단에서 구조기각으로 결정된 사건이라 하더라도 의뢰자가 이에 불복할 경우 공단에 이의신청을 할 수 있도록 하고 있으며, 이의신청된 사건은 재검토하여 구조여부를 다시 결정하게 된다. 다만 구조대상자나 구조대상사건이 아니라는 이유로 구조기각된 사건은 제외된다.

Ⅴ. 소송비용

1. 민사, 가사, 행정, 헌법소원사건

소송을 하지 않고 화해로 끝난 사건은 비용을 받지 않는다. 그러나 일단 소송에 들어간 사건에 대해서는 소송이 종료된 후에 공단에서 지출한 인지대 등 소송비용을 의뢰자로부터 상환받는다. 이렇게 상환받은 비용은 다른 분들을 위한 법률구조사업에 다시 쓰이게 된다.

의뢰자는 공단에 상환할 비용을 법원의 소송비용 확정절차를 거쳐 패소한 상대방으로부터 회수할 수 있을 뿐만 아니라, 공단에서도 의뢰자의 구체적인 사정을 고려하여 경우에 따라서는 분할상환하도록 하거나 상환을 면제하여 주기도 한다. 특히, 법률구조대상자 중 『무료법률구조사업』에서 정한 대상자는 무료로 법률구조를 받을 수 있다.

2. 형사사건

형사사건과 관련된 일체의 비용(기록등사료, 접견료 등)은 공단에서 부담하고 의뢰자로부터는 비용을 징수하지 않는다. 다만 보석보증금 또는 보석보증 보험증권 수수료는 의뢰자가 부담한다.

3. 공단변호사 보수비용 기준표

가액 [계산방법]	변호사보수비용 비율
1,000만원까지 [가액×2.6/100]	2.6%
1,000만원 초과 2,000만원까지 [26만원+(가액−1,000만원)×2.2/100]	2.2%
2,000만원 초과 3,000만원까지 [48만원+(가액−2,000만원)×2/100]	2%
3,000만원 초과 4,000만원까지 [68만원+(가액−3,000만원)×1.6/100]	1.6%
4,000만원 초과 5,000만원까지 [84만원+(가액−4,000만원)×1.8/100]	1.8%
5,000만원 초과 6,000만원까지 [102만원+(가액−5,000만원)×1.7/100]	1.7%
6,000만원 초과 7,000만원까지 [119만원+(가액−6,000만원)×1.6/100]	1.6%
7,000만원 초과 8,000만원까지 [135만원+(가액−7,000만원)×1.7/100]	1.7%
8,000만원 초과 9,000만원까지 [152만원+(가액−8,000만원)×1.9/100]	1.9%
9,000만원 초과 1억원까지 [171만원+(가액−9,000만원)×2/100]	2%
1억원 초과 2억원까지 [191만원+(가액−1억원)×1/100]	1%
2억원 초과 [291만원+(가액−2억원)×0.5/100]	0.5%

■ 저자약력 ■

∞ 신종석

- 단국대학교 법과대학, 동대학원 졸업(법학박사)
- 경성대학교, 단국대학교, 연세대학교, 이화여자대학교, 창원대학교, 평택대학교, 공무원연수원 등 강사 역임
- 한국법이론실무학회 회장
- 한국법학회 회장
- 한국기업법학회 이사
- 현 배화여자대학교 교수

〈주요저서 및 논문〉

- 객관식 민법(공저, 한빛지적소유권센터)
- 민법총칙(한빛지적소유권센터)
- 채권총론(삼조사)
- 알기 쉬운 기업법(공저, 법문사)
- 현대인에게 필요한 법과 생활 (삼조사)
- 주식회사 기관구조에 관한 연구
- 기업의 지배구조에 관한 연구
- 증권관련 집단소송에 관한 연구
- 신용카드 산업의 현황과 부정사용에 관한 민사책임
- 기업지배구조의 공정성 제고에 관한 연구
- 주식회사 사외이사의 독립성 확보를 위한 법적 과제

外 다수

∞ 전경일

- 단국대학교 법과대학, 동대학원 졸업(법학박사)
- University of Washington School of Law (LLM)
- 단국대학교, 창원대학교, 인천대학교 강사 역임
- 배화여자대학 비서행정과 겸임교수 역임
- 한국법이론실무학회 이사
- 현 주식회사 쎄코 부사장

〈주요저서 및 논문〉

- 전자상거래법
- 행정법의 이해

∞ 신세덕

- 단국대학교 법학과 졸업
- 단국대학교 대학원 법학과 졸업(법학석사, 민법 전공)
- 강남대학교 대학원 졸업(부동산학박사, 부동산법 전공)
- 단국대, 강남대 강사 역임
- 한국법이론실무학회 이사, 한국부동산학회 학술위원
- 배화여자대학교 외래 교수
- 서울신용평가정보(주), 트리플AMC(주)
- 신한금융그룹 팀장
- 현 대림대학교 교수

〈주요저서 및 논문〉

- 부동산 법학론(신광문화사)
- 한국의 부동산전문업(형설출판사)
- 부동산자산관리의 비밀(형설출판사)
- 입지와 토지이론(리북스)
- NPL의 이해와 수익내기(fides)
- 부동산분양대행업의 전문화에 관한 연구
- 부동산분양대행업의 문제점에 관한 인식조사 연구 외 다수

비즈니스 법률실무 (제5판)

2020년 9월 7일 5판 1쇄 발행

저 자 신종석 · 전경일 · 신세덕
발행인 신창동
발행처 fides 도서출판

주 소 서울시 관악구 봉천로 485(3층)
전 화 02) 876-2246
팩 스 02) 876-2237
이메일 fidesbook@naver.com
홈페이지 cafe.naver.com/fidesbook
등록번호 제320-2001-44호

ISBN 978-89-6479-503-3 (93360) 정가 22,000원